전산직

기출문제 정복하기

9급 공무원 전산직
기출문제 정복하기

개정3판 발행 2025년 01월 10일
개정4판 발행 2026년 01월 09일

편 저 자 | 공무원시험연구소
발 행 처 | ㈜서원각
등록번호 | 1999-1A-107호
주 소 | 경기도 고양시 일산서구 덕산로 88-45(가좌동)
교재주문 | 031-923-2051
팩 스 | 031-923-3815
교재문의 | 카카오톡 플러스 친구[서원각]
홈페이지 | goseowon.com

PREFACE

이 책의 머리말

모든 시험에 앞서 가장 중요한 것은 출제되었던 문제를 풀어봄으로써 그 시험의 유형 및 출제 경향, 난도 등을 파악하는 데에 있다. 즉, 최단시간 내 최대의 학습효과를 거두기 위해서는 기출문제의 분석이 무엇보다도 중요하다는 것이다.

'9급 공무원 기출문제 정복하기 – 전산직'은 이를 주지하고 그동안 시행된 기출문제를 과목별로, 시행처와 시행연도별로 깔끔하게 정리하여 담고 문제마다 상세한 해설과 함께 관련 이론을 수록한 군더더기 없는 구성으로 기출문제집 본연의 의미를 살리고자 하였다.

9급 공무원 최근 기출문제 시리즈는 기출문제 완벽분석을 책임진다. 그동안 시행된 국가직 · 지방직 및 서울시 기출문제를 연도별로 수록하여 매년 빠지지 않고 출제되는 내용을 파악하고, 다양하게 변화하는 출제경향에 적응하여 단기간에 최대의 학습효과를 거둘 수 있도록 하였다. 또한 상세하고 꼼꼼한 해설로 기본서 없이도 효율적인 학습이 가능하도록 하였으며, 모의고사 방식으로 구성하여 최종적인 실력점검이 될 수 있도록 하였다.

9급 공무원 시험의 경쟁률이 해마다 점점 더 치열해지고 있다. 이럴 때일수록 기본적인 내용에 대한 탄탄한 학습이 빛을 발한다. 수험생 모두가 자신을 믿고 본서와 함께 끝까지 노력하여 합격의 결실을 맺기를 희망한다.

STRUCTURE

이 책의 특징 및 구성

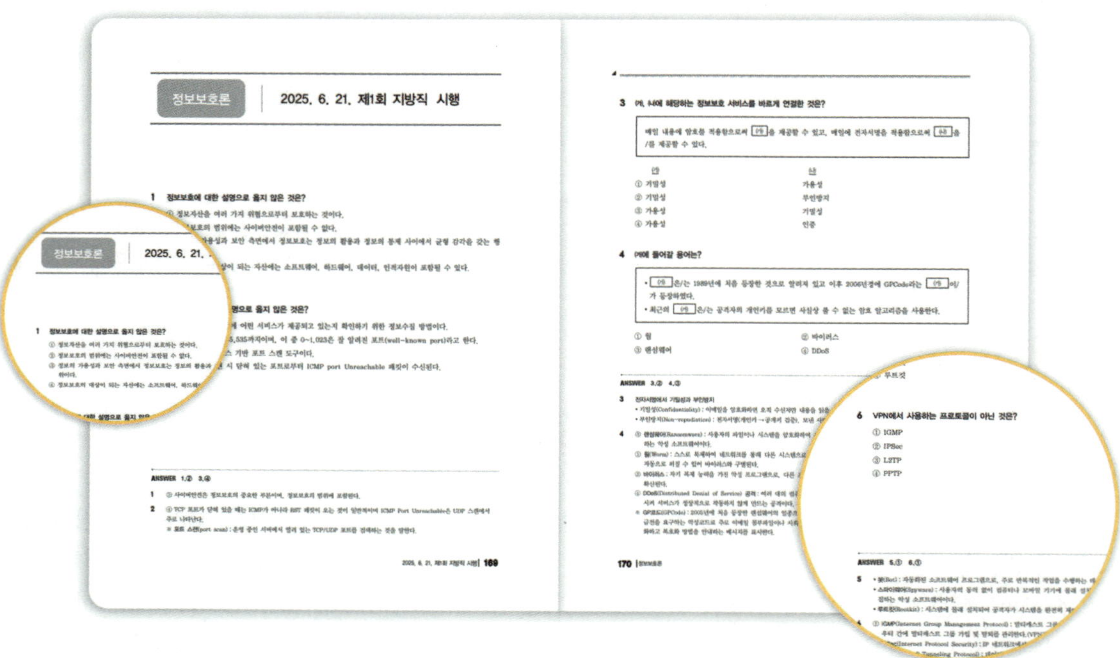

최신 기출문제분석

최신의 최다 기출문제를 수록하여 기출 동향을 파악하고, 학습한 이론을 정리할 수 있습니다. 기출문제들을 반복하여 풀어봄으로써 이전 학습에서 확실하게 깨닫지 못했던 세세한 부분까지 철저하게 파악, 대비하여 실전대비 최종 마무리를 완성하고, 스스로의 학습상태를 점검할 수 있습니다.

상세한 해설

상세한 해설을 통해 한 문제 한 문제에 대한 완전학습을 가능하도록 하였습니다. 정답을 맞힌 문제라도 꼼꼼한 해설을 통해 다시 한 번 내용을 확인할 수 있습니다. 틀린 문제를 체크하여 내가 취약한 부분을 파악할 수 있습니다.

CONTENT
이 책의 차례

01 컴퓨터일반

02 정보보호론

01 컴퓨터일반

컴퓨터일반	2019. 4. 6. 인사혁신처 시행

1 CPU 내부 레지스터로 옳지 않은 것은?

① 누산기(accumulator)

② 캐시 메모리(cache memory)

③ 프로그램 카운터(program counter)

④ 메모리 버퍼 레지스터(memory buffer register)

2 다음 전위(prefix) 표기식의 계산 결과는?

+ − 5 4 × 4 7

① −19 ② 7

③ 28 ④ 29

ANSWER 1.② 2.④

1 ② 캐시 메모리(cache memory) : 컴퓨터의 처리속도 향상을 위해 사용되는 소형 고속 기억장치 또는 버퍼메모리의 일종으로 SRAM으로 구성되며 고속처리 가능

※ 중앙처리장치(CPU) … 명령어의 해석과 자료의 연산, 비교 등의 처리를 제어하는 컴퓨터시스템의 핵심장치로 레지스터, 연산장치, 제어장치로 구성

- 제어장치 : 레지스터 사이의 데이터 전송을 감시하고 연산장치의 동작을 지시하는 장치
- 연산장치 : 명령어를 실행하기 위한 마이크로 연산을 수행하는 장치
- 레지스터 : 한 비트를 저장할 수 있는 플립플롭의 모임으로 중앙처리장치 내에 있는 소규모의 임시 기억장소

2 전위표기식은 중위표기식으로 변환한 뒤 계산 한다.
(5−4)+(4×7)로 29가 된다.

3 사진이나 동영상 등의 디지털 콘텐츠에 저작권자나 판매자 정보를 삽입하여 원본의 출처 정보를 제공하는 기술은?

① 디지털 사이니지
② 디지털 워터마킹
③ 디지털 핑거프린팅
④ 콘텐츠 필터링

4 1K × 4bit RAM 칩을 사용하여 8K × 16bit 기억장치 모듈을 설계할 때 필요한 RAM 칩의 최소 개수는?

① 4개
② 8개
③ 16개
④ 32개

ANSWER 3.② 4.④

3 ① **디지털 사이니지**(Digital Signage) : 움직이고 소리나는 옥외광고
③ **디지털 핑거프린팅**(Digital Fingerprinting) : 인간의 감지 능력으로는 검출할 수 없도록 사용자의 정보를 멀티미디어 콘텐츠 내에 삽입하는 기술
④ **콘텐츠 필터링**(Contents Filtering) : 콘텐츠 이용 과정에서 저작권 침해 여부 등을 판단하기 위해 데이터를 제어하는 기술

4 기억장치의 용량 = 워드의 수×워드의 크기

1K × 4bit
8K × 16bit
× 8배 × 4배 => 32개

• 8K×16bit 기억장치 모듈을 설계할 때 1K(1,024byte)×4bit 의 최소의 RAM의 칩의 개수를 알아보는 문제이다.

5 프로세스와 스레드(thread)에 대한 설명으로 옳지 않은 것은?

① 하나의 스레드는 여러 프로세스에 포함될 수 있다.
② 스레드는 프로세스에서 제어를 분리한 실행단위이다.
③ 스레드는 같은 프로세스에 속한 다른 스레드와 코드를 공유한다.
④ 스레드는 프로그램 카운터를 독립적으로 가진다.

6 보이스 코드 정규형(BCNF : Boyce-Codd Normal Form)을 만족하기 위한 조건에 해당하지 않는 것은?

① 조인(join) 종속성이 없어야 한다.
② 모든 속성 값이 원자 값(atomic value)을 가져야 한다.
③ 이행적 함수 종속성이 없어야 한다.
④ 기본 키가 아닌 속성이 기본 키에 완전 함수 종속적이어야 한다.

ANSWER 5.① 6.①

5 스레드(thread) … 프로세스는 자원과 제어로 구분될 수 있는데 제어만 분리한 실행한 단위로 프로세스 하나는 스레드 한 개 이상으로 나눌 수 있으며 스레드들은 프로세스의 직접 실행 정보를 제외한 나머지 프로세스 관리 정보를 공유한다. 프로그램 카운터와 스택 포인터 등을 비롯한 스레드 실행 환경 정보(문맥정보), 지역데이터, 스택을 독립적으로 가지며 코드, 전역데이터, 힙을 다른 스레드와 공유한다. 응용 프로그램에는 적어도 한 개 이상의 프로세스가 있고 프로세서에는 한 개 이상의 스레드가 있다.

6 보이스 코드 정규형(BCNF: Boyce-Codd Normal Form) … 보이스 코드 정규형은 제3정규형을 만족하면서, 릴레이션에서 모든 결정자가 후보키가 되도록 하는 과정을 말한다.
보이스 코드 정규형(BCNF: Boyce-Codd Normal Form)을 만족하기 위해서는 모든 결정자가 후보키여야 하며 후보키는 모든 행을 식별할수 있는 최소의 속성 집합이라는 점이다.

〈정규화 진행과정〉	
제1정규형(1NF)	모든 도메인이 원자값이 되도록 분해
↓	
제2정규형(2NF)	부분 함수 종속 관계 제거
↓	
제3정규형(3NF)	이행적 함수 종속 관계 제거
BCNF	후보키가 아닌 결정자 관계 제거
↓	
제4정규형(4NF)	다치 종속 관계 제거
↓	
제5정규형(5NF)	후보키를 통하지 않은 조인 종속 관계 제거

7 UDP(User Datagram Protocol)에 대한 설명으로 옳은 것만을 모두 고르면?

> ㉠ 연결 설정이 없다.
> ㉡ 오류검사에 체크섬을 사용한다.
> ㉢ 출발지 포트 번호와 목적지 포트 번호를 포함한다.
> ㉣ 혼잡제어 메커니즘을 이용하여 링크가 과도하게 혼잡해지는 것을 방지한다.

① ㉠, ㉡ ② ㉠, ㉢
③ ㉠, ㉡, ㉢ ④ ㉡, ㉢, ㉣

8 다음 논리 회로의 출력과 동일한 것은?

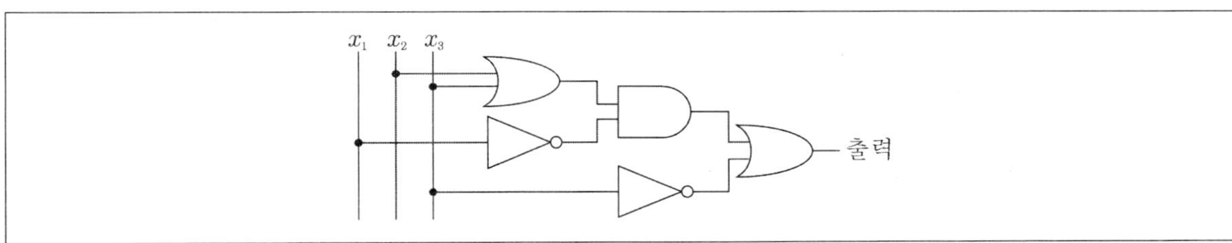

① $x_1 + x_3'$ ② $x_1' + x_3$
③ $x_1' + x_3'$ ④ $x_2' + x_3'$

ANSWER 7.③ 8.③

7 혼잡제어는 TCP 계층이며 TCP계층은 TCP(Transmission Control Protocol)와 UDP(User Datagram Protocol) 프로토콜 두 개로 구분할 수 있으며 신뢰성이 요구되는 애플리케이션에서는 TCP를 사용하고, 간단한 데이터를 빠른 속도로 전송하는 애플리케이션에서는 UDP를 사용한다.

TCP(Transmission Control Protocol) 연결 지향적 프로토콜	UDP(User Datagram Protocol) 비연결성 프로토콜
• 신뢰적인 전송을 보장 • 연결관리를 위한 연결설정 및 연결종료 • 패킷 손실, 중복, 순서바뀜 등이 없도록 보장 • 양단간 프로세스는 TCP가 제공하는 연결성 회선을 통하여 서로 통신	• 신뢰성 없음 • 순서화하지 않은 데이터 그램 서비스 제공 • 순서제어, 흐름제어, 오류제어 거의 없음 • 실시간 스트리밍 • 헤더가 단순

8
$$\begin{aligned}(x_2+x_3)x_1'+x_3' &= x_1'x_2+x_1'x_3+x_3' \\ &= x_1'x_2+(x_1'+x_3')(x_3+x_3') \\ &= x_1'x_2+x_1'+x_3' \\ &= x_1'(x_2+1)+x_3' = x_1'+x_3'\end{aligned}$$

9 다음 Java 프로그램의 출력 결과는?

```
class ClassP {
  int func1(int a, int b) {
      return (a+b);
  }
  int func2(int a, int b) {
      return (a-b);
  }
  int func3(int a, int b) {
      return (a*b);
  }
}
public class ClassA extends ClassP {
  int func1(int a, int b) {
      return (a%b);
  }
  double func2(double a, double b) {
      return (a*b);
  }
  int func3(int a, int b) {
      return (a/b);
  }
  public static void main(String[] args) {
      ClassP P = new ClassA();
      System.out.print(P.func1(5, 2) + ", "
          + P.func2(5, 2) + ", " + P.func3(5, 2));
  }
}
```

① 1, 3, 2　　② 1, 3, 2.5

③ 1, 10.0, 2.5　　④ 7, 3, 10

ANSWER 9.①

9 java 프로그램은 main()부터 시작
func1, func3는 오버라이딩이 되고, func2는 오버라이딩이 되지 않는다.
P.func1(5, 2), P.func2(5, 2), P.func3(5, 2)를 차례로 구한다.

10 IPv4에서 데이터 크기가 6,000 바이트인 데이터그램이 3개로 단편화(fragmentation)될 때, 단편화 오프셋(offset) 값으로 가능한 것만을 모두 고르면?

㉠ 0	㉡ 500
㉢ 800	㉣ 2,000

① ㉠, ㉡
② ㉢, ㉣
③ ㉠, ㉡, ㉢
④ ㉡, ㉢, ㉣

11 Go-Back-N 프로토콜에서 6번째 프레임까지 전송한 후 4번째 프레임에서 오류가 있음을 알았을 때, 재전송 대상이 되는 프레임의 개수는?

① 1개
② 2개
③ 3개
④ 6개

ANSWER 10.① 11.③

10 Fragment offset(단편화 오프셋) … IP payload 의 offset 위치를 저장한다. 단편화된 IP 패킷을 재조립할 때에 조립할 위치를 확인할 때에 사용된다.

- 단편화 오프셋이 될 수 있는 것은 0, 250, 500 3가지이다.
  - 1번째 프레임 0000 ~ 1999 → OF: 0
  - 2번째 프레임 2000 ~ 3999 → OF: 250
  - 3번째 프레임 4000 ~ 5999 → OF: 500
- IP는 IP 단편화를 통해 데이터그램의 크기를 MTU이하로 작게 만들어 전송할 수 있도록 한다. RFC 791은 IP 단편화, 데이터그램의 전송, 재조립을 위한 프로시져를 기술한다. RFC 815는 호스트에서 쉽게 구현할 수 있는 간단한 재조립 알고리즘을 기술한다.
- Identification 필드와 Fragment offset 필드는 Don't Fragment 플래그, More Fragment 플래그와 함께 IP 데이터그램의 단편화와 재조립을 위해 사용된다.

11 Go-Back-N ARQ … 여러 블록들을 연속적으로 전송하고, 수신 쪽에서 NAK를 보내오면 송신 측이 오류가 발행한 이후의 블록을 모두 재송신, 전송오류가 발생하지 않으면 쉬지 않고 송신가능하며 오류가 발생한 부분부터 재송신 하므로 중복전송의 단점이 있다.

4번째 프레임에서 오류가 있음을 알았으므로 재전송 되는 프레임 개수는 4, 5, 6번으로 3개이다.

12 0~(64^{10}−1) 해당하는 정수를 이진코드로 표현하기 위해 필요한 최소 비트 수는?

① 16비트
② 60비트
③ 63비트
④ 64비트

13 의료용 심장 모니터링 시스템과 같이 정해진 짧은 시간 내에 응답해야 하는 시스템은?

① 다중프로그래밍 시스템
② 시분할 시스템
③ 실시간 시스템
④ 일괄 처리 시스템

ANSWER 12.② 13.③

12 $(2^{n-1}-1)\sim+(2^{n-1}-1)$
0~(64^{10}−1)에서 $64^{10} = (2^6)^{10} = 2^{60}$ 이므로 표현하기 위해 필요한 최소 비트 수는 60비트이다.

13 ③ **실시간 시스템**(Real Time Processing System) : 처리시간 단축 및 비용절감, 우주선 운행, 교통제어, 은행 온라인 업무등 사용
① **다중프로그래밍 시스템**(multiprogramming system) : 1개의 처리 장치로 복수의 프로그램을 동시에 처리할수 있는 데이터 처리 시스템
② **시분할 시스템**(Time Sharing System) : 한 대의 컴퓨터를 동시에 여러 명의 사용자가 대화식으로 사용하는 방식으로 처리 속도가 매우 빨라 사용자는 독립적인 시스템을 사용하는 것으로 인식
④ **일괄 처리 시스템**(batch processing system) : 시스템의 효율성을 증대시키기 위하여 데이터를 수집해서 분류하고 정렬시킨 다음에 처리하는 방식의 데이터 처리 방법

14 FIFO 페이지 교체 알고리즘을 사용하는 가상메모리에서 프로세스 P가 다음과 같은 페이지 번호 순서대로 페이지에 접근할 때, 페이지 부재(page-fault) 발생 횟수는? (단, 프로세스 P가 사용하는 페이지 프레임은 총 4개이고, 빈 상태에서 시작한다)

1 2 3 4 5 2 1 1 6 7 5

① 6회 ② 7회
③ 8회 ④ 9회

15 재배치 가능한 형태의 기계어로 된 오브젝트 코드나 라이브러리 등을 입력받아 이를 묶어 실행 가능한 로드 모듈로 만드는 번역기는?

① 링커(linker) ② 어셈블러(assembler)
③ 컴파일러(compiler) ④ 프리프로세서(preprocessor)

ANSWER 14.③ 15.①

14 FIFO(First Input First Out)=FCFS(First Come First Service) **스케줄링** … 가장 간단한 스케줄링 알고리즘으로 FIFO(First Input First Out) 큐로 쉽게 관리. 프로세스가 대기 큐(준비 큐)에 도착한 순서에 따라 CPU가 할당되며 단독적 사용이 거의 없으며, 다른 스케줄링 알고리즘에 보조적으로 사용(우선순위 스케줄링, RR 스케줄링 등)한다.

순번	1	2	3	4	5	6	7	8	9	10	11
요구 페이지	1	2	3	4	5	2	1	1	6	7	5
페이지 프레임	1	1	1	1	5	5	5	5	5	5	5
		2	2	2	2	2	1	1	1	1	1
			3	3	3	3	3	3	6	6	6
				4	4	4	4	4	4	7	7
페이지 부재	○	○	○	○	○		○		○	○	

15 ① **링커**(linker) : 목적코드를 실행 가능한 로드 모듈로 생성하는 프로그램
② **어셈블러**(assembler) : 어셈블리어로 작성된 원시프로그램을 기계어로 번역
③ **컴파일러**(compiler) : C, COBOL, FORTRAN, PASCAL 등의 고급언어로 작성된 원시 프로그램을 기계어로 번역하며 한꺼번에 번역하므로 번역속도는 느리지만 실행속도가 빠름
④ **프리프로세서**(preprocessor): 고급언어로 작성된 프로그램을 그에 대응되는 다른 고급언어로 번역하며 매크로 확장, 기회 변환 등의 작업을 수행

16 이메일, ERP, CRM 등 다양한 응용 프로그램을 서비스 형태로 제공하는 클라우드 서비스는?

① IaaS(Infrastructure as a Service)

② NaaS(Network as a Service)

③ PaaS(Platform as a Service)

④ SaaS(Software as a Service)

ANSWER 16.④

16 클라우드 서비스(cloud service) … 인터넷으로 연결된 초대형 고성능 컴퓨터(데이터센터)에 소프트웨어와 콘텐츠를 저장해 두고 필요할 때마다 꺼내 쓸 수 있는 서비스

㉠ 전통적 분류

- IaaS(Infrastructure as a Service) : 응용서버, 웹서버 등을 운영하기 위해서는 기존에는 하드웨어 서버, 네트워크, 저장장치, 전력 등 여러 가지 인프라가 필요한 가상의 환경에서 쉽고 편하게 이용할수 있게 제공하는 서비스
- PaaS(Platform as a Service) : 개발자가 개발환경을 위한 별도의 하드웨어, 소프트웨어 등의 구축비용이 들지 않도록 개발구축하고 실행하는데 필요한 환경을 제공하는 서비스
- SaaS(Software as a Service) : 제공자가 소유하고 운영하는 소프트웨어를 웹 브라우저 등을 통해 사용하는 서비스

㉡ 추가적 분류

- BPass(Business Process as a Service) : IBM에서 제시한 클라우드 컴퓨팅 참조 모델에서는 상기 이외에 비즈니스 프로세스를 서비스
- DaaS(Desktop as a Service) : 고객의 데스크탑이 클라우드 인프라 상에서 가상 머신 형태로 실행되며, 사용자는 다양한 경량 클라이언트 또는 제로 클라이언트를 이용하여 데스크탑에 접근
- SecaaS(Security as a Service) : 클라우드 컴퓨팅 안에서 보안 보장을 제공하기 위한 방법
- CaaS(Communication as a Service) : 실시간 통신과 협력 서비스를 제공하기 위한 클라우드 서비스를 제공
- NaaS(Network as a Service) : 트랜스포트 연결 서비스와 인터-클라우드 네트워크 연결 서비스를 제공하기 위한 클라우드 서비스를 제공

17 다음 C 프로그램의 출력 결과는?

```
#include <stdio.h>
int main() {
   char msg[50] = "Hello World!! Good Luck!";
   int i = 2, number = 0;
   while (msg[i] != '!') {
      if (msg[i] == 'a' || msg[i] == 'e' || msg[i] == 'i' || msg[i] == 'o' || msg[i] == 'u')
         number++;
      i++;
   }
   printf("%d", number);
   return 0;
}
```

① 2

② 3

③ 5

④ 6

ANSWER 17.①

17 문자열을 문자형 배열로 저장하여 일정 범위에 있는 모음(a, e, i, o, u)의 개수를 세는 소스코드이다.

char msg[50] = "Hello World!! Good Luck!"; → "Hello World!! Good Luck!";에서 범위는
int i = 2, number = 0; → 배열 2번째 (i의 초기값이 2이므로)부터 11번째 까지
while (msg[i] != '!') {
if (msg[i] == 'a' || msg[i] == 'e' || msg[i] == 'i' || msg[i] == 'o' || msg[i] == 'u')
number++;
i++;
→ 반복문의 범위를 지정
"llo World!!

전체 문자열 중에 일정범위 "llo World"에 들어있는 모음(a,e,i,o,u)의 개수를 세는 것으로 일점범위 안에는 "o"만 2개 들어 있다.

18 마이크로프로세서에 관한 설명으로 옳은 것만을 모두 고르면?

> ㉠ 모든 명령어의 실행시간은 클럭 주기(clock period)보다 작다.
> ㉡ 클럭 속도는 에너지 절약이나 성능상의 이유로 일시적으로 변경할 수 있다.
> ㉢ 일반적으로 RISC는 CISC에 비해 명령어 수가 적고, 명령어 형식이 단순하다.

① ㉢
② ㉠, ㉡
③ ㉠, ㉢
④ ㉡, ㉢

19 소프트웨어 규모를 예측하기 위한 기능점수(function point)를 산정할 때 고려하지 않는 것은?

① 내부논리파일(Internal Logical File)
② 외부입력(External Input)
③ 외부조회(External inQuiry)
④ 원시 코드 라인 수(Line Of Code)

ANSWER 18.④ 19.④

18 마이크로프로세서 … 제어장치, 연산장치, 레지스터가 한 개의 반도체 칩(IC)에 내장된 장치로, 개인용 컴퓨터(PC)에서 중앙처리장치로 사용되고 있으며 클럭 주파수와 내부 버스의 폭으로 성능을 평가한다. 마이크로프로세서는 설계방식에 따라 RISC와 CISC로 나누며 RISC방식은 명령어의 종류가 적어 전력 소비가 적고, 속도고 빠르지만 복잡한 연산을 수행하기 위해 명령어들을 반복 조합해서 사용해야 하므로 레지스터를 많이 필요로 하고 프로그램도 복잡하다.

19 ④ **원시 코드 라인 수**(Line Of Code) : 소프트웨어 각 기능의 원시 코드 라인 수의 비관치, 낙관치, 중간치를 측정하여 예측치를 구하고 계산하여 산정

• 계산법 : (낙관치+(4*중간치)+비관치)/6

※ **기능점수**(Function Point)**의 정의** … SW의 규모를 외부입력, 외부출력, 논리적 내부파일, 외부인터페이스, 외부질의 5가지 유형으로 나누어 점수를 구한 후 프로젝트 특성에 적절한 가중치를 선택, 곱하여 각 요인별 기능 점수를 계산, 산출하여 예측하는 기법

20 LTE(Long-Term Evolution) 표준에 대한 설명으로 옳은 것만을 모두 고르면?

㉠ 다중입력 다중출력(MIMO) 안테나 기술을 사용한다. ㉡ 4G 무선기술로서 IEEE 802.16 표준으로도 불린다. ㉢ 음성 및 데이터 네트워크를 통합한 All-IP 네트워크 구조이다. ㉣ 다운스트림에 주파수 분할 멀티플렉싱과 시간 분할 멀티플렉싱을 결합한 방식을 사용한다.

① ㉠, ㉢

② ㉡, ㉣

③ ㉠, ㉡, ㉢

④ ㉠, ㉢, ㉣

ANSWER 20.④

20 IEEE 802.16 … IEEE 802 위원회에서 무선 도시권 통신망(WMAN: Wireless Metropolitan Area Network)의 표준화를 추진하는 위원회와 관련 표준을 통칭. WiMAX 표준등을 담당

컴퓨터일반

2019. 6. 15. 제1회 지방직 시행

1 저급언어에 해당하는 프로그래밍 언어는?

① 어셈블리어(Assembly Language)
② 자바(Java)
③ 코볼(COBOL)
④ 포트란(Fortran)

2 중앙처리장치(CPU)의 구성 요소로만 묶은 것은?

㉠ ALU	㉡ DRAM
㉢ PCI	㉣ 레지스터
㉤ 메인보드	㉥ 제어장치

① ㉠, ㉡, ㉣
② ㉠, ㉣, ㉥
③ ㉣, ㉤, ㉥
④ ㉠, ㉢, ㉣, ㉥

ANSWER 1.① 2.②

1 ㉠ 저급언어 : 컴퓨터 내부에서 바로 처리 가능한 프로그래밍 언어로 일반적으로 기계어와 어셈블리어를 말한다.
㉡ 고급언어 : 저급언어가 기계에 가까운 언어라면 고급언어는 프로그래밍을 하는 사람에 가까운 언어라고 할수 있으며 저급언어에 비해서 가독성이 높고 다루기가 쉽다는 장점이 있다. 컴파일러나 인터프리터에 의해 저급언어로 번역이 되어 실행된다. 대표적으로 C, C++, JAVA등 프로그래밍 언어들이 속해 있다.

2 중앙처리장치(CPU) … 명령어의 해석과 자료의 연산, 비교 등의 처리를 제어하는 컴퓨터시스템의 핵심장치로 레지스터, 연산장치, 제어장치로 구성된다.
- 제어장치 : 레지스터 사이의 데이터 전송을 감시하고 연산장치의 동작을 지시하는 장치
- 연산장치 : 명령어를 실행하기 위한 마이크로 연산을 수행하는 장치
- 레지스터 : 한 비트를 저장할 수 있는 플립플롭의 모임으로 중앙처리장치 내에 있는 소규모의 임시 기억장소

3 **다음에서 설명하는 네트워크 구조는?**

> • 구축 비용이 저렴하고 새로운 노드를 추가하기 쉽다.
> • 네트워크의 시작과 끝에는 터미네이터(Terminator)가 붙는다.
> • 연결된 노드가 많거나 트래픽이 증가하면 네트워크 성능이 크게 저하된다.

① 링(Ring)형
② 망(Mesh)형
③ 버스(Bus)형
④ 성(Star)형

4 **다음에서 설명하는 객체지향 프로그래밍의 특징은?**

> • 객체를 구성하는 속성과 메서드가 하나로 묶여 있다.
> • 객체의 외부와 내부를 분리하여 외부 모습은 추상적인 내용으로 보여준다.
> • 객체 내의 정보를 외부로부터 숨길 수도 있고, 외부에 보이게 할 수도 있다.
> • 객체 내부의 세부 동작을 모르더라도 객체의 메서드를 통해 객체의 기능을 활용할 수 있다.

① 구조성
② 다형성
③ 상속성
④ 캡슐화

ANSWER 3.③ 4.④

3 ③ 버스(Bus)형은 일반적으로 많이 사용하는 네트워크 방식으로 네트워크 상의 모든 호스트들이 하나의 케이블에 연결된 형태로 관리가 불편하다.
① 링(Ring)형은 버스 토폴로지형태와 비슷하며 양 종단이 서로 연결되어 링형을 이루며 대기 시간이 길다.
② 망(Mesh)형은 모든 네트워크 또는 컴퓨터들이 네트워크 상이나 개별적으로 네트워크와 연결된 형태로 비용이 많이 든다.
④ 성(Star)형은 중앙의 시스템과 개별 호스트는 점대 점 방식으로 연결되어 있으며 중앙 집중 관리가 쉽다.

4 ④ 캡슐화란 외부에 대한 가시적인 부분과 내부 및 구현에 관계되는 세부적인 사항을 분리하는 모델링 및 구현기법으로 복잡하고 불필요한 부분등을 사용자에게 안보이게 하고 외부세계와 인터페이스를 잘 할수 있도록 표준화 시킨 포장이 잘 되도록 함

5 **하나의 프로세스가 CPU를 할당받은 후에는, 스스로 CPU를 반납할 때까지 다른 프로세스가 CPU를 차지할 수 없도록 하는 스케줄링 기법에 해당하는 것만을 모두 고르면?**

> ㉠ FCFS(First Come First Served)
> ㉡ RR(Round Robin)
> ㉢ SRT(Shortest Remaining Time)

① ㉠
② ㉠, ㉢
③ ㉡, ㉢
④ ㉠, ㉡, ㉢

6 **프로그램 내장 방식에 대한 설명으로 옳지 않은 것은?**

① 프로그램 내장 방식을 사용한 최초의 컴퓨터는 에니악(ENIAC)이다.
② 현재 사용되는 대부분의 컴퓨터는 프로그램 내장 방식을 사용하고 있다.
③ 컴퓨터가 작업을 할 때마다 설치된 스위치를 다시 세팅해야 하는 번거로움을 해결하기 위해 폰 노이만이 제안하였다.
④ 프로그램과 자료를 내부의 기억장치에 저장한 후 프로그램 내의 명령문을 순서대로 꺼내 해독하고 실행하는 개념이다.

ANSWER 5.① 6.①

5 ㉠ FCFS(First Come First Served) : 도착순 서비스로 우선순위가 붙은 가장 기본적인 대기 행렬에 대한 서비스 방법의 하나로 서비스 창구에 도착한 순서로 처리되는 것

6 ① 프로그램 내장 방식은 프로그램과 데이터를 주기억장치에 저장해 두고, 주기억장치에 있는 프로그램 명령어를 하나씩 차례대로 수행하는 방식으로 프로그램내장방식을 도입한 컴퓨터는 애드삭(EDSAC)이다.

7 **CISC(Complex Instruction Set Computer)와 RISC(Reduced Instruction Set Computer)에 대한 설명으로 옳지 않은 것은?**

① CISC 구조에서 명령어의 길이는 가변적이다.

② 전형적인 RISC 구조의 명령어는 메모리의 피연산자를 직접 처리한다.

③ RISC 구조는 명령어 처리구조를 단순화시켜 기계어 명령의 수를 줄인 것을 말한다.

④ CISC 구조는 RISC 구조에 비해서 상대적으로 명령어 실행 단계가 많고 회로 설계가 복잡하다.

8 **릴레이션 R = {A, B, C, D, E}이 함수적 종속성들의 집합 FD = {A → C, {A, B} → D, D → E, {A, B} → E}를 만족할 때, R이 속할 수 있는 가장 높은 차수의 정규형으로 옳은 것은? (단, 기본키는 복합속성 {A, B}이고, 릴레이션 R의 속성 값은 더 이상 분해될 수 없는 원자 값으로만 구성된다)**

① 제1정규형

② 제2정규형

③ 제3정규형

④ 보이스 / 코드 정규형

ANSWER 7.② 8.①

7

CISC(Complex Instruction Set Computer)	RISC(Reduced Instruction Set Computer)
• 가변길이 명령어 사용 • 명령어 파이프 라이닝 힘듦 • 컴파일러 복잡 • 비교적 명령어 적게 사용하여 프로그램 실행가능	• 고정길이 명령어 사용 • 복잡한 주소지정 방식 제거 • 명령어 파이프 라이닝 활용도 높임 • 컴파일러 최적화 • 명령어가 적고 단순하여 많은 수의 명령어가 조합됨

8 제1정규형은 어떤 릴레이션에 속한 모든 도메인이 원자 값을 가져 더 이상 분해할 수 없는 상태로 즉 중복을 제거한 것이다.

9 **인터넷의 전송 계층에서 사용하는 프로토콜로 TCP와 UDP가 있다. TCP와 UDP 모두에서 제공하지 않는 기능은?**

① 연결 설정(Connection Setup)
② 오류 검출(Error Detection)
③ 지연시간 보장(Delay Guarantee)
④ 혼잡 제어(Congestion Control)

10 **유비쿼터스를 응용한 컴퓨팅 기술에 대한 설명으로 옳지 않은 것은?**

① 엑조틱 컴퓨팅(Exotic Computing)은 스스로 생각하여 현실세계와 가상세계를 연계해 주는 컴퓨팅 기술이다.
② 노매딕 컴퓨팅(Nomadic Computing)은 장소에 상관없이 다양한 정보기기가 편재되어 있어 사용자가 정보기기를 휴대할 필요가 없는 컴퓨팅 기술이다.
③ 디스포절 컴퓨팅(Disposable Computing)은 컴퓨터가 센서 등을 통해 사용자의 상황을 인식하여 사용자가 필요로 하는 정보를 제공해 주는 컴퓨팅 기술이다.
④ 웨어러블 컴퓨팅(Wearable Computing)은 컴퓨터를 옷이나 안경처럼 착용할 수 있게 해줌으로써 컴퓨터를 인간의 몸의 일부로 여길 수 있도록 하는 컴퓨팅 기술이다.

ANSWER 9.③ 10.③

9

TCP(Transmission Control Protocol)	UDP(User Datagram Protocol)
연결 지향적 프로토콜	비연결성 프로토콜
• 신뢰적인 전송을 보장 • 연결관리를 위한 연결설정 및 연결종료 • 패킷 손실, 중복, 순서바뀜 등이 없도록 보장 • 양단간 프로세스는 TCP가 제공하는 연결성 회선을 통하여 서로 통신	• 신뢰성 없음 • 순서화하지 않은 데이터 그램 서비스 제공 • 순서제어, 흐름제어, 오류제어 거의 없음 • 실시간 스트리밍 • 헤더가 단순

10 **유비쿼터스 컴퓨팅** … 컴퓨터가 우리들의 일상생활 주변에 스며들어 실제로 눈에 보이지 않기 때문에 우리가 느끼지 못하는 사이에 편하게 컴퓨터를 사용한다는 개념이다.

③ **디스포절 컴퓨팅**(Disposable Computing) : 1회용 종이처럼 컴퓨터의 가격이 저렴하여 모든 사물에 컴퓨터 기술이 활용될수 있음을 나타냄.
감지 컴퓨팅(Sentient Computing) : 컴퓨터가 센서 등을 통해 사용자의 상황을 인식하여 사용자가 필요로 하는 정보를 제공해 주는 컴퓨팅 기술이다.

11 컴퓨터 명령어 처리 시 필요한 유효 주소(Effective Address)를 찾기 위한 주소 지정 방식에 대한 설명으로 옳지 않은 것은?

① 즉시 주소 지정 방식(Immediate Addressing Mode)은 유효 데이터가 명령어 레지스터 내에 있다.

② 간접 주소 지정 방식(Indirect Addressing Mode)으로 유효 데이터에 접근하는 경우 주기억장치 최소접근횟수는 2이다.

③ 상대 주소 지정 방식(Relative Addressing Mode)은 프로그램 카운터와 명령어 내의 주소필드 값을 결합하여 유효 주소를 도출한다.

④ 레지스터 주소 지정 방식(Register Addressing Mode)은 직접 주소 지정 방식(Direct Addressing Mode)보다 유효 데이터 접근속도가 느리다.

12 컴퓨터 시스템에서 교착상태의 해결 방안에 대한 설명으로 옳지 않은 것은?

① 교착상태가 발생할 가능성을 사전에 없앤다.

② 하나의 프로세스만이 한 시점에서 하나의 자원을 사용할 수 있게 한다.

③ 교착상태가 탐지되면, 교착상태와 관련된 프로세스와 자원을 시스템으로부터 제거한다.

④ 교착상태가 발생할 가능성을 인정하고, 교착상태가 발생하려고 할 때 이를 회피하도록 한다.

ANSWER 11.④ 12.②

11 ④ 레지스터 주소 지정 방식(Register Addressing Mode)은 연산에 사용할 데이터가 레지스터에 저장되어 있다.

12 교착상태 … 한정된 자원을 여러 곳에서 사용하려고 할 때 모두 작업수행을 할 수 없이 대기 상태에 놓이는 상태

- 교착상태는 예방을 하거나 회피, 무시 또는 발견하는 방법으로 관리하며 예방을 하는 방법은 교착상태의 필요조건 4가지 중 한 가지라도 발생하지 않도록 각 조건 중 한 가지 이상을 제거한다.
- 회피는 운영체제가 자체적으로 프로세스가 요청할 자원에 대한 정보를 가지고 자원 요청을 허용할 여부를 결정하는 등 자원 할당 상태를 검사한다.
- 예방과 회피 방법은 성능에 영향을 끼치기 때문에 교착 상태 발생률이 낮은 경우 무시를 하며 그 외 교착상태를 발견하는 알고리즘을 제공하여 해결하는 방법도 있다.

13 다음과 같은 압축되지 않은 비트맵 형식의 이미지를 RLE(Run Length Encoding) 방식을 이용하여 압축했을 때 압축률이 가장 작은 것은? (단, 모든 이미지의 가로와 세로의 길이는 동일하고, 가로 방향 우선으로 픽셀을 읽어 처리한다)

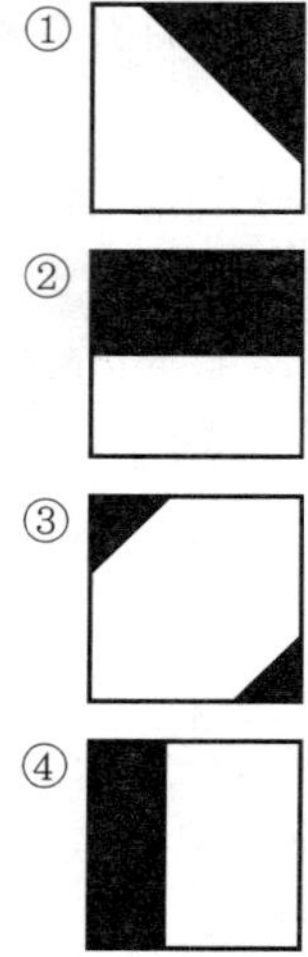

ANSWER 13.④

13 RLE(Run Length Encoding) 방식은 여러가지 데이터 압축 알고리즘 중 가장 간단하고 쉬운편이다. 같은 단위의 데이터가 반복된다면 해당 데이터 1개와 반복 횟수만을 나타내는 것으로 단순하지만 특정상황에 매우 유리하다.

14 다음 Java 프로그램은 3의 배수를 제외한 1부터 10까지 정수의 누적 합이 10을 초과하는 최초 시점에서의 합을 출력하는 프로그램이다. ㉠과 ㉡에 들어가는 내용으로 적절한 것은?

```
public class JavaApplication {
    public static void main(String[] args) {
        int i = 0, sum = 0;
        while(i < 10) {
            i++;
            if(i % 3 == 0) ㉠          ;
            if(sum > 10)   ㉡          ;
            sum += i;
        }
        System.out.println("sum=" + sum);
    }
}
```

	㉠	㉡
①	break	goto
②	continue	break
③	final	continue
④	return	break

ANSWER 14.②

14 ㉠ : if(i % 3 == 0) 조건에서 보이듯이 3으로 나누어 나머지가 0과 같을 경우 반복문의 처음으로 돌아가야 하기 때문에 ㉠ 빈칸에는 continue 명령어를 넣어야 한다.

㉡ : 합이 10을 초과 할 경우 sum의 값을 출력해야 하기 때문에 ㉡ 빈칸에는 반복문을 빠져나가는 break 명령어를 넣어야 한다.

15 다중 스레드(Multithread)에 대한 설명으로 옳은 것만을 모두 고르면?

> ㉠ 스레드는 프로세스보다 더 큰 CPU의 실행 단위이다.
> ㉡ 단일 CPU 컴퓨터에서 작업을 수행하는 스레드들은 CPU 자원을 공유한다.
> ㉢ 스레드는 프로세스와 마찬가지로 독립적인 PC(Program Counter)를 가진다.
> ㉣ 프로세스 간의 문맥교환은 동일 프로세스에 있는 스레드 간의 문맥교환에 비해 비용면에서 효과적이다.

① ㉠, ㉡
② ㉠, ㉣
③ ㉡, ㉢
④ ㉡, ㉣

16 구매 방법에 따른 소프트웨어 분류에 대한 설명으로 옳은 것은?

① 프리웨어(Freeware)는 라이선스 없이 무료로 배포되어, 영리목적 기관에서도 자유롭게 배포할 수 있는 소프트웨어이다.

② 라이트웨어(Liteware)는 상용 소프트웨어의 일부 기능만을 사용할 수 있도록 하여, 낮은 가격에 판매되는 소프트웨어이다.

③ 오픈소스 소프트웨어(Open Source Software)는 프로그램 소스가 공개되어 있으나, 저작권자의 동의 없는 임의 수정은 불가능하다.

④ 셰어웨어(Shareware)는 시범적으로 사용자에게 무료로 제공한 후 일정 기간이 지나면, 유용성에 따라서 구매하도록 하는 소프트웨어이다.

ANSWER 15.③ 16.④

15 하나의 프로세스 내에서 하나의 스레드가 아닌 여러개의 스레드를 형성하여 명령어들을 처리하는 것으로 멀티 스레딩은 서로 간의 자원 공유가 가능하다.

16 ① **프리웨어**(Freeware) : 무료로 복제하고 계속 사용할 수 있는 공개 소프트웨어
② **라이트웨어**(Liteware) : 사용기간의 제약이 없는게 특징인 일반용 소프트웨어 버전에서 몇가지 핵심 기능을 제거하고 무료로 배포하는 견본 프로그램
③ **오픈소스 소프트웨어**(Open Source Software) : 무상으로 공개된 소프트웨어

17 **프로세스 상태 전이에서 준비(Ready) 상태로 전이되는 상황만을 모두 고르면? (단, 동일한 우선순위의 프로세스가 준비 상태로 한 개 이상 대기하고 있다)**

> ㉠ 실행 상태에 있는 프로세스가 우선순위가 높은 프로세스에 의해 선점되었을 때
> ㉡ 블록된(Blocked) 상태에 있는 프로세스가 요청한 입출력 작업이 완료되었을 때
> ㉢ 실행 상태에 있는 프로세스가 작업을 마치지 못하고 시간 할당량을 다 썼을 때

① ㉠, ㉡

② ㉠, ㉢

③ ㉡, ㉢

④ ㉠, ㉡, ㉢

ANSWER 17.④

17 프로세스 상태 전이에서 준비(Ready) 상태로 전이되는 상황 … 준비상태로 전이되는 경우 필요한 자원을 모두 소유하고 프로세서를 요청하고 있는 상태를 말한다.

- 프로세서는 프로세스가 프로세스를 할당 받기 위해 기다리고 있는 상태이면서 프로세스는 준비(Ready) 상태 큐에서 실행을 준비하는 준비 상태/ 준비 상태 큐에 있는 프로세스가 프로세서를 할당 받아 실행되는 상태이면서 프로세스 수행이 완료되기 전에 프로세서에게 주어진 프로세서 할당 시간이 종료되면 프로세스는 준비 상태로 전이 되고 실행 중인 프로세서에 입출력처리가 필요하면 실행 중인 프로세스는 대기 상태로 전이가 되는 실행(Running)상태/ 프로세서에 입출력 처리가 필요하면 현재 수행 중인 프로세스가 중단되고 대기(Block) 상태로 전이 되고 입출력 처리가 완료되면 대기 상태에서 준비 상태로 전이 되는 대기 상태가 존재 한다.
- 준비상태에 있던 프로세스가 CPU에 할당받아 실행되는 걸 디스패치(Dispatch)라 하고 실행중인 프로그램이 할당된 시간이 끝나서 다시 준비 상태로 돌아가는 걸 타임아웃(Timeout)이라고 한다. 이때 프로세스가 모든 명령의 실행을 마치지 못했다 하더라도 할당된 시간이 끝나면 다시 준비 상태로 타임아웃 하게 된다. 그리고 다시 준비 상태에서 기다리다가 CPU에 할당되어 다시 실행 상태로 디스패치 되고 또 할당된 시간이 끝나면 다시 준비 상태 타임아웃 되고는 순환을 반복한다.
- CPU가 프로세스를 실행 중일 때 갑자기 급한 프로세스가 CPU를 사용해야 할 일이 생기면 실행 중인 프로세스는 대기 상태로 들어가게 되는데 이를 Blocked라고 한다. 그리고 급한 프로세스가 끝났다고 해서 대기 상태에 있던 프로세스가 다시 실행 상태로 돌아가는 건 아니고 준비 상태로 돌아가게 되고 다시 디스패치 되어 실행 상태로 상태전이를 하게 된다.
- 디스패치(Dispatch) : 준비 상태에서 대기하고 있는 프로세스 중 하나가 프로세스를 할당받아 실행 상태로 전이되는 과정
- Wake-UP : 입/출력 작업이 완료되어 프로세스가 대기 상태에서 준비 상태로 전이되는 과정

18 최대 히프 트리(Heap Tree)로 옳은 것은?

①
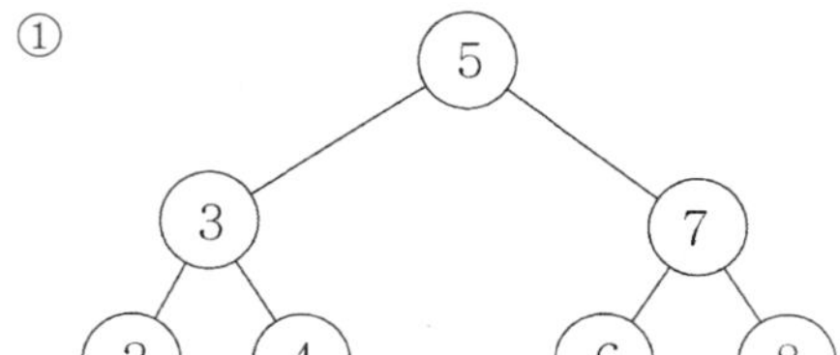

②
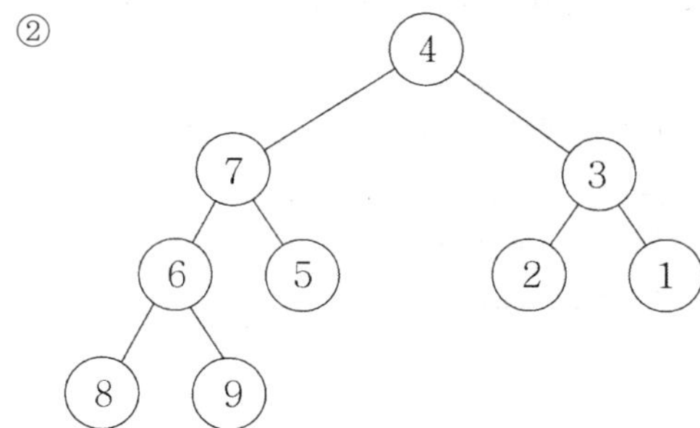

③
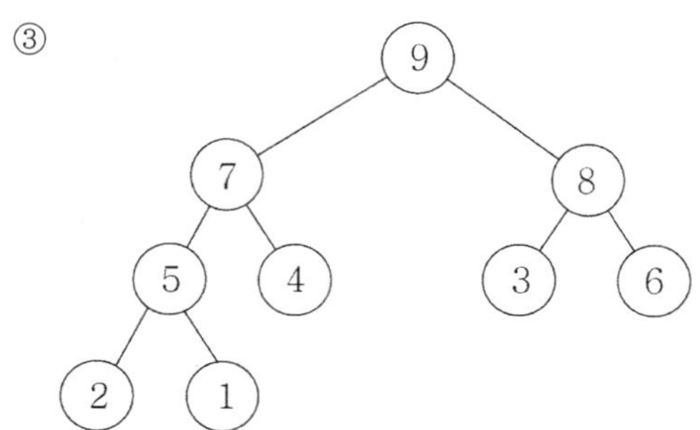

④
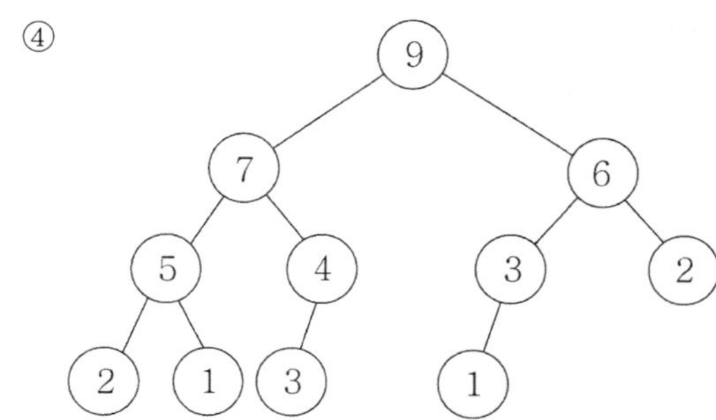

ANSWER 18.③

18 히프(heap) … 완전 이진 트리에 있는 노드 중에서 키 값이 가장 큰 노드나 키 값이 가장 작은 노드를 찾기 위해서 만든 자료구조

- **최대 히프**(max heap) : 키 값이 가장 큰 노드를 찾기 위한 완전 이진 트리
  - 부모노드의 키 값 ≥ 자식노드의 키 값
  - 루트 노드 : 키 값이 가장 큰 노드
- **최소 히프**(min heap) : 키 값이 가장 작은 노드를 찾기 위한 완전 이진 트리
  - 부모노드의 키 값 ≤ 자식노드의 키 값
  - 루트 노드 : 키 값이 가장 작은 노드

19 CSMA/CD(Carrier Sense Multiple Access with Collision Detection)에 대한 설명으로 옳은 것만을 고르면?

> ㉠ 버스형 토폴로지에 많이 사용한다.
> ㉡ 데이터 전송 시간 및 충돌에 의한 데이터 지연 시간을 정확히 예측할 수 있다.
> ㉢ 데이터를 전송하기 전에 통신회선의 사용 여부를 확인하고 전송하는 방식이다.
> ㉣ 전송할 데이터가 없을 때에도 토큰이 통신회선을 회전하면서 점유하는 단점이 있다.

① ㉠, ㉢　　② ㉠, ㉣
③ ㉡, ㉢　　④ ㉡, ㉣

20 다음 식과 논리적으로 같은 것은?

> $(x + y \geq z \text{ AND } (x + y \geq z \text{ OR } x - y \leq z) \text{ AND } x - y > z) \text{ OR } x + y < z$

① $x + y < z$　　② $x - y > z$
③ $x + y \geq z \text{ OR } x - y \leq z$　　④ $x + y < z \text{ OR } x - y > z$

ANSWER 19.① 20.④

19 CSMA/CD(Carrier Sense Multiple Access with Collision Detection) : 이더넷에서 사용하는 통신 방식으로 버스에 연결된 여러 통신 주체들이 동시에 통신을 하게 되어 발생하는 충돌을 막기 위해서 사용하는 프로토콜

20
- $(\underline{x + y \geq z} \text{ AND } (x + y \geq z \text{ OR } x - y \leq z) \text{ AND } x - y > z) \text{ OR } x + y < z$
  → A 라고 가정 → $(x + y \geq z$ 조건과 A' → $x + y < z$ 조건은 반대 되는 식
- $(x + y \geq z \text{ AND } (x + y \geq z \text{ OR } \underline{x - y \leq z}) \text{ AND } \underline{x - y > z}) \text{ OR } x + y < z$
  → B → $\underline{x - y \leq z}$ 조건과 B' → $\underline{x - y > z}$ 조건은 반대 되는 식

(A and(A or B)and B')or A'
(A · (A+B) · B')+A' → 분배법칙
(A+AB) · B')+A'
(A · B')+A' → 분배법칙
B'+A'
A'+B'
A' → $x + y < z$ or B' → $\underline{x - y > z}$
<u>결과 : $x + y < z \text{ or } x - y > z$</u>

컴퓨터일반

2019. 6. 15. 제2회 서울특별시 시행

1 C 프로그램을 컴파일하면 <보기>와 같은 것들이 실행된다. 이 중 3번째로 실행되는 것은?

> <보기>
> 링커(linker), 어셈블러(assembler),
> 전처리기(preprocessor), 컴파일러(compiler)

① 링커(linker)
② 어셈블러(assembler)
③ 전처리기(preprocessor)
④ 컴파일러(compiler)

ANSWER 1.②

1 실행파일 순서 … 코드작성 - 전처리기(preprocessor) → 컴파일러(compiler) → 어셈블러(assembler) → 링커(Linker)→ 실행파일 생성

③ 전처리기(preprocessor) : 전처리 프로그램으로 컴퓨터 처리에서 중심적인 처리를 행하는 프로그램의 조건에 맞추기 위한 사전 처리나 사전 준비적인 계산 또는 편성을 행하는 프로그램

④ 컴파일러(compiler) : 고급언어로 쓰인 프로그램을 그와 의미적으로 동등하며 컴퓨터에서 즉시 실행될 수 있는 형태의 목적 프로그램으로 바꾸어 주는 번역 프로그램

② 어셈블러(assembler) : 기호언어로 쓰인 프로그램을 컴퓨터가 해독할 수 있는 코드로 고치기 위한 프로그램

① 링커(linker) : 링커 (linker) 또는 링크 에디터 (link editor)는 컴퓨터 과학에서 컴파일러가 만들어낸 하나 이상의 목적 파일을 가져와 이를 단일 실행 프로그램으로 병합하는 프로그램

2 **유닉스 파일 시스템에 대한 설명으로 가장 옳지 않은 것은?**

① 슈퍼블록은 전체 블록의 수, 블록의 크기, 사용 중인 블록의 수 등 파일 시스템의 정보를 가지고 있다.

② 아이노드는 파일의 종류, 크기, 소유자, 접근 권한 등 각종 속성 정보를 가지고 있다.

③ 파일마다 데이터 블록, 아이노드 외에 직접 블록 포인터와 단일 · 이중 · 삼중 간접 블록 포인터로 구성된 인덱스 정보를 가진 인덱스 블록을 별도로 가지고 있다.

④ 디렉터리는 하위 파일들의 이름과 아이노드 포인터 (또는 아이노드 번호)를 포함하는 디렉터리 엔트리들로 구성한다.

3 **〈보기〉는 8비트에 부호 있는 2의 보수 표현법으로 작성한 이진수이다. 이에 해당하는 십진 정수는?**

〈보기〉
1 0 1 1 1 1 0 0

① −60

② −68

③ 94

④ 188

ANSWER 2.③ 3.②

2 • 유닉스 파일 시스템(UNIX File System, UFS) : 유닉스 및 유닉스 계열 운영체제에 쓰이는 파일 시스템 또는 그 개념
• 유닉스 커널 : 모든 파일들을 바이트 단위의 스트림으로 간주
• 파일과 데이터 블록
 – 파일 : 마지막 영역에 단편을 가진 고정 크기의 데이터 블록의 배열로서 저장
 – 데이터 블록 : I-노드에 있는 포인터에 의해 검색되며 엔트리는 i-노드를 가짐

3 1의 보수로 변환한뒤 결과값 오른쪽 끝자리에 1을 더해준뒤 2의 보수를 구한다.
왼쪽 첫 자리는 부호자리이다.

4 〈보기〉가 설명하는 것은?

〈보기〉
다음에 실행할 명령어의 주소를 보관하는 레지스터 이다. 계수기로 되어 있어 실행할 명령어를 메모리에서 읽으면 명령어의 길이만큼 증가하여 다음 명령어를 가리키며, 분기 명령어는 목적 주소로 갱신할 수 있다.

① 명령어 레지스터
② 프로그램 카운터
③ 데이터 레지스터
④ 주소 레지스터

5 운영체제에서 가상 메모리의 페이지 교체 기법에 대한 설명으로 가장 옳지 않은 것은?

① FIFO 기법에서는 아무리 참조가 많이 된 페이지라도 교체될 수 있다.
② LRU 기법을 위해서는 적재된 페이지들의 참조된 시간 또는 순서에 대한 정보가 필요하다.
③ Second-chance 기법에서는 참조 비트가 0인 페이지는 교체되지 않는다.
④ LFU 기법은 많이 참조된 페이지는 앞으로도 참조될 확률이 높을 것이란 판단에 근거한 기법이다.

ANSWER 4.② 5.③

4 ② **프로그램 카운터**(program counter) : 프로그램 카운터전자용어사전 컴퓨터에서의 제어 장치의 일부로, 컴퓨터가 다음에 실행할 명령의 로케이션이 기억되어 있는 레지스터
① **명령어 레지스터**(instruction register) : 현재 실행 중인 명령어를 기억하고 있는 중앙 처리 장치 내의 레지스터
③ **데이터 레지스터**(data register) : 데이터의 일시적인 저장에 사용되는 특정의 레지스터
④ **주소 레지스터**(address register) : 기억장치안에서 처리하는 데이터의 주소를 넣어 두는 레지스터

5 ※ 페이지 교체 알고리즘
1) FIFO(선입선출) : 각 페이지가 주기억장치에 가장 먼저 들어와서 가장 오래 있었던 페이지를 교체
2) LFU(최소빈도사용) : 사용빈도가 가장 적은 페이지 교체
3) LRU(최근최소사용) : 가장 오랫동안 사용하지 않은 페이지 교체
4) NUR(최근사용전문) : 최근에 사용하지 않은 페이지 교체
5) OPT(최적교체) : 앞으로 가장 오랫동안 사용하지 않을 페이지를 교체
6) SCR(2차기회교체) : 가장 오랫동안 주기억장치에 있던 페이지 중에서 자주 사용되는 페이지의 교체를 방지
– SCR(Second Chance Replacement) : FIFO 기법의 단점을 보완하는 기법으로 교체 대상을 판별하기 전에 참조 비트를 검사하여 1일 때 한 번의 기회를 더 부여 하며 참조 비트가 1이면 큐의 맨 뒤로 피드백

6 **네트워킹 장비에 대한 설명으로 가장 옳지 않은 것은?**

① 라우터(router)는 데이터 전송을 위한 최선의 경로를 결정한다.
② 허브(hub)는 전달받은 신호를 그와 케이블로 연결된 모든 노드들에 전달한다.
③ 스위치(switch)는 보안(security) 및 트래픽(traffic) 관리 기능도 제공할 수 있다.
④ 브리지(bridge)는 한 네트워크 세그먼트에서 들어온 데이터를 그의 물리적 주소에 관계없이 무조건 다른 세그먼트로 전달한다.

7 **다음의 정렬된 데이터에서 2진 탐색을 수행하여 C를 찾으려고 한다. 몇 번의 비교를 거쳐야 C를 찾을 수 있는가? (단, 비교는 '크다', '작다', '같다' 중의 하나로 수행되고, '같다'가 도출될 때까지 반복된다.)**

A B C D E F G H I J K L M N O

① 1번
② 2번
③ 3번
④ 4번

ANSWER 6.④ 7.④

6 브리지(Bridge) : 두 개의 근거리통신망(LAN)을 서로 연결해 주는 통신망 연결 장치.

7 이진탐색 … 탐색 대상을 찾기 위해 자료를 1/2로 나누어 탐색하는 기법으로 배열의 크기에 관계없이 빠르게 탐색을 할 경우에 사용한다.

인덱스번호	1	2	3	4	5	6	7	8	9	10	11	12	13	14	15
원소	A	B	C	D	E	F	G	H	I	J	K	L	M	N	O

첫 번째로 (1+15)/2 = 8
두 번째로 (1+7)/2=4
세 번째로 (1+3)/2=2
<u>네 번째로 (3+3)/2=3</u>

8 **인터넷 서비스 관련 용어들에 대한 설명으로 가장 옳지 않은 것은?**

① ASP는 동적 맞춤형 웹페이지의 구현을 위해 사용된다.
② URL은 인터넷상에서 문서나 파일의 위치를 나타낸다.
③ HTML은 웹문서의 전달을 위한 통신 규약이다.
④ SSL은 안전한 웹통신을 위한 암호화를 위해 사용된다.

9 **〈보기〉의 배열 A에 n개의 원소가 있다고 가정하자. 다음 의사코드에 대한 설명으로 가장 옳지 않은 것은?**

〈보기〉

```
Function(A[ ], n)
{
for last ←n downto 2 // last를 n에서 2까지 1씩
감소
for i←1 to last−1
if (A[i]〉A[i+1]) then A[i]↔A[i+1];//A[i]와
A[i+1]를 교환
}
```

① 제일 큰 원소를 끝자리로 옮기는 작업을 반복한다.
② 선택 정렬을 설명하는 의사코드이다.
③ O(n2)의 수행 시간을 가진다.
④ 두 번째 for 루프의 역할은 가장 큰 원소를 맨 오른쪽으로 보내는 것이다.

ANSWER 8.③ 9.②

8 ③ HTML(Hypertext Markup Language) : 웹 문서를 만들기 위하여 사용하는 기본적인 웹 언어의 한 종류로 하이퍼텍스트를 작성하기 위해 개발.
HTTP : 웹문서의 전달을 위한 통신 규약.

9 버블정렬(bubble sort) : 거품정렬이라고도 하며 서로 이웃한 데이터들을 비교하며 가장 큰 데이터를 가장 뒤로 보내며 정렬하는 방식

10 〈보기〉의 Java 프로그램의 실행 결과는?

〈보기〉

```
class A {
public void f() { System.out.print("1"); }
public static void g() { System.out.print("2"); }
}
class B extends A {
public void f() { System.out.print("3"); }
}
class C extends B {
public static void g() { System.out.print("4"); }
}
public class D {
public static void main(String args[]) {
A obj = new C();
obj.f();
obj.g();
}
}
```

① 3 2
② 3 4
③ 1 2
④ 1 4

ANSWER 10.①

10 오버라이딩 … 객체 지향 프로그래밍에서 서브클래스 또는 자식 클래스가 자신의 슈퍼클래스들 또는 부모 클래스들 중 하나에 의해 이미 제공된 메소드를 특정한 형태로 구현하는 것을 제공하는 언어의 특징

- 클래스는 A클래스를 상속 받는 B클래스와 B클래스를 상속받는 C클래스로 구성

– 먼저 A obj = new C();의 형태로 객체를 생성 할 경우 상속되는 클래스는 오버라이딩을 적용
– obj.f(); method를 호출 A클래스의 f()method를 재정의
B클래스의 f()method가 수행
3 출력
– obj.g(); method를 호출 C클래스의 g()method가 수행한 것처럼 오류
– A클래스의 g()method: static은 오버라이딩 되지 않고 A클래스의 g()method 수행시켜 2 출력
결과 : 3, 2

11 어떤 시스템은 7비트의 데이터에 홀수 패리티 비트를 최상위 비트에 추가하여 8비트로 표현하여 저장한다. 다음과 같은 데이터를 저장 장치에서 읽어 왔을 때 오류가 발생한 경우는?

① 011010111

② 101101111

③ 011001110

④ 101001101

12 고객, 제품, 주문, 배송업체 테이블을 가진 판매 데이터 베이스를 SQL을 이용해 구축하고자 한다. 각 테이블이 〈보기〉와 같은 속성을 가진다고 가정할 때, 다음 중 가장 옳지 않은 SQL문은? (단, 밑줄은 기본키를 의미한다.)

〈보기〉

- 고객(<u>고객아이디</u>, 고객이름, 나이, 등급, 직업, 적립금)
- 제품(<u>제품번호</u>, 제품명, 재고량, 단가, 제조업체)
- 주문(<u>주문번호, 주문제품</u>, 주문고객, 수량, 배송지, 주문일자)
- 배송업체(<u>업체번호</u>, 업체명, 주소, 전화번호)

① 고객 테이블에 가입 날짜를 추가한다. →
"ALTER TABLE 고객 ADD 가입 날짜 DATE;"

② 주문 테이블에서 배송지를 삭제한다. →
"ALTER TABLE 주문 DROP COLUMN 배송지;"

③ 고객 테이블에 18세 이상의 고객만 가입 가능하다는 무결성 제약 조건을 추가한다. →
"ALTER TABLE 고객 ADD CONSTRAINT CHK_AGE CHECK(나이>=18);"

④ 배송업체 테이블을 삭제한다. →
"ALTER TABLE 배송업체 DROP;"

ANSWER 11.① 12.④

11 홀수가 아닌 경우 잘못된 데이터이기 때문에 홀수가 아닌 데이터를 찾는다.

12 ④ 배송업체 테이블을 삭제 한다. → <u>DROP TABLE</u> 배송업체;
→ DROP TABLE : 테이블 전체 삭제

13 〈보기〉의 UML 다이어그램 중 시스템의 구조(structure) 보다는 주로 동작(behavior)을 묘사하는 다이어그램들만 고른 것은?

〈보기〉

㉠ 클래스 다이어그램(class diagram)
㉡ 상태 다이어그램(state diagram)
㉢ 시퀀스 다이어그램(sequence diagram)
㉣ 패키지 다이어그램(package diagram)
㉤ 배치 다이어그램(deployment diagram)

① ㉠, ㉣
② ㉡, ㉢
③ ㉡, ㉤
④ ㉢, ㉣

ANSWER 13.②

13
- UML(Unified Modeling Language) … UNL은 클래스만을 그리는 도구는 아니고 객체 지향 설계 시에 사용되는 일반적인 모델링 언어
- 상태 다이어그램(statechart diagram)
  - 객체의 상태추이를 표현
  - 한 객체의 상태변화를 다이어그램으로 나타낸 것
  - 시스템의 실행 시 객체의 상태는 메시지를 주고 받음 or 어떠한 이벤트 발생으로 변화가 발생할 수 있음
  - 모든 객체의 상태 전부를 표시하는 것은 불가능 하므로 특별히 관심을 가져야 할 객체에 관하여 그리고 특정 조건에 만족하는 기간 동안의 상태를 표시
- 시퀀스 다이어그램
  - 객체 간의 상호작용(메시지 교환)을 표현
  - 시스템의 동적인 면을 나타냄
  - 시스템 실행 시 생성되고 소멸되는 객체를 표기하고 객체들 사이에 주고받는 메시지를 나타냄
  - 횡축을 시간축으로 하여 시간의 흐름을 나타내어 메시지의 순서에 역점을 둠

14 〈보기 1〉의 테이블 R에 대해 〈보기 2〉의 SQL을 수행한 결과로 옳은 것은?

〈보기 1〉

A	B
3	1
2	4
3	2
2	5
3	3
1	5

〈보기 2〉

```
SELECT SUM(B) FROM R GROUP BY A
HAVING COUNT(B) = 2;
```

① 2
② 5
③ 6
④ 9

ANSWER 14.④

14 SELECT SUM(B) FROM R GROUP BY A HAVING COUNT(B) = 2;
→A그룹에서 2인 값을 검색하여 B속성에서 값을 선택한 뒤 합계를 구하면 4+5=9 가 된다.

15 <보기>는 데이터가 정렬되는 단계를 일부 보여준 것이다. 어떤 정렬 알고리즘을 사용하면 이와 같은 데이터의 자리 교환이 일어나겠는가? (단, 제일 위의 행이 주어진 데이터이고, 아래로 내려갈수록 정렬이 진행되는 것이다.)

〈보기〉

초기 데이터	8 9 4 3 7 1 5 2
	8 9 3 4 1 7 2 5
	3 4 8 9 1 2 5 7
정렬 데이터	1 2 3 4 5 7 8 9

① 삽입 정렬
② 선택 정렬
③ 합병 정렬
④ 퀵 정렬

ANSWER 15.③

15 ③ **합병 정렬**: 배열을 하나의 원소가 될 때까지 분할한 후 분할된 두 그룹을 임시 저장공간에 작은 키값을 가지는 레코드부터 저장을 하며 합병이 이루어지며 이 과정을 반복하면 다시 원래 크기의 배열로 정렬되면서 완료된다.

16 〈보기〉의 각 설명과 일치하는 데이터 구조로 바르게 짝지어진 것은?

〈보기〉

(가) 먼저 추가된 항목이 먼저 제거된다.
(나) 먼저 추가된 항목이 나중에 제거된다.
(다) 항목이 추가된 순서에 상관없이 제거된다.

	(가)	(나)	(다)
①	큐	연결리스트	스택
②	스택	연결리스트	큐
③	스택	큐	연결리스트
④	큐	스택	연결리스트

ANSWER 16.④

16

〈보기〉

(가) 먼저 추가된 항목이 먼저 제거된다.	FIFO → 큐
(나) 먼저 추가된 항목이 나중에 제거된다.	FILO → 스택
(다) 항목이 추가된 순서에 상관없이 제거된다.	연결리스트

- **큐**(queue) : 한쪽 끝으로 자료를 넣고, 반대쪽에서는 자료를 뺄 수 있는 선형구조
- **스택**(stack) : 모든 원소들의 삽입(insert)과 삭제(delete)가 리스트의 한쪽 끝에서만 수행되는 제한 조건을 가지는 선형 자료 구조(linear data structure)로서, 삽입과 삭제가 일어나는 리스트의 끝을 top이라 하고, 다른 한쪽 끝을 bottom이라 한다.
- **연결 리스트**(linked list) : 각 데이터들을 포인터로 연결하여 관리하는 구조다. 연결 리스트에서는 노드라는 새로운 개념이 나오는데, 각 노드는 데이터를 저장하는 데이터 영역과 다음 데이터가 저장된 노드를 가리키는 포인터 영역으로 구성된다.

17 전화번호의 마지막 네 자리를 3으로 나눈 나머지를 해싱(hashing)하여 데이터베이스에 저장하고자 한다. 나머지 셋과 다른 저장 장소에 저장되는 것은?

① 010-4021-6718
② 010-9615-4815
③ 010-7290-6027
④ 010-2851-5232

18 다음 메모리 영역 중 전역 변수가 저장되는 영역은?

① 데이터(Data)
② 스택(Stack)
③ 텍스트(Text)
④ 힙(Heap)

ANSWER 17.① 18.①

17 해싱(hashing) … '해시(hash)'는 잘게 자른 조각을 뜻하며, 전산 처리에서 '해싱(hashing)'은 디지털 숫자열을 원래의 것을 상징하는 더 짧은 길이의 값이나 키로 변환하는 것을 의미한다. 짧은 해시 키를 사용해 항목을 찾으면 원래의 값을 이용해서 찾는 것보다 더 빠르기 때문에, 해싱은 데이터베이스 내 항목들을 색인하고 검색하는 데 사용한다.
- 전화번호 마지막 네자리를 3으로 나눈 결과값을 찾는다.
① 6718 / 3 = 1
② 4815 / 3 = 0
③ 6024 / 3 = 0
④ 5232 / 3 = 0

18 ① 데이터(Data)
- 초기화 된 전역, 정적 변수가 저장되는 공간
- bss영역과 하나로 보는 경우가 많음
- 텍스트 영역보다 높은 주소

② 스택(Stack) : 예외적으로 높은 영역에서 낮은 영역으로 주소가 할당되는 공간, 지역변수가 저장됨
③ 텍스트(Text)
- 작성한 코드가 기계어로 변환되는 영역, EIP는 해당 코드의 흐름을 읽는 레지스트리
- 가장 낮은 주소

④ 힙(Heap) : 자유영역으로서 주소가 점점 커짐, 동적으로 할당된 메모리가 저장되는 공간

19 〈보기〉의 C 프로그램을 실행했을 때, 화면에 출력되는 값은? (단, 프로그램의 첫 번째 열의 숫자는 행 번호 이고 프로그램의 일부는 아님.)

〈보기〉

```
1 #include 〈stdio.h〉
2 #include 〈stdlib.h〉
3 #define N 3
4 int main(void){
5     int (*in)[N], *out, sum=0;
6
7     in=(int(*)[N])malloc(N*N*sizeof(int));
8     out=(int *)in;
9
10     for (int i=0; i 〈 N*N; i++)
11     out[i]=i;
12
13     for (int i=0; i 〈 N; i++)
14         sum+=in[i][i];
15
16     printf("%d", sum);
17     return 0;
18 }
```

① 0

② 3

③ 6

④ 12

ANSWER 19.④

19

〈보기〉

```
1 #include <stdio.h>  → 헤더파일 설정
2 #include <stdlib.h>  → 헤더파일 설정
3 #define N 3   → 매크로 설정
4 int main(void){
5    int (*in)[N], *out, sum=0;
6      배열포인터
       캐스팅(형변환)
7    in=(int (*)[N])malloc(N*N*sizeof(int));
                 malloc으로 동적생성
8    out=(int *)in;
         int 형으로 캐스팅(형변환)
9
10    for (int i=0; i < N*N; i++)
                i를 3*3 즉 9까지 반복시킨다.
11    out[i]=i;    → out이라는 포인터변수는
12
13    for (int i=0; i < N; i++) → i를 0,1,2 반복시킨다.
14       sum+=in[i][i]; → sum+=in[i][i];  값을 누적시킨다.
15                in[0][0],in[1][1],in[2][2] 누적시킨다.

16    printf("%d", sum);
17    return 0;
18 }
```

	0	1	2
0	0	1	2
1	3	4	5
2	6	7	8

• 배열포인터 : 열을 지정할수 있는 포인터로 배열을 가리키는 포인터.

7 in=(int (*)[N])malloc(N*N*sizeof(int)); 와 같은 코드로 동적할당 하게되면 N개의 행으로 나누어 동적 할당 된다.
8 out=(int *)in; 에 의해 in과 out는 같은 곳을 가리키는 포인터가 되며, 10~11줄에 의해 0부터8까지의 값으로 차례대로 초기화.

0 1 2
3 4 5
6 7 8

	0	1	2
0	0	1	2
1	3	4	5
2	6	7	8

13~14 줄에서는 이러한 배열포인터 in 으로 배열을 접근하게 되는데, in[0][0], in[1][1], in[2][2]를 접근하면서 sum에 누적하면 12가 출력

20 UML(Unified Modeling Language)에 대한 설명으로 가장 옳지 않은 것은?

① UML은 방법론으로, 단계별로 어떻게 작업해야 하는지 자세하게 나타낸다.

② UML은 소프트웨어의 구성요소와 그것들의 관계 및 상호작용을 시각화한 것.

③ UML은 객체지향 소프트웨어를 모델링하는 표준 그래픽 언어로, 심벌과 그림을 사용해 객체지향 개념을 나타낼 수 있다.

④ UML은 소프트웨어 개발의 중요한 작업인 분석, 설계, 구현의 정확하고 완벽한 모델을 제공

ANSWER 20.①

20 UML(Unified Modeling Language)

클래스만을 그리는 도구는 아니고 객체 지향 설계 시에 사용되는 일반적인 모델링 언어

특징 : 가시화언어, 시각적 모형 제공, 구축언어, 특정 프로그램 언어에 종속되지 않으며 명세화 언어

※ UML의 주요 다이어그램

㉠ 유스케이스 다이어그램
- 시스템의 기능과 유저를 표현
- 컴퓨터 시스템과 사용자가 상호작용 하는 경우

㉡ 클래스 다이어그램
- 시스템의 정적인 구조를 표현
- 시스템 내부에 존재하는 클래스들을 나타내고 각 클래스의 속성과 행위를 기입
- 클래스들 사이에 여러 가지 관계를 가짐 ex) 연관, 복합, 집합, 상속, 의존 관계 등
- 클래스 다이어그램을 그릴 때는 추상화 단계를 고려하여 그려야 함(너무 상세한 내용을 기입X)

㉢ 시퀀스 다이어그램
- 객체간의 상호작용(메시지 교환)을 표현
- 시스템의 동적인 면을 나타냄
- 시스템 실행시 생성되고 소멸되는 객체를 표기하고 객체들 사이에 주고받는 메시지를 나타냄
- 횡축을 시간축으로 하여 시간의 흐름을 나타내어 메시지의 순서에 역점을 둠

㉣ 콜레버레이션 다이어그램
- 객체간의 상호작용(메시지 교환)을 표현
- 시퀀스 다이어그램과 차이점은 객체와 객체들 사이의 관계 또한 표기

㉤ 객체 다이어그램
- 시스템 어느 시점에서의(스냅샷의) 정적인 구조를 표현
- 클래스 다이어그램을 구체화 시킨 것이라고 할 수 있음

㉥ 상태 다이어그램 (statechart diagram)
- 객체의 상태추이를 표현
- 한 객체의 상태변화를 다이어그램으로 나타낸 것
- 시스템의 실행 시 객체의 상태는 메시지를 주고 받음 or 어떠한 이벤트 발생으로 변화가 발생할 수 있음
- 모든 객체의 상태 전부를 표시하는 것은 불가능 하므로 특별히 관심을 가져야 할 객체에 관하여 그리고 특정 조건에 만족하는 기간 동안의 상태를 표시

㉦ 액티비티 다이어그램
- 처리나 업무의 흐름을 표현
- 시스템 내부에 존재하는 여러가지 행위, 각 행위의 분기, 분기되는 조건 등을 모두 포함
- 기존의 플로우차트와 다른 점은 어떠한 행위에 따라 객체의 상태를 표기할 수 있다는 점

㉧ 디플로이먼트 다이어그램, 컴포넌트 다이어그램
- 시스템의 물리적인 부분의 구성을 나타냄
- 디플로이먼트 다이어그램은 실제 하드웨어적 배치와 연결상태를 나타냄
- 컴포넌트 다이어그램은 소프트웨어의 물리적 단위의 구성과 연결상태를 나타냄

컴퓨터일반

2020. 6. 13. 제1회 지방직 / 제2회 서울특별시 시행

1 인터프리터(Interpreter) 방식의 언어로 옳지 않은 것은?

① JavaScript
② C
③ Basic
④ LISP

2 CPU 스케줄링 기법 중 라운드 로빈(Round Robin) 방식에 대한 설명으로 옳지 않은 것은?

① 선점 스케줄링 기법이다.
② 여러 프로세스에 일정한 시간을 할당한다.
③ 시간할당량이 작으면 문맥 교환수와 오버헤드가 증가한다.
④ FIFO(First-In-First-Out) 방식 대비 높은 처리량을 제공한다.

ANSWER 1.② 2.④

1 ② C : 컴파일러 언어의 종류로 모든 컴퓨터 시스템에서 사용할 수 있도록 설계된 프로그래밍 언어이다. 다양한 플랫폼에서 비교적 동일한 구현이 가능하며 시스템 프로그램 개발이 매우 적합하며 응용 프로그램 개발에도 많이 쓰인다.
※ 인터프리터 방식의 언어는 사람이 이해할 수 있는 고급언어로 작성된 코드를 한 단계씩 해석하여 실행시키는 방법이다.
① JavaScript : 정적인 HTML 문서와 달리 동적인 화면을 웹페이지에 구현하기 위해 사용하는 스크립트 언어이다.
③ Basic : 절차형 언어로 교육용으로 개발되어 문법이 쉬운 언어이다. 다양한 종류의 베이직이 존재하며 소스 코드는 서로 호환되지 않는다.
④ LISP : 인공지능 소프트웨어를 만들기 위하여 사용하는 프로그래밍 언어 중 하나로 기본 자료구조가 연결 리스트를 사용한다.

2 • 스케줄링 기법은 사용 중인 프로세스에서 자원을 빼앗을 수 있는지의 여부에 따라 선점 스케줄링 기법과 비선점 스케줄링 기법이 있다.
• 선점형 스케줄링 알고리즘에는 SRT, RR, MQ가 있다.
※ 라운드 로빈(Round Robin) … 프로세스들 사이에 우선순위를 두지 않고, 순서대로 시간 단위로 CPU를 할당하는 방식이다. 보통 시간 단위는 10ms~100ms 정도이고 시간 단위 동안 수행한 프로세스는 준비 큐의 끝으로 밀려나게 된다. 문맥 전환의 오버헤드가 큰 반면, 응답시간이 짧아지는 장점이 있어 실시간 시스템에 유리하고, 할당되는 시간이 클 경우 비선점 FIFO 기법과 같아지게 된다.

3 **프로세서의 수를 늘려도 속도를 개선하는 데 한계가 있다는 주장으로서, 병렬처리 프로세서의 성능 향상의 한계를 지적한 법칙은?**

① 무어의 법칙(Moore's Law)

② 암달의 법칙(Amdahl's Law)

③ 구스타프슨의 법칙(Gustafson's Law)

④ 폰노이만 아키텍처(von Neumann Architecture)

4 **교착상태 발생의 조건에 대한 설명으로 옳지 않은 것은?**

① 상호 배제 조건 : 최소나의 자원이 비공유 모드로 점유되며, 비공유 모드에서는 한 번에 한 프로세스만 해당 자원을 사용할 수 있다.

② 점유와 대기 조건 : 프로세스는 최소한 하나의 자원을 점유한 채, 현재 다른 프로세스에 의해 점유된 자원을 추가로 얻기 위해 반드시 대기해야 한다.

③ 비선점 조건 : 프로세스에 할당된 자원은 사용이 끝날 때까지 다른 프로세스가 강제로 빼앗을 수 없다.

④ 순환 대기 조건 : 대기 체인 내 프로세스들의 집합에서 이전 프로세스는 다음 프로세스가 점유한 자원을 대기하고, 마지막 프로세스는 자원을 대기하지 않아야 한다.

ANSWER 3.② 4.④

3 ② **암달의 법칙**(Amdahl's Law) : 병렬처리 프로그램에서 순차처리되는 명령문들이 프로세서의 수를 추가하더라도 실행 속도 향상을 제한하는 요소를 갖고 있다는 법칙으로 최적 비용 최적 시스템 구현 근거가 된다.

① **무어의 법칙**(Moore's Law) : Intel의 고든 무어가 제창한 법칙으로 "CPU칩의 가격은 매 18개월 마다 절반으로 떨어지고 성능은 18개월마다 2배로 증가한다"는 법칙이다.

③ **구스타프슨의 법칙**(Gustafson's Law) : 컴퓨터과학에서 대용량 데이터 처리는 효과적으로 병렬화할 수 있다는 법칙이다.

④ **폰노이만 아키텍처**(von Neumann Architecture) : 메모리에 명령어와 데이터를 함께 저장하며, 데이터는 메모리에서 읽기/쓰기가 가능하나, 명령어는 메모리에서 읽기만 가능하다.

4 교착상태란 다중 프로그래밍 환경에서 서로 다른 프로세스들이 상호 간에 점유하고 있는 자원 사용을 요청하였으나 요청한 자원을 영원히 사용할 수 없는 상황이다.

※ 교착상태 발생 필요조건

㉠ **상호배제** : 한 번에 한 개의 프로세스만 공유자원 사용 가능

㉡ **점유 및 대기** : 자원을 가지고 있는 상태에서 다른 프로세스가 사용하고 있는 자원의 반납을 기다리는 것

㉢ **비선점** : 다른 프로세스에 할당된 자원을 사용종료 될 때까지 강제로 못 뺏음

㉣ **환형대기** : 공유자원과 공유자원을 사용하기 위해 대기하는 프로세스들이 원형으로 구성

5 CPU(중앙처리장치)의 성능 향상을 위해 한 명령어 사이클 동안 여러 개의 명령어를 동시에 처리할 수 있도록 설계한 CPU구조는?

① 슈퍼스칼라(Superscalar)

② 분기 예측(Branch Prediction)

③ VLIW(Very Long Instruction Word)

④ SIMD(Single Instruction Multiple Data)

6 캐시기억장치 접근시간이 20ns, 주기억장치 접근시간이 150ns, 캐시기억장치 적중률이 80%인 경우에 평균 기억장치 접근시간은? (단, 기억장치는 캐시와 주기억장치로만 구성된다)

① 32ns

② 46ns

③ 124ns

④ 170ns

ANSWER 5.① 6.②

5 ① **슈퍼스칼라**(Superscalar) : 한 프로세서 사이클 동안에 하나 이상의 명령어를 실행시킬 수 있는 프로세서 아키텍처를 가리키는 용어이다.

② **분기 예측**(Branch Prediction) : 명령이 분기하는지 여부를 미리 예측하였다가 분기하면 파이프라인에 유입된 명령을 변화시켜 처리 지연이 발생하지 않도록 하는 방지기술이다.

③ VLIW(Very Long Instruction Word) : 명령어의 실행개수를 늘리는 구조로 여러개의 명령어를 아주 긴 하나로 복합하여 병렬 고속 처리하는 방식이다.

④ SIMD(Single Instruction Multiple Data) : 병렬 프로세서의 한 종류로, 하나의 명령어로 여러개의 값을 동시에 계산하는 방식이다.

6
- 캐시기억장치는 중앙처리장치와 주기억장치 사이에 있는 메모리로 중앙처리장치의 동작과 동등한 속도로 접근할 수 있는 고속의 특수 소자로 구성되며, 자주 참조되는 주기억장치의 프로그램과 데이터를 먼저 이곳에 옮겨 놓은 후 처리되도록 함으로써 메모리 접근 시간을 감소시킨다.
- 적중률 : 주기억 장치에 기억된 내용은 프로세서 내부에서 정한 하나의 블록 단위로 캐시기억장치에 옮겨져서 한 명령씩 실행되고, 모두 처리가 끝나면 다시 주기억장치에서 다음 블록을 가져오게 한다. 프로세서가 처리할 명령이 캐시기억장치에 있는 경우를 적중이라 한다.
- 평균 기억장치 접근시간 = (캐시 접근시간 × 캐시 적중률) + (주기억장치 접근시간) × (1 − 캐시 적중률)

  = (20ns × 0.8) + (150ns) × (1 − 0.8)

  = (20ns × 0.8) + (150ns × 0.2) = 16 + 30 = 46ns

7 **아날로그 컴퓨터에 대한 설명으로 옳지 않은 것은?**

① 입력형식은 부호, 코드화된 숫자, 문자, 기호이다.
② 출력형식은 곡선, 그래프 등이다.
③ 미적분 연산방식을 가지며, 정보처리속도가 빠르다.
④ 증폭회로 등으로 회로 구성을 한다.

8 **RAID(Redundant Array of Inexpensive Disks)에 대한 설명으로 옳지 않은 것은?**

① RAID-0은 디스크 스트라이핑(Disk Striping) 방식으로 중복 저장과 오류 검출 및 교정이 없는 방식이다.
② RAID-1은 디스크 미러링(Disk Mirroring) 방식으로 높은 신뢰도를 갖는다.
③ RAID-4는 데이터를 비트(bit) 단위로 여러 디스크에 분할하여 저장하는 방식이며, 별도의 패리티(parity) 디스크를 사용한다.
④ RAID-5는 별도의 패리티 디스크 대신 모든 디스크에 패리티 정보를 나누어 기록하는 방식이다.

ANSWER 7.① 8.③

7 아날로그 컴퓨터는 온도, 전압, 무게와 같이 연속적으로 변화하는 데이터를 입력받아 필요한 연속정보를 산출하는 컴퓨터이다.
※ **입력형식** … 길이, 전류, 전압, 온도 등

8 ③ RAID-4 : RAID-3과 비슷한 형식으로서 2개 이상의 데이터 드라이브와 패리티 드라이브를 가지며 차이점은 데이터를 바이트 단위가 아닌 블록 단위로 분산 저장하므로 병목 현상을 줄이고 전송률이 향상된다.
※ RAID(Redundant Array of Inexpensive Disks)
- 여러 개의 하드디스크를 모아서 하나의 하드디스크처럼 사용할 수 있도록 하는 기술
- 하드디스크의 모음뿐만 아니라 자동으로 복제해 백업 정책을 구현해 주는 기술
- 미러링과 스트라이핑 기술을 결합하여 안정성과 속도를 향상시킨 디스크 연결 기술
- RAID-2 : 에러검출능력이 없는 드라이브를 위해 hamming 오류정정코드를 사용
- RAID-3 : 패리티 정보를 저장하고, 나머지 드라이브들 사이에 데이터를 바이트 단위로 분산

9 다음 재귀 함수를 동일한 기능의 반복 함수로 바꿀 때, ㉠과 ㉡에 들어갈 내용을 바르게 연결한 것은?

```
int func (int n) {                           //재귀 함수
    if (n == 0)
        return 1;
    else
        return n * func (n - 1);
}
int iter_func (int n) {                      //반복 함수
    int f = 1;
    while (___㉠___)
      ___㉡___
    return f;
}
```

	㉠	㉡
①	n < 0	f = f * n--;
②	n < 0	f = f * n++;
③	n > 0	f = f * n--;
④	n > 0	f = f * n++;

ANSWER 9.③

9 재귀(Recursion) 함수

- 작성한 코드로 함수를 다시 호출할 수 있도록 하는 함수를 재귀 함수라고 한다.
- 자신이 자신을 호출한다. 함수는 기본적으로 호출해서 한 번만 실행되지만 상황에 따라 여러 번 반복수행을 해야 한다.
- for문은 반복이 끝나면 리셋이 되어 함수가 호출이 되지 않아 반복적으로 수행할 수 없다.
- while은 조건이 만족하지 않으면 스스로 끝낼 수 있지만, 재귀 함수는 끝내는 조건을 체크하는 변수가 따로 있어야 한다.
- 반드시 종료시켜 줄 조건이 필요하며 그렇지 않으면 무한 반복된다.

※ **재귀 알고리즘의 성능** … 자기 자신을 호출하는 함수로 매개변수 n을 입력받아 1부터 n까지의 곱을 리턴하는 함수이다.
→ 재귀함수를 반복 함수으로 변환하여 계산하면 n은 n부터 1씩 감소하여 0이 될 때까지 반복하기 때문에 while문의 조건에는 n > 0이 될 수 있다.
반복 처리해야 하는 명령문은 변수 f에 곱셈의 결과를 누적시켜야 함으로 f=f*n; 명령이 적당하며 n의 값은 반복처리를 위해 1씩 감소를 해야 하기 때문에 f=f*n--;이 된다.

10 데이터의 종류 및 처리에 대한 설명으로 옳지 않은 것은?

① 크롤링(Crawling)을 통해 얻은 웹문서의 텍스트 데이터는 대표적인 정형 데이터(Structured Data)이다.
② XML로 작성된 IoT 센서 데이터는 반정형 데이터(Semi-structured Data)로 분류할 수 있다.
③ 반정형 데이터는 데이터 구조에 대한 메타 데이터(Meta-data)를 포함한다.
④ NoSQL과 Hadoop은 대규모 비정형 데이터(Unstructured Data) 처리에 적합하다.

11 페이지 부재율(Page Fault Ratio)과 스래싱(Trashing)에 대한 설명으로 옳은 것은?

① 페이지 부재율이 크면 스래싱이 적게 일어난다.
② 페이지 부재율과 스래싱은 전혀 관계가 없다.
③ 스래싱이 많이 발생하면 페이지 부재율이 감소한다.
④ 다중 프로그램의 정도가 높을수록 스래싱이 증가한다.

ANSWER 10.① 11.④

10 ㉠ **크롤링**(Crawling) : 웹 페이지를 그대로 가져와서 데이터를 추출해 내는 행위이며 크롤링하는 소프트웨어는 크롤러라고 부른다.
㉡ **정형 데이터** : 데이터베이스의 정해진 규칙에 맞게 들어간 데이터 중에 수치만으로 의미 파악이 쉬운 데이터
예 값의 의미 파악이 쉽고, 규칙적인 값으로 데이터가 들어갈 경우
㉢ **비정형 데이터** : 정해진 규칙이 없어서 값의 의미를 쉽게 파악하기 힘든 경우
예 텍스트, 음성, 영상과 같은 데이터가 비정형 데이터 범위에 속함
㉣ **반정형 데이터** : 반은 Semi를 말하며 완전한 정형이 아니라 약한 정형 데이터라는 의미이다.
예 HTML, XML과 같은 포맷

11 ④ 다중 프로그래밍 정도 높아짐에 따라 CPU 이용률 어느 특정 시점까지 높아지지만, 더욱 커지면 스래싱이 발생하고 CPU 이용률이 급격히 감소한다.
※ **스래싱**(Trashing) … 프로세스의 처리 시간보다 페이지 교체에 소요되는 시간이 더 많아지는 현상

12 전자상거래 관련 기술 중 고객의 요구에 맞춰 자재조달에서부터 생산, 판매, 유통에 이르기까지 공급사슬 전체의 기능통합과 최적화를 지향하는 정보시스템은?

① ERP(Enterprise Resource Planning)

② EDI(Electronic Data Interchange)

③ SCM(Supply Chain Management)

④ KMS(Knowledge Management System)

13 프로토콜과 이에 대응하는 TCP/IP 프로토콜 계층 사이의 연결이 옳지 않은 것은?

① HTTP – 응용 계층
② SMTP – 데이터링크 계층
③ IP – 네트워크 계층
④ UDP – 전송 계층

ANSWER 12.③ 13.②

12 ① ERP(Enterprise Resource Planning) : 기업 내 생산, 물류, 재무, 회계, 영업과 구매, 재고 등 경영 활동 프로세스 들을 통합적으로 연계해 관리해 주며, 기업에서 발생하는 정보들을 서로 공유하고 새로운 정보의 생성과 빠른 의사결정을 도와주는 전사적 자원관리 시스템 또는 전사적 통합 시스템을 말한다.

② EDI(Electronic Data Interchange) : 기업 간에 데이터를 효율적으로 교환하기 위해 지정한 데이터와 문서의 표준화 시스템이다.

④ KMS(Knowledge Management System) : 중소벤처기업부 전문용어 지식관리시스템으로서 기업 내 조직 구성원들의 다양한 개인적 경험 중에서 다른 이들도 사용할 수 있는 즉, 일반화될 수 있는 경험들을 다른 이들이 활용할 수 있는 형태로 변환하여 공유할 수 있도록 지원하는 시스템이다.

13 TCP/IP는 인터넷에 연결된 서로 다른 기종의 컴퓨터들이 데이터를 주고받을 수 있도록 하는 표준 프로토콜이다.
→OSI 참조모델은 7계층으로 나누었지만 TCP/IP는 4계층으로 나뉜다.

OSI	TCP/IP
응용 프로그램 계층 표현 계층 세션 계층	응용 프로그램 계층 • 사용자 응용 프로그램으로부터 요청을 받아서 이를 적절한 메시지로 변환하고 하위 계층으로 전달 • HTTP, FRP, SMTP, DNS, RIP, SNMP
전송 계층	전송 계층 • IP에 의해 전달되는 패킷의 오류를 검사하고 재전송을 요구하는 등의 제어를 담당 • TCP, UCP
네트워크 계층	인터넷 계층 • 전송계층에서 받은 패킷을 목적지까지 효율적으로 전달하는 것만 고려 • IP, ARP, ICMP, IGMP
데이터 링크 계층 물리 계층	네트워크 인터페이스 계층 • 이더넷 카드 등으로 연결된 물리적인 네트워크를 의미 • Ethernet, Token Ring

14 관계 데이터베이스 스키마 STUDENT(SNO, NAME, AGE)에 대하여 다음과 같은 SQL 질의 문장을 사용한다고 할 때, 이 SQL 문장과 동일한 의미의 관계대수식은? (단, STUDENT 스키마에서 밑줄 친 속성은 기본키 속성을, 관계대수식에서 사용하는 관계대수 연산자 기호 π는 프로젝트 연산자를, σ는 셀렉트 연산자를 나타낸다)

〈SQL 질의문〉

```
SELECT SNO, NAME
FROM STUDENT
WHERE AGE > 20;
```

① $\sigma_{\text{SNO,NAME}}(\pi_{\text{AGE}>20}(\text{STUDENT}))$

② $\pi_{\text{SNO,NAME}}(\sigma_{\text{AGE}>20}(\text{STUDENT}))$

③ $\sigma_{\text{AGE}>20}(\pi_{\text{SNO,NAME}}(\text{STUDENT}))$

④ $\pi_{\text{AGE}>20}(\sigma_{\text{SNO,NAME}}(\text{STUDENT}))$

ANSWER 14.②

14 관계대수식

- 원하는 데이터를 얻기 위해 데이터를 어떻게 찾는지에 대한 처리 과정을 명시하는 절차적인 언어
- "STUDENT 테이블에서 AGE가 20을 초과한 튜플들의 속성 SNO와 NAME를 출력하라"

$-\pi_{\text{SNO,NAME}}(\sigma_{\text{AGE}>20}(\text{STUDENT}))$: 젝트(π)는 한 릴레이션에서 선택한 속성의 값으로 결과 릴레이션을 구성하는 연산자이다. Project 연산을 수행하면 중복된 결과가 나올 수 있다. 중복을 제거하는 데 시간이 너무 오래걸리기 때문에 쿼리문에 특별하게 명시하지 않을 경우 중복을 허용해서 결과가 나온다. → 수직적 부분집합 개념

–셀렉트(σ)는 릴레이션에서 조건을 만족하는 튜플만 선택하여 결과 릴레이션을 구성하는 연산자이다. 조건식을 포함하여서 원하는 튜플을 선택한다. 조건식에서는 비교 연산자(〉, ≥, =, ≠, <, ≤)와 논리연산자(and, or, not)를 이용한다.
→ 수평적 부분집합 개념

15 두 프로토콜 개체 사이에서 흐름제어와 오류제어 및 메시지 전달 등의 기능을 수행하며, 연결성과 비연결성의 두 가지 운용모드를 제공하는 OSI 참조 모델 계층은?

① 데이터링크 계층(Datalink Layer)
② 네트워크 계층(Network Layer)
③ 전송 계층(Transport Layer)
④ 응용 계층(Application Layer)

16 소프트웨어 개발 언어에 대한 설명으로 옳지 않은 것은?

① C#은 마이크로소프트 닷넷 프레임워크를 지원하는 객체지향 언어이다.
② Python은 인터프리터 방식의 객체지향 언어로서 실행시점에 데이터 타입을 결정하는 동적 타이핑 기능을 갖는다.
③ Kotlin은 그래픽 요소를 강화한 게임 개발 전용 언어이다.
④ Java는 컴파일된 프로그램이 JVM상에서 인터프리터 방식으로 실행되는 플랫폼 독립적 프로그래밍 언어이다.

ANSWER 15.③ 16.③

15 OSI 참조 모델 계층

OSI 7계층	
응용 계층(7)	응용 프로세스 간의 정보교환 Telnet, FTP
표현 계층(6)	암호화, 압축, 문맥 관리 상이한 데이터 표현을 서로 가능케 하는 표준 인터페이스 제공
세션 계층(5)	세션의 연결과 조정 담당 동기화 기능 제공, 데이터 전송 방향 결정
전송 계층(4)	송수신 시스템 간의 신뢰성 제공, 연결된 두 장치 간의 신뢰성 있는 데이터 전송 오류검출, 코드를 추가하고 통신 흐름 제어 제공
네트워크 계층(3)	정보 교환과 중계, 패킷 전송의 최적의 경로를 찾아주는 라우팅 기능 제공, 라우터
데이터 링크 계층(2)	데이터전송을 위해 전송방식, 에러 검출 및 처리, 상황에 따른 데이터 흐름의 조절, 브리지, 스위치
물리 계층(1)	통신에 사용하는 물리적인 전송매체, 케이블, 허브, 리피터

16 Kotlin(기존 Android용 App은 JAVA가 주류를 이루었으나 Kotlin이 점차 대체)

- Jetbrains이라는 회사에서 개발된 Kotlin은 2017년 Google에서 Android용 개발 주요 언어로 채택하면서 점차 사용률이 증가하고 있다.
- Android Flatform API를 통해 Android Runtime 상위에서 동작하는 App을 개발하기 위한 언어로서 Android App을 개발하기 위한 Programming 언어 중 하나이다.

17 **소프트웨어 시스템은 기능 관점, 동적 관점 및 정보 관점으로 분류할 수 있다. 동적 관점에서 시스템을 기술할 때 사용할 수 있는 도구로 옳지 않은 것은?**

① 사건 추적도(Event Trace Diagram)

② 자료 흐름도(Data Flow Diagram)

③ 상태 변화도(State Transition Diagram)

④ 페트리넷(Petri Net)

ANSWER 17.②

17 객체지향 방법론의 작업항목

단계	작업항목	설명
객체지향분석	객체모델링	• 시스템 정적 구조 포착 • 추상화, 분류화, 일반화, 집단화 • 산출물 : 객체 다이어그램
	동적모델링	• 시간흐름에 따라 객체 사이의 변화 조사 • 산출물 : 상태 다이어그램(STD)
	기능모델링	• 입력에 대한 처리 결과 확인 • 유스케이스를 찾아 기능 파악 • 산출물 : 자료 흐름도, 유스케이스 다이어그램
객체지향설계	시스템설계	• 설계 목표 정의, 서브 시스템 파악 • 자료 저장소 설계, 시스템 구조 설계 • 산출물 : 패키지 다이어그램
	객체설계	• 구체적 자료구조와 알고리즘 구현 • 산출물 : 상세화된 클래스 다이어그램
객체지향구현	객체 지향 언어로 작성	• 객체 지향 언어(C++, Java) • 객체지향 DBMS로 구현

※ **페트리넷**(Petri Net) … 시스템 모델링 방법 중 하나로 1962년 Petri라는 학자에 의해 만들어진 Petri Net을 예로 들 수 있다. 페트리넷의 구성요소는 시스템 내에서의 가능한 모든 "상태"와 한 상태에서 다른 상태를 이어주는 동작에 해당되는 "전이"가 있다.

18 다음에서 설명하는 네트워크 데이터 오류 검출 방법은?

> 송신측 : 첫 번째 비트가 1로 시작하는 임의의 n+1비트의 제수를 결정한다. 그리고 전송하고자 하는 데이터 끝에 n비트의 0을 추가한 후 제수로 모듈로-2 연산을 한다. 그러면 n비트의 나머지가 구해지는데 이 나머지가 중복 정보가 된다.
>
> 수신측 : 계산된 중복 정보를 데이터와 함께 전송하면 수신측에서는 전송받은 정보를 동일한 n+1제수로 모듈로-2 연산을 한다. 나머지가 0이면 오류가 없는 것으로 판단하고, 나머지가 0이 아니면 오류로 간주한다.

① 수직 중복 검사(Vertical Redundancy Check)

② 세로 중복 검사(Longitudinal Redundancy Check)

③ 순환 중복 검사(Cyclic Redundancy Check)

④ 체크섬(Checksum)

ANSWER 18.③

18 ③ **순환 중복 검사**(Cyclic Redundancy Check) : 일반적인 통신 시스템에서 수신되는 데이터의 오류를 검출하는 방법 중 가장 널리 사용되는 방법이다.

① **수직 중복 검사**(Vertical Redundancy Check) : 매체에 기록된 2진 코드의 검사 방식으로, 매체의 운동 방향에 대하여 수직 방향에 있어서, 비트의 패리티 검사 등을 행하는 것이다.

② **세로 중복 검사**(Longitudinal Redundancy Check) : 전송된 문자에 대해 배타적 논리합을 누적적으로 적용하여 그 결과에 근거를 둔 오류 검색 기업, 한 블록을 전송하는 동안에 송수신국 각각에서 LRC 문자가 형성된다.

④ **체크섬**(Checksum) : 데이터의 정확성을 검사하기 위한 용도로 사용되는 합계로 오류 검출 방식의 하나이다.

19 다음은 리눅스 환경에서 fork() 시스템 호출을 이용하여 자식 프로세스를 생성하는 C 프로그램이다. 출력 결과로 옳은 것은? (단, "pid = fork();" 문장의 수행 결과 자식 프로세스의 생성을 성공하였다고 가정한다)

```
#include<stdio.h>
#include<stdlib.h>
#include<unistd.h>
#include<sys/types.h>
#include<errno.h>
#include<sys/wait.h>

int main(void) {
    int i=0, v=1, n=5;
    pid_t pid;

    pid = fork();

    if( pid < 0 ) {
        for(i=0; i<n; i++) v+=(i+1);
        printf("c = %d ", v);
    } else if( pid == 0 ) {
        for(i=0; i<n; i++) v*=(i+1);
        printf("b = %d ", v);
    } else {
        wait(NULL);
        for(i=0; i<n; i++) v+=1;
        printf("a = %d ", v);
    }
    return 0;
}
```

① b = 120, a = 6

② c = 16, b = 120

③ b = 120, c = 16

④ a = 6, c = 16

ANSWER 19.①

19 원래 프로세스는 부모 프로세스라고 하며, 새로 생성된 사본은 자식 프로세스라고 부른다. 프로세스는 누가 부모이고 누가 자식인지 알 수 있는 방법이 필요하여 자식 프로세스에는 0을, 부모 프로세스에는 0이 아닌 값을 반환하게 되므로 다음과 같은 결과가 출력된다.

- 부모 프로세스의 pid에는 자식프로세스의 프로세스 ID를 갖게 되어 if문의 else 구문을 실행 하게 되어 a=6이 출력이 된다.
- 자식 프로세스는 또 다른 자식을 생성하지 않은 상태이기 때문에 프로세스 ID는 0이 된다.
  if문의 else if 구문을 수행하게 되어 b=120이 출력된다.

※ fork() … 현재 실행되고 있는 프로세스를 복사해 주는 함수로 원래의 프로세스에서 fork() 연산을 하게 되면 생성된 자식 프로세스의 ID를 리턴하게 되는데, 이때 리턴되는 값은 항상 1보다 큰 값을 갖는다.

※ pid() … Process IDentifier의 약자로, 운영 체제에서 프로세스를 식별하기 위해 할당하는 고유한 번호이다. 이 PID는 'fork'라는 시스템 호출에 의해 반환된다.

20 다음 이진검색트리에서 28을 삭제한 후, 28의 오른쪽 서브트리에 있는 가장 작은 원소로 28을 대치하여 만들어지는 이진검색트리에서 41의 왼쪽 자식 노드는?

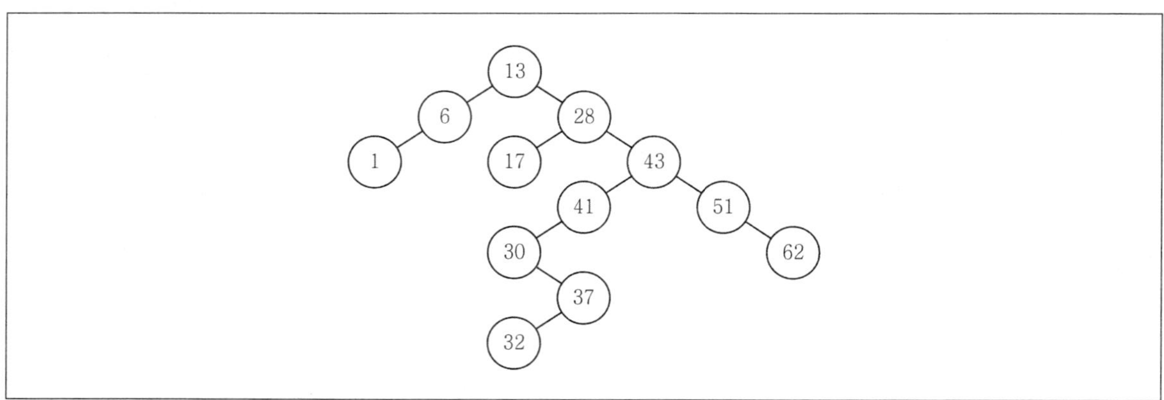

① 13
② 17
③ 32
④ 37

ANSWER 20.④

20 자식 노드가 1개인 노드를 삭제하는 경우
• 삭제 대상 노드가 부모 노드의 왼쪽 자식이면 부모의 왼쪽 포인터가 삭제 대상 노드의 자식을 가리키도록 한다.
• 삭제 대상 노드가 부모 노드의 오른쪽 자식이면 부모의 오른쪽 포인터가 삭제 대상 노드의 자식을 가리키도록 한다.
→ 28 노드에 30을 복사하여 28 노드 삭제
→ 하단의 30을 삭제하고 37을 41 노드의 왼쪽 노드로 붙인다. 때문에 41의 왼쪽 노드는 37이 된다.

※ 이진검색트리(binary search tree)
㉠ 어떤 노드 N을 기준으로 왼쪽 서브 트리 노드의 모든 키 값은 노드 N의 키 값보다 작아야 한다.
㉡ 오른쪽 서브 트리 노드의 키 값은 노드 N의 키 값보다 커야한다.
㉢ 같은 키 값을 갖는 노드는 없다.
→ 이진검색트리는 중위 순회를 하면 키 값의 오름차순으로 노드를 얻을 수 있다는 점과 구조가 단순하다는 점, 이진검색과 비슷한 방식으로 검색이 가능하다는 점, 노드의 삽입이 쉽다는 점 등의 특징이 있어 폭넓게 사용된다.

※ 특징
㉠ 트리의 모양은 상관없으며 이진트리여야 한다.
㉡ 부모 노드의 값을 중심으로 왼쪽 자식 트리의 값은 작고, 오른쪽 자식 트리의 값은 커야 한다.
㉢ 중복된 노드는 없어야 한다.
㉣ 이진탐색트리는 중위 순회를 통해 순회를 진행한다.
(이진검색트리 내에 있는 모든 값들을 정렬된 순서대로 읽을 수 있다.)

컴퓨터일반

2020. 7. 11. 인사혁신처 시행

1 **아날로그 신호를 디지털 신호로 변조하기 위한 펄스부호변조(PCM) 과정으로 옳지 않은 것은?**

① 분절화(Segmentation)
② 표본화(Sampling)
③ 부호화(Encoding)
④ 양자화(Quantization)

2 **DBMS를 사용하는 이점으로 옳지 않은 것은?**

① 데이터를 프로그램과 분리함으로써 데이터 독립성이 향상된다.
② 데이터의 공유와 동시 접근이 가능하다.
③ 데이터의 중복을 허용하여 데이터의 일관성을 유지한다.
④ 데이터의 무결성과 보안성을 유지한다.

ANSWER 1.① 2.③

1 **펄스부호변조**(PCM/Pulse Code Modulation) **또는 펄스코드변조**
음성, 비디오, 가상 현실 등과 같이 연속적인 시간과 진폭을 가진 아날로그 데이터를 디지털 신호로 변환하는 것
※ PCM 방식의 3단계
- 표본화(Sampling) : 시간 축의 디지털화
- 양자화(Quantization) : 진폭값의 디지털화
- 부호화(Encoding) : 표본화와 양자화된 정보를 0과 1의 이진수로 표현하는 과정

2 DBMS는 사용자와 데이터베이스 사이에서 사용자의 요구에 따라 정보를 생성해 주고, 데이터베이스를 관리해주는 소프트웨어이다.

DBMS의 장점	DBMS의 단점
• 논리적, 물리적 독립성 보장 • 중복 제거 및 기억 공간 절약 • 저장된 자료를 공동으로 사용 • 데이터의 일관성, 무결성 유지 • 보안 유지 • 데이터 표준화 가능 • 데이터 통합 관리 • 항상 최신의 데이터를 유지 • 데이터의 실시간 처리가 가능	• 데이터베이스 전문가 부족 • 전산화 비용 증가 • 대용량 디스크로의 집중적인 액세스로 오버헤드 발생 • 파일의 백업 및 복원 어려움 • 시스템 복잡

3 CPU 내의 레지스터에 대한 설명으로 옳지 않은 것은?

① Accumulator(AC) : 연산 과정의 데이터를 일시적으로 저장하는 레지스터

② Program Counter(PC) : 다음에 인출될 명령어의 주소를 보관하는 레지스터

③ Memory Address Register(MAR) : 가장 최근에 인출한 명령어를 보관하는 레지스터

④ Memory Buffer Register(MBR) : 기억장치에 저장될 데이터 혹은 기억장치로부터 읽힌 데이터가 일시적으로 저장되는 버퍼 레지스터

4 소프트웨어 개발 프로세스 중 원형(Prototyping) 모델의 단계별 진행 과정을 올바르게 나열한 것은?

① 요구 사항 분석 → 시제품 설계 → 고객의 시제품 평가 → 시제품 개발 → 시제품 정제 → 완제품 생산

② 요구 사항 분석 → 시제품 설계 → 시제품 개발 → 고객의 시제품 평가 → 시제품 정제 → 완제품 생산

③ 요구 사항 분석 → 고객의 시제품 평가 → 시제품 개발 → 시제품 설계 → 시제품 정제 → 완제품 생산

④ 요구 사항 분석 → 시제품 개발 → 시제품 설계 → 고객의 시제품 평가 → 시제품 정제 → 완제품 생산

ANSWER 3.③ 4.②

3 CPU 레지스터 종류와 특징

- Memory Address Register(MAR) : 주기억장치에 접근할 메모리의 주소를 임시저장
- IR(Instruction Register) : 가장 최근에 인출한 명령어를 보관하는 레지스터(= 현재 실행 중인 명령어를 저장하는 레지스터)

4 원형(Prototyping) 모델 … 폭포수 모델의 단점을 보완하기 위한 모델로 점진적으로 시스템을 개발해 나가는 모델

※ 원형(Prototyping) 모델의 단계별 진행 과정

㉠ 요구사항분석(정의) : 고객의 초기 요구사항(일부 요구사항 또는 불완전한 요구사항)으로 제품의 윤곽을 잡음

㉡ 원형 설계 : 빠른 설계

㉢ 원형 개발 : 빠른 구현

㉣ 고객 평가 : 고객이 원하는 시스템인지 평가

㉤ 원형 정제 : 원형이 어떻게 수정되어야 할지 결정

㉥ 완제품 생산 : 고객이 만족할 때까지 2~5단계를 반복

5 **네트워크 토폴로지에 대한 설명으로 옳지 않은 것은?**

① 버스(bus)형 토폴로지는 설치가 간단하고 비용이 저렴하다.

② 링(ring)형 토폴로지는 통신 회선에 컴퓨터를 추가하거나 삭제하는 등 네트워크 재구성이 용이하다.

③ 트리(tree)형 토폴로지는 허브(hub)에 문제가 발생해도 전체 네트워크에 영향을 주지 않는다.

④ 성(star)형 토폴로지는 중앙집중적인 구조이므로 고장 발견과 유지보수가 쉽다.

6 **RAID(Redundant Array of Independent Disks) 레벨에 대한 설명으로 옳지 않은 것은?**

① RAID 1 구조는 데이터를 두 개 이상의 디스크에 패리티 없이 중복 저장한다.

② RAID 2 구조는 데이터를 각 디스크에 비트 단위로 분산 저장하고 여러 개의 해밍코드 검사디스크를 사용한다.

③ RAID 4 구조는 각 디스크에 데이터를 블록 단위로 분산 저장하고 하나의 패리티 검사디스크를 사용한다.

④ RAID 5 구조는 각 디스크에 데이터와 함께 이중 분산 패리티 정보를 블록 단위로 분산 저장한다.

ANSWER 5.③ 6.④

5 트리(tree)형 토폴로지

- 성형의 변형으로 중앙 전송 제어 장치에 모든 노드가 연결되는 것이 아니라, 트리 모양으로 전송제어 장치를 두는 형태
- 계층적 네트워크에 적합하고 성형이 가지는 단점인 중앙 전송제어장치 장애에 대한 문제가 동일하게 발생한다.

6 RAID(Redundant Array of Inexpensive Disks) … 여러 개의 디스크를 배열하여 속도, 안정성, 효율성, 가용성 증대를 하는 데 쓰이는 기술

- RAID-0은 디스크 스트라이핑(Disk Striping) 방식으로 중복 저장과 오류 검출 및 교정이 없는 방식이다.
- RAID-1은 디스크 미러링(Disk Mirroring) 방식으로 높은 신뢰도를 갖는다.
- RAID-2는 데이터를 비트(bit) 단위로 디스크를 스트라이프 방식으로 구성 후 ECC를 기록하는 전용의 디스크를 추가한다.
- RAID-3은 데이터를 바이트(byte) 단위로 디스크를 스트라이프 방식으로 구성 후 패리티 정보를 기록하는 전용의 디스크를 추가한다.
- RAID-4는 데이터를 워드(word) 단위, RAID-3의 개선형으로 블록형태의 스트라이프 기술을 사용한다.
- RAID-5는 패리티가 있는 스트라이프 방식으로 구성하여 패리티는 디스크 오류 발생 시 XOR연산으로 데이터를 유추한다.
- RAID-6는 RAID-5처럼 구성되는 패리티 정보를 2번 입력하여 구성되며 디스크 2개가 고장 나도 복구가 가능하다

7 **다중 스레드(Multi Thread) 프로그래밍의 이점에 대한 설명으로 옳지 않은 것은?**

① 다중 스레드는 사용자의 응답성을 증가시킨다.
② 스레드는 그들이 속한 프로세스의 자원들과 메모리를 공유한다.
③ 프로세스를 생성하는 것보다 스레드를 생성하여 문맥을 교환하면 오버헤드가 줄어든다.
④ 다중 스레드는 한 스레드에 문제가 생기더라도 전체 프로세스에 영향을 미치지 않는다.

8 **OSI(Open Systems Interconnect) 모델에 대한 설명으로 옳지 않은 것은?**

① 네트워크 계층은 데이터 전송에 관한 서비스를 제공하는 계층으로 송신 측과 수신 측 사이의 실제적인 연결 설정 및 유지, 오류 복구와 흐름 제어 등을 수행한다.
② 데이터링크 계층은 네트워크 계층에서 받은 데이터를 프레임(frame)이라는 논리적인 단위로 구성하고 전송에 필요한 정보를 덧붙여 물리 계층으로 전달한다.
③ 세션 계층은 전송하는 두 종단 프로세스 간의 접속(session)을 설정하고, 유지하고 종료하는 역할을 한다.
④ 표현 계층은 전송하는 데이터의 표현 방식을 관리하고 암호화하거나 데이터를 압축하는 역할을 한다.

ANSWER 7.④ 8.①

7 스레드는 프로그램 내의 독립적으로 실행되는 작은 실행 단위를 말하며, 하나의 프로그램 내에서 동시에 여러 작업을 처리하여 메모리 공유와 효율적인 프로그래밍을 가능하게 한다.

※ **다중 스레드(Responsivness)의 이점**

- 응답성(Responsivness) : 응용 프로그램의 일부분이 봉쇄 되거나 긴 작업을 수행하는 경우에도 프로그램의 수행이 계속 되는 것을 허용, 사용자에 대한 응답성을 증가
- 자원 공유(Resource Sharing) : 스레드는 자동적으로 그들이 속한 프로세스의 자원들과 메모리를 공유

※ **코드와 자료 공유의 장점** … 한 응용 프로그램이 같은 주소 공간 내에 여러 개의 다른 작업을 하는 스레드를 가질 수 있다.

- 경제성(Economy) : 프로세스 생성을 위해 메모리와 자원을 할당하는 것은 비용이 많이 들며 스레드는 자신이 속한 프로세스의 자원들을 공유하기 때문에 스레드를 생성하고 문맥 교환하는 것 보다 더 경제적이다.
- 다중 처리기구조의 활용(Utilization of multiprocessor architectures)
  -다중 스레드의 장점은 다중 처리기 구조에서 더욱 증가되며 각각의 스레드가 다른 처리기에서 병렬로 수행
  -단일 스레드는 CPU가 많다고 하더라도 단지 한 CPU에서만 실행되며 다중 CPU에서 다중 스레딩을 하면 병렬성이 증가

8 **OSI(Open Systems Interconnect) 모델** … 국제표준화기구(ISO)에서 만든 것으로, 컴퓨터 사이의 통신 단계를 7개의 계층으로 분류

- 물리 계층 : 인접 장비와 연결을 위한 물리적 사양(100Base-TX, V.35)
- 데이터 링크 계층 : 인접장비와 연결을 위한 논리적 사양(이더넷, PPP, ARP)
- 네트워크 계층 : 종단 장비 사이의 데이터 전달(IP, ICMP)
- 전송 계층 : 종단 프로그램 사이의 데이터 전달(TCP, UDP)
- 세션 계층 : 세션의 시작 및 종료 제어(TCP session setup)
- 표현 계층 : 데이터의 표현 및 암호화 방식(ASCII, MPEG, SSL)
- 응용 계층 : 응용 프로그램과 통신 프로그램 사이 인터페이스 제공(HTTP, FTP)

9 **캐시기억장치 교체 알고리즘에 대한 설명으로 옳지 않은 것은?**

① LRU는 최근에 가장 오랫동안 사용되지 않았던 블록을 교체하는 방법이다.
② FIFO는 캐시에 적재된 지 가장 오래된 블록을 먼저 교체하는 방법이다.
③ LFU는 캐시 블록마다 참조 횟수를 기록함으로써 가장 많이 참조된 블록을 교체하는 방법이다.
④ Random은 사용 횟수와 무관하게 임의로 블록을 교체하는 방법이다.

10 **8진수 123.321을 16진수로 변환한 것은?**

① 53.35
② 53.321
③ 53.681
④ 53.688

ANSWER 9.③ 10.④

9 LFU … 가장 참조된 횟수가 적은 페이지를 빼는 방법으로 참조된 횟수가 같은 경우 LRU 방법을 사용한다. LRU가 갖는 오버헤드를 줄이면서 LRU에서의 프로그램의 지역성을 이용하며, 최근에 사용된 페이지를 교체할 가능성이 있고 해당 횟수를 증가시키므로 오버헤드가 발생한다.

10 8진수 123.321을 2진수로 변경하면 001 010 011.011 010 001이 되고 다시 16진수로 변환하면 53.688이 된다.

8진수	1	2	3	.	3	2	1
	421	421	421		421	421	421
2진수	001	010	011	.	011	010	001

2진수	001	01/0	011	.	011	0/10	00/1
	184	21/8	421		842	1/84	21/8
16진수		5	3	.	6	8	8

11 **암호화 기술에 대한 설명으로 옳은 것은?**

① 공개키 암호화는 암호화하거나 복호화하는 데 동일한 키를 사용한다.

② 공개키 암호화는 비공개키 암호화에 비해 암호화 알고리즘이 복잡하여 처리속도가 느리다.

③ 공개키 암호화의 대표적인 알고리즘에는 데이터 암호화 표준(Data Encryption Standard)이 있다.

④ 비밀키 암호화는 암호화와 복호화 과정에서 서로 다른 키를 사용하는 비대칭 암호화(asymmetric encryption)다.

12 **CPU를 다른 프로세스로 교환하려면 이전 프로세스의 상태를 보관하고 새로운 프로세스의 보관된 상태로 복구하는 작업이 필요하다. 이 작업으로 옳은 것은?**

① 세마포어(Semaphore)

② 모니터(Monitor)

③ 상호배제(Mutual Exclusion)

④ 문맥교환(Context Switching)

13 **응용프로그램 제작에 필요한 개발환경, SDK 등 플랫폼 자체를 서비스 형태로 제공하는 클라우드 컴퓨팅 서비스 모델은?**

① DNS

② PaaS

③ SaaS

④ IaaS

ANSWER 11.② 12.④ 13.②

11 ㉠ 개인키(Private) : DES(암호화키=복호화키) : 동일한 키를 이용하는 방식으로 보안수준이 낮으며 알고리즘이 단순하고 빠르다는 장점을 가지고 있다.

㉡ 공개키(Public) : 서로 다른 키를 사용하는 비대칭 암호화 방식으로 보안 수준이 높지만 속도가 느리고 알고리즘이 복잡하고 파일 크기가 크다.

12 ① 세마포어(Semaphore) : 에츠허르 데이크스트라가 고안한 두 개의 원자적 함수로 조작되는 정수 변수로서, 멀티프로그래밍 환경에서 공유자원에 대한 접근을 제한하는 방법으로 사용된다.

③ 상호배제(Mutual Exclusion) : 동시프로그래밍에서 공유 불가능한 자원의 동시 사용을 피하기 위해 사용되는 알고리즘으로 임계구역으로 불리는 코드 영역에 의해 구현된다.

13 ① DNS : 네트워크에서 도메인이나 호스트 이름을 숫자로 된 IP 주소로 해석해 주는 tcp/ip 네트워크 서비스

③ SaaS : 클라우드는 하드웨어나 소프트웨어 등 각종 IT 자원을 소유하지 않고 인터넷에 접속해서 빌려 쓰는 서비스 방식

④ IaaS : 서버와 스토리지, 네트워크 장비 등의 IT 인프라 장비를 대여해 주는 방식

14 다음 프로그램의 실행 결과로 옳은 것은?

```
#include <stdio.h>
int main(void)
{
    int array[] = {100, 200, 300, 400, 500};
    int *ptr;
    ptr = array;
    printf("%d₩\n", *(ptr+3) + 100);
}
```

① 200

② 300

③ 400

④ 500

ANSWER 14.④

14 배열(array) … 같은 자료형을 갖는 여러 원소를 하나의 변수 이름으로 모아 놓은 데이터의 집합

- 장점 : 표현이 간단하고, 인덱스를 이용하여 빠른 임의 접근이 가능
- 단점 : 원소들이 순차적으로 저장되기 때문에 데이터의 삽입과 삭제가 발생하는 경우 시간적인 오버헤드가 발생

※ 배열의 크기가 대부분 정적으로 결정되기 때문에 삽입과 삭제가 동적으로 발생하는 상황에서 적절한 배열의 크기를 미리 결정하는 것이 어렵다.(오버플로나 저장공간의 낭비를 초래)

- "ptr = array;"
  포인터 ptr에 배열명을 사용하여 배열의 시작주소를 저장
- "printf("%d₩\n", *(ptr+3)"
  printf()함수에서 ptr의 주소를 3 증가시키게 되면 array[3]의 주소를 갖게 됨.
- "+ 100);"
  값에 <u>100을 더해 준다.</u>
  → <u>500 출력</u>

15 **다음 프로그램은 연결 리스트를 만들기 위한 코드의 일부분이다.**

```
struct node {
  int number;
  struct node *link;
};
struct node first;
struct node second;
struct node tmp;
```

아래 그림과 같이 두 개의 노드 first, second가 연결되었다고 가정하고, 위의 코드를 참조하여 노드 tmp를 노드 first와 노드 second 사이에 삽입하고자 할 때, 프로그램 코드로 옳은 것은?

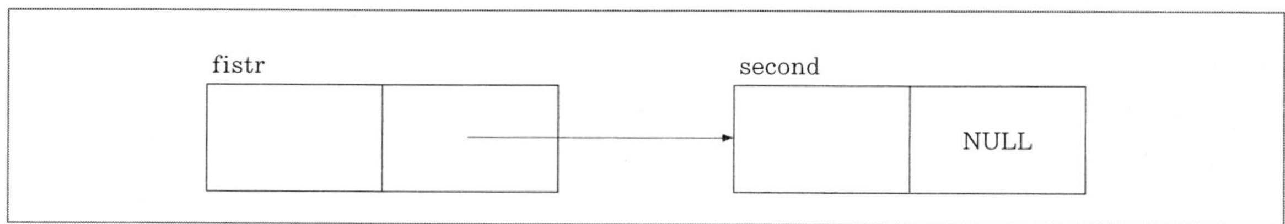

① tmp.link = &first;
first.link = &tmp;

② tmp.link = first.link;
first.link = &tmp;

③ tmp.link = &second;
first.link = second.link;

④ tmp.link = NULL;
second.link = &tmp;

ANSWER 15.②

15 **연결 리스트** … 데이터의 논리적 순서와 물리적 순서를 반드시 일치시킬 필요 없이 물리적으로는 데이터를 기억장치의 어느 곳에 저장해도 된다.

※ **노드** … 기억장치의 임의 위치에 저장된 데이터 간의 논리적인 순서를 유지하기 위해 하나의 데이터를 저장할 때 논리적으로 다음 데이터가 어디에 저장되어 있는 지를 함께 나타내야 한다.

㉠ **장점** : 몇 개의 링크 필드만 조정하는 작업을 통해 삽입과 삭제를 간단히 수행하며 기억장치의 할당과 반환을 통해 동적으로 관리

㉡ **단점** : 특정 데이터에 접근하려면 첫 번째 데이터를 가진 노드부터 시작하여 원하는 데이터가 있는 노드까지 모든 노드를 차례로 방문해야 한다.

※ **풀이** : 노드 tmp를 노드 first와 노드 second 사이에 삽입하고자 하므로 연결 리스트에서 삽입할 위치를 가리키고 있는 링크를 삽입하는 노드를 가리키게 하고, 삽입하는 노드의 링크는 나를 가리키는 링크가 이전에 가리키던 노드를 가리키게 하는 방법이다.

• tmp.link = first.link;
first.link = &tmp;
→ first 노드에 저장된 link는 tmp의 link에 저장
tmp 노드의 주소는 first 노드의 link에 저장

16 다음 C 프로그램의 결과로 옳은 것은?

```
#include <stdio.h>
int main()
{
    int a, b;
    a = b = 1;

    if (a = 2)
        b = a + 1;
    else if (a == 1)
        b = b + 1;
    else
        b = 10;

printf("%d, %d\n", a, b);
}
```

① 2, 3　　② 2, 2

③ 1, 2　　④ 2, 10

ANSWER 16.①

16 if~else문 … 조건식이 만족하면 문장 1 수행, 만족하지 않으면 else 문장 2를 수행

※ 형식

- if(조건식) : 조건식이 true이면 수행할 문장 1;
- else : 조건식이 false이면 수행할 문장 2;

※ 풀이

- int a, b;
  a = b = 1;
  a와 b의 변수를 생성하고 모두 1을 배정
- if (a = 2)
  if문에서는 조건에서 (a=2)를 사용함으로 a에는 2가 할당되고 조건은 참
- b = a + 1;
  b = a + 1을 수행하여 b는 3이 된다.
- printf("%d, %d\n", a, b);
  이후 else if()와 else는 수행되지 않고 a와 b를 출력하면 2와 3이 출력

17 다음 이진 트리에 대하여 후위 순회를 하는 경우 다섯 번째 방문하는 노드는?

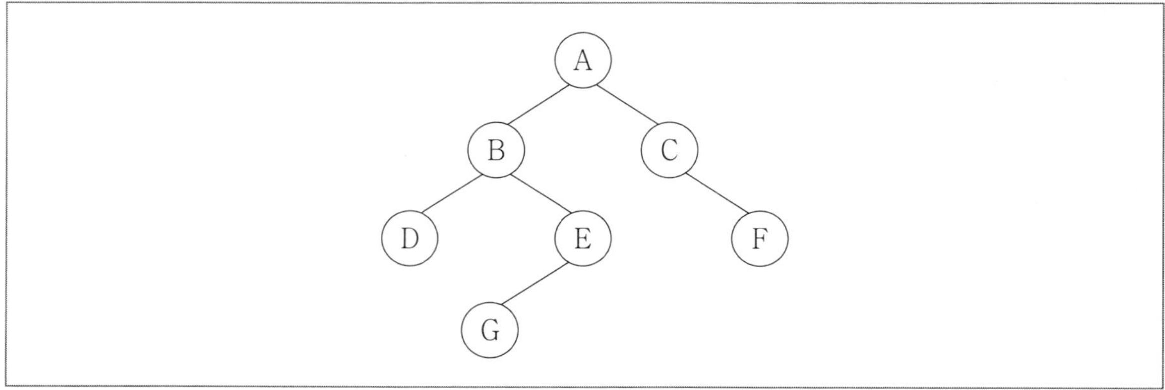

① A
② C
③ D
④ F

18 프로세스 스케줄링에 대한 설명으로 옳지 않은 것은?

① FCFS(First Come First Served) 스케줄링은 비선점 방식으로 대화식 시스템에 적합하다.
② SJF(Shortest Job First) 스케줄링은 실행 시간이 가장 짧은 작업(프로세스)을 신속하게 실행하므로 평균 대기시간이 FCFS 스케줄링보다 짧다.
③ Round-Robin 스케줄링은 우선순위가 적용되지 않은 단순한 선점형 방식이다.
④ 다단계 큐(Multilevel Queue) 스케줄링은 우선순위에 따라 준비 큐를 여러 개 사용하는 방식이다.

ANSWER 17.④ 18.①

17 이진트리 … 한 노드가 최대로 2개의 자식 노드를 갖는 트리로 자식 노드는 왼쪽 노드와 오른쪽 노드로 구분
※ 후위순회의 진행방향은 "왼쪽→오른쪽→가운데" 순서로 D-G-E-B-F-C-A의 순서로 방문하기 때문에 다섯 번째 방문하는 노드는 F가 된다.

18 FCFS(First Come First Service) **스케줄링** … 비선점 방법으로 스케줄링 알고리즘 중 가장 간단한 기법으로 프로세스는 준비 큐에서 도착순서에 따라 디스패치되며, 일단 한 프로세스가 CPU를 차지하면 그 프로세스의 수행이 완료된 후에 그 다음 프로세스가 CPU를 차지하고 수행된다.

19 TCP/IP 프로토콜 스택에 대한 설명으로 옳은 것은?

① 데이터링크(datalink) 계층, 전송(transport) 계층, 세션(session) 계층 및 응용(application) 계층으로 구성된다.

② ICMP는 데이터링크 계층에서 사용 가능한 프로토콜이다.

③ UDP는 전송 계층에서 사용되는 비연결형 프로토콜이다.

④ 응용 계층은 데이터가 목적지까지 찾아갈 경로를 설정하기 위해 라우팅(routing) 프로토콜을 운영한다.

ANSWER 19.③

19 프로토콜 스택 … 인터넷 기반의 효율적인 데이터 송수신을 목적으로 설계

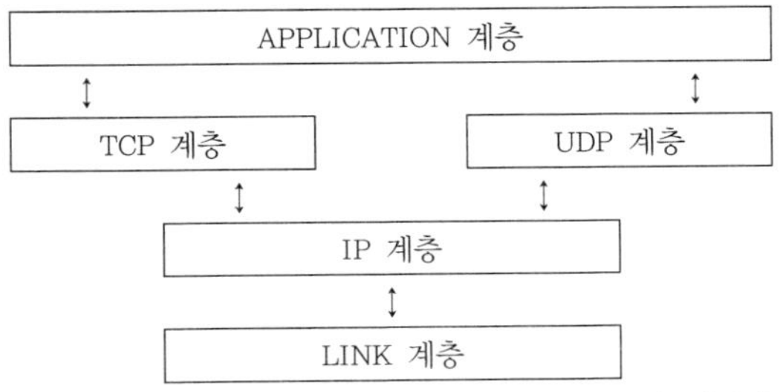

- LINK 계층 : 네트워크 표준과 관련된 프로토콜을 정의하는 영역(LAN, WAN, MAN)
- IP 계층 : 데이터를 보내기 위해 필요로 하는 방법
- TCP/UDP 계층 : IP 계층에서 선택해 준 경로로 데이터를 전송하는 역할
  - −TCP : 신뢰성 있는 데이터 전송 프로토콜
  - −UDP : 신뢰성 없는 데이터 전송 프로토콜
- APPLICATION 계층 : 소켓을 이용한 프로그램의 구현
- ICMP : 호스트 서버와 인터넷 게이트웨이에서 메세지를 제한하고 오류를 알려주는 프로토콜

20 다음 테이블 인스턴스(Instance)들에 대하여 오류 없이 동작하는 SQL(Structured Query Language) 문장은?

STUDENT

칼럼 이름	데이터 타입	키 타입	설명
studno	숫자	기본키	학번
name	문자열		이름
grade	숫자		학년
height	숫자		키
deptno	숫자		학과 번호

PROFESSOR

칼럼 이름	데이터 타입	키 타입	설명
profno	숫자	기본키	번호
name	문자열		이름
position	문자열		직급
salary	숫자		급여
deptno	숫자		학과 번호

① SELECT deptno, position, AVG(salary)
FROM PROFESSOR
GROUP BY deptno;

② (SELECT studno, name
FROM STUDENT
WHERE deptno = 101)
UNION
(SELECT profno, name
FROM PROFESSOR
WHERE deptno = 101);

③ SELECT grade, COUNT(*), AVG(height)
FROM STUDENT
WHERE COUNT(*) > 2
GROUP BY grade;

④ SELECT name, grade, height
FROM STUDENT
WHERE height > (SELECT height, grade
FROM STUDENT
WHERE name = '홍길동');

ANSWER 20.②

20 테이블 인스턴스(Instance)

- 데이터베이스 설계 시에 테이블의 구조와 칼럼의 특성을 알기 쉽게 요약한 내용
- 테이블의 칼럼 이름, 데이터 타입, 키종류, NULL이나 중복 값의 허용 여부, 외래 키 그리고 칼럼에 대한 설명으로 구성

㉠ GROUP BY : 특정 칼럼을 기준으로 같은 값을 가지는 행들을 그룹별로 모아 자료를 가져 오는 것이다.

㉡ having 절 : group by로 생성된 그룹에 대하여 임의 조건을 명시하는데 사용하며 집계 함수 사용이 가능하다. having에서 다루는 속성은 group by한 속성이여야 한다.

2021. 4. 17. 인사혁신처 시행

1 **컴퓨팅 사고(Computational Thinking)에서 주어진 문제의 중요한 특징만으로 문제를 간결하게 재정의함으로써 문제 해결을 쉽게 하는 과정은?**

① 분해
② 알고리즘
③ 추상화
④ 패턴 인식

2 **소프트웨어에 대한 설명으로 옳지 않은 것은?**

① 하드웨어에 대응하는 개념으로 우리가 원하는 대로 컴퓨터를 작동하게 만드는 논리적인 바탕을 제공한다.
② 운영체제 등 컴퓨터 시스템을 가동시키는 데 사용되는 소프트웨어를 시스템 소프트웨어라 한다.
③ 문서 작성이나 게임 등 특정 분야의 업무를 처리하는 데 사용되는 소프트웨어를 응용 소프트웨어라 한다.
④ 고급 언어로 작성된 프로그램을 한꺼번에 번역한 후 실행하는 것이 인터프리터 방식이다.

ANSWER 1.③ 2.④

1 컴퓨팅 사고(Computational Thinking) … 컴퓨터로 처리할 수 있는 형태로 문제와 해결책을 표현하는 사고과정
※ 컴퓨팅 사고 4가지
㉠ 분해 : 복잡한 문제를 컴퓨터가 효과적으로 처리할 수 있는 단위
㉡ 패턴파악 : 문제 간 유사성을 찾음
㉢ 추상화 : 문제의 핵심만 추려 복잡한 문제를 단순화
㉣ 알고리즘 설계 : 일련의 규칙과 절차에 따라 문제를 해결

2 소프트웨어 … 컴퓨터 프로그램과 그와 관련된 문서들을 총칭하는 용어로 기계장치부를 말하는 하드웨어에 대응하는 개념으로 시스템소프트웨어와 응용소프트웨어로 나뉜다.
㉠ 시스템소프트웨어 : 어느 문제에나 공통적으로 필요한 프로그램들로서 운영체제, 컴파일러, 입출력 제어프로그램 등이 해당됨
㉡ 응용소프트웨어 : 시스템소프트웨어를 사용하여 실제 사회에서 일어나는 문제들을 풀어주는 프로그램들이며 사무자동화, 수치연산, 게임 등 다양하다.

컴파일러	인터프리터
전체 프로그램을 스캔해서 기계어로 한 번에 번역	각각의 명령어를 한 번에 한 개씩 번역하고 처리

3 4GHz의 클록 속도를 갖는 CPU에서 CPI(Cycle per Instruction)가 4.0이고 총 10^{10}개의 명령어로 구성된 프로그램을 수행하려고 할 때, 이 프로그램의 실행 완료를 위해 필요한 시간은?

① 1초
② 10초
③ 100초
④ 1,000초

4 −35를 2의 보수(2's Complement)로 변환하면?

① 11011100
② 11011101
③ 11101100
④ 11101101

ANSWER 3.② 4.②

3 4GHz → CPU가 1초에 10^9번 0과 1을 반복한다.
CPI(Cycle per Instruction) : 명령어 하나 당 발생한 사이클 수

$$\frac{40,000,000,000}{4,000,000,000} = 10$$

4 −35 : 10100011
1의보수 : 11011100
2의보수 : 11011101

5 OSI 7계층에서 계층별로 사용하는 프로토콜의 데이터 단위는 다음 표와 같다. ㉠～㉢에 들어갈 내용을 바르게 연결한 것은?

계층	데이터 단위
트랜스포트(Transport) 계층	(㉠)
네트워크(Network) 계층	(㉡)
데이터링크(Datalink) 계층	(㉢)
물리(Physical) 계층	비트

	㉠	㉡	㉢
①	세그먼트	프레임	패킷
②	패킷	세그먼트	프레임
③	세그먼트	패킷	프레임
④	패킷	프레임	세그먼트

ANSWER 5.③

5 프로토콜 데이터 단위

OSI 7 계층	TCP/IP 4 계층	데이터 단위
응용 계층	응용 계층	message
프리젠테이션 계층		
세션 계층		
트랜스포트 계층	트랜스포트 계층	segment
네트워크 계층	인터넷 계층	packet
데이터링크 계층	네트워크 접속 계층	frame
물리 계층		bit stream

6 300개의 노드로 이진 트리를 생성하고자 할 때, 생성 가능한 이진 트리의 최대 높이와 최소 높이로 모두 옳은 것은? (단, 1개의 노드로 생성된 이진 트리의 높이는 1이다)

	최대 높이	최소 높이
①	299	8
②	299	9
③	300	8
④	300	9

ANSWER 6.④

6 이진 트리 : 모든 노드가 최대 2개의 자식을 가질 수 있는 트리로 각 노드의 자식 노드를 왼쪽 자식, 오른쪽 자식으로 구분한다.

- **포화 이진트리** : 모든 레벨의 노드가 꽉 차 있는 트리
- **편향 이진트리** : 왼쪽 혹은 서브 트리만 가지는 트리

※ **이진트리의 높이** … N개의 노드를 가진 이진 트리의 높이를 계산으로 구할수 있음

- **최대 높이** : N으로 노드의 개수와 같음
- **최소 높이** : 최소 2개의 자식 노드를 갖는 경우로서 $\lceil \log_2(N+1) \rceil$이 높이가 됨

→ 최대높이 : 300

→ 최소높이 : $\lceil \log_2(n+1) \rceil$

$=\log(300+1)$

$=\log_2 301$

$=\log_2 2^8$

$=\lceil 8.xxxxxxxx \rceil$

$=9$ → 결과 8.xxxxxxxx을 무조건 올림으로 나타내어 결과는 9가 된다.

7 **아래와 같은 순서대로 회의실 사용 요청이 있을 때, 다음 중 가장 많은 회의실 사용 시간을 확보할 수 있는 스케줄링 방법은? (단, 회의실은 하나이고, 사용 요청은 (시작 시각, 종료 시각)으로 구성된다. 회의실에 특정 회의가 할당되면 이 회의 시간과 겹치는 회의 요청에 대해서는 회의실 배정을 할 수 없다)**

(11 : 50, 12 : 30), (9 : 00, 12 : 00), (13 : 00, 14 : 30), (14 : 40, 15 : 00), (14 : 50, 16 : 00), (15 : 40, 16 : 20), (16 : 10, 18 : 00)

① 시작 시각이 빠른 요청부터 회의실 사용이 가능하면 확정한다.

② 종료 시각이 빠른 요청부터 회의실 사용이 가능하면 확정한다.

③ 사용 요청 순서대로 회의실 사용이 가능하면 확정한다.

④ 회의 시간이 긴 요청부터 회의실 사용이 가능하면 확정한다.

ANSWER 7.④

7 ④ 회의 시간이 긴 요청부터 회의실 사용이 가능하면 확정한다. → 7시간 30분
(9 : 00, 12 : 00=3), (16 : 10, 18 : 00=1:50), (13 : 00, 14 : 30=1:30), (14 : 50, 16 : 00=1:10)
① 시작 시각이 빠른 요청부터 회의실 사용이 가능하면 확정한다. → 5시간 30분
(9 : 00, 12 : 00=3), (13 : 00, 14 : 30=1:30), (14 : 40, 15 : 00=20), (15 : 40, 16 : 20=40)
② 종료 시각이 빠른 요청부터 회의실 사용이 가능하면 확정한다. → − 5시간 30분
(12 : 00, 9 : 00=−3), (14 : 30, 13 : 00=−1:30), (15 : 00, 14 : 40=−20), (16 : 20, 15 : 40=−40)
③ 사용 요청 순서대로 회의실 사용이 가능하면 확정한다. → 3시간 10분
(11 : 50, 12 : 30=40), (13 : 00, 14 : 30=1:30), (14 : 40, 15 : 00=20), (15 : 40, 16 : 20=40)
※ 가장 많은 회의실 사용 시간을 확보할 수 있는 스케쥴링 방법으로 회의 시간이 긴 요청(7시간 30분)부터 회의실 사용이 가능하면 확정한다.

8 **제품 테이블에 대하여 SQL 명령을 실행한 결과가 다음과 같을 때, ㉠과 ㉡에 들어갈 내용을 바르게 연결한 것은?**

〈제품 테이블〉

제품ID	제품이름	단가	제조업체
P001	나사못	100	A
P010	망치	1,000	B
P011	드라이버	3,000	B
P020	망치	1,500	C
P021	장갑	800	C
P022	너트	200	C
P030	드라이버	4,000	D
P031	절연테이프	500	D

〈SQL 명령〉

```
SELECT 제조업체, MAX(단가) AS 최고단가
FROM 제품
GROUP BY ( ㉠ )
HAVING COUNT(*) > ( ㉡ ) ;
```

〈실행 결과〉

제조업체	최고단가
B	3,000
C	1,500
D	4,000

	㉠	㉡
①	제조업체	1
②	제조업체	2
③	단가	1
④	단가	2

ANSWER 8.①

8 테이블에서 특정 속성의 값이 같은 튜플을 모아 그룹을 만들고, 그룹별로 검색을 하기 위해 GROUP BY 키워드를 사용한다. 그룹에 대한 조건을 추가하려면 GROUP BY 키워드를 HAVING 키워드와 함께 사용하면 된다.

SELECT [ALL | DISTINCT] 속성_리스트
FROM 테이블_리스트
[WHERE 조건]
[GROUP BY 속성_리스트 [HAVING 조건]]

※ 제조업체 기준으로 그룹화를 한 뒤 단가 중 최고단가 속성을 추가 하여 제조업체에서 1개가 초과하는 튜플을 검색한다.

9 스택의 입력으로 4개의 문자 D, C, B, A가 순서대로 들어올 때, 스택 연산 PUSH와 POP에 의해서 출력될 수 없는 결과는?

① ABCD ② BDCA

③ CDBA ④ DCBA

10 임계구역에 대한 설명으로 옳은 것은?

① 임계구역에 진입하고자 하는 프로세스가 무한대기에 빠지지 않도록 하는 조건을 진행의 융통성(Progress Flexibility)이라 한다.

② 자원을 공유하는 프로세스들 사이에서 공유자원에 대해 동시에 접근하여 변경할 수 있는 프로그램 코드 부분을 임계영역(Critical Section)이라 한다.

③ 한 프로세스가 다른 프로세스의 진행을 방해하지 않도록 하는 조건을 한정 대기(Bounded Waiting)라 한다.

④ 한 프로세스가 임계구역에 들어가면 다른 프로세스는 임계구역에 들어갈 수 없도록 하는 조건을 상호 배제(Mutual Exclusion)라 한다.

ANSWER 9.② 10.④

9 스택 연산 … 한쪽 끝에서만 항목을 삭제하거나 새로운 항목을 저장하는 자료 구조로 마지막에 삽입한 원소는 맨 위에 쌓여 있다가 가장 먼저 삭제가 되는 후입선출 구조이다.(LIFO)

- PUSH : 레지스터에 있는 값을 Stack 메모리에 저장할 때 사용하는 명령
- POP : Stack에 있는 값을 레지스터로 가져오는 명령

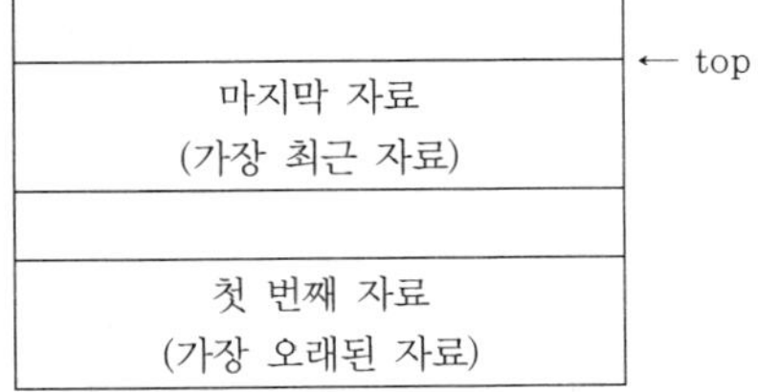

→ 후입선출구조의 문제로서 D, C, B, A를 순서대로 넣은 뒤 2번 보기와 같이 B를 빼고 D를 빼야하는데 중간에 C가 있어 D를 뺄 수 없으므로 2번은 출력될 수 없는 구조이다.

10
- 임계구역(Critical Section) : 프로세스의 코드 중 공유 자원 접근을 수행하는 코드 영역으로 임계구역 문제를 적절히 처리하지 않으면 방금 보았듯 공유 자원에 둘 이상의 프로세스가 동시에 접근하여 경쟁 상태가 발생할 수 있다.
- 상호배제 : 상호배제란 한 번에 하나의 프로세스만이 임계영역에 들어가야 함을 의미한다.

한 프로세스만 임계구역에 진입하고, 다수의 프로세스들이 하나의 공유 자원을 상호 배타적으로 사용할 수 있게 하면서 동시에는 수행할 수 없도록 한다.

11 **통합 테스팅 방법에 대한 설명으로 옳지 않은 것은?**

① 연쇄식(Threads) 통합은 초기에 시스템 골격을 파악하기 어렵다.
② 빅뱅(Big-bang) 통합은 모든 모듈을 동시에 통합하여 테스팅한다.
③ 상향식(Bottom-up) 통합은 가장 하부 모듈부터 통합하여 테스팅한다.
④ 하향식(Top-down) 통합은 프로그램 제어 구조에서 상위 모듈부터 통합하는 것을 말한다.

12 **다음 중 파이썬 프로그래밍 언어에 대한 설명으로 옳은 것만을 모두 고르면?**

> ㉠ 변수 선언 시 변수명 앞에 데이터형을 지정해야 한다.
> ㉡ 플랫폼에 독립적인 대화식 언어이다.
> ㉢ 클래스를 정의하여 객체 인스턴스를 생성할 수 있다.

① ㉡
② ㉠, ㉢
③ ㉡, ㉢
④ ㉠, ㉡, ㉢

ANSWER 11.① 12.③

11 **통합테스팅** … 독립적으로 테스팅을 마친 모듈들이 통합 후에도 잘 돌아가는지 테스팅하는 것으로 상향, 하향, 빅뱅 방식이 있으며 상향, 하향식 모두 오류 발견이 쉽다는 방식이 있다.

- **빅뱅(Big-bang) 통합** : 상향, 하향식 방법과 다르게 점증적 방식이 아니며 전체를 한꺼번에 통합하여 테스팅을 진행한다.
- **상향식(Bottom-up) 통합** : 스텁이 별로 필요하지 않으며 아래부터 나아가기 때문에 대체할 모듈의 수가 많지 않다.
- **하향식(Top-down) 통합** : 구현과 테스팅을 분리할 수 있고 중요한 상위 모듈의 경우 테스팅 과정에서 여러 번 호출된다는 장점이 있다.

12 **파이썬** … 1991년 귀도 반 로섬이라는 프로그래머에 위해 개발된 언어로 가독성이 높고 쉬운 문법 덕분에 다른 프로그래밍 언어보다 빠른 습득이 가능하다.

※ 특징

㉠ **스크립트 언어** : 컴파일 과정 없이 인터프리터가 소스 코드를 한 줄씩 읽어 들여 곧바로 실행하는 스크립트 언어이며 컴파일 과정이 필요하지 않아 실행 결과를 바로 확인하고 수정하면서 손쉽게 코드를 작성할 수 있다.
㉡ **동적 타이핑** : 동적 타입 언어로 변수의 자료형을 지정하지 않고 단순히 선언하는 것만으로도 값을 지정할 수 있다. 변수의 자료형은 코드가 실행되는 시점에 결정된다.
㉢ **플랫폼 독립적** : 리눅스, 유닉스, 윈도우즈, 맥 등 대부분의 운영체제에서 모두 동작하며 운영체제별로 컴파일할 필요가 없기 때문에 한 번 소스 코드를 작성하면 어떤 운영체제에서든 활용이 가능

- **클래스** : 프로그램 상에서 사용되는 속성과 행위를 모아놓은 집합체
- **인스턴스** : 클래스로부터 만들어지는 각각의 개별적인 객체

13 **해쉬(Hash)에 대한 설명으로 옳지 않은 것은?**

① 연결리스트는 체이닝(Chaining) 구현에 적합하다.
② 충돌이 전혀 없다면 해쉬 탐색의 시간 복잡도는 O(1)이다.
③ 최악의 경우에도 이진 탐색보다 빠른 성능을 보인다.
④ 해쉬 함수는 임의의 길이의 데이터를 입력받을 수 있다.

14 **프로세스의 메모리는 세그먼테이션에 의해 그 역할이 할당되어 있다. 표준 C언어로 작성된 프로그램이 컴파일 후 실행파일로 변환되어 메모리를 할당받았을 때, 이 프로그램에 할당된 세그먼트에 대한 설명으로 옳은 것은?**

① 데이터 세그먼트는 모든 서브루틴의 지역변수와 서브루틴 종료 후 돌아갈 명령어의 주소값을 저장한다.
② 스택은 현재 실행 중인 서브루틴의 매개변수와 프로그램의 전역변수를 저장한다.
③ 코드 세그먼트는 CPU가 실행할 명령어와 메인 서브루틴의 지역변수를 저장한다.
④ 힙(Heap)은 동적 메모리 할당을 위해 사용되는 공간이고, 주소값이 커지는 방향으로 증가한다.

ANSWER 13.③ 14.④

13 해쉬(Hash) … 임의의 길이를 갖는 메시지를 입력하여 고정된 길이의 해쉬값을 출력하는 함수

※ 해쉬 충돌 알고리즘
- 체이닝(Chaining)기법 : 해시 충돌 발생시, 해당 인덱스에 연결리스트를 이용해 데이터들을 연결

※ 해쉬함수의 시간복잡도
- 일반적인 경우(충돌이 없는 경우) : O(1)
- 최악의 경우(충돌이 모두 발생하는 경우) : O(n)
- 해쉬 테이블의 경우, 일반적인 경우를 기대하고 만들기 때문에 시간복잡도는 O(1)이라고 말할 수 있음

14 세그먼트 … 메모리 관리 방식의 하나로 프로그램이나 데이터를 세그먼트 또는 섹션이라는 가변 크기로 관리하는 방법

※ 주요 세그먼트 종류
- 코드(code) : 실행 될 프로그램의 기계어 명령어를 포함
- 데이터(data) : 프로그램에서 정의된 데이터, 상수, 작업 영역 등을 포함
- 스택(stack) : 프로그램이 임시로 사용하는 지역 함수 변수 등의 데이터가 저장
- 힙(heap) : 프로그래머가 직접 접근 가능한 메모리 세그먼트이며 크기가 고정되어 있지 않다.

15 다음은 프로세스 상태 전이도이다. 각 상태 전이에 대한 예로 적절하지 않은 것은?

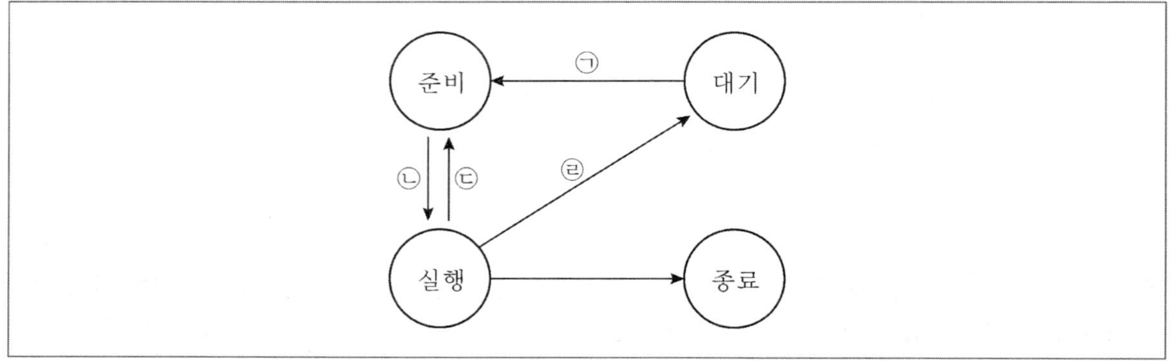

① ㉠ – 프로세스에 자신이 기다리고 있던 이벤트가 발생하였다.
② ㉡ – 실행할 프로세스를 선택할 때가 되면, 운영체제는 프로세스들 중 하나를 선택한다.
③ ㉢ – 실행 중인 프로세스가 자신에게 할당된 처리기의 시간을 모두 사용하였다.
④ ㉣ – 실행 중인 프로세스가 작업을 완료하거나 실행이 중단되었다.

ANSWER 15.④

15 프로세스 상태 전이 … 프로세스가 시스템 내에 존재하는 동안 프로세스의 상태가 변하는 것을 의미

※ 프로세스 상태 전이도

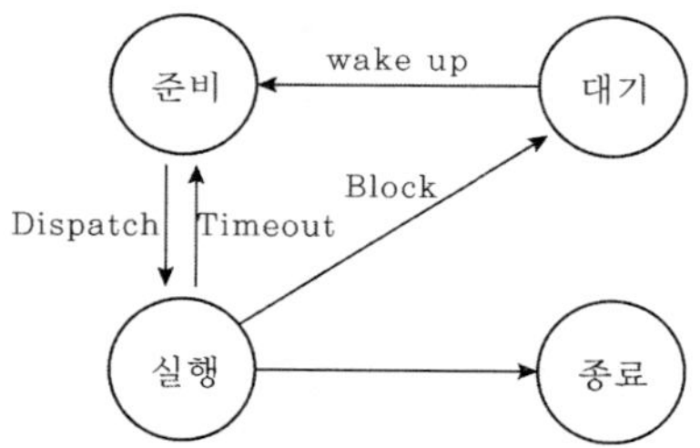

- 준비(Ready) : 프로세스가 프로세서를 할당받기 위해 기다리고 있는 상태
- 실행(Run) : 준비상태 큐에 있는 프로세스가 할당받아 실행 되는 상태
  - Dispatch : 준비 상태에서 대기하고 있는 프로세스 중 하나가 프로세서를 할당받아 실행 상태로 전이되는 과정
- 대기(Wait) : 프로세스에 입출력 처리가 필요하면 현재 실행중인 프로세스가 중단되고 입출력 처리가 완료될 때까지 대기하고 있는 상태
  - wake up : 입출력 작업이 완료되어 프로세스가 대기 상태에서 준비 상태로 전이되는 과정
- 종료(Terminate) : 프로세스의 실행이 끝나고 프로세스 할당이 해제된 상태

※ 상태전이 동작

㉠ 대기 → 준비(Wake up) : 입출력이 완료되거나 자원이 할당되어 다시 실행
㉡ 준비 → 실행(Dispatch) : 우선순위가 높은 프로세스 선정하여 명령어 실행
㉢ 실행 → 준비(Timer runout) : 클럭이 인터럽트를 발생시켜 제어권을 빼앗음
㉣ 실행 → 대기(Block) : 프로세서가 입출력, 자원 등을 기다리기 위해 대기로 전환

16 -30.25×2^{-8}의 값을 갖는 IEEE 754 단정도(Single Precision) 부동소수점(Floating-point) 수를 16진수로 변환하면?

① 5DF30000

② 9ED40000

③ BDF20000

④ C8F40000

ANSWER 16.③

16 IEEE 754의 부동 소수점 표현은 크게 세 부분으로 구성되는데, 최상위 비트는 부호를 표시하는 데 사용되며, 지수 부분(exponent)과 가수 부분(fraction/mantissa)이 있다.

- 32비트 단정도 실수

부호비트 : 1

지수비트 : 8

가수비트 : 23

바이어스 : 127

	지수부	가수부
1	8	23

10진수 −30.25를 2진수로 표현 : −11110.01 // 2진수로 변환

정규화수행 : $-30.25 \times 2^{-8} = -11110.01 \times 2^{-8} = 1.111001 \times 2^{-4}$ // 소수점을 가장 첫째 자리로 옮기고 소수점이 이동한 자리 수(n)만큼 만큼 2^n)

부호비트 : 1(음수)

지수비트 : 01111111 − 000000100 = 01111011

가수비트 : 111001 → 가장 왼쪽 1은 생략하고, 가수비트 나머지는 0으로 채운다

11100100000000000000000

1	01111011	111001
1	8	23

1011/1101/1111/0010/0000/0000/0000/0000

11/13/15/2/0/0/0/0

16 진수	
10	A
11	B
12	C
13	D
14	E
15	F

→ BDF20000

17 다음은 어느 학생이 C 언어로 작성한 학점 계산 프로그램이다. 출력 결과는?

```
#include <stdio.h>
int main()
{
  int score = 85;
  char grade;
  if (score >= 90) grade='A';
  if (score >= 80) grade='B';
  if (score >= 70) grade='C';
  if (score < 70)  grade='F';
  printf("학점 : %c₩n", grade);
  return 0;
}
```

① 학점 : A
② 학점 : B
③ 학점 : C
④ 학점 : F

ANSWER 17.③

17 score = 85 이어서 if (score >= 80) grade = 'B'; 조건에 해당하여 다음 줄로 이동하여 명령문을 실행한다.
if (score >= 70) grade = 'C'; 줄로 이동하여 score = 85가 70 이상이 되어 조건문을 만족하여 다음 줄로 이동하여 명령문을 실행한다.
if (score < 70) grade = 'F'; 문에서는 score = 85로 조건문에 해당되지 않으므로 printf("학점 : %c₩n", grade);로 이동하여 학점 : C를 출력한다.

18 파이프라인 해저드(Pipeline Hazard)에 대한 다음 설명에서 ㉠과 ㉡에 들어갈 내용을 바르게 연결한 것은?

> • 하드웨어 자원의 부족 때문에 명령어를 적절한 클록 사이클에 실행할 수 있도록 지원하지 못할 때 (㉠) 해저드가 발생한다.
> • 실행할 명령어를 적절한 클록 사이클에 가져오지 못할 때 (㉡) 해저드가 발생한다.

	㉠	㉡
①	구조적	제어
②	구조적	데이터
③	데이터	구조적
④	데이터	제어

ANSWER 18.①

18 파이프 라인의 정의 … 명령어를 단계별로 분할하여 수행 단계가 겹치지 않은 명령을 중첩하여 수행
- 구조적 해저드 : 하드웨어가 여러 명령들의 수행을 지원하지 않기 때문에 발생, 자원 충
- 데이터 해저드 : 명령의 값이 현재 파이프 라인에서 수행중인 이전 명령의 값에 종속
- 제어 해저드 : 분기 명령어에 의해서 발생

19 합성곱 신경망(CNN, Convolutional Neural Network) 처리 시 다음과 같은 입력과 필터가 주어졌을 때, 합성곱에 의해 생성된 특징 맵(Feature Map)의 ㉠에 들어갈 값은?

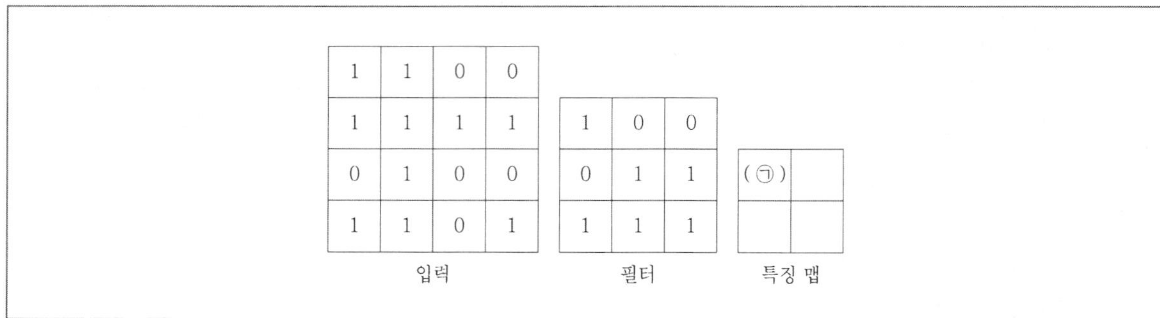

입력

1	1	0	0
1	1	1	1
0	1	0	0
1	1	0	1

필터

1	0	0
0	1	1
1	1	1

특징 맵

(㉠)	

① 3　　② 4

③ 5　　④ 6

ANSWER 19.②

19 합성곱 신경망(CNN, Convolutional Neural Network) … 사물인식에서 뛰어난 성능을 보이는 딥러닝 방법

입력			
1	1	0	0
1	1	1	1
0	1	0	0
1	1	0	1

• 입력필터를 4등분으로 분할하여 계산한다.

입력1		
1	1	0
1	1	1
0	1	0

→

입력2 → (㉡)		
1	0	0
1	1	1
1	0	0

→

입력3 → (㉢)		
1	1	1
0	1	0
1	1	0

→

입력4 → (㉣)		
1	1	1
1	0	0
1	0	1

입력1		
1	1	0
1	1	1
0	1	0

*

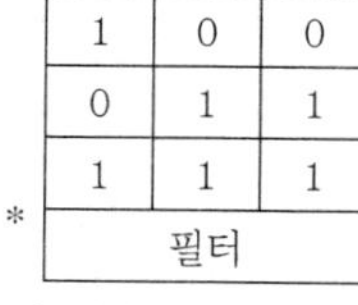

필터		
1	0	0
0	1	1
1	1	1

=

특징맵	
(㉠)	㉡
㉢	㉣

• 입력과 필터를 곱한 뒤 결과를 더해서 계산결과 ㉠에 적어준다.

입력1		
1	1	0
1	1	1
0	1	0

*

필터		
1	0	0
0	1	1
1	1	1

→

계산결과		
1	0	0
0	1	1
0	1	0

특징맵	
4	(㉡)
(㉢)	(㉣)

20 해밍코드에 대한 패리티 비트 생성 규칙과 인코딩 예가 다음과 같다. 이에 대한 설명으로 옳은 것은?

〈패리티 비트 생성 규칙〉

원본 데이터	d4	d3	d2	d1			
인코딩된 데이터	d4	d3	d2	p4	d1	p2	p1

p1 = (d1 + d2 + d4) mod 2

p2 = (d1 + d3 + d4) mod 2

p4 = (d2 + d3 + d4) mod 2

〈인코딩 예〉

원본 데이터	0	0	1	1			
인코딩된 데이터	0	0	1	1	1	1	0

① 이 방법은 홀수 패리티를 사용하고 있다.

② 원본 데이터가 0100이면 0101110으로 인코딩된다.

③ 패리티 비트에 오류가 발생하면 복구는 불가능하다.

④ 수신측이 0010001을 수신하면 한 개의 비트 오류를 수정한 후 최종적으로 0010으로 복호한다.

ANSWER 20.④

20 해밍코드 … 자기 정정 부호의 하나로 2비트의 오류 검출해서 1비트 오류를 수정할 수 있는 오류 검출 및 수정부호를 말함

- 오류의 검출은 물론 스스로 수정까지 가능하여 자기 정정 부호라고 함
- 전송 비트 중 1,2,4,8,16,32,64....2n번째를 오류 검출을 위한 패리티 비트로 사용
- 오류 검출 및 교정을 위한 잉여비트가 많이 필요

※ 패리티 비트

- 전송하는 데이터마다 패리티 비트 1개씩 추가하여 홀수 또는 짝수 검사 방법으로 오류 검출
- 2개 이상의 오류가 나면 확인이 불가능 하다.

① 이 방법은 짝수 패리티를 사용하고 있다.

② 원본 데이터가 0100이면 0101010으로 인코딩된다.

7	6	5	4	3	2	1
d4	d3	d2	P4	d1	P2	P1
0	1	0		0		
			1		1	0

1,3,5,7 → P1의 패리티 값 0

2,6,7 → P2의 패리티 값 1

4,5,6,7 → P4의 패리티 값 1

③ 패리티 비트에 오류가 발생하면 복구가 가능하다.

컴퓨터일반

2021. 6. 5. 제1회 지방직 시행

1 **가상화폐와 관련이 가장 적은 것은?**

① 채굴(mining)
② 소켓(socket)
③ 비트코인(bitcoin)
④ 거래(transaction)

2 **다음 설명에 해당하는 기술은?**

실제 환경에 가상 사물을 합성해 원래 존재하는 사물처럼 보이도록 하는 기술이다.

① MPEG(Moving Picture Experts Group)
② AI(Artificial Intelligence)
③ AR(Augmented Reality)
④ VOD(Video On Demand)

ANSWER 1.② 2.③

1 암호화 기술을 사용하기 때문에 암호화폐라고도 부르는 가상화폐는 온라인에서 거래할 수 있는 전자 화폐다.
- 종류 : 비트코인, 이더리움, 리플, 비트코인 캐시 등
- 특징 : 주식은 발행, 가상화폐는 채굴이라는 방식을 사용하며 1년 365일, 24시간 내내 언제 어디서나 거래할 수 있다.

2 AR(Augmented Reality, 증강현실) … 실세계에 3차원 가상물체를 겹쳐 보여주는 기술로 현실의 이미지나 배경에 3차원 가상 이미지를 겹쳐서 하나의 영상으로 보여주는 기술이다.
- MPEG(Moving Picture Experts Group) : 동영상 압축 기술에 대한 국제 표준규격
- AI(Artificial Intelligence) : 인간의 학습능력과 추론능력, 지각능력, 자연언어의 이해능력 등을 컴퓨터 프로그램으로 실현한 기술
- VOD(Video On Demand) : 사용자가 필요로 하는 영상을 원하는 시간에 제공해 주는 맞춤 영상 정보 서비스

3 일반적인 컴퓨터 시스템에서 정확한 값으로 표현하기 가장 어려운 것은?

① $\sqrt{2}$　　② $1\frac{3}{4}$

③ 2.5　　④ -0.25×2^{-5}

4 노드(node)가 11개 있는 트리의 간선(edge) 개수는?

① 10　　② 11

③ 12　　④ 13

ANSWER 3.① 4.①

3 ① $\sqrt{2}$: 무한소수로서 정확한 값을 표현하기 어려움

→ 1.41421 35623 73095 04880 16887 242069 69807 85696 71875 37694 80731 ……

② $1\frac{3}{4}$: $\frac{4}{4}+\frac{3}{4}=\frac{7}{4}$로 분수 표현 가능

③ 2.5 : 소수 표현 가능

④ -0.25×2^{-5} : 부동소수점 표현 가능

4 ㉠ **트리** : 대표적인 비선형 자료구조, 계층적인 구조를 나타내는 부모-자식 관계의 노드들로 상하관계를 이루는 자료구조

- **노드** : 트리의 구성요소
- **간선** : 노드를 연결하는 선

㉡ **노드의 특징**

- 노드들과 노드들을 연결하는 간선들로 구성
- 각 노드는 부모 노드로의 연결이 있을 수도 있고, 아닐 수도 있다.

㉢ **이진트리** : 모든 노드가 2개의 서브트리를 가지고 있는 트리

㉣ **이진트리의 간선과 노드** : n개의 노드를 가지는 이진트리는 항상 (n-1)개의 간선을 가진다.

∴ 노드가 11개 있는 트리의 간선 개수는 11-1=10이다.

5 **CPU에서 명령어를 처리하는 단계 중 가장 첫 번째에 위치하는 것은?**

① 실행(execution)
② 메모리 접근(memory access)
③ 명령어 인출(instruction fetch)
④ 명령어 해독(instruction decode)

6 **캐시(cache)에 대한 설명으로 옳지 않은 것은?**

① CPU와 인접한 곳에 위치하거나 CPU 내부에 포함되기도 한다.
② CPU와 상대적으로 느린 메인(main) 메모리 사이의 속도 차이를 줄이기 위해 사용된다.
③ 다중프로세서 시스템에서는 write-through 정책을 사용하더라도 데이터 불일치 문제가 발생할 수 있다.
④ 캐시에 쓰기 동작을 수행할 때 메인 메모리에도 동시에 쓰기 동작이 이루어지는 방식을 write-back 정책이라고 한다.

ANSWER 5.③ 6.④

5 CPU는 하나의 명령어를 단계적으로 처리한다.

※ 명령어 처리의 5단계
① 명령어 인출
② 명령어 해독
③ 피연산자 인출
④ 명령어 실행
⑤ 결과 저장

6 ㉠ **캐시**(cache) : 주기억장치와 중앙처리장치 사이에 있는 고속 버퍼 메모리로 용량은 적지만 속도가 빨라서 데이터에 접근하기 좋다.
㉡ **쓰기정책** : 캐시의 블록이 변경 되었을때 그 내용을 주기억 장치에 갱신하는 시기와 방법의 결정
㉢ **정책유형**
- Write-Through : 모든 쓰기 동작들이 캐시로 뿐만 아니라 주기억 장치로도 동시에 수행되는 방식으로 캐시에 적재된 블록의 내용과 주기억장치에 있는 그 블록의 내용이 항상 동일하다는 장점과 모든 쓰기 동작이 주기억장치 쓰기를 포함하므로 쓰기 시간이 길어 진다는 단점이 있다.
- Write-Back : 캐시에서 데이터가 변경되어도 주기억장치에는 갱신되지 않는 방식으로 기억장치에 대한 쓰기 동작의 횟수가 최소화되며 짧은 쓰기 시간이라는 장점과 캐시의 내용과 주기억 장치의 해당 내용이 서로 상이하며 블록을 교체할 때는 캐시의 상태를 확인하여 갱신하는 동작이 선행 필요, 이를 위한 각 캐시라인의 상태 비트가 필요하다는 단점이 있다.

㉣ **문제점** : 데이터 불일치 문제, 일관성 문제(다중 프로세서 시스템)

7 가상 기계(virtual machine)에 대한 설명으로 옳지 않은 것은?

① 가상 기계 모니터 또는 하이퍼바이저(hypervisor)는 가상 기계를 지원하는 소프트웨어이다.
② 가상 기계 모니터는 호스트 운영체제 위에서만 실행된다.
③ 데스크톱 환경에서 Windows나 Linux와 같은 운영체제를 여러 개 실행하기 위해 사용되기도 한다.
④ 가상 기계가 호스트 운영체제 위에서 동작할 때, 이 기계 위에서 동작하는 응용 프로그램은 처리 속도가 느려질 수 있다.

8 프로세스(process)에 대한 설명으로 옳지 않은 것은?

① 실행 중인 프로그램이다.
② 프로그램 코드 외에도 현재의 활동 상태를 갖는다.
③ 준비(ready) 상태는 입출력 완료 또는 신호의 수신 같은 사건(event)이 일어나기를 기다리는 상태이다.
④ 호출한 함수의 반환 주소, 매개변수 등을 저장하기 위해 스택을 사용한다.

ANSWER 7.② 8.③

7 가상 기계(virtual machine) … 물리적 머신에 연결되지 않고 프로그램이나 애플리케이션을 수행하는 소프트웨어로 인스턴스에서 하나 이상의 게스트머신을 물리적 호스트 컴퓨터에서 실행할 수 있다.
- 가상머신 기술을 이용하면 하나의 물리적 하드웨어 시스템 위에 다수의 가상 환경을 구성하여, 복수의 운영체제(OS)나 시스템을 운영할 수 있다.
- **대표적인 예** : 자바 가상머신(Java Virtual Machine, JVM)

–하이퍼바이저는 가상화 머신 모니터라고도 부르며 인터넷 상에서 쌍방향 의사소통이 가능한 호스트 컴퓨터를 통해 다수의 운영체제를 동시에 작동 시키는 소프트웨어이며 주로 중앙처리장치인 CPU와 운영체제인 OS의 중간역할로 사용
- **장점** : 하드디스크를 포맷하거나 멀티 부팅을 하지 않고 프로그램처럼 다른 운영체제를 이용

8 프로세스는 컴퓨터에서 실행중인 프로그램(일, Task)을 말하며 프로세스가 실행되는 동안 생성, 준비, 실행, 대기, 종료의 상태들을 거치는데 컴퓨터는 여러 일을 처리할 때 프로그램 요소들이 움직이는 일정에 따라 작업 순서를 매기는데 이를 스케줄링이라고 한다.

※ 프로세스의 상태
- **생성**(create) : 프로세스가 생성되는 중이다.
- **실행**(running) : 프로세스가 CPU를 차지하여 명령어들이 실행되고 있다.
- **준비**(ready) : 프로세스가 CPU를 사용하고 있지는 않지만 언제든지 사용할 수 있는 상태로, CPU가 할당되기를 기다리고 있다. 일반적으로 준비 상태의 프로세스 중 우선순위가 높은 프로세스가 CPU를 할당받는다.
- **대기**(waiting) : 보류(block)라고 부르기도 한다. 프로세스가 입출력 완료, 시그널 수신 등 어떤 사건을 기다리고 있는 상태를 말한다.
- **종료**(terminated) : 프로세스의 실행이 종료되었다.

9 다음 C++ 프로그램의 실행 결과로 옳은 것은?

```
#include <iostream>
using namespace std;

class Student {
public:
Student():Student(0) {};
Student(int id):_id(id) {
if (_id > 0) _cnt++;
};
static void print() { cout << _cnt;};
void printID() { cout << ++_id;};

private:
int _id;
static int _cnt;
};

int Student::_cnt = 0;

int main() {
Student A(2);
Student B;
Student C(4);
Student D(-5);
Student E;
Student::print();
E.printID();
return 0;
}
```

① 21 ② 22

③ 30 ④ 31

ANSWER 9.①

9

- #include 〈iostream〉

→ '#'은 전처리기이며 컴파일을 시작하면 우선적으로 처리한다.

→ 〈iostream〉은 cout, cin, endl 등 기본 입출력과 관련된 객체들을 정의한 헤더파일

cout : 출력작업의 변화 printf()

cin : 입력작업의 변화 scanf()

- cout : 다양한 데이터를 출력하는데 사용하는 출력 스트림

〈〈 : 출력할 데이터를 출력 스트림에 삽입

- cin : 다양한 데이터를 입력하는데 사용하는 입력 스트림

〉〉 : 입력할 데이터를 입력 스트림에서 추출하여 read_data라는 변수에 저장

- using namespace std;

→ 입력하는 문자열을 대신하며 std를 namespace로 처리하면 std 클래스 명을 사용하지 않고 함수를 호출

- Student::print();
  E.printID();

→ print(), printid() 문을 실행하기 위해서 static void print() { cout 〈〈 _cnt;};
void printID() { cout 〈〈 ++_id;};
구문을 실행한다.

- static void print() { cout 〈〈 _cnt;}; → _cnt 값을 가져와서 그대로 출력
- void printID() { cout 〈〈 ++_id;}; → _id를 가져와서 1 증가 시킨 후 출력
- int Student::_cnt = 0; → _cnt는 초기값을 0으로 지정
- if (_id 〉 0) _cnt++; → _id 값이 0보다 크거나 같으면 cnt값을 1 증가 시킴
- Student(int id):_id(id) { → _id는 id값을 받음.
- int main() { → main() 함수에서 스택공간에 객체를 생성함
- Student A(2); → 객체가 생성되면서 A의 값 2는 Student(int id):_id(id) { 의 id에 들어가는 값이 되므로 _id 값은 2가 된다.
- Student B; → 아무 값이 없으므로 tudent(int id):_id(id) { 의 id에서 _id 값은 0이 된다.
- Student C(4); →객체가 생성되면서 C의 값 4는 Student(int id):_id(id) { 의 id에 들어가는 값이 되므로 _id 값은 4가 된다.
- Student D(-5); →객체가 생성되면서 D의 값 -5는 Student(int id):_id(id) { 의 id에 들어가는 값이 되므로 _id 값은 -5가 된다.
- Student E; → 아무 값이 없으므로 tudent(int id):_id(id) { 의 id에서 _id 값은 0이 된다.
- if (_id 〉 0) _cnt++; → _id가 0보다 크면 _cnt를 1 증가시킴

∴ Student A(2); → cnt는 0보다 크기 때문에 값이 0이었다가 1 증가되어 1이 됨

Student B; → 0 값이므로 해당없음

Student C(4); → 4가 0보다 크므로 값 1에 1 증가되어 2가 됨

Student D(-5); → 값이 -5로 해당 없음

Student E; → 값이 0이므로 해당 없음

Student::print(); → 출력 구문으로 static void print() { cout 〈〈 _cnt;};에서 _cnt값을 그대로 출력하여 값은 2가 됨

-E.printID(); → E 값을 출력하는 구문으로 Student E; 에서 값이 0이었으므로 0을 출력하며 void printID() { cout 〈〈 ++_id;}; 구문에서 0이 출력되는 과정에서 1 증가하여 출력되므로 E는 1이 됨.

∴ 줄바꿈이 없으므로 같은 줄에 2와 1이 출력되어 21이 된다.

return 0;

10 **자바 프로그래밍 언어에 대한 설명으로 옳은 것은?**

① 클래스에서 상속을 금지하는 키워드는 this이다.

② 인터페이스(interface)는 추상 메소드를 포함할 수 없다.

③ 메소드 오버라이딩(overriding)은 상위 클래스에 정의된 메소드와 하위 클래스에서 재정의되는 메소드의 매개변수 개수와 자료형 등이 서로 다른 것을 의미한다.

④ 메소드 오버로딩(overloading)은 한 클래스 내에 동일한 이름의 메소드가 여러 개 있고 그 메소드들의 매개변수 개수 또는 자료형 등이 서로 다른 것을 의미한다.

ANSWER 10.④

10 ㉠ 자바 프로그래밍 언어는 객체지향프로그래밍 언어로 모바일과 웹프로그래밍, 게임 프로그래밍, 임베디드 프로그램 등 다양한 분야에서 활용되는 프로그래밍 언어이다.

㉡ 메소드나 클래스에서 상속을 금지하는 키워드는 Final이다.

㉢ 인터페이스 : 자바프로그래밍 언어에서 클래스들이 구현해야 하는 동작을 지정하는데 사용되는 추상형이다.

㉣ 메소드 : 클래스 내부에 정의되어 있으며, 인스턴스가 클래스와 관련하여 어떻게 행동하는지의 동작을 정의

- 메소드 오버라이딩 : 부모 클래스가 가지고 있는 메소드와 같은 이름을 가지고 있는 메소드를 자식 클래스에서 구현하는 것
- 메소드 오버로딩 : 한 클래스 내에 이미 사용하려는 이름과 같은 이름을 가진 메소드가 있더라도 매개 변수의 개수 또는 타입이 다르면, 같은 이름을 사용해서 메소드를 정의

11 다음 C 프로그램의 실행 결과로 옳은 것은?

```
#include <stdio.h>
int main()
{
    int count, sum = 0;

    for ( count = 1; count <= 10; count++) {
        if ((count % 2) == 0)
            continue;
        else
            sum += count;
    }
    printf("%d\n", sum);
}
```

① 10

② 25

③ 30

④ 55

ANSWER 11.②

11
- for (count = 1; count <= 10; count++) { → 1 부터 10까지 1씩 증가
- if ((count % 2) == 0) → count를 2로 나누어 나머지가 0이 아닌 수를 추출하므로 짝수가 아닌 홀수 1, 3, 5, 7, 9 추출됨
- sum += count; → 추출된 1, 3, 5, 7, 9를 더함
- printf("%d\n", sum); → 추출된 1, 3, 5, 7, 9를 더하여 25를 출력함

12 클래스기반 주소지정에서 IPv4 주소 131.23.120.5가 속하는 클래스는?

① Class A
② Class B
③ Class C
④ Class D

13 IPv4 CIDR 표기법에서 네트워크 접두사(prefix)의 길이가 25일 때, 이에 해당하는 서브넷 마스크(subnet mask)는?

① 255.255.255.0
② 255.255.255.128
③ 255.255.255.192
④ 255.255.255.224

ANSWER 12.② 13.②

12 IPv4 … 주소체계는 총 12자리이며, 네 부분으로 나뉜다. 각 부분은 0~255까지 3자리의 수로 표현된다.
→ 131.23.120.5에서 첫자리가 131이므로 B클래스에 해당한다.

CLASS	구성 범위		용도
A 클래스	1~127	0.0.0.0~127.255.255.255	국가 및 대형 통신망
B 클래스	128~191	128.0.0.0~191.255.255.255	중·대규모 통신망, 학교 전산망
C 클래스	192~223	192.0.0.0~223.255.255.255	소규모 통신망, ISP 업체
D 클래스	224~239	224.0.0.0~239.255.255.255	멀티캐스트
E 클래스	240~255	240.0.0.0~254.255.255.255	실험용

13 CIDR 표기법 : 연속된 IP 주소의 범위를 표기하는 방법중 하나
※ 서브넷 마스크(subnet mask) … IP 주소에서 네트워크 주소와 호스트 주소를 구별하는 구별자 역할을 하며 IP 주소 32비트 중에서 첫 번째 비트에서 몇 번째 비트까지 네트워크 주소로 할 것인지를 알려주는 역할
→ /25일 경우 서브넷 마스크는

128	64	32	16	8	4	2	1	128	64	32	16	8	4	2	1	128	64	32	16	8	4	2	1	128	64	32	16	8	4	2	1
1	1	1	1	1	1	1	1	1	1	1	1	1	1	1	1	1	1	1	1	1	1	1	1	1	0	0	0	0	0	0	0
255								255								255								128							

∴ 255.255.255.128

14 다음 그림은 스마트폰 수리와 관련된 E-R 다이어그램의 일부이다. 이에 대한 설명으로 옳지 않은 것은?

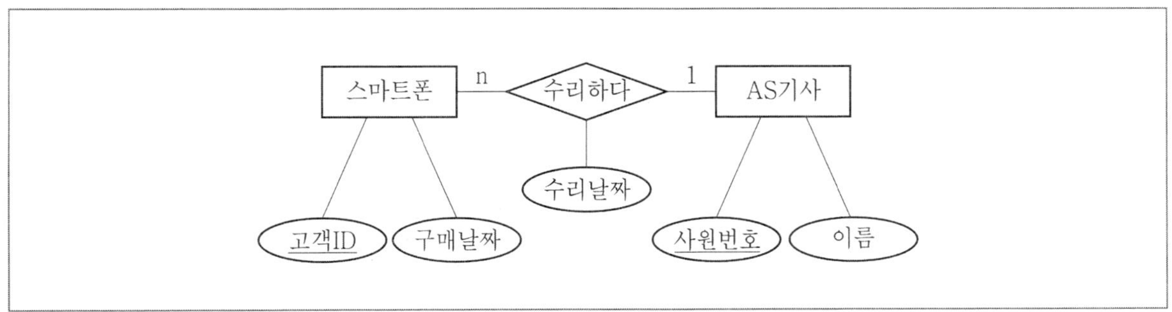

① '수리하다' 관계는 속성을 가지고 있다.

② 'AS기사'와 '스마트폰'은 일대다 관계이다.

③ '스마트폰'은 다중값 속성을 가지고 있다.

④ '사원번호'는 키 속성이다.

ANSWER 14.③

14 • E-R 다이어그램 : 개체-관계 모델을 이용해 현실 세계를 개념적으로 모델링한 결과물을 그림으로 표현한 것

• 기본적으로 개체를 표현하는 사각형, 개체 간의 관계를 표현하는 마름모, 개체나 관계의 속성을 표현하는 타원과, 각 요소를 연결하는 링크(연결선)로 구성된다. 그리고 일대일(1:1), 일대다(1:n), 다대다(n:m) 관계를 레이블로 표기

기호	기호이름	의미
	사각형	개체 타입
	마름모	관계 타입
	타원	속성
	이중 타원	다중값 속성
	밑줄 타원	기본키 속성
	복수 타원	복합 속성
	관계	1:1, 1:N, N:M 등의 개체 간 관계에 대한 대응수를 선위에 기술
	선링크	개체 타입과 속성을 연결

15 **다음 설명에 해당하는 기술은?**

> • 클라이언트의 요구에 대한 응답 시간을 줄일 수 있다.
> • 외부 인터넷과 연결된 트래픽을 줄일 수 있다.
> • 최근 호출된 객체의 사본을 저장한다.

① DNS ② NAT
③ Router ④ Proxy server

16 **노드 7, 13, 61, 38, 45, 26, 14를 차례대로 삽입하여 최대 히프(heap)를 구성한 뒤 이 트리를 중위 순회 할 때, 첫 번째로 방문하는 노드는?**

① 7 ② 14
③ 45 ④ 61

ANSWER 15.④ 16.①

15 **프록시 서버**(Proxy server) … 클라이언트와 서버 사이에서 데이터를 중계하는 역할을 하는 서버로 인터넷상에서 한번 요청된 데이터를 대용량 디스크에 저장해 두었다가 반복 요청시 디스크에 저장된 데이터를 제공해 준다. 프록시는 메모리를 가지고 있기 때문에 이미 메모리에 데이터가 들어있어 프록시에서 바로 가져다가 PC에게 전달을 하기 때문에 트래픽도 줄어들고 속도도 빠른 이중의 효과를 얻게 된다.

16 • 7을 제일 먼저 차례대로 삽입하여 최대 히프를 구성

```
      7
    /
  13
```

• 차례대로 삽입하면서 최대히프를 구성하므로 자리가 교체됨

```
      13
    /
  7
```

• 61이 삽입되면서 자리가 교체됨.

```
      61
    /    \
  7        13
```

• 38 삽입

```
          61
        /    \
      7        13
    /
  38
```

• 38이 삽입된후 자리 교체가 됨

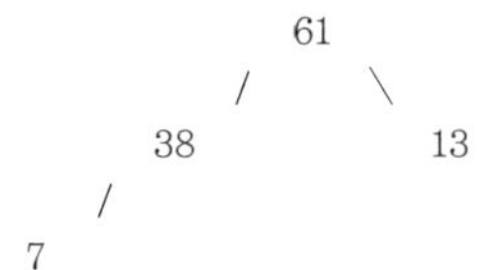

• 45가 삽입되면서 자리 교체됨

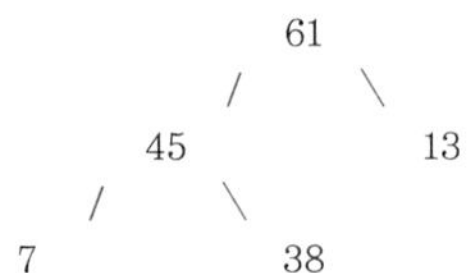

• 26이 삽입 되면서 자리가 교체됨

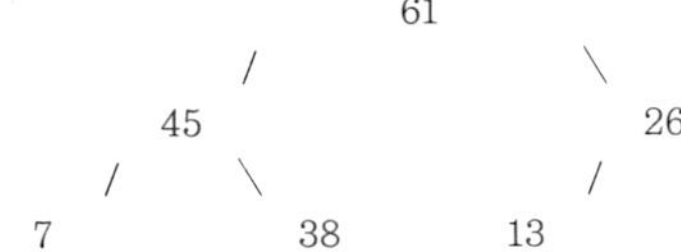

• 마지막으로 14가 삽입이 되나 자리 변화는 없으며 최대 히프가 구성됨

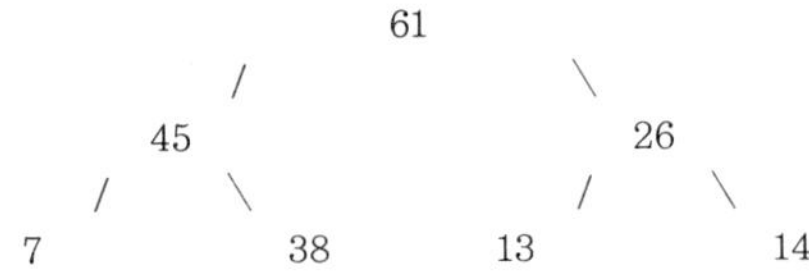

∴ 구성된 최대히프를 중위 순회를 하여야 하므로 왼쪽 – 중앙 – 오른쪽 순으로 순회하면 첫번째로 방문하는 노드는 7이 된다.

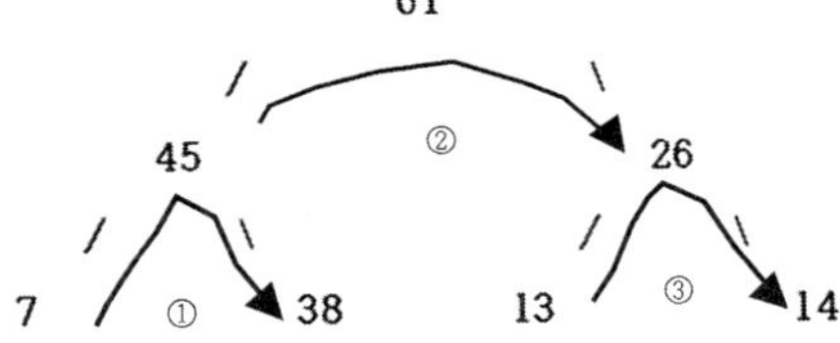

• **히프(heap)** : 완전 이진트리의 일종으로 우선순위 큐를 위하여 만들어진 자료구조로 여러 개의 값들 중에서 최댓값이나 최솟값을 빠르게 찾아내도록 만들어진 자료구조
• **완전이진트리** : 노드가 순서대로 (위에서 아래로, 왼쪽에서 오른쪽으로) 빈틈없이 채워진 이진트리

※ 이진트리의 순회

① **전위 순회**(Preorder Traversal) : 루트 노드를 먼저 순회
② **중위 순회**(Inorder Traversal) : 루트 노드를 중간에 순회
③ **후위 순회**(Postorder Traversal) : 루트 노드를 나중에 순회

17 UML(Unified Modeling Language) 버전 2.0에 대한 설명으로 옳지 않은 것은?

① 액터(actor)는 사람이 아닌 경우도 있다.

② 클래스(class) 다이어그램은 시스템의 클래스들과 그들 간의 연관을 보여준다.

③ 유스케이스(usecase) 다이어그램은 사용자와 시스템 간의 상호 작용을 보여준다.

④ 시퀀스(sequence) 다이어그램은 시스템이 내부 또는 외부 이벤트에 대해 어떻게 반응하는지 보여준다.

18 같은 값을 옳게 나열한 것은?

① $(264)_8$, $(181)_{10}$　　② $(263)_8$, $(AC)_{16}$

③ $(10100100)_2$, $(265)_8$　　④ $(10101101)_2$, $(AD)_{16}$

ANSWER 17.④ 18.④

17 UML(Unified Modeling Language) … 시스템 개발 과정에서 시스템 개발자와 고객 또는 개발자 상호간의 의사소통이 원활하게 이루어지도록 표준화한 대표적인 객체지향 모델링 언어

㉠ **구성요소** : 사물, 관계, 다이어그램 등이 있음

㉡ **다이어그램** : 사물과 관계를 도형으로 표현한 것

㉢ **구조적 다이어그램의 종류**

- 클래스 다이어그램 : 클래스와 클래스가 가지는 속성, 클래스 사이의 관계를 표현
- 객체 다이어그램 : 인스턴스를 특정 시점의 객체와 객체 사이의 관계로 표현
- 컴포넌트 다이어그램 : 실제 구현 모듈인 컴포넌트 간의 관계나 컴포넌트 간의 인터페이스를 표현 구현 단계에서 사용
- 배치 다이어그램 : 결과물, 프로세스, 컴포넌트 등 물리적 요소들의 위치를 표현
- 복합체 구조 다이어그램 : 클래스나 컴포넌트가 복합 구조를 갖는 경우 그 내부 구조를 표현
- 패키지 다이어그램 : 유스케이스나 클래스 등의 모델 요소들을 그룹화한 패키지들의 관계를 표현

㉣ **행위 다이어그램의 종류**

- 유스케이스 다이어그램 : 사용자의 요구를 분석하는 것으로 기능 모델링 작업에 사용
- 시퀀스 다이어그램 : 상호 작용하는 시스템이나 객체들이 주고받는 메시지를 표현
- 커뮤니케이션 다이어그램 : 시퀀스 다이어그램과 같이 동작에 참여하는 객체들이 주고받는 메시지를 표현. 메시지뿐만 아니라 객체들 간의 연관까지 표현
- 상태 다이어그램 : 하나의 객체가 자신이 속한 클래스의 상태 변화 혹은 다른 객체와의 상호 작용에 따라 상태가 어떻게 변화하는지를 표현
- 활동 다이어그램 : 시스템이 어떤 기능을 수행하는지 객체의 처리 로직이나 조건에 따른 처리의 흐름을 순서에 따라 표현
- 상호작용 개요 다이어그램 : 상호작용 다이어그램 간의 제어 흐름을 표현
- 타이밍 다이어그램 : 객체 상태 변화와 시간 제약을 명시적으로 표현

18 ① $(264)_8 \rightarrow 18010$, $(181)_{10}$

② $(263)_8 \rightarrow 17910$, $(AC)_{16} \rightarrow 17210$

③ $(10100100)_2 \rightarrow 16410$, $(265)_8 \rightarrow 18110$

④ $(10101101)_2 \rightarrow 17310$, $(AD)_{16} \rightarrow 17310$

19 **관계형 데이터베이스에 대한 설명으로 옳은 것만을 모두 고르면?**

> ㉠ 관계형 데이터베이스 스키마(schema)는 릴레이션 스키마의 집합과 무결성 제약조건(integrity constraint)으로 구성된다.
> ㉡ 개체(entity) 무결성 제약조건은 기본 키(primary key)를 구성하는 모든 속성은 널(null) 값을 가지면 안된다는 규칙이다.
> ㉢ 참조(referential) 무결성 제약조건이란 외래 키(foreign key)는 참조할 수 없는 값을 가질 수 없다는 규칙이다.
> ㉣ 후보 키(candidate key)가 되기 위해서는 유일성(uniqueness)과 효율성(efficiency)을 항상 만족해야 한다.

① ㉠, ㉡, ㉢　　② ㉠, ㉡, ㉣
③ ㉠, ㉢, ㉣　　④ ㉡, ㉢, ㉣

20 **IT 기술에 대한 설명으로 옳지 않은 것은?**

① IoT는 각종 물체에 센서와 통신 기능을 내장해 인터넷에 연결하는 기술이다.
② ITS는 기존 교통체계의 구성 요소에 첨단 기술들을 적용시켜 보다 안전하고 편리한 통행과 전체 교통체계의 효율성을 높이는 시스템이다.
③ IPTV는 인터넷을 이용하여 방송 및 기타 콘텐츠를 TV로 제공하는 서비스 방식이다.
④ GIS는 라디오 주파수를 이용한 비접촉 인식 장치로 태그와 리더기로 구성된 자동 인식 데이터 수집용 무선 통신 시스템이다.

ANSWER 19.① 20.④

19 • **데이터 무결성** : 데이터의 정확성, 일관성, 유효성이 유지되는 것을 말한다.
• **개체 무결성** : 모든 테이블이 기본키로 선택된 필드를 가져야 한다. 기본키로 선택된 필드는 고유한 값을 가져야 하며, 빈 값은 허용하지 않는다.
• **참조 무결성** : 관계형 데이터베이스 모델에서 참조 무결성은 참조 관계에 있는 두 테이블의 데이터가 항상 일관된 값을 갖도록 유지되는 것을 말한다.

※ 키의 종류
• **슈퍼키** : 테이블에 존재하는 필드들의 부분집합으로써, 유일성을 만족
• **후보키** : 기본키가 될 수 있는 후보를 말하며 테이블에 존재하는 전체 필드의 부분집합으로써, 유일성과 최소성을 만족해야 한다.
• **기본키** : 테이블에서 특정 레코드를 구별하기 위해 후보키 중에서 선택된 고유한 식별자를 말한다.

20 GIS(지리정보시스템) … 지리공간 데이터를 분석 · 가공하여 활용할 수 있는 시스템

컴퓨터일반 | 2022. 4. 2. 인사혁신처 시행

1 **대표적인 반도체 메모리인 DRAM과 SRAM에 대한 설명으로 옳지 않은 것은?**

① DRAM은 휘발성이지만 SRAM은 비휘발성이어서 전원이 공급되지 않아도 기억을 유지할 수 있다.
② DRAM은 축전기(Capacitor)의 충전상태로 비트를 저장한다.
③ SRAM은 주로 캐시 메모리로 사용된다.
④ 일반적으로 SRAM의 접근속도가 DRAM보다 빠르다.

2 **정렬 알고리즘 중 최악의 경우를 가정할 때 시간복잡도가 다른 것은?**

① 삽입 정렬(Insertion sort)
② 쉘 정렬(Shell sort)
③ 버블 정렬(Bubble sort)
④ 힙 정렬(Heap sort)

ANSWER 1.① 2.④

1 SRAM & DRAM

	SRAM(정적)	DRAM(동적)
메모리	휘발성 메모리	휘발성 메모리
구조	플립플롭	커패시터(Capacitor)
속도	빠름	느림
용량	적다	크다
가격	비쌈	저렴
재충전	불필요	필요
이용	캐시메모리	PC메모리

2

알고리즘	최선	평균	최악
삽입	$O(n)$	$O(n^2)$	$O(n^2)$
쉘	$O(n)$	$O(n^{1.5})$	$O(n^2)$
버블	$O(n^2)$	$O(n^2)$	$O(n^2)$
선택	$O(n^2)$	$O(n^2)$	$O(n^2)$
퀵	$O(n\log_2 n)$	$O(n\log_2 n)$	$O(n^2)$
힙	$O(n\log_2 n)$	$O(n\log_2 n)$	$O(n\log_2 n)$

3 **기계 학습에서 지도 학습과 비지도 학습에 대한 설명으로 옳은 것은?**

① 지도 학습의 대표적인 기법에는 군집화가 있다.
② 비지도 학습의 기법에는 분류와 회귀분석 등이 있다.
③ 지도 학습은 학습 알고리즘이 수행한 행동에 대해 보상을 받는 학습 방식이다.
④ 비지도 학습은 정답이 없는 데이터를 보고 유용한 패턴을 추출하는 학습 방식이다.

4 **무선주파수를 이용하며 반도체 칩이 내장된 태그와 리더기로 구성된 인식시스템은?**

① RFID
② WAN
③ Bluetooth
④ ZigBee

ANSWER 3.④ 4.①

3 ① 비지도 학습의 대표적인 기법에는 군집화가 있다.
② 지도 학습의 기법에는 분류와 회귀분석 등이 있다.
③ 강화 학습은 학습 알고리즘이 수행한 행동에 대해 보상(=강화)을 받는 학습 방식이다.
※ 기계학습 : 인공지능의 한 분야로 컴퓨터가 학습할 수 있도록 하는 알고리즘과 기술을 개발하는 분야

- 지도형 기계학습
  - 입력값과 그에 따른 출력값이 있는 데이터를 이용하여 주어진 입력에 맞는 출력을 찾는 학습방법
  - 기법 : 회귀, 분류
  - 대표모델 : 선형회귀, 로지스틱 회귀, 결정 트리, 서포트 벡터 머신, 인공 신경망 등
- 비지도형 기계학습
  - 입력값만 있는 훈련 데이터를 이용하여 입력들의 규칙성을 찾는 학습방법(문제의 답을 가르쳐 주지 않는 것)
  - 기법 : 군집분석, 의존구조, 벡터양자화, 데이터 차원 축소 등
  - 대표모델 : k평균 군집화, 베이즈망, 린데 · 부조 · 그레이, 주성분 분석
- 강화형 기계학습 : 지도형, 비지도형 기계학습에 이용되는 훈련 데이터 대신 주어진 상태에 맞춘 행동의 결과에 대한 보상하며 컴퓨터는 보상을 이용하여 성능 향상

4
- WAN : 국가 이상의 넓은 지역을 지원하는 네트워크(원거리 통신)
- Bluetooth : 근거리 무선 기술 표준(IEEE 802.15.1)
- ZigBee : 저속, 저비용, 저전력의 무선 망을 위한 기술(IEEE 802.15.4 표준)

5 **클라우드 컴퓨팅에 대한 설명으로 옳지 않은 것은?**

① 클라우드 컴퓨팅은 기업의 IT 요구를 매우 경제적이고, 신뢰성 있게 충족시킬 수 있는 수단이 된다.
② 클라우드 컴퓨팅 서비스 모델에는 IaaS, PaaS, SaaS가 있다.
③ 클라우드 컴퓨팅을 이용하는 방식에는 사설 클라우드, 공용 클라우드, 하이브리드 클라우드가 있다.
④ IaaS를 통해 사용자는 소프트웨어 설치 및 유지보수에 대한 비용을 절감할 수 있다.

ANSWER 5.④

5 • IaaS : 인터넷을 통해 서버와 스토리지 등 데이터센터 자원을 빌려 쓸 수 있는 서비스
• Paas : 소프트웨어 서비스를 개발할 때 필요한 플랫폼을 제공하는 서비스
• Saas : 필요할 때 원하는 비용만 내면 어디서든 바로 사용 가능한 서비스
(PC나 기업 서버에 소프트웨어 설치가 필요 없으며 소프트웨어 설치를 위해 비용과 시간을 들이지 않아도 된다.)

6 C 언어에서 함수 호출 시 매개변수 전달 방법에는 값에 의한 호출(Call by Value)과 참조에 의한 호출(Call by Reference)이 있다. C 프로그램 코드가 다음과 같을 때 설명으로 옳지 않은 것은?

```
int get_average(int score[], int n) {
    int i, sum;
    for(i = 0; i < n; i++)
        sum += score[i];
    return sum / n;
}
void main(void) {
     int score[3] = { 1, 2, 5 };
     printf("%d\n", get_average(score, 3));
}
```

① 전달할 데이터의 양이 많을 경우에는 참조에 의한 호출이 효율적이다.

② 값에 의한 호출로 전달된 데이터는 호출된 함수에서 값을 변경하더라도 함수 종료 후 해당 함수를 호출한 상위 함수에 반영되지 않는다.

③ 값에 의한 호출은 함수 호출 시 데이터 복사가 발생한다.

④ 위의 프로그램에서 함수 get_average()를 호출하는 데 사용한 매개변수 score는 값에 의한 호출로 처리된다.

ANSWER 6.④

6 ① 전달할 데이터의 양이 많을 경우에는 참조에 의한 호출이 효율적이다.
- int score[3] = { 1, 2, 5 }; → 참조에 의한 호출

② 값에 의한 호출로 전달된 데이터는 호출된 함수에서 값을 변경하더라도 함수 종료 후 해당 함수를 호출한 상위 함수에 반영되지 않는다. → 값에 의한 호출

③ 값에 의한 호출은 함수 호출 시 데이터 복사가 발생한다.
→ 값에 의한 호출

④ 위의 프로그램에서 함수 get_average()를 호출하는 데 사용한 매개변수 score는 참조에 의한 호출로 처리된다.
→ get_average는 배열을 입력으로 받기 때문에 참조에 의한 호출

- **값에 의한 호출**(Call by Value) : 인자의 값을 복사하여 처리

−함수 호출 시 실매개변수의 값이 형식 인자에 복사되어 저장실 매개변수와 형식 매개변수 사이에 값의 전달
−호출 함수의 실행이 끝난 다음 전달 받은 값을 되돌려 받지 못함.
−해당 변수에 값만 전달하여 이 값을 함수가 활용
−함수 내부에서 매개변수를 이용해 값을 변경해도 실제 호출된 변수의 값이 변경되지 않음

- **참조에 의한 호출**(Call by Reference) : 인자의 주소값을 참조하여 처리

−객체형(참조형) 인수는 참조에 의한 호출로 동작
−함수 호출시 매개변수에 값이 복사되지 않고 참조값이 매개변수에 저장되어 전달되는 방식
−함수 내에서 매개변수의 참조값으로 객체 값 변경 시 실제 전달된 참조형의 인수값도 바뀜

7 다음 C 프로그램에서 밑줄 친 코드의 실행 결과와 동일한 결과를 출력하는 코드로 옳은 것만을 모두 고르면?

```
#include <stdio.h>
int main()
{
    int ary[5] = {10, 11, 12, 13, 14};
    int *ap;
    ap = ary;
    printf( "%d" , ary[1]);
    return 0;
}
```

```
㉠ printf("%d", ary+1);
㉡ printf("%d", *ap+1);
㉢ printf("%d", *ary+1);
㉣ printf("%d", *ap++);
```

① ㉠, ㉡
② ㉡, ㉢
③ ㉢, ㉣
④ ㉡, ㉢, ㉣

ANSWER 7.②

7 ※ ary 배열 → int형 변수 5개(10,11,12,13,14) 할당
ap 변수 → ary 배열을 가리키는 배열 포인터

- printf("%d", ary[1]); → ary[1]의 값 11을 출력

10	11	12	13	14
ary[0]	ary[1]	ary[2]	ary[3]	ary[4]

- 포인터 ap → ary 배열의 첫 번째 주소 할당
포인터 *ap → ary 배열의 첫 번째 주소에 있는 값, 즉 *ap + 1 = 10 + 1 = 11

㉠ printf("%d", ary+1);
→ 데이터 값이 아닌 주소값이 들어 있어 11이 출력되지 않음.
㉡ printf("%d", *ap+1); → 11
㉢ printf("%d", *ary+1); → 11
㉣ printf("%d", *ap++);
→ ++가 변수 뒤에 붙으면 변수 실행을 완료한 뒤 값을 증가 시키므로 10이 출력됨.

8 **자료 흐름의 방향과 동시성 여부에 따라 분류한 통신 방식 중 다음에서 설명하는 통신 방식으로 옳은 것은? (단, DTE(Data Terminal Equipment)는 컴퓨터, 휴대폰, 단말기 등과 같이 통신망에서 네트워크의 끝에 연결된 장치들을 총칭하는 용어이다)**

> 통신하는 두 DTE가 시간적으로 교대로 데이터를 교환하는 방식의 통신으로, 한 DTE가 명령을 전송하면 다른 DTE가 이를 처리하여 그에 대한 응답을 전송하는 트랜잭션(Transaction) 처리 시스템에서 볼 수 있다.

① 단방향 통신
② 반이중 통신
③ 전이중 통신
④ 원거리 통신

9 **다음 라우팅 테이블에 대한 설명으로 옳지 않은 것은?**

목적지 네트워크	서브넷마스크	인터페이스
128.50.30.0	255.255.254.0	R1
128.50.28.0	255.255.255.0	R2
Default		R3

① 목적지 IP 주소가 128.50.30.92인 패킷과 128.50.31.92인 패킷은 서로 다른 인터페이스로 전달된다.
② 128.50.28.0 네트워크에 대한 브로드캐스트 주소는 128.50.28.255다.
③ 서브넷마스크 255.255.254.0은 CIDR 표기에 의해 /23으로 표현된다.
④ 이 라우터는 목적지 IP 주소가 128.50.28.9인 패킷을 R2로 전달한다.

ANSWER 8.② 9.①

8
- 단방향 통신(Simplex) : 한쪽 방향으로만 전송이 가능한 방식 예 라디오, TV
- 전이중 통신(Full-Duplex) : 동시에 양방향 전송이 가능한 방식으로, 전송량이 많고, 전송 매체의 용량이 클 때 사용 예 전화, 전용선을 이용한 데이터 통신
- 원거리 통신(Wide Area Network) : LAN과 LAN을 연결, 즉 서로 멀리 떨어진 지역의 네트워크를 연결

9
① R1 서브넷마스크(255.255.254.0)는 앞의 23자리가 같은 IP 인터페이스에서 전달되므로 목적지 IP 주소가 128.50.30.92인 패킷과 128.50.31.92인 패킷은 서로 같은 R1 인터페이스로 전달된다.
③ 서브넷마스크 255.255.254.0(11111111.11111111.11111110.00000000)은 CIDR 표기에 의해 /23으로 표현된다.
※
- 라우팅 테이블 : 컴퓨터 네트워크에서 목적지 주소를 목적지에 도달하기 위한 네트워크 노선으로 변환시키는 목적으로 사용
- 서브넷마스크 : 주어진 IP 주소를 네트워크 환경에 맞게 나누어 주기 위해 쓰이는 이진수의 조합
- CIDR 표기 : 서브넷 마스크의 연속된 1의 개수를 /n 형태로 표현

10 3단계 데이터베이스 구조에서 개념 스키마에 대한 설명으로 옳은 것만을 모두 고르면?

> ㉠ 데이터베이스를 운영하는 기관에 소속되어 있는 모든 응용시스템 또는 사용자들이 필요로 하는 데이터를 통합하여 정의한 조직 전체 데이터베이스의 논리 구조를 말한다.
> ㉡ 개념 스키마와 외부 스키마 사이에는 논리적 데이터 독립성이 있어야 한다.
> ㉢ 데이터베이스 내에는 하나의 개념 스키마만 존재한다.
> ㉣ 데이터에 대한 접근권한, 제약조건 등에 대한 정의도 포함한다.

① ㉠, ㉡
② ㉠, ㉢
③ ㉡, ㉢, ㉣
④ ㉠, ㉡, ㉢, ㉣

11 TCP(Transmission Control Protocol) 기반 응용 프로토콜에 해당하지 않는 것은?

① Telnet
② FTP
③ SMTP
④ SNMP

ANSWER 10.④ 11.④

10 개념 스키마
- 데이터베이스의 전체적인 논리적 구조
- 모든 응용 프로그램이나 사용자들이 필요로 하는 데이터를 종합한 조직 전체의 데이터베이스로 하나만 존재
- 개체 간의 관계와 제약 조건 명시(데이터베이스의 접근권한, 보안 및 무결성 규칙에 관한 명세 정의)
- 기관이나 조직체의 관점에서 데이터베이스를 정의

11 TCP & UDP

	TCP (Transmission Control Protocol)	UDP (user datagram protocol)
특징	• IP프로토콜 위에서 연결형 서비스를 지원하는 전송 계층 프로토콜. - 연결지향적 - 신뢰성 있는 프로토콜 전이중 방식의 양방향 가상 회선을 제공	• 인터넷에서 정보를 주고 받을 때, 서로 주고받는 형식이 아닌 한쪽에서 일방적으로 보내는 방식의 통신 프로토콜 - 비신뢰성 프로토콜 - 비연결지향적
응용계층	TELNET, FTP, SMTP, HTTP	SNMP, TFTP, NFS, DNS

12 운영체제에서 프로세스의 정보를 관리하는 프로세스 제어블록(Process Control Block)의 포함 요소로 옳지 않은 것은?

① 프로세스 식별자
② 인터럽트 정보
③ 프로세스의 우선순위
④ 프로세스의 상태

13 SSD(Solid-State Drive)에 대한 설명으로 옳지 않은 것은?

① 반도체 기억장치 칩들을 이용하여 구성된 저장장치이다.
② 하드디스크에 비해 저장용량 대비 가격이 비싸다.
③ 기계적 장치를 사용하여 하드디스크보다 데이터 입출력 속도가 빠르다.
④ 하드디스크를 대체하려고 개발한 저장장치로서 플래시 메모리로 구성된다.

ANSWER 12.② 13.③

12
- **프로세스 제어블록**(Process Control Block) : 프로세스를 실행하는 데 필요한 정보를 보관하는 자료 구조.
- **프로세스 제어블록**(Process Control Block)의 **구성** : 프로세스 식별자, 포인터, 프로세스 상태, 프로세스 구분자, 프로그램 카운터, 프로세스 우선순위, 계정정보, 메모리 관리 정보, 할당된 자원 정보

13 SSD(Solid-State Drive) : 하드디스크를 대체하는 고속의 보조기억장치

	재료	속도	회전소음	전력소모	충격
HDD	자기디스크	보통	있음	비교적 많음	약함
SSD	반도체메모리	빠름	없음	적음	강함

14 다음 후위 표기 식을 전위 표기 식으로 변환하였을 때 옳은 것은?

3 1 4 1 － * ＋

① 3 ＋ 1 * 4 － 1
② 4 － 1 * 1 ＋ 3
③ ＋ 3 * 1 － 4 1
④ ＋ 3 － 4 1 * 1

15 운영체제의 세마포어(Semaphore)에 대한 설명으로 옳지 않은 것은?

① 프로세스 간 상호배제(Mutual Exclusion)의 원리를 보장하는 데 사용된다.
② 여러 개의 프로세스가 동시에 그 값을 수정하지 못한다.
③ 세마포어에 대한 연산은 수행 중에 인터럽트 될 수 있다.
④ 세마포어는 플래그 변수와 그 변수를 검사하거나 증감시키는 연산들로 정의된다.

ANSWER 14.③ 15.③

14
- **후위**(Postfix) **표기식** : 피연산자를 먼저 쓰고 연산자를 맨 뒤에 쓰는 표기법
- **전위**(Prefix) **표기식** : 연산자를 먼저 쓰고 피연산자를 뒤에 쓰는 표기법

3 1 4 1 －*＋
㉠ 4 1 － ⇒ － 4 1
㉡ 1 -41 * ⇒ * 1 -41
㉢ 3 * 1-41 ＋ ⇒ ＋ 3 * 1-41

15 세마포어(Semaphore)
- 상호배제를 위한 알고리즘
- 상호배제의 원리 보장
- 여러 개의 프로세스가 동시에 그 값을 수정하지 못함
- 세마포어에 대한 연산은 처리 중에 인터럽트 되어서는 안됨

16 소프트웨어에 대한 ISO/IEC 품질 표준 중에서 프로세스 품질 표준으로 옳은 것은?

① ISO/IEC 12119
② ISO/IEC 12207
③ ISO/IEC 14598
④ ISO/IEC 25010

17 블록체인(Block Chain)에 대한 설명으로 옳지 않은 것은?

① 블록에는 트랜잭션(Transaction)이 저장되어 있다.
② 스마트 컨트랙트(Smart Contract)는 실세계의 계약이 블록체인에서 이루어질 수 있도록 하는 기술이다.
③ 중앙 서버를 통해 전파된 블록은 네트워크에 참가한 개별 노드에서 유효성을 검증받은 후, 중앙 서버로 다시 전송된다.
④ 블록체인은 공개범위에 따라 Public 블록체인과 Private 블록체인으로 나눌 수 있다.

ANSWER 16.② 17.③

16 ① ISO/IEC 12119 : 패키지 소프트웨어 평가, 패키지 소프트웨어 제품테스트 국제 표준
③ ISO/IEC 14598 : 소프트웨어 제품 평가, ISO/IEC 9126 사용을 위한 절차와 기본 상황 및 소프트웨어 평가 프로세스에 대한 표준 규정
④ ISO/IEC 25010 : 소프트웨어 제품에 대한 국제 표준(호환성과 보안성 강화)

17 블록체인(Block Chain)
- 데이터 분산 처리기술
- P2P(개인과 개인의 거래)방식으로 중앙관리자(중앙서버)가 필요 없음

18 아래의 고객 릴레이션에서 등급이 gold이고 나이가 25 이상인 고객들을 검색하기 위해 기술한 관계대수 표현으로 옳은 것은?

〈고객 릴레이션〉

고객				
고객아이디	이름	나이	등급	직업
hohoho	이순신	29	gold	교사
grace	홍길동	24	gold	학생
mango	삼돌이	27	silver	학생
juce	갑순이	31	gold	공무원
orange	강감찬	23	silver	군인

〈검색결과〉

고객아이디	이름	나이	등급	직업
hohoho	이순신	29	gold	교사
juce	갑순이	31	gold	공무원

① σ고객(등급 = 'gold' ∧ 나이 ≥ 25)

② σ등급 = 'gold' ∧ 나이 ≥ 25(고객)

③ π고객(등급 = 'gold' ∧ 나이 ≥ 25)

④ π등급 = 'gold' ∧ 나이 ≥ 25(고객)

ANSWER 18.②

18
- 릴레이션 : 행과 열로 구성된 테이블
- 튜플 : 릴레이션의 행에 해당하는 요소
- 속성 : 릴레이션의 열에 해당하는 요소
- Select(σ) : 릴레이션에서 선택 조건을 만족하는 튜플의 부분집합을 구하여 새로운 릴레이션으로 만드는 연산
  - 릴레이션의 행에 해당하는 튜플을 구함 = 수평 연산
  - 연산자 기호 : 시그마(σ)
  - 표기형식 : $\sigma_{조건}(R)$
- Project(π) : 주어진 릴레이션에서 속성 리스트에 제시된 속성값만 추출하여 새로운 릴레이션을 만드는 연산
  - 릴레이션의 열에 해당하는 속성을 추출 = 수직 연산
  - 연산자 기호 : 파이(π)
  - 표기형식 : $TV_{속성리스트}(R)$

19 ㈎에 들어갈 어드레싱 모드로 옳은 것은?

> ㈎ 는 명령어가 피연산자의 주소를 가지고 있는 레지스터를 지정한다. 즉, 선택된 레지스터는 피연산자 그 자체가 아니라 피연산자의 주소이다. 일반적으로 이 모드를 사용할 때에 프로그래머는 이전의 명령어에서 레지스터가 피연산자의 주소를 가졌는지를 확인해 보아야 한다.

① 레지스터 간접 모드(Register Indirect mode)
② 레지스터 모드(Register mode)
③ 간접 주소 모드(Indirect Addressing mode)
④ 인덱스 어드레싱 모드(Indexed Addressing mode)

20 디스크 큐에 다음과 같이 I/O 요청이 들어와 있다. 최소탐색시간우선(SSTF) 스케줄링 적용 시 발생하는 총 헤드 이동 거리는? (단, 추가 I/O 요청은 없다고 가정한다. 디스크 헤드는 0부터 150까지 이동 가능하며, 현재 위치는 50이다)

> 큐: 80, 20, 100, 30, 70, 130, 40

① 100　② 140
③ 180　④ 430

ANSWER 19.① 20.②

19
- 어드레싱 모드 : 피연산자가 지정되는 방법
- 레지스터 모드(Register mode) : CPU내의 레지스터에 피연산자가 존재
- 간접 주소 모드(Indirect Addressing mode) : 유효주소 명령어의 주소필드가 가리키는 주소에 존재
- 인덱스 어드레싱 모드(Indexed Addressing mode) : 명령어의 주소부분이 메모리에서 데이터 배열이 시작되는 주소로 표현

20 초기 헤드의 위치 : 50
- 이동순서 : 50→40→30→20→70→80→100→130
- 총 이동 거리 : 10 + 10 + 10 + 50 + 10 + 20 + 30 = 140

※ 최소탐색시간우선(SSTF) 스케줄링 … 현재의 헤드 위치에서 가장 가까운 입출력 요청을 먼저 서비스하며 진행 방향과 상관없이 헤드의 탐색거리가 가장 짧은 쪽으로 우선 서비스.

컴퓨터일반

2022. 6. 18. 제1회 지방직 시행

1 컴퓨터 알고리즘의 조건에 대한 설명으로 옳지 않은 것은?

① 각 명령어의 의미는 모호하지 않고 명확해야 한다.
② 알고리즘 단계들에는 순서가 정해져 있지 않다.
③ 한정된 수의 단계 후에는 반드시 종료되어야 한다.
④ 각 명령어들은 실행 가능한 연산이어야 한다.

2 다음에서 설명하는 빅데이터의 3대 특징으로 옳지 않은 것은?

> 빅데이터는 대용량의 데이터 집합으로부터 가치 있는 정보를 효율적으로 추출하고 결과를 분석하는 기술이다.

① 센싱 기술 등을 활용하여 사물과 주위 환경으로부터 정보 획득(sensor)
② 방대한 양의 데이터 처리(volume)
③ 정형 데이터와 비정형 데이터 등 다양한 유형의 데이터로 구성(variety)
④ 실시간으로 생산되며 빠른 속도로 수집 및 분석(velocity)

ANSWER 1.② 2.①

1 ① 각 명령어의 의미는 모호하지 않고 명확해야 한다(명확성).
③ 한정된 수의 단계 후에는 반드시 종료되어야 한다(유한성).
④ 각 명령어들은 실행 가능한 연산이어야 한다(유효성).
※ 알고리즘의 조건 … 입력, 출력, 명확성, 유한성, 유효성

2 빅데이터의 특징(3V)
- 데이터의 양(Volume)
- 데이터 생성 속도(Velocity)
- 형태의 다양성(Variety)

3 다음 자료를 오름차순으로 삽입 정렬(insertion sort)하는 과정에서 나올 수 없는 경우는?

3 1 4 2 9 5

① 1 3 4 2 9 5
② 1 2 3 4 9 5
③ 3 1 5 2 4 9
④ 1 2 3 4 5 9

4 소프트웨어의 화이트박스 테스트에 대한 설명으로 옳지 않은 것은?

① 글래스 박스(Glass-box) 테스트라고 부른다.
② 소프트웨어의 내부 경로에 대한 지식을 보지 않고 테스트 대상의 기능이나 성능을 테스트하는 기술이다.
③ 문장 커버리지, 분기 커버리지, 조건 커버리지 등의 검증 기준이 있다.
④ 모듈의 논리적인 구조를 체계적으로 점검하기 때문에 구조적 테스트라고도 한다.

ANSWER 3.③ 4.②

3 • 삽입정렬 : 아직 정렬되지 않은 임의의 데이터를 이미 정렬된 부분의 적절한 위치에 삽입해 가며 정렬하는 방식
〈보기〉 314295
1회 → 134295
2회 → 134295
3회 → 123495
4회 → 123495
5회 → 123459

4

화이트박스 테스트	블랙박스 테스트 = 기능 테스트
응용 프로그램의 내부구조와 동작을 검사하는 소프트웨어 테스트 **종류** : 구문커버리지, 결정커버리지, 조건커버리지, 조건/결정 커버리지, 변경 조건/결정 커버리지, 다중 조건 커버리지 테스트	소프트웨어가 수행할 특정 기능을 알기 위해서 각 기능이 완전히 작동되는 것을 입증하는 테스트 **종류** : 동치분할검사, 경계값분석, 원인-효과 그래프검사, 오류예측검사, 비교검사

5 16진수 210을 8진수로 변환한 것은?

① 1020
② 2100
③ 10210
④ 20100

6 은행원 알고리즘(banker's algorithm)이 교착상태를 해결하는 방법은?

① 예방
② 회피
③ 검출
④ 회복

ANSWER 5.① 6.②

5 2/1/0(16) → 2진수 : 0010/0001/0000

2				1				0			
8	4	2	1	8	4	2	1	8	4	2	1
0	0	1	0	0	0	0	1	0	0	0	0

001/000/010/000(2) → 8진수 : 1020

0	0	1	0	0	0	0	1	0	0	0	0
4	2	1	4	2	1	4	2	1	4	2	1
1			0			2			0		

6 교착상태 회피 : 자원이 어떻게 요청될지에 대한 추가정보를 제공하도록 요구하는 것으로 시스템에 순환대기가 발생하지 않도록 자원 할당 상태 검사

※ 은행원 알고리즘

- 은행에서 모든 고객의 요구가 충족되도록 현금을 할당하는데 유리한 기법
- 프로세스가 자원을 요구하는 경우에 시스템은 자원을 할당한 이후 안정상태로 있는지 사전에 검사하여 교착을 회피하며 안정적인 상태에 있는 경우 자원을 할당하고 그렇지 않은 경우 다른 작업이 자원을 해지할 때까지 대기함

7 다음 OSI 7계층 중 물리 계층에 해당하는 장치를 모두 고른 것은?

㉠ 리피터(Repeater)	㉡ 더미허브(Dummy Hub)
㉢ 라우터(Router)	㉣ 게이트웨이(Gateway)
㉤ 브릿지(Bridge)	

① ㉠, ㉡　　② ㉠, ㉢
③ ㉡, ㉣　　④ ㉣, ㉤

8 이미지 표현을 위한 RGB 방식과 CMYK 방식에 대한 설명으로 옳은 것은?

① CMYK 방식은 가산 혼합 모델로 빛이 하나도 없을 때 검은색을 표현한다.
② CMYK 방식에서 C는 Cyan을 의미한다.
③ RGB 방식은 주로 컬러 프린터, 인쇄, 페인팅 등에 적용된다.
④ RGB 방식에서 B는 Black을 의미한다.

ANSWER 7.① 8.②

7 OSI 계층 구조

7. Aplication	• 사용자에게 서비스 제공/직접 상호 작용 • HTTP/TELNET/SNMP/POP/FTP/DNS
6. presentation	• 데이터 변환작업 • JPEG/MPEG/ASCII
5. session	• 네트워크 대화 조정자, 응용프로그램 간 상호작용 설정, 유지, 동기화 • SSH/NetBIOS
4. transport	• 서비스 구분 및 데이터의 전송방식 담당 • TCP/UDP/SSL
3. network	• 네트워크를 논리적으로 구분하고 연결 • ARP/IPSEC/ICMP/IP
2. data link	• 이웃노드 간 데이터 전송 제공 • MAC/LAN/브리지/스위치/이더넷
1. physical	• 신호로 변환하여 전송 • 리피터/허브/케이블

8

RGB	CMYK
• 빛의 3원색(Red, Green, Blue) • 색이 혼합 될수록 밝아짐 • 가산 혼합 방식 • 웹디자인 화면용, 모니터, 디스플레이, 핸드폰 화면 이미지	• 색의 3원색(Cyan, Magenta, Yellow)에 검정을 더한 컬러 모드 • 색의 3원색을 모두 섞어도 순수한 검정이 나오지 않음 • 인쇄 목적의 이미지 제작에 사용 • 책, 광고물, 신문 등 인쇄물

9 다음은 A 계좌에서 B 계좌로 3,500원을 이체하는 계좌 이체 트랜잭션 T_1과, C 계좌에서 D 계좌로 5,200원을 이체하는 계좌 이체 트랜잭션 T_2가 순차적으로 수행되면서 기록된 로그파일 내용이다. ㈎의 시점에서 장애가 발생했을 경우 지연 갱신 회복 기법을 적용했을 때 트랜잭션에 대한 회복조치로 옳은 것은?

1: 〈T_1, start〉

2: 〈T_1, A, 7800〉

3: 〈T_1, B, 3500〉

4: 〈T_1, commit〉

5: 〈T_2, start〉

6: 〈T_2, C, 9820〉

────── ㈎ ──────

7: 〈T_2, D, 5200〉

8: 〈T_2, commit〉

① T_1, T_2 트랜잭션 모두 별다른 조치를 수행하지 않는다.

② T_1 트랜잭션의 로그 내용을 무시하고 버린다.

③ T_1 트랜잭션에는 별다른 회복조치를 하지 않지만, T2 트랜잭션에는 redo(T2) 연산을 실행한다.

④ T_2 트랜잭션에는 별다른 회복조치를 하지 않지만, T1 트랜잭션에는 redo(T1) 연산을 실행한다.

ANSWER 9.④

9 회복을 위한 연산

- redo(재실행) : 가장 최근에 저장한 데이터베이스 복사본을 가져온 후 로그를 이용해 복사본이 만들어진 이후에 실행된 모든 변경 연산을 재실행하여 장애가 발생하기 직전의 데이터베이스 상태로 복구
- undo(취소) : 로그를 이용해 지금까지 실행된 모든 변경 연산을 취소하여 데이터베이스를 원래의 상태로 복구

10 다음에 해당하는 CMMI(Capability Maturity Model Integration) 모델의 성숙 단계로 옳은 것은? (단, 하위 성숙 단계는 모두 만족한 것으로 가정한다)

> • 요구사항 개발
> • 기술적 솔루션
> • 제품 통합
> • 검증
> • 확인
> • 조직 차원의 프로세스 개선
> • 조직 차원의 프로세스 정립
> • 조직 차원의 교육훈련
> • 통합 프로젝트 관리
> • 위험관리
> • 의사 결정 분석 및 해결

① 2단계
② 3단계
③ 4단계
④ 5단계

ANSWER 10.②

10 CMMI : 기존 CMM 모델을 통합하고 ISO155054(SPICE)를 준수하는 SW 개발 능력/성숙도 평가 및 프로세스 개선 활동 품질 개선 모델

※ CMMI 단계적 표현방법 : 5단계의 성숙단계가 있으며 하위 성숙 단계는 상위 성숙 단계의 기초를 제공함

단계	표현방법
1단계 (초기)	프로세스 없음, 예측, 통제 불가능
2단계 (관리)	규칙화된 프로세스
3단계 (정의)	표준화된 프로세스, 조직 차원의 표준 프로세스를 통한 프로젝트 지원
4단계 (정량)	예측 가능한 프로세스, 정량적으로 프로세스가 측정/통제
5단계 (최적화)	지속적 개선 프로세스, 프로세스 개선 활동

11 다음은 정논리를 사용하는 JK 플립플롭의 진리표이다. ㈎~㈑에 들어갈 내용으로 옳은 것은? (단, Q'은 Q의 반댓값을 의미한다)

CP	J	K	다음상태 Q
↑	0	0	㈎
↑	0	1	㈏
↑	1	0	㈐
↑	1	1	㈑

	㈎	㈏	㈐	㈑
①	Q	1	0	Q'
②	Q'	1	0	Q
③	Q	0	1	Q'
④	Q'	0	1	Q

ANSWER 11.③

11

CP	J	K	다음상태 Q	동작
↑	0	0	Q	불변
↑	0	1	0	Reset(0)
↑	1	0	1	Set(1)
↑	1	1	Q'	반전

12 다음 SQL(Structured Query Language)문으로 생성한 테이블에 내용을 삽입할 때 올바르게 동작하지 않는 SQL 문장은?

```
CREATE TABLE Book (ISBN CHAR(17) PRIMARY KEY, TITLE VARCHAR(30) NOT NULL,
PRICE INT NOT NULL, PUBDATE DATE, AUTHOR VARCHAR(30));
```

① INSERT INTO Book (ISBN, TITLE, PRICE, AUTHOR) VALUES ('978-89-8914-892-1', '데이터베이스 개론', 20000, '홍길동');
② INSERT INTO Book VALUES ('978-89-8914-892-2', '데이터베이스 개론', 20000, '2022-06-18', '홍길동');
③ INSERT INTO Book (ISBN, TITLE, PRICE) VALUES ('978-89-8914-892-3', '데이터베이스 개론', 20000);
④ INSERT INTO Book (ISBN, TITLE, AUTHOR) VALUES ('978-89-8914-892-4', '데이터베이스 개론', '홍길동');

13 패킷 교환 네트워크에 대한 설명으로 옳지 않은 것은?

① 패킷 크기는 옥텟(Octet) 단위로 사용한다.
② 네트워크로 전송되는 모든 데이터는 송·수신지 정보를 포함하는 패킷들로 구성된다.
③ 패킷 교환 방식은 접속 방식에 따라 데이터그램 방식과 가상회선 방식이 있다.
④ 패킷 교환 네트워크에서는 동시에 2쌍 이상의 통신이 불가능하다.

ANSWER 12.④ 13.④

12 필수값인 PRICE 문이 생략되어 동작되지 않는다.

13 • 패킷 교환 네트워크 : 송신 측에서 모든 메시지를 일정한 크기의 패킷으로 분해해서 전송하고 수신측에서 이를 원래의 메시지로 조립하는 것으로 회선 이용률이 높고 속도 변환, 프로토콜 변환 가능, 음성 통신이 가능하며 신뢰성이 높다.

• 패킷 교환의 특징
–채널 : 가상회선, 데이터 그램 교환 채널 사용
–다중화 : 패킷을 여러 경로로 공유

14 인터럽트에 대한 설명으로 옳지 않은 것은?

① 내부 인터럽트가 발생하면 컴퓨터는 더 이상 프로그램을 실행할 수 없다.

② 프로세서는 인터럽트 요구가 있으면 현재 수행 중인 프로그램의 주소 값을 스택이나 메모리의 0번지와 같은 특정 장소에 저장한다.

③ 신속하고 효율적인 인터럽트 처리를 위하여 컴퓨터는 항상 인터럽트 요청을 승인하도록 구성된다.

④ 인터럽트 핸들러 또는 인터럽트 서비스 루틴은 인터럽트 소스가 요청한 작업에 대한 프로그램으로 기억장치에 적재되어야 한다.

ANSWER 14.③

14 인터럽트(Interrupt)…프로그램을 실행하는 도중에 예기치 않은 상황이 발생할 경우 현재 실행 중인 작업을 즉시 중단하고 발생된 상황을 우선 처리한 후 실행 중이던 작업으로 복귀하여 처리하는 것

㉠ 인터럽트(Interrupt) 우선순위 : 여러 장치에서 인터럽트가 동시에 발생하거나 인터럽트 서비스 루틴 수행 중 인터럽트가 발생했을 경우 우선순위에 따라 처리

㉡ 인터럽트(Interrupt) 처리과정

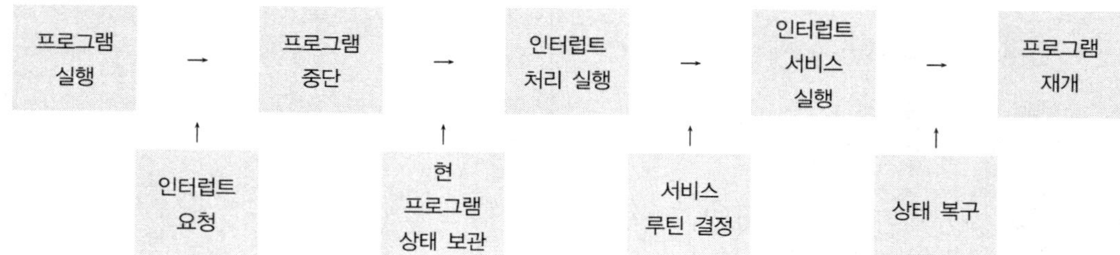

15 다음 C 프로그램을 실행하면서 사용자가 1, 2, 3, 4를 차례대로 입력했을 때, 출력 결과는?

```
#include <stdio.h>

int main()
{
   int ary[4];
   int sum = 0;
   int i;

   for (i = 0; i < 4; i++) {
      printf("%d번 째 값을 입력하시오 : ", i + 1);
      scanf("%d", &ary[i]);
   }

   for (i = 3; i > 0; i--)
      sum += ary[i];

   printf("%d ₩n", sum);
   return 0;
}
```

① 3

② 6

③ 9

④ 10

ANSWER 15.③

15 i++ **전위증가** : I의 값이 1 증가된 후 증가된 값을 의미
++i **후위증가** : 먼저 해당 연산 수행 후, I 값을 1 증가 시킴.
전위증가에서는 I가 1증가한 뒤, 증가한 값을 j가 리턴받아 2를 출력하며, 후위 증가에서는 I가 1 증가하지만, j는 증가하기 전 값인 1을 리턴받아 출력한다.

16 그림은 TCP Tahoe에서 데이터 전송에 따른 혼잡 윈도우(cwnd, 단위 : MSS)의 크기 변화를 나타낸다. 혼잡 윈도우값이 18일 때의 전송에서 Time-out이 발생했을 때, 느린 출발(slow-start) 임곗값과 혼잡 윈도우값 변화로 옳은 것은?

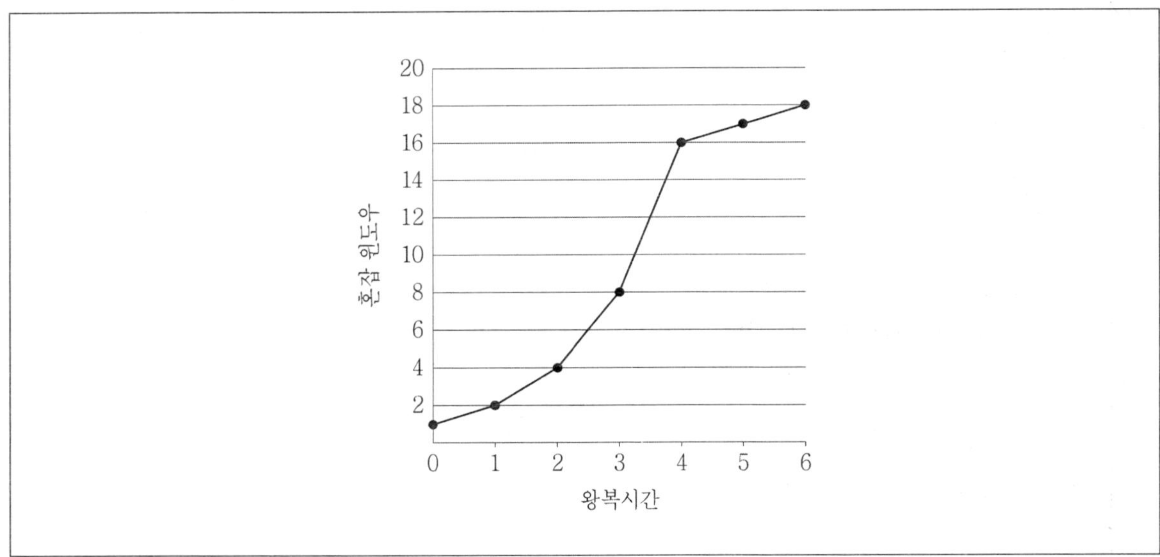

① 임곗값은 변하지 않고, 혼잡 윈도우값은 1로 감소한다.

② 임곗값이 9가 되고, 혼잡 윈도우값은 1로 감소한다.

③ 임곗값이 9가 되고, 혼잡 윈도우값은 현재 값의 반으로 감소한다.

④ 임곗값은 변하지 않고, 혼잡 윈도우값은 현재 값의 반으로 감소한다.

ANSWER 16.②

16 Tahoe … 초기에 느린 출발(slow-start)을 시작하여 패킷을 송수신하다가, Time-out이 발생하였을 때, 윈도우 임계치를 패킷 손실전의 윈도우 크기의 반(cwnd/2)으로 설정한 후, 혼잡 윈도우를 1로 하여 느린 출발(slow-start)을 실행

- 느린 출발(slow-start) 임곗값 = 윈도우 값(18) / 2 = 9
- 윈도우 = 1

17 다중 프로그래밍 환경에서 연속 메모리 할당 방법에 대한 설명으로 옳지 않은 것은?

① 가변분할 메모리 할당은 프로세스의 크기에 따라 메모리를 나누는 것으로 단편화 문제가 발생하지 않는다.
② 가변분할 메모리 할당의 메모리 배치방법으로는 최초 적합, 최적 적합, 최악 적합 방법이 있다.
③ 고정분할 메모리 할당은 프로세스의 크기와 상관없이 메모리를 같은 크기로 나누는 것이다.
④ 고정분할 메모리 할당에서는 쓸모없는 공간으로 인해 메모리 낭비가 발생할 수 있다.

18 병렬 프로세서에 대한 설명으로 옳지 않은 것은?

① 프로세스 수준 병렬성은 다수의 프로세서를 이용하여 독립적인 프로그램 여러 개를 동시에 수행한다.
② 클러스터는 근거리 네트워크를 통하여 연결된 컴퓨터들이 하나의 대형 멀티 프로세서로 동작하는 시스템이다.
③ 공유 메모리 프로세서(SMP)는 단일 실제 주소 공간을 갖는 병렬 프로세서를 의미한다.
④ 각 프로세서의 메모리 접근법 분류에 따르면 UMA는 약결합형 다중처리기 시스템, NUMA 및 NORMA는 강결합형 다중처리기 시스템에 해당한다.

ANSWER 17.① 18.④

17

고정분할 방식	가변분할 방식
• 동시에 메모리에 올릴 수 있는 프로그램의 수가 고정되어 있으며 수행 가능한 프로그램의 최대 크기 또한 제한됨 • 융통성이 떨어짐 • 외부조각과 내부조각 문제 발생	• 메모리에 적재되는 프로그램의 크기에 따라 분할의 크기, 개수가 동적으로 변하는 방식 • 프로세스에 딱 맞게 메모리 공간을 사용하기에 내부조각 문제는 발생하지 않음 • 외부 조각 문제 발생 • 메모리 배치방법(최초, 최적, 최악적합)

18
- 공유 메모리 프로세서(SMP) : 대칭형 다중처리
  운영체제와 메모리를 공유하는 여러 프로세서가 프로그램을 수행하는 것
- NUMA(Non-Uniform Memory Access) : 비균등 메모리 엑세스
  몇 개의 마이크로프로세스들 간에 중간 단계의 공유 메모리를 추가함으로써, 모든 데이터 액세스가 주버스 상에서 움직이지 않아도 되도록 하는 것

19 다음 C 프로그램의 실행 결과로 옳은 것은?

```
#include <stdio.h>

int star = 10;

void printStar() {
    printf("%d ₩n", star);
}

int main()
{
    int star = 5;

    printStar();
    printf("%d ₩n", star);
    return 0;
}
```

① 5	5
② 5	10
③ 10	5
④ 10	10

ANSWER 19.③

19 • **지역변수** : 변수를 선언한 함수 안에서만 사용할 수 있는 변수, 이름 중복사용 가능
• **전역변수** : 변수를 선언한 프로그램 전체 영역에서 사용할 수 있는 변수
한번 선언 하면 프로그램 전체 영역에서 사용 가능하며 지역변수와 전역변수의 이름이 같을 경우 지역변수가 전역변수보다 우선순위를 가짐

20 다음과 같이 P1, P2, P3, P4 프로세스가 동시에 준비 상태 큐에 도착했을 때 SJF(Shortest Job First) 스케줄링 알고리즘에서 평균 반환시간과 평균 대기시간을 바르게 연결한 것은? (단, 프로세스 간 문맥교환에 따른 오버헤드는 무시하며, 주어진 4개의 프로세스 외에 처리할 다른 프로세스는 없다고 가정한다)

프로세스	실행시간
P1	5
P2	6
P3	4
P4	9

	평균 반환시간	평균 대기시간
①	6	6
②	6	7
③	13	6
④	13	7

ANSWER 20.④

20
- SJF 스케줄링 알고리즘
  - 준비 큐에서 기다리는 프로세스 중 실행시간이 가장 짧다고 예상된 것을 먼저 디스패치하여 실행하는 비선점 알고리즘
  - 일괄처리 환경에서 구현하기 쉬운 알고리즘으로 실행할 프로세스의 CPU 소요시간이 미리 주어짐

  4 → 5 → 6 → 9
- 평균 대기시간 (0+4+9+15)/4=7
- 평균 반환시간 (4+9+15+24)/4=13
- SJF 스케줄링 알고리즘의 문제점은 실행 예정 시간 길이를 사용자의 추정치에 의존하기 때문에 실제로는 먼저 처리할 작업의 CPU 시간을 예상할 수 없어 대화형 시스템에서는 사용하지 않는다.

컴퓨터일반

2023. 4. 8. 인사혁신처 시행

1 **병렬 처리를 수행하는 기법으로 옳지 않은 것은?**

① 블루-레이 디스크
② VLIW
③ 파이프라인
④ 슈퍼스칼라

2 **인터넷 통신에서 IP 주소를 동적으로 할당하는 데 사용되는 것은?**

① TCP
② DNS
③ SOAP
④ DHCP

ANSWER 1.① 2.④

1 블루-레이 디스크(Blu-ray Disc) : 고선명(HD) 비디오를 위한 디지털 데이터를 저장할 수 있도록 소니가 주도하는 BDA(블루레이 디스크 협회, Blu-ray Disc Association)에서 정한 광 기록 방식 저장매체

※ 병렬처리 수행기법

㉠ VLIW(Very Long Instruction Word) : 여러 opcode 필드가 있는 긴 명령어 하나에 독립적인 연산 여러개를 정의하고 이들을 한꺼번에 내보내는 명령어 구조 집합의 종류
㉡ 파이프라인 : 한 데이터 처리 단계의 출력이 다음 단계의 입력으로 이어지는 형태로 연결된 구조
㉢ 슈퍼스칼라(superscalar) : CPU 내에 파이프라인을 여러 개 두어 명령어를 동시에 실행하는 기술

2
- DHCP(Dynamic Host Configuration Protocol) : 동적 호스트 구성 프로토콜로 호스트 IP 구성 관리를 단순화하는 IP 표준으로 DHCP 서버를 사용하여 IP 주소 및 관련된 기타 구성 세부 정보를 네트워크의 DHCP 사용 클라이언트에게 동적으로 할당하는 방법을 제공
- TCP(Transmission Control Protocol) : IP 프로토콜 위에서 연결형 서비스를 지원하는 전송계층 프로토콜
- DNS(Domain Name System) : 호스트의 도메인 이름을 호스트의 네트워크 주소로 바꾸거나 그 반대의 변환을 수행할 수 있도록 하기 위해 개발
- SOAP(Simple Object Access Protocol) : 웹서비스를 실제로 이용하기 위한 객체 간의 통신규약으로 인터넷을 통하여 웹서비스가 통신할 수 있게 하는 역할을 담당하는 기술

3 **UDP 프로토콜에 대한 설명으로 옳지 않은 것은?**

① 흐름 제어가 필요없는 비신뢰적 통신에 사용한다.

② 순차적인 데이터 전송을 통해 전송을 보장한다.

③ 비연결지향으로 송신자와 수신자 사이에 연결 설정 없이 데이터 전송이 가능하다.

④ 전송되는 데이터 중 일부가 손실되는 경우 손실 데이터에 대한 재전송을 요구하지 않는다.

4 **플린(Flynn)의 분류법에 따른 병렬 프로세서 구조 중 MIMD(Multiple Instruction stream, Multiple Data stream) 방식에 속하지 않는 것은?**

① 클러스터

② 대칭형 다중 프로세서

③ 불균일 기억장치 액세스

④ 배열 프로세서

ANSWER 3.② 4.④

3 • **UDP(User Datagram Protocol) 프로토콜** : 전송계층 프로토콜, 비연결지향, 비신뢰적 통신 사용, 체크섬 오류검사 사용 및 흐름제어 기능 없음

4 • **병렬 컴퓨터** : 다수의 CPU를 병렬로 처리해 초고속으로 작업을 수행하는 컴퓨터
• **SIMD(Single Instruction Multiple Data)** : 모든 CPU가 같은 프로그램을 수행하지만 병렬적으로 다른 데이터를 처리하는 배열 처리기 구조
• **MIMD(Multiple Instruction stream, Multiple Data stream)** : 각각의 CPU가 서로 다른 프로그램을 수행하면서 서로 다른 데이터를 처리하는 구조

5 **컴퓨터의 구성요소에 대한 설명으로 옳은 것만을 모두 고르면?**

> ㉠ 입출력장치는 기계적 동작을 수반하기 때문에 동작 속도가 주기억장치보다 빠르다.
> ㉡ 중앙처리장치는 명령어 실행단계에서 제어장치, 내부 레지스터, 연산기를 필요로 한다.
> ㉢ 중앙처리장치는 명령어 인출단계에서 인출된 명령어를 저장하기 위한 명령어 레지스터와 다음에 실행할 명령어가 있는 기억장치의 주소를 저장할 프로그램 카운터를 필요로 한다.
> ㉣ 입출력장치는 중앙처리장치와 직접 데이터를 교환할 수 있으며, 데이터 교환은 반드시 중앙처리장치의 입출력 동작 제어에 의해서만 가능하다.

① ㉠, ㉡
② ㉠, ㉣
③ ㉡, ㉢
④ ㉢, ㉣

6 **유닉스 시스템 신호에 대한 설명으로 옳은 것은?**

① SIGKILL : abort()에서 발생되는 종료 시그널
② SIGTERM : 잘못된 하드웨어 명령어를 수행하는 시그널
③ SIGILL : 터미널에서 CTRL + Z 할 때 발생하는 중지 시그널
④ SIGCHLD : 프로세스의 종료 혹은 중지를 부모에게 알리는 시그널

ANSWER 5.③ 6.④

5 ㉠ 입출력장치는 기계적 동작을 수반하기 때문에 동작 속도가 주기억장치보다 느리다.
㉣ 입출력장치는 중앙처리장치와 직접 데이터를 교환할 수 없으며, 데이터 교환은 채널에 의해서 동작한다.

6
- SIGKILL : 무조건적으로 즉시 종료
- SIGTERM : 소프트웨어 종료 시그널
- SIGILL : 잘못된 명령 사용

7 다음 설명에 해당하는 페이지 테이블 기술은?

> 물리 메모리의 프레임당 단 한 개의 페이지 테이블 항목을 할당함으로써 페이지 테이블이 차지하는 공간을 줄이는 기술

① 변환 참조 버퍼
② 계층적 페이지 테이블
③ 역 페이지 테이블
④ 해시 페이지 테이블

8 인터넷 계층에서 동작하는 프로토콜로서 오류보고, 상황보고, 경로제어정보 전달 기능이 있는 프로토콜은?

① ICMP
② RARP
③ ARP
④ IGMP

ANSWER 7.③ 8.①

7
- 계층적 페이지 테이블 : 페이지 테이블을 여러 개의 작은 조각으로 나누는 방법
- 해시 페이지 테이블 : 레코드를 한 개 이상 보관하는 버킷들의 집합으로 32비트보다 긴 주소 공간을 처리하는 방법

8
- IGMP(Internet Group Management Protocol) : 호스트 컴퓨터와 인접 라우터가 멀티캐스트 그룹 멤버십을 구성하는 데 사용하는 통신 프로토콜
- ARP(Address Resolution Protocol) : 네트워크 상에서 IP 주소를 물리적 네트워크 주소로 대응(bind)시키기 위해 사용되는 프로토콜
- RARP(Reverse Address Resolution Protocol) : IP 호스트가 자신의 물리 네트워크 주소(MAC)는 알지만 IP 주소를 모르는 경우, 서버로부터 IP 주소를 요청하기 위해 사용

9 다음 C 프로그램의 출력 결과는?

```
#include <stdio.h>
void main() {
        int x = 0x15213F10 >> 4;
        char y = (char) x;
        unsigned char z = (unsigned char) x;
        printf("%d, %u", y, z);
}
```

① −15, 15

② −241, 15

③ −15, 241

④ −241, 241

ANSWER 9.③

9 • 시프트(이동) 레지스터

• 연산장치의 구성요소에 해당, 지정된 비트 수만큼 이동하여 곱셈, 나눗셈 연산

```
int x = 0x15213F10 >> 4;    → 1
char y = (char) x;    → 2
unsigned char z = (unsigned char) x;    → 3
printf("%d, %u", y, z);    → 4
```

• 1번 수행

16진수 '15213F10'을 오른쪽으로 4비트 시프트 한 결과 115213F1이 x에 저장

• 2번 수행

'char'형은 1byte 문자를 읽어오기 때문에 y에 'F1' 저장

• 3번 수행

'unsigned char' 부호없는 1byte 문자를 읽어(F1) z에 저장

• 4번 수행

y값 출력 시 '%d'로 십진수 출력을 하기 때문에 F1(111100001)→−15로 2의 보수 사용을 찍고, z값 출력할 때에는 '%u'로 부호 없는 십진수 출력을 하기 때문에 F1(11110001)→241을 출력한다.

10 CPU의 제어장치에 해당하지 않는 것은?

① 순서 제어 논리 장치
② 명령어 해독기
③ 시프트 레지스터
④ 서브루틴 레지스터

11 시간적으로 연속적인 아날로그 신호에 대해 일정한 시간 간격으로 아날로그 신호 값을 추출하는 과정은?

① 표본화　② 양자화
③ 부호화　④ 자동화

ANSWER 10.③ 11.①

10 CPU 제어 장치(control unit)
- 명령어, 데이터의 입출력과 ALU의 동작 제어
- 프로그램/코드/명령어를 해석(해독)하고, 이의 실행을 위한 제어 신호들을 순차적으로 발생시키며, 명령을 읽고 실행하는데 필요한 CPU 내부의 각 장치 간의 데이터 흐름을 제어

11
- PCM 디지털화 과정 : 표본화(Sampling) → 양자화(Quantizing) → 부호화(Coding)
- 표본화(Sampling) : 아날로그 신호를 디지털신호로 변환시키는 A/D 과정을 수행하기 위하여 제일 먼저 수행하여야 하는 것
- 양자화(Quantizing) : 펄스 진폭 변조 신호의 크기를 디지털 양으로 변환
- 부호화(Coding) : 양자화된 펄스의 진폭을 부호화하여 디지털 신호로 변조하는 과정

12 다음 C 프로그램의 실행 결과는?

```
#include <stdio.h>
int funa(int);
void main() {
      printf("%d, %d" funa(5), funa(6));
      return 0;
}

int funa(int n) {
    if(n > 1)
            return (n + (funa(n-2)));
    else
            return (n % 2);
}
```

① 5, 6　　② 9, 12

③ 15, 21　　④ 120, 720

ANSWER 12.②

12

```
if(n > 1)      → 1
       return (n + (funa(n-2)));    → 2
       return (n % 2);     → 3
```

• funa(5)

funa(5) = 5 + (funa(3))

funa(3) = 3 + (funa(1))

funa(1) = 1

5+3+1 = 9

• funa(6)

funa(6) = 6 + (funa(4))

funa(4) = 4 + (funa(2))

funa(2) = 2 + (funa(0))

funa(0) = 0

6+4+2=12

13 다음에서 설명하는 해시 함수는?

> 탐색키 값을 여러 부분으로 나눈 후 각 부분의 값을 더하거나 XOR(배타적 논리합) 연산하여 그 결과로 주소를 취하는 방법

① 숫자분석함수
② 산함수
③ 중간제곱함수
④ 폴딩함수

14 (가)~(다)에 해당하는 말을 바르게 연결한 것은?

> (가) 컴퓨터가 데이터를 통해 스스로 학습하여 예측이나 판단을 제공하는 기술
> (나) 인간의 지적 능력을 컴퓨터를 통해 구현하는 기술
> (다) 인공 신경망을 활용하는 개념으로, 여러 계층의 신경망을 구성해 학습을 효과적으로 수행하는 기술

	(가)	(나)	(다)
①	인공지능	머신러닝	딥러닝
②	인공지능	딥러닝	머신러닝
③	머신러닝	인공지능	딥러닝
④	머신러닝	딥러닝	인공지능

ANSWER 13.④ 14.③

13
- **숫자분석함수**: 키 각각의 위치에 있는 숫자 중 편중되지 않는 수들을 해시 테이블의 크기에 적합한 만큼 조합해 해시주소로 사용
- **제산함수**: 나머지 연산자를 사용해 키를 해시 테이블의 크기로 나눈 나머지를 해시 주소로 사용하는 방법
- **중간제곱함수**: 키를 제곱한 다음, 중간의 몇 비트를 해시 주소로 생성

14
(가) **머신러닝**: 인간이 학습하는 방식을 모방하기 위한 데이터와 알고리즘의 사용에 초점을 맞춘 인공 지능(AI)의 한 분야
(나) **인공지능**: 동적 컴퓨팅 환경에 내장된 알고리즘을 생성하고 적용하여 인간의 지능을 모방하는 기초적인 지능
(다) **딥러닝**: 컴퓨터가 인간의 뇌에서 영감을 얻은 알고리즘을 사용하여 데이터를 처리하도록 가르치는 인공지능(AI) 기술

15 **구조적 개발 방법론에서 사용자 요구사항을 분석한 후 결과를 표현할 때 사용되는 도구에 대한 설명으로 옳은 것은?**

① 자료흐름도에서 자료저장소는 원으로 표현한다.
② 자료사전은 계획(ISP), 분석(BAA), 설계(BSD), 구축(SC)의 절차로 작성한다.
③ 자료사전에서 사용하는 기호 중 ( )는 선택에 사용되는 기호이다.
④ 소단위 명세서를 작성하는 도구에는 구조적언어, 의사결정표 등이 있다.

16 **다음 내용에 해당하는 법칙은?**

> 주식회사의 주가를 보면 일일 가격은 급격히 변동할 수 있다. 하지만 긴 기간의 움직음을 보면 상승, 하락 또는 변동 없는 추세를 보인다.

① 자기 통제의 법칙
② 복잡도 증가의 법칙
③ 피드백 시스템의 법칙
④ 지속적 변경의 법칙

ANSWER 15.④ 16.①

15 ① 자료흐름도에서 자료저장소는 '='으로 표현한다.
② 정보공학 개발 방법론은 계획(ISP), 분석(BAA), 설계(BSD), 구축(SC)의 절차로 작성한다.
③ 자료사전에서 사용하는 기호 중 ( )는 생략에 사용되는 기호이다.

16 리만(Lehman)의 소프트웨어 변화의 법칙
- **자기 통제의 법칙** : 시스템의 진화 과정은 자기 통제의 과정이다. 시스템이 장기간 동안 계속 피드백되기 때문에 가능하다.
- **복잡도 증가의 법칙** : 소프트웨어는 변경이 가해질수록 그 구조는 복잡해진다.
- **피드백 시스템의 법칙** : 진화 프로세스는 다중레벨, 다중루프, Multi-Agent 피드백 시스템 수용, 중요 개선 달성 위해 피드백 필수
- **지속적 변경의 법칙** : SW 생애 주기 동안 사용자 만족 유지 위해 기능의 지속적 성장

17 그림과 같이 S 테이블과 T 테이블이 있을 때, SQL 실행 결과는?

S

a	b
1	가
2	나
3	다

T

c	d
나	X
다	Y
라	Z

```
SELECT S.a, S.b, T.d
FROM S
LEFT JOIN T
ON S.b = T.c
```

①

a	b	d
1	가	(NULL)
2	나	X
3	다	Y

②

a	b	d
2	나	X
3	다	Y
1	가	(NULL)

③

a	b	d
1	가	(NULL)
2	나	X
3	다	Y
(NULL)	라	Z

④

a	b	d
2	나	X
3	다	Y
(NULL)	라	Z

ANSWER 17.①②

17 • 'LEFT JOIN T ON S.b = T.c'
→ S테이블과 T테이블에서 '나' 또는 '다' 행을 포함하는
• SELECT S.a, S.b, T.d
→ 'S.a, S.b, T.d' 열을 찾은 다음
왼쪽 S테이블의 S.a, S.b, T.d를 읽어오지만 'T.d'는 빈값이어서 NULL 값을 출력하게 된다.
(릴레이션 특징에서 튜플의 순서는 없으며 이번에는 1번과 2번 모두 정답으로 인정했다.)

18 다음 C 프로그램의 실행 결과는?

```
#include <stdio.h>
int C(int v) {
    printf("%d", v);
    return 1;
}

int main() {
    int a = -2;
    int b = !a;
    printf("%d %d %d %d", a, b, a&&b, a||b);
    if(b && C(10))
          printf("A");
    if(b & C(20))
           printf("B");
    return 0;
}
```

① −2 0 0 1 20

② −2 0 0 1 10 20

③ −2 1 0 1 10 20

④ −2 2 1 1 10 A 20 B

ANSWER 18.①

18

```
int a = -2;
int b = !a;
printf("%d %d %d %d ", a, b, a&&b, a||b);
if(b && C(10))
      printf("A ");
if(b & C(20))
     printf("B ");
return 0;
```

* &&(논리곱) : 두개의 조건식이 모두 참(1)이 되어야 IF 문의 결과를 참으로 보고 프로그램을 실행
* &(비트곱) : 두개의 값이 모두 1인 경우 1

- int a = -2;
- b = !a → -2를 저장하고 있어 참(1)으로 거짓(0)
- 'a&&b'에서 '1&&0'이 되어 거짓(0)
- 'a||b'에서 '1||0'이 되어 참(1)
- if(b && C(10)) → b가 거짓(0)으로 IF문을 수행 하지 않으므로 c(10)함수 호출 안됨
- if(b & C(20))에서 'if(0000000000000000&C(20))는 &연산을 하기 위해 C(20)함수 호출 20출력
- IF 연산 수행 거짓으로 printf("B") ; 수행되지 않음

19 **운영체제 시스템 호출에 대한 설명으로 옳지 않은 것은?**

① fork( )는 실행 중인 프로세스를 복사하는 함수이다.
② fork( ) 호출 시 부모 프로세스와 자식 프로세스가 차지하는 메모리 위치는 동일하다.
③ exec( )는 이미 만들어진 프로세스의 구조를 재활용하는 함수이다.
④ exec( ) 호출에 사용되는 함수 중 wait( )는 프로세스 종료 대기를 처리한다.

20 **SQL 뷰에 대한 설명으로 옳은 것은?**

① 복잡한 질의를 간단하게 표현할 수 있게 한다.
② 데이터 무결성을 보장하지만 독립성을 제공하지는 않는다.
③ 제거할 때는 DELETE문을 사용한다.
④ 동일한 데이터에 대해 하나의 뷰만 생성 가능하다.

ANSWER 19.② 20.①

19 ② fork( ) 호출 시 부모 프로세스와 자식 프로세스가 차지하는 메모리 위치는 다르다.
- **포크**(fork) : 실행중인 프로세스를 복사하여 부모 프로세스와 똑같은 자식 프로세스를 생성

20 ② 데이터 무결성, 독립성 제공
③ 제거할 때는 DROP 문사용
④ 동일한 데이터에 대해 여러개의 뷰 생성 가능

컴퓨터일반 | 2023. 6. 10. 제1회 지방직 시행

1 **다음 중 문자 한 개를 표현하기 위해 필요한 비트 수가 가장 많은 문자 코드 체계는?**

① ASCII
② BCD
③ EBCDIC
④ 유니코드(Unicode)

2 **다음은 어떤 시스템의 성능 개선에 대한 내용이다. 성능 개선 후 프로그램 P의 실행에 걸리는 소요시간은? (단, 시스템에서 프로그램 P만 실행된다고 가정한다)**

- 성능 개선 전에 프로그램 P의 특정 부분 A의 실행에 30초가 소요되었고, A를 포함한 전체 프로그램 P의 실행에 50초가 소요되었다.
- 시스템의 성능을 개선하여 A의 실행 속도를 2배 향상시켰다.
- A의 실행 속도 향상 외에 성능 개선으로 인한 조건 변화는 없다.

① 25초
② 30초
③ 35초
④ 40초

ANSWER 1.④ 2.③

1 ① ASCII(American Standard Code for Information Interchange) : 1963년 미국 ANSI에서 표준화한 정보교환용 7비트로 128가지 문자 표현
② BCD(Binary-Coded Decimal) : 2진수를 10진수 형태로 창안하여 8421코드라고도 하며 6비트로 64가지 문자 표현
③ EBCDIC(Extended BCD Interchange Code) : BCD코드를 확장한 코드로 확장 2진화 10진 코드라고 하며 8비트로 256가지 문자 표현

2
- 프로그램 P의 전체 수행시간은 50초
- P의 특정 부분 A를 실행하는데 30초
- P의 나머지 부분의 수행시간은 20초

− 다른 조건의 변화 없이 P의 특정 부분 A만을 2배 빠르게 실행한다는 것은 A의 수행시간을 절반으로 단축→15초
- 프로그램 P의 전체 수행시간 = 15초 + P의 나머지 부분의 수행시간은 20초
- 성능 개선 후 프로그램 P의 실행 시간은 15 + 20 = 35초이다.

3 **부울 변수 X, Y, Z에 대한 등식으로 옳지 않은 것은? (단, · 은 AND, +는 OR, ′는 NOT 연산을 의미한다)**

① $X+(Y\cdot Z)=(X+Y)\cdot(X+Z)$

② $X\cdot(X+Y)=X\cdot X+Y$

③ $(X+Y)+Z=X+(Y+Z)$

④ $(X+Y)'=X'\cdot Y'$

4 **IP(Internet Protocol)에 대한 설명으로 옳지 않은 것은?**

① 전송 계층에서 사용되는 프로토콜이다.

② 비연결형 프로토콜이다.

③ IPv4에서 IP 주소의 길이가 32비트이다.

④ IP 데이터그램이 목적지에 성공적으로 도달하는 것을 보장하지 않는다.

ANSWER 3.② 4.①

3 ① $X+(Y\cdot Z)=(X+Y)\cdot(X+Z)$: 배분 법칙

② $X\cdot(X+Y)=X$: 흡수 법칙

③ $(X+Y)+Z=X+(Y+Z)$: 결합법칙

④ $(X+Y)'=X'\cdot Y'$: 드모르간 법칙

4 ① 네트워크 계층에서 사용되는 프로토콜이다.

- IP(Internet Protocol) : 송신 호스트와 수신 호스트가 패킷 교환 네트워크에서 정보를 주고받는 데 사용하는 정보 위주의 프로토콜

5 **다음에서 제시한 시스템에서 주기억장치 주소의 각 필드의 비트 수를 바르게 연결한 것은? (단, 주기억장치 주소는 바이트 단위로 할당되고, 1KB는 1,024바이트이다)**

> • 캐시기억장치는 4-way 집합 연관 사상(set-associative mapping) 방식을 사용한다.
> • 캐시기억장치는 크기가 8KB이고 전체 라인 수가 256개이다.
> • 주기억장치 주소는 길이가 32비트이고, 캐시기억장치 접근(access)과 관련하여 아래의 세 필드로 구분된다.
>
> | 태그(tag) | 세트(set) | 오프셋(offset) |
> |---|---|---|

	태그	세트	오프셋
①	20	6	6
②	20	7	5
③	21	5	6
④	21	6	5

6 **2의 보수로 표현된 부호 있는(signed) n비트 2진 정수에 대한 설명으로 옳지 않은 것은?**

① 최저 음수의 값은 $-(2^{n-1}-1)$이다.

② 0에 대한 표현이 한 가지이다.

③ 0이 아닌 2진 정수 A의 2의 보수는 $(2^n - A)$이다.

④ 0이 아닌 2진 정수 A의 2의 보수는 A의 1의 보수에 1을 더해서 구할 수 있다.

ANSWER 5.④ 6.①

5 캐시 메모리 사상 방식 : 어떤 주기억장치 블록들이 어느 캐시 라인을 공유할 것인 지를 결정해 주는 방법

※ 사상 방식의 종류

㉠ 직접 사상(Direct Mapping) : 주기억장치의 블록들이 지정된 하나의 캐시 라인으로만 적재됨

㉡ 완전 연관 사상(Fully Associate Mapping) : 주기억장치 블록이 캐시의 어떤 라인으로든 적재 가능

㉢ 세트 연관 사상(Set Associate Mapping) : 직접 사상과 완전-연관 사상의 조합으로 주기억장치 블록 그룹이 하나의 캐시 세트를 공유하며, 그 세트에는 두 개 이상의 라인들이 적재될 수 있음. 캐시는 v개의 세트(set)들로 나누어지며, 각 세트들은 k개의 라인들로 구성(k-way 세트-연관 사상이라고 부름)

6 2의 보수를 사용한 2진 정수의 표현 범위 : $-2^{n-1} \sim +2^{n-1}-1$

7 **10진수 45.1875를 2진수로 변환한 것은?**

① 101100.0011
② 101100.0101
③ 101101.0011
④ 101101.0101

8 **운영체제에서 다음 설명에 해당하는 페이지 교체 알고리즘은?**

페이지 교체가 필요한 시점에서 최근 가장 오랫동안 사용되지 않은 페이지를 제거하여 교체한다.

① 최적(optimal) 교체 알고리즘
② FIFO(First In First Out) 교체 알고리즘
③ LRU(Least Recently Used) 교체 알고리즘
④ LFU(Least Frequently Used) 교체 알고리즘

ANSWER 7.③ 8.③

7 • 10진수 45 → 2진수 101101

32	16	8	4	2	1
1	0	1	1	0	1

• 10진수 0.1875 → 2진수 0.0011

0.5	0.25	0.125	0.0625
0	0	1	1

8 ① **최적(optimal) 교체 알고리즘** : 앞으로 가장 오랫동안 사용하지 않을 페이지를 교체하는 알고리즘
② **FIFO(First In First Out) 교체 알고리즘** : 가장 먼저 메모리에 올라온 페이지를 가장 먼저 내보내는 알고리즘
④ **LFU(Least Frequently Used) 교체 알고리즘** : 참조횟수가 가장 적은 페이지를 교체하는 알고리즘

9 **ICT 기술에 대한 설명으로 옳지 않은 것은?**

① 기계학습(machine learning)의 학습 방법에는 지도학습(supervised learning), 비지도학습(unsupervised learning), 강화학습(reinforcement learning) 등이 있다.

② 가상현실(virtual reality)은 가상의 공간과 사물 등을 만들어, 일상적으로 경험하기 어려운 상황을 실제처럼 체험할 수 있도록 해준다.

③ RFID(Radio Frequency IDentification)에서 수동형 태그는 내장된 배터리를 사용하여 무선 신호를 발생시킨다.

④ 지그비(ZigBee)는 저비용, 저전력 무선 네트워크 기술로 센서 네트워크에서 사용할 수 있다.

10 **다음 조건을 만족하는 가상기억장치에서 가상 페이지 번호(virtual page number)와 페이지 오프셋의 비트 수를 바르게 연결한 것은?**

- 페이징 기법을 사용하며, 페이지 크기는 2,048바이트이다.
- 가상 주소는 길이가 32비트이고, 가상 페이지 번호와 페이지 오프셋으로 구분된다.

	가상 페이지 번호	페이지 오프셋
①	11	21
②	13	19
③	19	13
④	21	11

ANSWER 9.③ 10.④

9 ③ RFID(Radio Frequency IDentification)에서 능동형 태그는 내장된 배터리를 사용하여 무선 신호를 발생시킨다.

10
- 가상 페이지 번호 : 가상주소는 길이가 32비트(2^{32})/페이지 크기. 211 바이트 = $2^{32}/2^{11}$, 즉 21비트 사용
- 페이징 기법에서 페이지의 크기가 2바이트면 가상주소의 페이지 오프셋은 K비트이다. 여기서 K비트는 11

11 리틀 엔디안(little endian) 방식을 사용하는 시스템에서 다음 C 프로그램의 출력 결과는? (단, int의 크기는 4바이트이다)

```
#include <stdio.h>
int main() {
    char i;
    union {
        int int_arr[2];
        char char_arr[8];
    } endian;
    for (i = 0; i < 8; i++)
        endian.char_arr[i] = i + 16;
    printf("%x", endian.int_arr[1]);
    return 0;
}
```

① 10111213

② 13121110

③ 14151617

④ 17161514

ANSWER 11.④

11 리틀 엔디안 방식 : 하위 비트부터 바이트 단위로 저장하는 방식

```
for (i = 0; i < 8; i++)        → 8
    endian.char_arr[i] = i + 16;        → 9
printf("%x", endian.int_arr[1]);        → 10
```

• 8번 수행후

9번 endian.char_arr[i] =i + 16 값은	2진수 변환							
	128	64	32	16	8	4	2	1
endian.char_arr[0] =0 + 16 = 16	0	0	0	1	0	0	0	0
endian.char_arr[1] =1 + 16 = 17	0	0	0	1	0	0	0	1
endian.char_arr[2] =2 + 16 = 18	0	0	0	1	0	0	1	0
endian.char_arr[3] =3 + 16 = 19	0	0	0	1	0	0	1	1
endian.char_arr[4] =4 + 16 = 20	0	0	0	1	0	1	0	0
endian.char_arr[5] =5 + 16 = 21	0	0	0	1	0	1	0	1
endian.char_arr[6] =6 + 16 = 22	0	0	0	1	0	1	1	0
endian.char_arr[7] =7 + 16 = 23	0	0	0	1	0	1	1	1

• 10번을 수행하면
endian.int_arr[1]
int_arr[2]는 정수형으로 4바이트 2개를 할당했으므로
endian.int_arr[0]에는 char_arr[0]~endian.char_arr[3]까지 공용
endian.int_arr[1]에는 char_arr[4]~endian.char_arr[7]까지 공용

• 10번에서 "%x"는 16진수 출력문자로 2진수 4자리씩 읽어서 출력

→ 리틀 엔디안 방식은 출력결과가 데이터 역순으로 저장되므로 17161514가 된다.

12 다음 트리에 대한 설명으로 옳지 않은 것은?

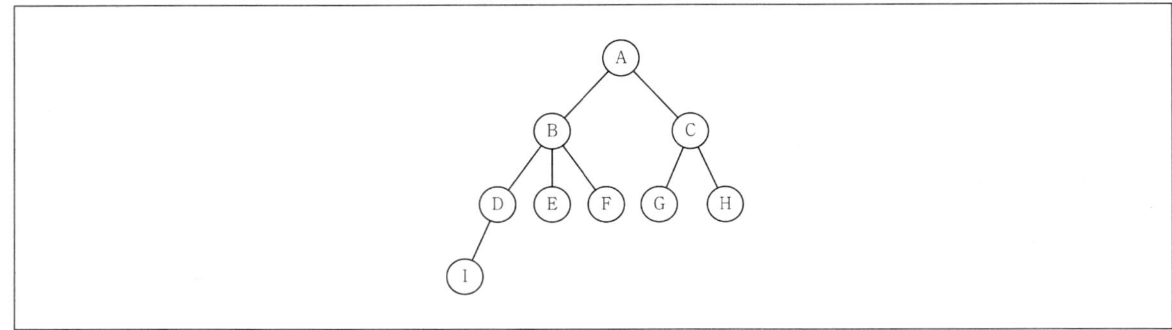

① A노드의 차수(degree)는 2이다.

② 트리의 차수는 4이다.

③ D노드는 F노드의 형제(sibling) 노드이다.

④ C노드는 G노드의 부모(parent) 노드이다.

13 다음에서 설명하는 UML(Unified Modeling Language) 다이어그램(diagram)은?

> 객체들이 어떻게 상호 동작하는지를 메시지 순서에 초점을 맞춰 나타낸 것으로, 어떠한 작업이 객체 간에 발생하는지를 시간 순서에 따라 보여준다.

① 클래스(class) 다이어그램　　② 순차(sequence) 다이어그램

③ 배치(deployment) 다이어그램　　④ 컴포넌트(component) 다이어그램

ANSWER 12.② 13.②

12 ② 차수는 모든 서브트리의 차수 중 가장 높은 차수로 트리의 차수는 3이다.

13 ① **클래스(class) 다이어그램** : 구조 다이어그램으로 클래스 내부 구성요소 및 클래스 간의 관계를 도식화하여 시스템의 특정 모듈이나 일부 및 전체를 구조화

③ **배치(deployment) 다이어그램** : 시스템의 소프트웨어와 하드웨어 컴포넌트 간 관계 및 처리의 물리적 분배를 표시

④ **컴포넌트(component) 다이어그램** : 시스템을 구성하는 임의의 물리적인 요소

14 2의 보수로 표현된 부호 있는 8비트 2진 정수 10110101을 2비트만큼 산술 우측 시프트(arithmetic right shift)한 결과는?

① 00101101

② 11010100

③ 11010111

④ 11101101

15 TCP/IP 프로토콜 계층 구조에서 다음 중 나머지 셋과 다른 계층에 속하는 프로토콜은?

① HTTP

② SMTP

③ DNS

④ ICMP

ANSWER 14.④ 15.④

14 산술 시프트(arithmetic shift)

- 레지스터에 저장된 데이터가 부호를 가진 정수인 경우에 부호 비트를 고려하여 수행되는 시프트
- 시프트 과정에서 부호 비트는 그대로 두고, 수의 크기를 나타내는 비트들만 시프트 시킨다는 점

15 ① HTTP : 응용 계층 프로토콜

② SMTP : 응용 계층 프로토콜

③ DNS : 응용 계층 프로토콜

④ ICMP : 네트워크 계층 프로토콜

16 다음 Java 프로그램의 출력 결과는?

```
public class Result {
    public static void main(String[] args) {
        int sum = 0;
        for (int i = 1; i <= 10; i++)
            if (i % 2 != 0 && i % 5 != 0)
                sum += i;
        System.out.println(sum);
    }
}
```

① 15 ② 20

③ 25 ④ 55

ANSWER 16.②

16

```
int sum = 0;         → 1
for (int i = 1; i <= 10; i++)      → 2
   if (i % 2 != 0 && i % 5 != 0)      → 3
      sum += i;      → 4
System.out.println(sum);      → 5
```

• 1번 수행

int sum = 0

누적변수 sum을 0으로 초기화

• 2번 수행

for (int i = 1; i <= 10; i++)

1~10까지 1씩 증가하면서 2의 배수도 5의 배수도 아닌 값을 찾아 누적한다.

• 3번 수행

AND(&&) : 두 개 이상의 조건에 모두 만족

NOT(!) : 어떤 조건에 대한 결과를 반대로

if (i % 2 ! = 0 && i % 5 ! = 0)

→ i % 2 ! = 0 → 2로 나눈 나머지가 0이 아닌 것으로 2의 배수가 아님.

→ i % 5 ! = 0 →5로 나눈 나머지가 0이 아닌 것으로 5의 배수가 아님.

위 두 가지의 조건이 동시에 만족(&&)해야 참이므로 1부터 10까지 중에 2의 배수도, 5의 배수도 아닌 수를 sum에 누적한다.

i	2의 배수와 5의 배수가 둘다 아닌 수	2의 배수	5의 배수	누적
1	if (1 % 2 != 0 && 1 % 5 != 0)			0
2	if (2 % 2 != 0 && 2 % 5 != 0)	0		
3	if (3% 2 != 0 && 3 % 5 != 0)			0
4	if (4 % 2 != 0 && 4 % 5 != 0)	0		
5	if (5 % 2 != 0 && 5 % 5 != 0)		0	
6	if (6 % 2 != 0 && 6 % 5 != 0)	0		
7	if (7 % 2 != 0 && 7 % 5 != 0)			0
8	if (8 % 2 != 0 && 8 % 5 != 0)	0		
9	if (9 % 2 != 0 && 9 % 5 != 0)			0
10	if (10 % 2 != 0 && 10 % 5 != 0)	0		

• 4번 수행

sum += I

sum의 누적 값 → 1+3+7+9 = 20

• 5번 수행

sum의 값 20

17 데이터베이스 언어에 대한 설명으로 옳지 않은 것은?

① 데이터 제어어(data control language)는 사용자가 데이터에 대한 검색, 삽입, 삭제, 수정 등의 처리를 DBMS에 요구하기 위해 사용되는 언어이다.

② 데이터 제어어는 데이터베이스의 보안, 무결성, 회복(recovery) 등을 지원하기 위해 사용된다.

③ 절차적 데이터 조작어(procedural data manipulation language)는 사용자가 원하는 데이터와 그 데이터로의 접근 방법을 명시해야 하는 언어이다.

④ 데이터 정의어(data definition language)는 데이터베이스 스키마의 생성, 변경, 삭제 등에 사용되는 언어이다.

18 TCP(Transmission Control Protocol)에 대한 설명으로 옳은 것만을 모두 고르면?

㉠ 네트워크 계층에서 사용되는 프로토콜이다.
㉡ 흐름 제어와 혼잡 제어를 수행한다.
㉢ 연결지향형 프로토콜이다.
㉣ IP 주소를 이용하여 데이터 그램을 목적지 호스트까지 전송하는 역할을 한다.

① ㉠, ㉡

② ㉠, ㉣

③ ㉡, ㉢

④ ㉢, ㉣

ANSWER 16.① 17.③

16 ① 데이터 조작어(data manipulation language)는 사용자가 데이터에 대한 검색, 삽입, 삭제, 수정 등의 처리를 DBMS에 요구하기 위해 사용되는 언어이다.

17 ㉠ 네트워크 계층에서 사용되는 프로토콜이다. → IP에 대한 설명이다.
㉣ IP 주소를 이용하여 데이터그램을 목적지 호스트까지 전송하는 역할을 한다. → IP에 대한 설명이다.

19 다음은 프로세스가 준비 상태 큐에 도착한 시간과 프로세스를 처리하는 데 필요한 실행 시간을 보여준다. 선점형 SJF(Shortest Job First) 스케줄링 알고리즘인 SRT(Shortest Remaining Time) 알고리즘을 사용할 경우, 프로세스들의 대기 시간 총합은? (단, 프로세스 간 문맥 교환에 따른 오버헤드는 무시하며, 주어진 4개 프로세스 외에 처리할 다른 프로세스는 없다고 가정한다)

프로세스	도착 시간	실행 시간
P_1	0	30
P_2	5	10
P_3	10	15
P_4	15	10

① 40
② 45
③ 50
④ 55

ANSWER 19.③

19 SRT(Shortest Remaining Time) 알고리즘 : 최단 잔여시간을 우선으로 하는 스케줄링으로 진행 중인 프로세스가 있어도 짧은 프로세스를 먼저 할당

대기리스트

P_1	P_2	P_4	P_3	P_1
5	10	10	15	25

- 평균반환시간 = 평균 실행 시간 + 평균 대기 시간
- 평균실행시간 = (30+10+10+15) / 4 = 16.25
- 평균대기시간

– P_1의 대기시간 : 0+(10+10+15)−0(도착시간) = 35
  0초에 도착하여 바로 실행

– P_2의 대기시간 : 5−5(도착시간) = 0
  P_1이 5초가 실행 중일 때 남아있는 25초보다 작은 P_2가 도착하여 P_2에 선점
  P_1(25초)은 대기리스트에 대기
  P_2가 5초 실행 중일 때 남아있는 5초보다 큰 15초인 P_3(15초)가 도착하지만 실행시간이 크므로 선점되지 않고 P_2가 계속 실행

– P_3의 대기시간 : 25−10(도착시간) = 15
  P_3(15초)은 P_1(25초)보다 작으므로, P_3, P_1 순으로 대기리스트에 대기

– P_4의 대기시간 : P_4의가 모두 종료되는 시점에 P_1 25초, P_2가 5초, P_4 10초가 도착
  대기리스트의 P_3, P_1(25초) 실행시간이 적은 P_4(10초) 먼저 실행
  15+−15(도착시간) = 0

∴ 프로세스들의 대기 시간 총합은 35+15 = 50

20 공백 상태인 이진 탐색 트리(binary search tree)에 1부터 5까지의 정수를 삽입하고자 한다. 삽입 결과, 이진 탐색 트리의 높이가 가장 높은 삽입 순서는?

① 1, 2, 3, 4, 5

② 1, 4, 2, 5, 3

③ 3, 1, 4, 2, 5

④ 5, 3, 4, 1, 2

ANSWER 20.①

20
- **이진 탐색 트리**(binary search tree) : 공백이 가능한 이진 트리이다. 자료의 탐색, 삽입, 삭제를 효율적으로 하기 위해 만들어진 트리로서 부모 노드를 기준으로 작은 값은 왼쪽 서브 트리로, 큰 값은 오른쪽 서브 트리로 배치한다. 맨 왼쪽 리프 노드는 트리의 최솟값이고, 맨 오른쪽 리프 노드는 트리의 최댓값이며 값을 찾을 때 대소 비교를 통해 탐색 방향을 정한다.
- **이진 탐색 트리**(binary search tree) **삽입**
  - ㉠ 삽입할 값을 루트 노드와 비교해 같다면 오류를 발생(중복 값 허용 안됨)
  - ㉡ 삽입할 값이 루트 노드의 키보다 작다면 왼쪽 서브 트리를 탐색해서 비어있다면 추가하고, 비어있지 않다면 다시 값을 비교
  - ㉢ 삽입할 값이 루트노드의 키보다 크다면 오른쪽 서브트리를 탐색해서 비어있다면 추가하고, 비어있지 않다면 다시 값을 비교
- **편향 이진 트리** : 사향 이진 트리라고도 한다. 같은 높이의 이진 트리 중에서 최소 개수의 노드 개수를 가지면서 왼쪽 혹은 오른쪽 서브트리만을 가지는 이진트리이다. 즉 모든 노드가 왼쪽에 있거나 반대로 오른쪽에 있는 트리로 각 부모 노드가 오직 한 개의 연관 자식 노드를 갖는 트리이다. 따라서 왼쪽 혹은 오른쪽으로만 편향되게 된다. 1부터 삽입하면 1이 루트가 되며 삽입되는 값이 오름차순으로 정렬되므로 루트 1을 중심으로 오른쪽으로 치우친 편향 이진 트리가 완성된다.

컴퓨터일반 | 2024. 3. 23. 인사혁신처 시행

1 컴퓨터에서 사용하는 정보량의 단위를 크기가 작은 것부터 큰 것 순서대로 바르게 나열한 것은?

① EB, GB, PB, TB
② EB, PB, GB, TB
③ GB, TB, EB, PB
④ GB, TB, PB, EB

2 암호화 및 복호화를 위하여 개인키와 공개키가 필요한 비대칭키 암호화 기법은?

① AES
② DES
③ RSA
④ SEED

ANSWER 1.④ 2.③

1 • KB-MG-GB-TB-PB-EB-ZB

킬로바이트 (KiloByte)	1,024 B
메가바이트 (MegaByte)	1,024 KB
기가바이트 (GigaByte)	1,024 MB
테라바이트 (TeraByte)	1,024 GB
페타바이트 (PetaByte)	1,024 TB
엑사바이트 (ExaByte)	1,024 PB

2 비대칭키 암호

• 공개키 암호 : 비대칭키 암호는 공개키 암호(Public-key Encryption)라고도 하며, 대칭키 암호와 달리 암·복호화에 서로 다른 키를 사용하는 알고리즘. 대표적인 알고리즘으로 RSA, ElGamal, ECC 등이 있음
• AES : 2001년 미국 표준 기술 연구소(NIST)에 의해 제정된 암호화 방식으로 128비트 평문을 128비트 암호문으로 출력하는 알고리즘
• DES : 1975년에 IBM에서 개발하고 1979년에 미국 NBS(National Bureau of Standards, 현 NIST)가 국가 표준 암호 알고리즘으로 지정한 대칭키 암호 알고리즘

3 다음 논리회로도에서 출력 F가 0이 되는 입력 조합을 바르게 연결한 것은?

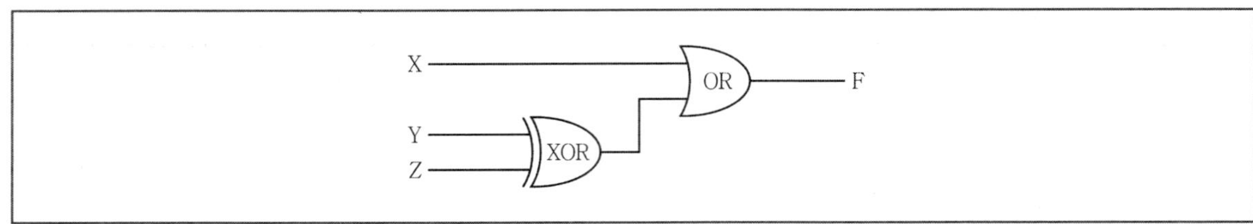

	X	Y	Z
①	0	0	1
②	0	1	0
③	0	1	1
④	1	0	0

ANSWER 3.③

3 • OR 게이트

논리합, 두 개의 입력중 하나가 1이면 출력은 1이 발생

A	B	C
0	0	0
0	1	1
1	0	1
1	1	1

• XOR(Exclusive OR) 게이트

배타적 논리합, 두 개의 입력이 서로 다를때만 출력 1이 발생, 입력이 같으면 0이 발생

A	B	C
0	0	0
0	1	1
1	0	1
1	1	0

4 OSI 모형의 네트워크 계층 프로토콜에 속하지 않는 것은?

① ICMP ② IGMP
③ IP ④ SLIP

5 클라우드 컴퓨팅 서비스에서 애플리케이션을 구축, 테스트, 설치할 수 있도록 통합환경을 제공하는 것은?

① IaaS ② NAS
③ PaaS ④ SaaS

6 10진수 뺄셈 (7 – 12)를 2의 보수를 이용하여 계산한 결과는? (단, 저장 공간은 8비트로 한다)

① 0000 0100 ② 0000 0101
③ 1111 0101 ④ 1111 1011

ANSWER 4.④ 5.③ 6.④

4 네트워크 계층(Network Layer)
- 패킷을 한 호스트에서 다른 호스트로 라우팅하는 계층
- 데이터 단위 : datagram, packet
- 프로토콜 : IP, ICMP, ARP, RIP, BGP 등
- 여러 라우터를 통한 라우팅, 그를 통한 패킷 전달
- 전송 계층에게 전달 받은 목적지 주소를 이용해서 패킷을 만들고 그 목적지의 전송 계층으로 패킷을 전달하며 인터넷의 경우 IP 프로토콜이 대표적이다.

5
- IaaS(Infrastructure as a Service) : 인터넷을 통해 확장성이 뛰어난 컴퓨팅 리소스를 서비스로서 제공하는 주문형 가용성 서비스
- SaaS(Software as a Service) : 소프트웨어 서비스 제공 모델, 소프트웨어를 기기에 설치하지 않고 온라인으로 액세스할 수 있는 소프트웨어 라이센스 및 제공 수단을 의미
- PaaS(Platform as a Service) : 서비스로서의 플랫폼, IaaS 형태의 가상화된 클라우드 위에 사용자가 원하는 서비스를 개발할 수 있도록 개발 환경(Platform)을 미리 구축해, 이를 서비스 형태로 제공하는 것을 의미

6
- 7의 8비트 표현 : 0000 0111
- −12의 2의 보수 표현
  −12에서 12를 8비트로 표현 : 0000 1100
  1의 보수로 변경 : 1111 0011
  2의 보수로 변경 : 1111 0011 + 1 = 1111 0100

∴ (7−12) = 7+(−12) = 0000 0111 + 1111 0100 = 1111 1011

7 다음 파이썬 코드는 이진 탐색을 이용하여 자연수 데이터를 탐색하는 함수이다. (가), (나)에 들어갈 내용을 바르게 연결한 것은? (단, ds는 오름차순으로 정렬된 중복 없는 자연수 리스트이고, key는 찾고자 하는 값이다)

```
def binary(ds, key):
    low = 0
    high = len(ds) - 1
    while low <= high:
        mid = (low+high) // 2
        if key == ds[mid]:
            return mid
        elif key < ds[mid]:
            [        (가)        ]
        else:
            [        (나)        ]
    return
```

	(가)	(나)
①	high = mid − 1	low = mid − 1
②	high = mid − 1	low = mid + 1
③	high = mid + 1	low = mid − 1
④	high = mid + 1	low = mid + 1

ANSWER 7.②

7 **이진탐색** : 정렬되어 있는 리스트에서 특정한 데이터를 빠르게 탐색할 수 있도록 해주는 탐색 알고리즘

```
def binary(ds, key):
    low = 0
    high = len(ds) - 1
    while low <= high:
        mid = (low+high) // 2
        if key == ds[mid]:
            return mid
        elif key < ds[mid]:
            high = mid - 1
#키가 중간값보다 작을때는 오른쪽을 탐색할 필요가 없으므로 high를 mid-1로 갱신
        else:
            low = mid + 1
#key가 중간값보다 클 때는 왼쪽을 탐색할 필요가 없으므로 low를 mid+1로 갱신
    return
```

- 이진 탐색 알고리즘으로, 주어진 정렬된 리스트(ds)에서 특정 값(key)을 찾아서 그 위치(index)를 반환
- 리스트의 처음부터 끝까지 이진 탐색을 수행하면서 key와 현재 중간값(ds[mid])을 비교하여 탐색 범위를 좁혀가는 과정을 반복
- 만약 찾고자 하는 값이 리스트에 존재하지 않는다면 -1을 반환

8 RAID(Redundant Array of Inexpensive Disks) 레벨에 대한 설명으로 옳지 않은 것은?

① RAID 레벨 0 : 패리티 없이 데이터를 분산 저장한다.
② RAID 레벨 1 : 패리티 비트를 사용하여 오류를 검출한다.
③ RAID 레벨 2 : 해밍 코드를 사용하여 오류 검출 및 정정이 가능하다.
④ RAID 레벨 5 : 데이터와 함께 패리티 정보를 블록 단위로 분산 저장한다.

9 RISC와 비교하여 CISC의 특징으로 옳지 않은 것은?

① 명령어의 종류가 많다.
② 명령어의 길이가 고정적이다.
③ 명령어 파이프라인이 비효율적이다.
④ 회로 구성이 복잡하다.

ANSWER 8.② 9.②

8 RAID : 복수 배열 독립 디스크(Redundant Array of Independent Disks 혹은 Redundant Array of Inexpensive Disks)는 여러 개의 하드 디스크에 일부 중복된 데이터를 나눠서 저장하는 기술

- RAID-0 : 스트라이핑 방식, 결함 허용도가 없는 스트라이핑 디스크 배열이며, 성능은 높으나 안정성이 떨어지는 단점
- RAID-1 : 미러링 방식, 복제된 데이터가 한 쌍의 드라이브에 기록되는 방식
- RAID-2 : 해밍 코드 ECC를 가진 비트 레벨 스트라이핑
- RAID-3 : 전용 패리티를 가진 바이트 레벨 스트라이핑
- RAID-5 : 분산 패리티를 가진 블록 레벨 스트라이핑

9

CISC(Complex Instruction Set Computer)	RISC(Reduced Instruction Set Computer)
• 전통적 Von Neumann 방식의 명령어 내장 방식 • 컴퓨터가 지원하는 명령어가 많을수록 프로그램내의 Instruction count는 줄어든다. • 명령어의 길이가 상이 하다.	• 자주 사용하지 않는 명령어 제거 및 단순화 • 모든 명령어의 길이를 일정하게 만든다. • 하나의 Cycle에 여러 명령어 수행

10 3개의 페이지 프레임으로 구성된 기억장치에서 다음과 같은 참조열 순으로 페이지가 참조될 때, 페이지 부재 발생 횟수가 가장 적은 교체 방법은? (단, 초기 페이지 프레임은 비어 있으며, 페이지 교체 과정에서 사용 빈도수가 동일한 경우는 가장 오래된 것을 먼저 교체한다)

참조열 : 2 1 2 3 1 4 5 1 4 3

① FIFO(First In First Out)
② LFU(Least Frequently Used)
③ LRU(Least Recently Used)
④ MFU(Most Frequently Used)

11 교착상태(deadlock)가 발생하기 위한 필요조건에 해당하지 않는 것은?

① 상호 배제(mutual exclusion)
② 선점(preemption)
③ 순환 대기(circular wait)
④ 점유와 대기(hold and wait)

ANSWER 10.③ 11.②

10
- LRU(Least Recently Used)
  - 주기억장치에 적재되어 있는 페이지들에 대해 이들이 참조된 시간을 기준으로 교체될 페이지를 선정하는 기법
  - 최근 가장 오랫동안 참조되지 않은 페이지를 교체
  - 프로세스가 주기억장치에 접근할 때 마다 참조된 페이지에 대한 시간을 기록해야 함
- FIFO(First In First Out) : 페이지가 주기억장치에 적재된 시간을 기준으로 교체될 페이지를 산정하는 기법으로 프로세스에 할당된 페이지 프레임의 수가 증가하면 페이지 부재가 더 증가
- LFU(Least Frequently Used) : 주기억장치에 적재되어 있는 페이지들에 대해 이들이 참조된 횟수를 기준으로 교체될 페이지를 선정하는 기법

11 교착상태가 발생할 필요 충분 조건 4가지
- 상호 배제(Mutual Exclusion)
- 비 선점(Non Preemption)
- 점유와 대기(Hold & Wait)
- 환형 대기(Circular Wat, 순환 대기)

12 다음 CPU 스케줄링 알고리즘 중 비선점형 알고리즘만을 모두 고르면?

> ㉠ FCFS(First Come First Served) 스케줄링
> ㉡ HRN(Highest Response-ratio Next) 스케줄링
> ㉢ RR(Round Robin) 스케줄링
> ㉣ SRT(Shortest Remaining Time) 스케줄링

① ㉠, ㉡
② ㉠, ㉣
③ ㉡, ㉢
④ ㉢, ㉣

13 네트워크 접속 형태 중 트리형 토폴로지(topology)에 대한 설명으로 옳지 않은 것은?

① 네트워크의 확장이 용이하다.
② 병목 현상이 나타나지 않는다.
③ 분산처리 방식을 구현할 수 있다.
④ 중앙의 서버 컴퓨터에 장애가 발생하면 전체 네트워크에 영향을 준다.

ANSWER 12.① 13.②

12 비선점 프로세스 스케줄링 종류
FCFS 스케줄링(First Come First Served Scheduling)
SJF 스케줄링(Shortest Job First Scheduling)
HRRN 스케줄링(Highest Response Ratio Next Scheduling)

13 트리형(Tree type) : 버스형 토폴로지를 변형한 형태. 즉, 하나의 노드에 여러 개의 노드가 트리형으로 연결되어 있고, 양방향으로 모든 노드에게 데이터를 전송

14 IPv4 주소를 클래스별로 분류했을 때, B 클래스에 해당하는 것은?

① 12.23.34.45
② 111.111.11.11
③ 128.128.128.128
④ 222.111.222.111

15 다음 설명에 해당하는 모듈의 결합도는?

> 한 모듈이 다른 모듈의 내부 기능 및 자료를 직접 참조하거나 사용하는 경우로, 한 모듈에서 다른 모듈의 내부로 제어가 이동하는 경우도 이에 해당한다.

① 공통 결합도(common coupling)
② 내용 결합도(content coupling)
③ 외부 결합도(external coupling)
④ 자료 결합도(data coupling)

ANSWER 14.③ 15.②

14 • IPv4 주소 : 인터넷주소자원 관리기관에서 부여한 네트워크 주소와 네트워크 상의 개별 호스트를 식별하기 위하여 네트워크 관리자가 부여한 호스트 주소로 구성

• IP 주소의 클래스(Class) 구분

클래스	상위비트	클래스 범위	비고
A	0	0.0.0.0 ~ 127.0.0.0	대규모 네트워크 환경
B	10	128.0.0.0 ~ 191.255.255.255	중규모 네트워크 환경
C	110	192.0.0.0 ~ 223.255.255.255	소규모 네트워크 환경
D	1110	224.0.0.0 ~ 239.255.255.255	멀티캐스트용
E	1111	240.0.0.0 ~ 255.255.255.255	연구/개발용

15 • 공통 결합도(common coupling) : 공유되는 공통 데이터 영역을 여러 모듈이 사용할 때의 결합도

• 외부 결합도(external coupling) : 어떤 모듈에서 선언한 데이터(변수)를 외부의 다른 모듈에서 참조할 때의 결합도

• 자료 결합도(data coupling) : 어떤 모듈이 다른 모듈을 호출하면서 매개 변수나 인수로 데이터를 넘겨주고, 호출 받은 모듈은 받은 데이터에 대한 처리 결과를 다시 돌려주는 방식

16 DBMS에서의 병행 수행 및 병행 제어에 대한 설명으로 옳은 것은?

① 2단계 로킹 규약을 적용하면 트랜잭션 스케줄의 직렬 가능성을 보장할 수 있으나 교착상태가 발생할 수도 있다.

② 트랜잭션이 데이터에 공용 lock 연산을 수행하면 해당 데이터에 read, write 연산을 모두 수행할 수 있다.

③ 연쇄 복귀는 하나의 트랜잭션이 여러 개의 데이터 변경 연산을 수행할 때 일관성 없는 상태의 데이터베이스에서 데이터를 가져와 연산을 수행함으로써 모순된 결과가 발생하는 것이다.

④ 갱신 분실은 트랜잭션이 완료되기 전에 장애가 발생하여 rollback 연산을 수행하면, 이 트랜잭션이 장애 발생 전에 변경한 데이터를 가져가 변경 연산을 수행한 또 다른 트랜잭션에도 rollback 연산을 수행하여야 한다는 것이다.

ANSWER 16.①

16 • 로킹(Locking)

– 트랜잭션이 접근하려는 데이터를 다른 트랜잭션이 접근하지 못하도록 잠그는(lock) 병행 제어 기법

– 로킹 단위가 클수록 병행 제어가 단순해지고 관리하기가 편하지만 병행성 수준이 낮아진다.

– 반면 로킹 단위가 작을수록 병행 제어가 복잡해지고 오버헤드가 증가하지만, 병행성 수준이 높아지고 데이터베이스 공유도가 높아진다.

• 로킹 단위 크기

구분	큰 로크의 단위	작은 로크의 단위
로크의 수	작아진다.	많아진다.
병행제어 기법	단순하다.	복잡하다.
병행성 수준	낮아진다.	높아진다.
오버헤드	감소한다.	증가한다.

• 2단계 로킹 : 각 트랜잭션의 lock과 unlock 요청을 2단계로 실시하는 방식

– 확장 단계(Growing phase) : 새로운 lock 연산만을 수행할 수 있고, unlock 연산은 수행할 수 없는 단계

– 축소 단계(shrinking phase) : unlock 연산을 수행할 수 있고, lock 연산은 수행할 수 없는 단계

17 **다음 〈정보〉를 이용하여 아래에 주어진 〈연산〉을 차례대로 수행한 후의 스택 상태는?**

〈정보〉

- Create(s, n) : 스택을 위한 크기 n의 비어 있는 배열 s를 생성하고, top의 값을 −1로 지정한다.
- Push(s, e) : top을 1 증가시킨 후, s[top]에 요소 e를 할당한다.
- Pop(s) : s[top]의 요소를 삭제한 후, top을 1 감소시킨다.

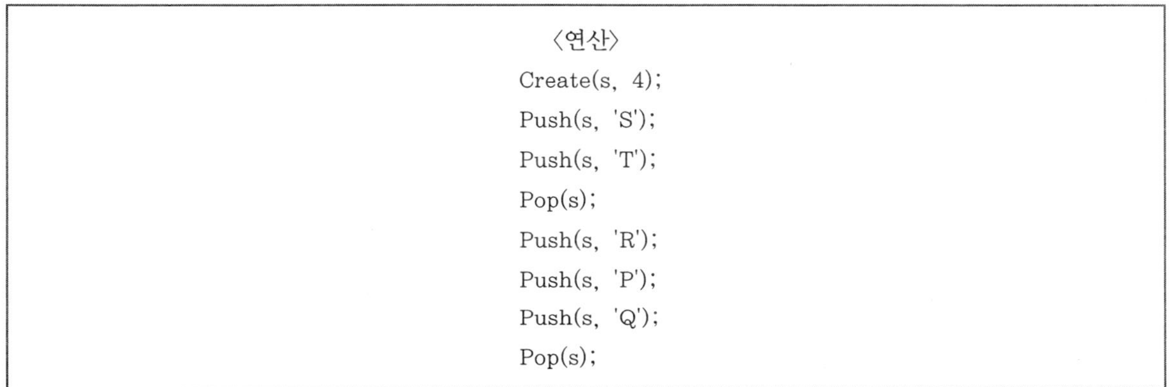

〈연산〉

```
Create(s, 4);
Push(s, 'S');
Push(s, 'T');
Pop(s);
Push(s, 'R');
Push(s, 'P');
Push(s, 'Q');
Pop(s);
```

①
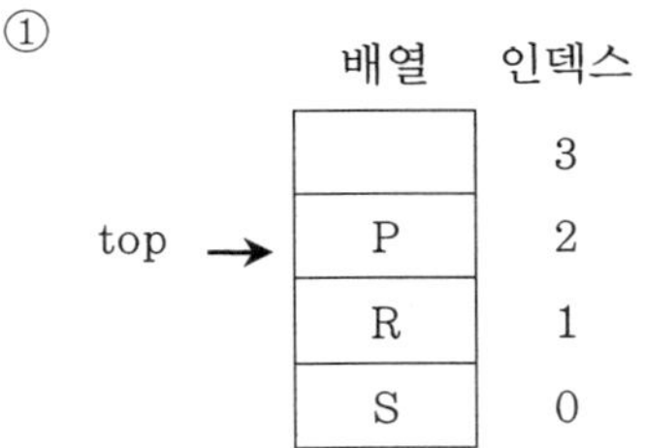

②
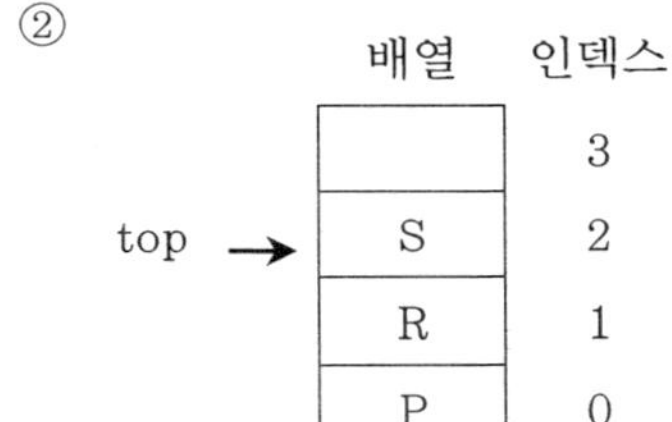

③
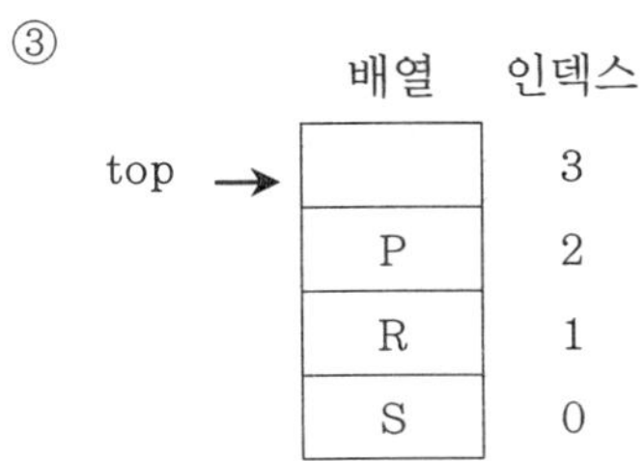

④
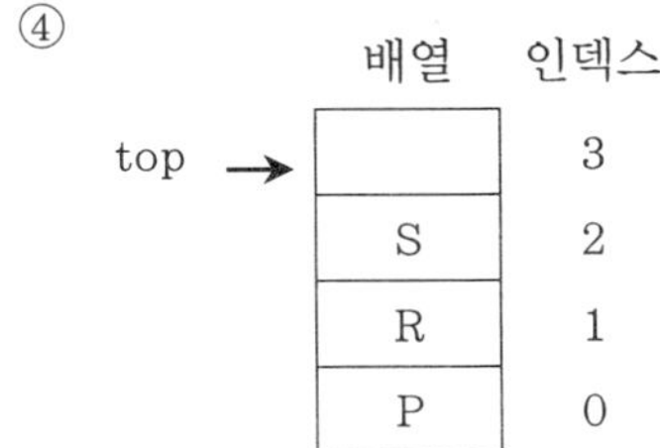

ANSWER 17.①

17
- 스택 : 자료구조 중 하나이다. 가장 최근에 들어간 데이터가 가장 먼저 나오며 흔히 후입선출(Last In First Out)
- push() : 주어진 요소를 스택의 맨 위에 추가한다.
- pop() : 스택 맨 위에 있는 요소를 삭제하고 반환한다.

18 다음 파이썬 코드는 std 변수에 저장된 각각의 Student 객체에 대해 학생 id 및 국어, 영어 성적의 평균을 출력한다. (가)~(다)에 들어갈 내용을 바르게 연결한 것은?

```
class Student:
    def __init__(self, id, kor, eng):
        self.id = id
        self.kor = kor
        self.eng = eng

    def sum(self):
        return self.kor + self.eng

    def avg(self):
        return [    (가)    ]

std = [
    Student("ok", 90, 100),
    Student("pk", 80, 90),
    Student("rk", 80, 80)
]

for to in [  (나)  ] :
    print( [          (다)          ] )
```

	(가)	(나)	(다)
①	self.sum() / 2	std	to.id, to.avg()
②	self.sum() / 2	Student	Student.id, Student.avg()
③	sum(self) / 2	std	to.id, to.avg(self)
④	sum(self) / 2	Student	Student.id, Student.avg(self)

ANSWER 18.①

18 Student 클래스를 정의하고, 해당 클래스에는 학생의 아이디(id), 국어 점수(kor), 영어 점수(eng)를 초기화하는 __init__ 메서드와 총합을 구하는 sum 메서드, 평균을 구하는 avg 메서드가 있다. 그리고 이 클래스를 이용하여 세 명의 학생 객체를 생성하고, for 반복문을 통해 각 학생의 정보를 출력한다.

```
class Student : #Student 클래스 정의
# 속성 생성
    def __init__(self, id, kor, eng):
#Student 클래스를 초기화하고, 학생의 아이디(id), 국어 점수(kor), 영어 점수(eng)를 설정
(__init__ 메서드는 파이썬에서 클래스를 초기화할 때 호출되는 특수한 메서드)
#self: 파이썬에서 인스턴스 메서드의 첫 번째 매개변수로 사용되며, 인스턴스 자신을 가리킴
        self.id = id
        self.kor = kor
        self.eng = eng
#id, kor, eng : 인스턴스를 생성할 때 전달되는 매개변수들로, 각각 학생의 아이디, 국어 점수, 영어 점수를 나타냄

    def sum(self):#학생의 국어와 영어점수의 총합을 반환
        return self.kor + self.eng

    def avg(self):#학생의 국어와 영어점수의 평균을 반환
        return [self.sum() / 2]

std = [
    Student("ok", 90, 100),
    Student("pk", 80, 90),
    Student("rk", 80, 80)
#세 명의 학생 개체를 생성하여 리스트에 저장
]

for to in [std] :
    print([to.id, to.avg()])
#각 학생의 객체의 정보를 출력
```

19 다음 C 프로그램의 출력 결과는?

```
#include<stdio.h>

int recursive(int n) {
    int sum;
    if (n>2) {
        sum = recursive(n-1) + recursive(n-2);
        printf("%d", sum);
    }
    else
        sum = n;
    return sum;
}

int main(void) {
    int result;
    result = recursive(5);
    printf("%d", result);
    return 0;
}
```

① 1 2 3 5 7

② 1 3 5 7 9

③ 3 3 5 9 9

④ 3 5 3 8 8

ANSWER 19.④

19 – recursive 함수는 입력된 값 n이 2보다 큰 경우에는 recursive(n−1)과 recursive(n−2)를 재귀적으로 호출하여 피보나치수열의 항을 계산하고, 그 값을 출력, n이 2보다 작거나 같은 경우에는 자기 자신이 피보나치 수열의 값이므로 n을 반환

– main 함수에서는 recursive 함수를 호출하여 5번째 피보나치 수를 계산하고, 그 결과를 출력
recursive(5)는 5번째 항의 값을 계산, 중간에 출력문이 있어서 각 항의 값을 출력
마지막으로, 함수가 끝날 때 result에는 recursive(5)의 반환값인 8이 저장되어 main 함수에서 출력

```
#include <stdio.h>

int recursive(int n) {
    int sum;
    if (n > 2) { # n이 2보다 크면
        sum = recursive(n-1) + recursive(n-2);
#n-1 및 n-2 사용하여 재귀적으로 호출결과를 더한 다음 이 합계를 sum에 할당
        printf("%d", sum) ; # 현재 항의 값을 출력
    }
    else #n이 2이하인 경우
        sum = n ; # n이 2 이하인 경우 n을 그대로 반환
    return sum; #sum 반환
}

int main(void) {
    int result;
    result = recursive(5) ; #5번째 피보나치 수를 계산
    printf("%d", result) ; #결과 출력
    return 0;
}
```

• **피보나치 수열** : 이전 두 항을 더하여 다음 항을 만들어가는 수열(일반적으로 F(0) = 0, F(1) = 1로 시작)

20 다음은 전체 버킷 개수가 11개이고 버킷당 1개의 슬롯을 가지는 빈 해시 테이블이다. 입력키 12, 33, 13, 55, 23, 83, 11을 순서대로 저장하였을 때, 입력키 23이 저장된 버킷 번호는? (단, 해시 함수는 h(k) = k mod 11이고, 충돌 해결은 선형 조사법을 사용한다)

버킷 번호	0	1	2	3	4	5	6	7	8	9	10
슬롯											

① 1　　② 2

③ 3　　④ 41

ANSWER 20.④

20 • 해시 테이블(키를 해시 값으로 인코딩하는 함수) : 입력키 (Key, Value)로 데이터를 저장하는 자료구조 중 하나로 빠르게 데이터를 검색할 수 있는 자료구조로 해시 테이블이 빠른 검색속도를 제공하는 이유는 내부적으로 배열(버킷)을 사용하여 데이터를 저장하기 때문이다. 각각의 Key값에 해시함수를 적용해 배열의 고유한 index를 생성하고, 이 index를 활용해 값을 저장하거나 검색하게 되며 실제 값이 저장되는 장소를 버킷 또는 슬롯이라고 한다.

• 해싱(Hashing) : 해시 함수를 적용해 해시 테이블을 인덱싱하는 작업. 가장 단순하면서도 널리 쓰이는 것은 정수형 해싱 기법인 모듈로 연산을 이용한 나눗셈 방식으로 함수를 적용하고자 하는 값을 해시 테이블(N)의 크기로 나눈 나머지를 해시값으로 사용하는 방법

h(x)=x mod m

h(x)는 해시 함수로, 입력값 x에 해시 함수를 적용해 생성된 결과를 뜻하며, m은 해시 테이블의 크기이다.

m은 일반적으로 충돌 문제를 위해 2의 멱수에 가깝지 않은 소수를 택하는 것이 좋다.

• 선형 조사법(Linear Probing) : 충돌이 발생한 곳에서 다음 버킷이 비어있는 곳이 나올 때까지 계속해서 조사하는 방법으로 삽입연산에서 해당하는 해시 값에 비어 있는지 검사

전체 버킷 개수가 11개이고 버킷당 1개의 슬롯을 가지는 빈 해시 테이블은 다음과 같다.

버킷 번호	0	1	2	3	4	5	6	7	8	9	10
슬롯											

입력키	k mod 11	버킷번호 충돌될 경우 선형조사법 사용
12	1	1
33	0	0
13	2	2
55	0	충돌 0→3
23	1	충돌 1→4
83	6	6
11	0	충돌 0→5

컴퓨터일반 | 2024. 6. 22. 제1회 지방직 시행

1 이미지 파일 형식에 해당하지 않는 것은?

① WAV ② BMP
③ TIFF ④ JPEG

2 DDL(Data Definition Language) 명령어에 해당하지 않는 것은?

① ALTER
② DROP
③ SELECT
④ CREATE

ANSWER 1.① 2.③

1 ① WAV(Waveform Audio File Format) : 개인용 컴퓨터에서 오디오를 재생하는 마이크로소프트와 IBM 오디오 파일 포맷 표준
② BMP(Bitmap) : 어떤 디바이스에서도 정확하게 이미지를 보여줄 수 있는 파일 포맷
③ TIFF(Tag Image File Format) : 래스터 그래픽과 이미지 정보를 저장하는 데 사용되는 컴퓨터 파일
④ JPEG(Joint Photographic Experts Group) : 정지 화상을 위해서 만들어진 손실 압축 방법 표준

2 DDL(Data Definition Language – 데이터 정의 언어) : DDL은 데이터베이스 스키마를 정의, 변경 및 제거하는데 사용하고 데이터베이스, 테이블, 열, 인덱스 등의 구조를 정의하고 변경하는 명령어이다.

SQL문	설명
Ceate	데이터베이스 객체를 생성
Drop	데이터베이스 객체를 삭제
Alter	기존에 존재하던 데이터베이스 객체를 수정

3 8진수 $543_{(8)}$과 10진수 $124_{(10)}$의 합을 8진수로 표현한 것은?

① $626_{(8)}$ ② $637_{(8)}$

③ $726_{(8)}$ ④ $737_{(8)}$

4 OSI 모델에서 데이터 링크 계층의 프로토콜 데이터 단위(protocol data unit)는?

① 비트(bit)

② 패킷(packet)

③ 프레임(frame)

④ 세그먼트(segment)

ANSWER 3.④ 4.③

3 • $543_{(8)}$을 10진수로 변환

$543_{(8)} = 5 \cdot 8^2 + 4 \cdot 8^1 + 3 \cdot 8^0 = 5 \cdot 64 + 4 \cdot 8 + 3 \cdot 1 = 320 + 32 + 3 = 355_{(10)}$

• $355_{(10)} + 124_{(10)} = 479_{(10)}$ → 8진수로 변환

479 / 8 = 59 …7

59 / 8 = 7 …3

7 / 8 = 0 …7

∴ 479(10) → 8진수로 $737_{(8)}$

4

프로토콜	OSI 7계층	데이터 단위
HTTP, FTP, SMTP	응용	데이터
JPG, MPEG, AFP	표현	데이터
NetBIOS, SSH	세션	데이터
TCP, UDP	전송	TCP : 세그먼트 UDP : 데이터그램
IP, RIP, ARP, ICMP	네트워크	패킷
Ethernet, PPP, HDLC	데이터 링크	프레임
RS-232	물리	비트

5 이메일 송신 또는 수신을 위한 프로토콜에 해당하지 않는 것은?

① POP3

② SMTP

③ FTP

④ IMAP

6 UML 버전 2.0에서 구조 다이어그램에 해당하는 것만을 모두 고르면?

> ㉠ 활동 다이어그램
> ㉡ 클래스 다이어그램
> ㉢ 컴포넌트 다이어그램
> ㉣ 시퀀스 다이어그램

① ㉠, ㉡ ② ㉠, ㉣

③ ㉡, ㉢ ④ ㉢, ㉣

ANSWER 5.③ 6.③

5 ③ FTP(File Transfer Protocol) : 한 컴퓨터에서 다른 컴퓨터로 파일을 효율적으로 전송하도록 설계된 네트워크 프로토콜

① POP3(Post Office Protocol) : 사용자의 기기로 이메일을 다운로드하여 읽는 프로토콜

② SMTP(Simple Mail Transfer Protocol) : 인터넷을 통해 이메일 메시지를 보내고 받는 데 사용되는 통신 프로토콜

④ IMAP(Internet Messaging Access Protocol) : 서버에서 이메일을 읽는 프로토콜입

6 구조적 다이어그램

- 클래스 다이어그램(Class Diagram) : 클래스, 클래스가 가지는 속성, 클래스 사이 관계 표현
- 객체 다이어그램(Object Diagram) : 인스턴스를 특정 시점의 객체와 객체 사이의 관계로 표현
- 컴포넌트 다이어그램(Component Diagram) : 구현 단계에서 사용되며 컴포넌트 간의 관계나 인터페이스를 표현
- 배치 다이어그램(Deployment Diagram) : 구현 단계에서 사용되며 결과물, 프로세스, 컴포턴트 등 물리적 요소들의 위치 표현
- 패키지 다이어그램(Pakage Diagram) : 유스케이스나 클래스 등의 모델요소들을 그룹화한 패키지들의 관계 표현

7 블랙박스 테스트 기법에 해당하는 것은?

① 조건 커버리지(condition coverage)

② 기본 경로 테스트(basis path test)

③ 문장 커버리지(statement coverage)

④ 동등 분할(equivalence partitioning)

8 운영체제에서 일괄 처리 시스템(batch processing system)에 대한 설명으로 옳은 것은?

① 사용자로부터 작업이 요구되는 즉시 처리한다.

② 일정량 또는 일정 기간의 작업을 모아 한꺼번에 처리한다.

③ 네트워크로 연결된 여러 대의 컴퓨터에서 작업을 분산하여 처리한다.

④ CPU 운영시간을 골고루 할당하여 여러 사용자가 순환하며 작업을 수행한다.

ANSWER 7.④ 8.②

7 블랙박스 테스트(Black Box Test) : 소프트웨어가 수행할 특정 기능을 알기 위해서 각 기능이 완전히 작동되는 것을 입증하는 테스트로, 기능 테스트

동치 분할 검사 (Equivalence Partitioning Testing)	입력 자료에 초점을 맞춰 테스트 케이스를 만들고 검사하는 방법으로 동등 분할 기법
경계값 분석(Boundary Value Analysis)	입력 자료에만 치중한 동치 분할 기법을 보완하기 위한 기법
원인-효과 그래프 검사 (Cause-Effect Graphing Testing)	입력 데이터 간의 관계와 출력에 영향을 미치는 상황을 체계적으로 분석한 다음 효용성이 높은 테스트 케이스를 선정하여 검사하는 기법
오류 예측 검사(Error Guessing)	과거의 경험이나 확인자의 감각으로 테스트하는 기법
비교 검사(Comparison Testing)	여러 버전의 프로그램에 동일한 테스트 자료를 제공하여 동일한 결과가 출력되는지 테스트하는 기법

8
- 일괄 처리 시스템(batch processing system) : 입력되는 데이터를 일정 기간 또는 일정량을 모아 두었다가 한꺼번에 처리하는 방식
- 시분할 시스템(Time Sharing System) : 여러 유저가 동시에 컴퓨터를 사용할 수 있도록 CPU 시간을 나누어 주는 운영체제의 기법
- 실시간 처리 시스템(real-time system) : 데이터를 입력과 동시에 실시간으로 즉시 처리하는 응답 시스템

9 다음은 front 다음 위치부터 rear 위치까지 유효한 원소가 들어있는 선형 큐를 보여준다. 두 개의 원소를 제거한 후 큐의 상태는?

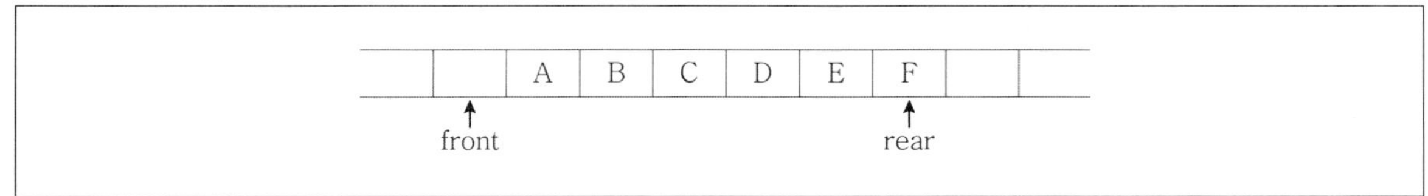

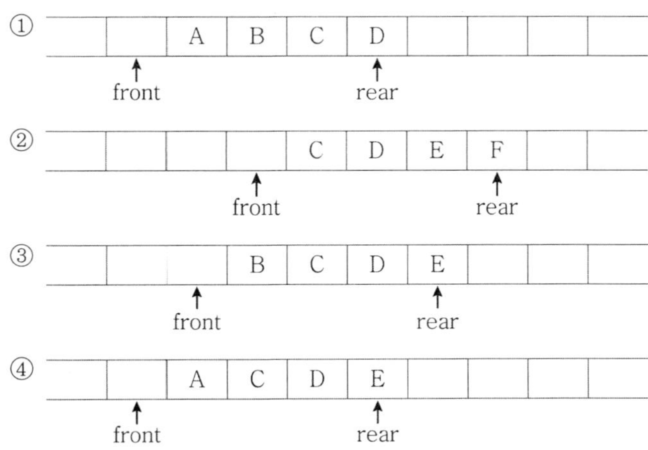

ANSWER 9.②

9

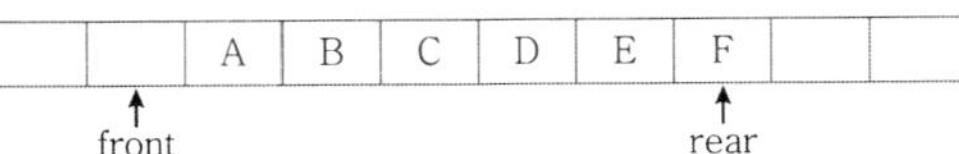

front는 첫 번째 칸을 가리키고 있고, 그 다음 원소는 A, rear는 F를 가리키고 있다.

→초기 큐의 상태 : [A, B, C, D, E, F], 이 상태에서 두 개의 원소 제거

첫 번째 원소 A 제거 : front를 한 칸 앞으로 이동 : front = 2 (B 가리킴)

큐 : [A, B, C, D, E, F] (A는 제거된 상태로 간주)

두 번째 원소 B 제거 : front를 다시 한 칸 앞으로 이동 : front = 3 (C 가리킴)

큐 : [A, B, C, D, E, F] (B는 제거된 상태로 간주)

→두 개의 원소 제거 후 큐의 상태

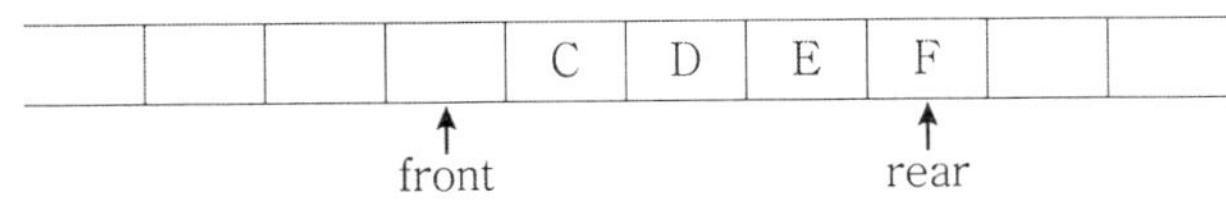

front는 C를 가리키고 있고, rear는 F를 가리키고 있음

최종적으로 큐의 상태를 표시 유효한 원소 : [C, D, E, F]

10 운영체제의 목적으로 옳지 않은 것은?

① 신뢰도(reliability) 향상
② 처리량(throughput) 향상
③ 응답 시간(response time) 증가
④ 사용 가능도(availability) 향상

11 현재의 출력값이 현재의 입력값에 의해서만 결정되는 논리회로에 해당하지 않는 것은?

① 반가산기(half adder)
② 링 카운터(ring counter)
③ 멀티플렉서(multiplexer)
④ 디멀티플렉서(demultiplexer)

12 캐시기억장치에 대한 설명으로 옳지 않은 것은?

① 주로 SRAM을 사용하여 구현된다.
② 주기억장치보다 용량은 작지만 접근 속도가 빠르다.
③ 성능 향상을 위해 지역성의 원리(principle of locality)를 이용한다.
④ 직접 사상(direct mapping) 방식을 사용하면, 특정 주기억장치블록을 여러 개의 캐시기억장치 블록으로 사상할 수 있다.

ANSWER 10.③ 11.② 12.④

10 운영체제 목적 : 신뢰도 향상, 사용가능도 향상, 처리량 향상, 응답 시간 단축

11
- **링 카운터**(ring counter) : 전체적으로 데이터가 회전하는 시프트 레지스터를 말하며, 맨 마지막 플립플롭의 출력이 첫 번째 플립플롭의 입력에 연결
- **멀티플렉서**(multiplexer) : 다수의 아날로그 혹은 디지털 입력 신호들 중 하나를 선택하여 출력하는 Combinational Circuit (조합회로)

12
- **캐시기억장치**(Cache Memory) : 고속의 중앙 처리 장치(CPU)와 CPU에 비해 속도가 느린 주기억 장치 사이에 데이터와 명령어들을 일시적으로 저장하는 기억 장소를 제공
- **캐시**(Cache)**의 지역성**(Locality) : 캐시가 효율적으로 동작하려면, 캐시의 적중율(Hit-rate)를 극대화 시켜야 한다.
- **직접 사상**(direct mapping) : 교체 기법이 불필요하고 캐시 효율이 낮아질 수 있는 사상. 어느 한 캐시 슬롯에만 사상될 수 있는 방식으로 구조가 간단하고 구현 비용이 적다.

13 데이터 크기에 대한 설명으로 옳은 것만을 모두 고르면?

> ㉠ 1바이트(byte)는 8비트이다.
> ㉡ 1니블(nibble)은 2비트이다.
> ㉢ 워드(word) 크기는 컴퓨터 시스템에 따라 다를 수 있다.

① ㉠, ㉡　　② ㉠, ㉢
③ ㉡, ㉢　　④ ㉠, ㉡, ㉢

14 IPv4 주소 체계의 A 클래스 주소에서 호스트 ID의 비트 수는?

① 8　　② 16
③ 24　　④ 32

ANSWER 13.② 14.③

13 비트 < 니블 < 바이트 < 워드 < 필드 < 레코드 < 블록 < 파일 < 데이터베이스
- **비트**(Bit) : 2진 기수법 표기의 기본단위
- **니블**(Nibble) : 1바이트의 절반, 4비트를 하나의 단위
- **바이트**(Byte) : 정보량의 최소 단위인 비트(0과 1)의 집합으로 고성된 기본 단위
- **워드**(Word) : CPU가 한번에 처리할 수 있는 명령단위

– 하프워드(Half word) : 2바이트
– 풀 워드(Full word) : 4바이트
– 더블 워드(Double word) : 8바이트

14 IPv4 주소 체계
A 클래스 주소 : 첫 번째 옥텟(8비트)이 네트워크 식별을 위해 사용되며 첫 번째 비트는 항상 0으로 시작하므로, 가능한 네트워크 ID의 범위는 0부터 127까지 이다.
따라서 A 클래스 주소의 호스트 ID의 비트 수는 총 32비트에서 네트워크 ID 부분을 제외한 나머지 비트 수 이므로
호스트 ID 비트 수 = 32 − 8 = 24
A 클래스 주소의 호스트 ID의 비트 수는 24이다.

15 다음 C 프로그램의 출력 결과는?

```
#include <stdio.h>

int repeat(int a, int b) {
    if (b == 0)
        return a;
    else if (b % 2 == 0)
        return repeat(a + a, b / 2);
    else
        return repeat(a + a, b / 2) + a;
}

int main() {
    printf("%d", repeat(3, 6));
    return 0;
}
```

① 12
② 24
③ 30
④ 42

ANSWER 15.④

15 주어진 함수는 재귀적인 방식으로 두 수 a와 b를 곱하는 작업을 수행

- repeat(3, 6) 호출
  b가 6이고 짝수이므로, repeat(a + a, b / 2)가 호출
- repeat(6, 3) 호출
  b가 3이고 홀수이므로, repeat(a + a, b / 2) + a가 호출
- repeat(12, 1) + 6 호출
- repeat(12, 1) 호출
  b가 1이고 홀수, repeat(a + a, b / 2) + a가 호출
- repeat(24, 0) + 12 호출
- repeat(24, 0) 호출
  b가 0이므로, 24를 반환

→ 반환 값을 역순으로 계산
  repeat(24, 0)는 24를 반환
  repeat(12, 1)는 24 + 12를 반환, 36 반환
  repeat(6, 3)는 36 + 6을 반환, 42 반환
  repeat(3, 6)는 42 반환
  최종 출력은 42

16 블록체인에 대한 설명으로 옳은 것만을 모두 고르면?

> ㉠ 비트코인은 블록체인 기술을 기반으로 만들어진 암호화폐이다.
> ㉡ 블록체인 유형에는 퍼블릭 블록체인, 프라이빗 블록체인 등이 있다.
> ㉢ 블록체인에서 사용되는 합의 알고리즘에는 작업 증명(PoW : Proof of Work), 지분 증명(PoS : Proof of Stake) 등이 있다.

① ㉠, ㉡
② ㉠, ㉢
③ ㉡, ㉢
④ ㉠, ㉡, ㉢

ANSWER 16.④

16 블록체인(block chain) : 데이터를 안전하게 저장하고 전송하는 기술적 기반을 제공하는 기술

- **기술적 구성에 따른 블록체인(block chain) 유형**
  - 퍼블릭 블록체인(Public Blockchain) : 완전히 공개된 블록체인으로, 누구나 데이터를 조회하고 참여할 수 있다.(비트코인과 이더리움)
  - 프라이빗(허가) 블록체인(Private or Permissioned Blockchain) : 특정한 인증된 사용자나 그룹만이 접근할 수 있는 블록체인으로 보통 기업이나 조직 내부에서 사용
  - 컨소시엄 블록체인(Consortium Blockchain) : 여러 조직이나 기관이 협력하여 운영하는 블록체인으로, 일부 허가된 참여자만 접근
- **합의 메커니즘에 따른 블록체인(block chain) 유형**
  - 작업증명(Proof of Work, PoW) : 가장 잘 알려진 합의 메커니즘으로, 작업 증명을 통해 블록을 생성하는 방식
  - 지분증명(Proof of Stake, PoS) : 보유한 코인의 양에 따라 블록을 검증하고 생성하는 합의 메커니즘
  - 위임지분증명(Delegated Proof of Stake, DPoS) : 선출된 대표들이 블록 생성에 참여하는 방식으로, 전반적인 효율성을 높이기 위해 사용

※ **스테이킹**(Staking) : 암호화폐를 일정기간동안 타겟 지갑에 묶어두는 과정

17 다음 파이썬 프로그램의 출력 결과는?

```
student_list = ['A', 'B', 'C', 'D']
student_score = ['92', '85', '77', '54']
student_grade = [ ]
I = 0
for _ in range(len(student_score)):
    try:
        if student_score[ _ ] >= 90:
            student_grade.append('A+')
            i+=1
        elif student_score[ _ ] >= 80:
            student_grade.append('B+')
            i+=1
        elif student_score[ _ ] >= 70:
            student_grade.append('C+')
            i+=1
        else:
            student_grade.append('D+')
            i+=1
    except: student_grade.append('F')
print("%s, %s" % (student_list[i], student_grade[i]))
```

① A, D+

② A, F

③ D, D+

④ D, F

ANSWER 17.②

17 파이썬 용어

- try : 실행할 코드
- except : 예외가 발생했을 때 처리하는 코드

student_list = ['A', 'B', 'C', 'D']#학생이름 리스트

student_score = ['92', '85', '77', '54']#학생점수 리스트

student_grade = []#학생 등급을 저장할 리스트

i = 0 #인덱스 변수 초기화

for _ in range(len(student_score)):→#student_score 리스트의 길이를 리턴하므로 4이다.

range(4)는 (0,1,2,3)의 range 객체를 반환하므로, for문의 반복변수 _의 값은 (0, 1, 2, 3)으로 변화하며 반복문을 수행한다.

이후 4번의 반복문 수행 과정은 모두 동일하다.

student_score[0]의 값은 문자열 '92' 이므로, 첫 번째 if문에서 정수형 90과 비교연산 시도 시 에러가 발생한다.

```
    try:
        if student_score[_] >= 90:
            student_grade.append('A+')
            i+=1
        elif student_score[_] >= 80:
            student_grade.append('B+')
            i+=1
        elif student_score[_] >= 70:
            student_grade.append('C+')
            i+=1
        else:
            student_grade.append('D+')
            i+=1
    except: student_grade.append('F')
```

→에러 처리를 위해 except문의 코드가 수행되어, student_grade 리스트에 'F'가 삽입된다.

위의 과정이 4회 반복되므로, 반복문 종료 후에는 student_grade 리스트에는 ['F','F','F','F']이며, i의 값은 0이다.

print("%s, %s" % (student_list[i], student_grade[i]))

→(student_list[0], student_grade[0])출력

18 다음은 프로세스가 준비 큐에 도착하는 시간과 프로세스를 처리하는데 필요한 실행시간을 보여준다. 비선점 SJF(Shortest Job First) 스케줄링 알고리즘을 사용한 경우, P1, P2, P3, P4 프로세스 중에서 두 번째로 실행되는 프로세스는? (단, 프로세스 간 문맥 교환에 따른 오버헤드는 무시하며, 주어진 4개의 프로세스 외에 처리할 다른 프로세스는 없다고 가정한다)

프로세스	도착시간	실행시간
P1	0	6
P2	1	4
P3	2	1
P4	3	2

① P1 ② P2
③ P3 ④ P4

ANSWER 18.③

18 • 첫 번째 프로세스 실행
가장 먼저 도착한 P1을 실행(실행 시간 6)
시간 0에서 P1이 시작되고, 시간 6까지 실행
상태 : P1(0−6)
• 두 번째 프로세스 실행
이 시점에서 준비 큐에는 P2, P3, P4가 있다. 이들 중에서 실행 시간이 가장 짧은 P3을 선택하여 실행(실행 시간 1)
시간 6부터 P3이 시작되고, 시간 7까지 실행
상태 : P1(0−6), P3(6−7)
• 세 번째 프로세스 실행
이제 준비 큐에는 P2, P4가 남아 있다. 이들 중에서 실행 시간이 가장 짧은 P4를 선택하여 실행(실행 시간 2)
시간 7부터 P4가 시작되고, 시간 9까지 실행
상태 : P1(0−6), P3(6−7), P4(7−9)
• 네 번째 프로세스 실행
마지막으로 남은 프로세스인 P2를 실행 (실행 시간 4)
시간 9부터 P2가 시작되고, 시간 13까지 실행
상태 : P1(0−6), P3(6−7), P4(7−9), P2(9−13)
• 각 프로세스가 CPU를 할당받는 순서는 P1 → P3 → P4 → P2
두 번째로 실행되는 프로세스는 P3

※ **비선점 SJF(Shortest Job First) 스케줄링 알고리즘** : 실행 시간이 가장 짧은 프로세스를 선택하여 다음 실행을 수행하는 알고리즘

19 다음 C 언어로 작성된 코드의 시간 복잡도는? (단, n은 임의의 양의 정수이다)

```
for (i = 0; i<n; i++)
  for(j = 0; j<500; j++)
    printf("i * j = %d\n", i * j);
```

① $\Theta(n)$ ② $\Theta(n^2)$
③ $\Theta(\log n)$ ④ $\Theta(n\log n)$

20 페이지 테이블(page table)을 사용하는 가상기억장치 컴퓨터 시스템에서 TLB(Translation Lookaside Buffer)에 대한 설명으로 옳은 것은?

① 페이지 테이블의 캐시로서 동작한다.
② 한 시스템 내에 여러 개가 존재할 수 없다.
③ TLB 실패(miss)가 발생할 때마다 페이지 부재(page fault)가 발생한다.
④ 물리 주소(physical address)를 가상 주소(virtual address)로 빠르게 변환하기 위한 것이다.

ANSWER 19.① 20.①

19 외부 'for' 루프에서 변수 'i'는 0부터 'n-1'까지 증가한다. 내부 'for' 루프에서 변수 'j'는 항상 0부터 499까지 증가
내부 'printf' 문장은 상수 시간 O(1)이 걸리며, 그 안의 연산도 상수 시간 O(1)
내부 'for' 루프의 시간 복잡도는 O(500)
외부 'for' 루프에서 내부 'fo' 루프가 반복
외부 'for' 루프가 n번 반복될 때, 내부 'for' 루프가 500번 반복
전체 코드의 시간 복잡도는 외부 'for' 루프의 반복 횟수와 내부 'for' 루프의 반복 횟수를 곱한 값→O(n × 500)
<u>코드의 전체 시간 복잡도는 O(n)</u>

20
- **TLB(Translation Lookaside Buffer)** : 페이지 테이블에서 가상 주소를 물리 주소로 변환하는 과정에서 성능을 향상시키기 위한 캐시 메커니즘
- **빠른 주소 변환** : 페이지 테이블의 일부를 캐싱하여 가상 주소를 물리 주소로 더 빠르게 변환하며 CPU가 메모리 접근을 빠르게 처리
- **적중과 미적중**
  - 적중(hit) : 캐시의 형태를 가지며, 가상 주소가 TLB에 있는 경우
  - 미적중(miss) : TLB에 없어서 페이지 테이블에서 변환을 수행해야 하는 경우
  - 적중이 발생하면 물리 주소를 바로 얻을 수 있어 성능이 향상
- **TLB(Translation Lookaside Buffer) 교체 알고리즘**
  - TLB가 고정된 크기를 가지기 때문에, 새로운 가상 주소가 TLB에 삽입될 때 오래된 항목이 제거
  - 교체 알고리즘 종류 : FIFO(First In First Out), LRU(Least Recently Used) 등

컴퓨터일반

2025. 4. 5. 국가직 시행

1 사용자가 언제 어디서나 필요한 컴퓨팅 자원(하드웨어/소프트웨어)에 접근하여 활용할 수 있는 유연한 환경을 의미하는 기술은?

① 빅데이터
② 가상현실
③ 사물인터넷
④ 클라우드 컴퓨팅

2 스택을 이용하여 구현할 수 있는 것이 아닌 것은?

① 괄호 매칭
② 진법 변환
③ 후위표현 연산
④ 은행 대기열

ANSWER 1.④ 2.④

1 ① 빅데이터(Big Data) : 너무 크고 복잡한 데이터
② 가상현실(Virtual Reality, VR) : 가상의 세계를 체험
③ 사물인터넷(Internet of Things, IoT) : 기기끼리 연결되어 통신

2 ① 괄호 매칭 : 스택 사용, 여는 괄호 push, 닫는 괄호 나올 때 pop해서 매칭 확인
② 진법 변환 : 스택 사용, 나머지를 스택에 push한 뒤 역순으로 pop해서 결과 구함
③ 후위표현 연산 : 스택 사용, 피연산자 push, 연산자 나오면 pop 두 번 해서 계산 후 다시 push
④ 은행 대기열 : 큐스택 X → 큐(Queue) 사용, 먼저 온 사람이 먼저 나가는 선입선출(FIFO) 구조
※ 스택(Stack) : 후입선출(LIFO) 방식, Last In, First Out 구조를 갖는 자료구조

3 블록체인의 특징이 아닌 것은?

① 해시값을 사용하여 변조를 방지한다.
② 모든 거래는 거래 당사자만 확인할 수 있다.
③ 모든 노드는 P2P 네트워크를 이용해 연결되어 있다.
④ 원장을 조작한 이중 지불을 방지하기 위해 합의 알고리즘을 사용한다.

4 기억장치에 저장될 데이터 또는 기억장치로부터 읽은 데이터가 일시적으로 저장되는 CPU 내부 레지스터는?

① 프로그램 카운터
② 명령어 레지스터
③ 메모리 주소 레지스터
④ 메모리 버퍼 레지스터

5 언어 번역 프로그램에 해당하지 않는 것은?

① 어셈블러
② 컴파일러
③ 인터프리터
④ 워드프로세서

ANSWER 3.② 4.④ 5.④

3 ② 대부분의 블록체인은 거래 내용이 공개된다(익명은 될 수 있어도 비공개는 아니다.)
※ 블록체인(Blockchain)
- 데이터를 분산형으로 저장하고, 검증된 데이터를 순차적으로 이어가며 처리하는 기술
- 투명성 : 거래 내역이 공개되기 때문에, 누구든지 블록체인에 기록된 거래 내역을 검토할 수 있으며, 거래에 대한 신뢰도가 높아진다.

4 ① 프로그램 카운터(Program Counter, PC) : 다음에 실행할 명령어의 주소 저장
② 명령어 레지스터(Instruction Register, IR) : 현재 실행 중인 명령어 자체 저장
③ 메모리 주소 레지스터(Memory Address Register, MAR) : 메모리에 접근할 주소 저장

5 ④ 워드 프로세서(Word Processor) : 문서 작성 · 편집용 프로그램(예 : 한글, MS Word) → 언어 번역 기능 없음
① 어셈블러(Assembler) : 어셈블리어 → 기계어 번역
② 컴파일러(Compiler) : 고급언어 전체 → 기계어로 번역 후 실행
③ 인터프리터(Interpreter) : 고급언어 한 줄씩 번역 & 즉시 실행

6 **데이터베이스 정규화에 대한 설명으로 옳지 않은 것은?**

① 정규화 과정에서 고려해야 하는 속성 간의 관련성을 함수적 종속성이라고 한다.
② 정규화는 이상 현상이 발생하는 릴레이션을 분해하여 이상 현상을 없애는 과정이다.
③ 릴레이션의 함수 종속 관계에서 모든 결정자가 슈퍼키면 보이스/코드 정규형(BCNF)에 속한다.
④ 릴레이션에 속한 모든 속성의 도메인이 원자 값(atomic value)만으로 구성되어 있으면 제1정규형에 속한다.

7 **다음 프로세스 메모리 배치에 대한 설명으로 옳은 것만을 모두 고르면?**

㉠ 전역 변수는 스택(stack) 영역에 할당된다. ㉡ 프로그램 코드는 텍스트(text) 영역에 적재된다. ㉢ 힙(heap) 영역은 프로세스 실행 중 동적으로 할당된 메모리이다. ㉣ 함수의 매개변수, 복귀 주소 및 지역변수는 데이터(data) 영역에 할당된다.

① ㉠, ㉡
② ㉠, ㉣
③ ㉡, ㉢
④ ㉢, ㉣

ANSWER 6.③ 7.③

6 ③ BCNF 조건 = 모든 결정자가 "후보키"여야 한다(결정자가 후보키일 때만 BCNF 만족).
※ 데이터베이스 정규화(Database Normalization) : 관계형 데이터베이스에서 데이터의 중복을 최소화하고, 데이터의 무결성을 유지하기 위해 데이터를 구조적으로 재구성하는 과정

7 ㉠ 전역 변수는 데이터(data) 영역에 할당된다.
㉡ 실행할 명령어(기계어 코드)는 텍스트 영역에 저장된다.
㉢ 힙 영역은 malloc(), new 등으로 실행 중 할당되는 메모리이다.
㉣ 함수의 매개변수, 복귀 주소 및 지역변수는 스택(stack) 영역에 저장된다.

8 다음 TCP와 UDP의 공통 설명으로 옳은 것만을 모두 고르면?

> ㉠ 연결 지향 프로토콜이다.
> ㉡ 헤더에 근원지(source)와 목적지(destination) 포트 번호가 존재한다.
> ㉢ 네트워크에서 손실된 패킷에 대한 재전송 기능이 있다.
> ㉣ 체크섬(checksum)이 헤더에 존재한다.
> ㉤ 헤더 크기가 동일하다.

① ㉠, ㉡
② ㉡, ㉣
③ ㉢, ㉣
④ ㉣, ㉤

ANSWER 8.②

8 ㉠ TCP만 연결 지향(Connection-oriented)이고, UDP는 비연결 지향(Connectionless)이다.
㉡ TCP, UDP 모두 포트 번호를 헤더에 포함하여 통신 대상을 식별한다.
㉢ TCP만 재전송 지원, UDP는 재전송 기능이 없다.
㉣ TCP, UDP 모두 오류 검출을 위한 체크섬 필드를 포함한다.
㉤ TCP 헤더는 최소 20바이트, UDP 헤더는 8바이트로 더 작다.

특징	TCP	UDP
연결 지향성	연결 지향적 (Connection-oriented)	비연결 지향적 Connectionless)
신뢰성	신뢰성 보장 (오류 검출 및 재전송)	신뢰성 없음 (패킷 손실 가능)
속도	상대적으로 느림 (오버헤드 발생)	빠름 (오버헤드 적음)
데이터 순서 보장	데이터 순서 보장	데이터 순서 보장 안 됨
흐름 제어	흐름 제어 있음	없음
혼잡 제어	혼잡 제어 있음	없음
패킷 크기 제한	상대적으로 크기가 큼	상대적으로 크기가 작음
예	웹 브라우징, 파일 전송, 이메일	실시간 스트리밍, VoIP, 온라인 게임

9 **다음과 같이 접근 시간이 주어졌을 때, 캐시 적중률은? (단, 캐시 적재 시간과 캐시 적중 여부 검사 시간은 제외한다)**

- 평균 기억장치 접근 시간 = 2.5ms
- 주기억 장치 접근 시간 = 11.5ms
- 캐시 기억장치 접근 시간 = 1.5ms

① 0.8
② 0.85
③ 0.9
④ 0.95

10 **프로세스 간 통신에 대한 설명으로 옳지 않은 것은?**

① 파이프(pipe)는 두 프로세스가 통신할 수 있게 하는 전달자로서 동작한다.
② 지명 파이프(named pipe)는 서로 통신하는 프로세스 간 부모-자식 관계가 반드시 필요하다.
③ 신호(signal)는 알려 줄 사건의 근원지나 이유에 따라 비동기식으로도 전달될 수 있다.
④ 공유 메모리를 사용하는 프로세스 간 통신에서 프로세스들은 동시에 동일한 위치에 쓰지 않도록 책임져야 한다.

ANSWER 9.③ 10.②

9 캐시 적중률(Hit Ratio, h) : 데이터 요청 시 캐시에서 찾을 확률
h = (메모리-평균)÷(메모리-캐시)
= (11.5-2.5)÷(11.5-1.5)
= 9÷10 = 0.9

10 ② 지명 파이프는 부모-자식 관계가 없어도 통신이 가능하다.
① 파이프는 프로세스 간 통신(IPC) 수단 중 하나로, 데이터를 한 방향으로 전달하는 역할을 하는 "전달자"이다.
③ 신호는 비동기적으로 전달될 수 있으며, 특정 사건(예 : Ctrl+C)에 반응하여 프로세스에 전달된다.
④ 공유 메모리를 사용할 경우, 여러 프로세스가 동시에 접근할 수 있기 때문에, 충돌이나 데이터 손상을 방지하려면 동기화(세마포어 등)를 해야 한다.

11 다음 그림은 TCP 기반 서버와 클라이언트 간 소켓 통신을 위한 함수 호출 관계를 나타낸다. ㈎~㈐에 들어갈 내용을 바르게 연결한 것은?

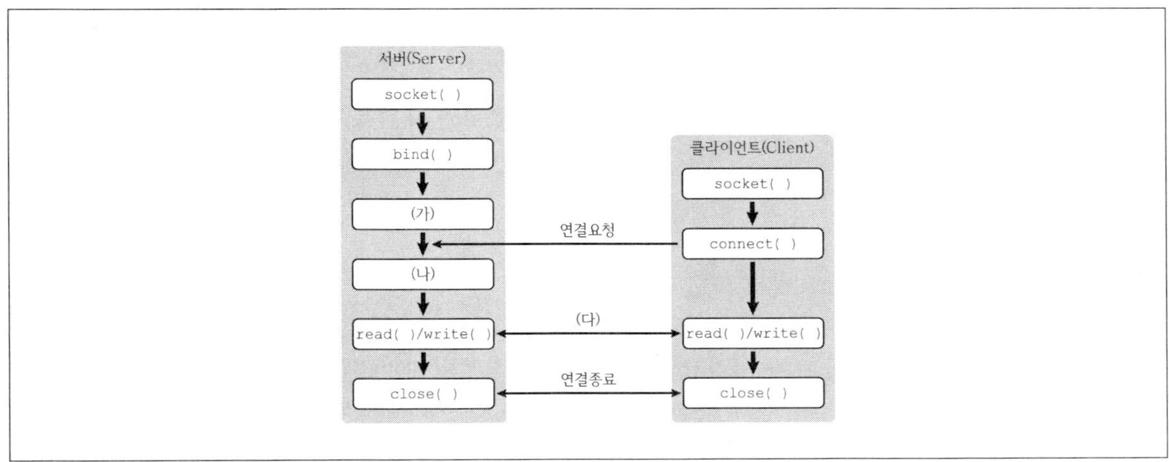

	㈎	㈏	㈐
①	request( )	accept( )	연결 종료 요청
②	accept( )	connect( )	연결 종료 요청
③	listen( )	accept( )	데이터 송수신
④	request( )	connect( )	데이터 송수신

ANSWER 11.③

11 ㈎ listen( ) : 서버가 클라이언트의 연결 요청을 기다리는 상태로 전환
㈏ accept( ) : 클라이언트의 연결 요청을 수락
㈐ 데이터 송수신 : 연결이 성립되면 양측이 데이터를 주고받음
※ TCP 소켓 통신의 기본 흐름 정리

서버(Server) 측 함수 호출 순서	클라이언트(Client) 측
socket( ) - 소켓 생성 bind( ) - 소켓에 IP 주소와 포트 할당 listen( ) ← ㈎ - 클라이언트 연결 요청 대기 상태로 전환 accept( ) ← ㈏ - 클라이언트 연결 수락 (블로킹 함수) 데이터 송수신 ← ㈐ - send( ) / recv( ) close( ) - 연결 종료	socket( ) connect( ) - 서버로 연결 요청 데이터 송수신 close( )

12 파이프라이닝 기법에 대한 설명으로 옳지 않은 것은?

① 데이터 해저드는 앞의 명령 결과가 다음 명령의 입력으로 사용될 때 발생한다.
② 이론적으로는 파이프라인의 단계 수만큼 빨라지지만, 이것을 방해하는 요소인 해저드가 발생할 수 있다.
③ 파이프라이닝은 명령어 하나를 여러 단계로 나누어 각각을 독립적인 장치에서 동시에 실행하는 기법이다.
④ 제어 해저드는 서로 다른 단계에서 실행되는 명령이 컴퓨터 내의 장치 하나를 동시에 사용하려고 할 때 발생한다.

13 원형 연결 리스트에 대한 설명으로 옳은 것은?

① 하나의 노드에서 모든 노드로의 접근이 가능하다.
② 하나의 노드에서 링크를 계속 따라가면 모든 노드를 거쳐도 자기 자신으로 되돌아올 수 없다.
③ 마지막 노드의 링크 필드 값은 NULL이다.
④ 리스트의 끝에 노드를 삽입하는 연산이 단순 연결 리스트보다 비효율적이다.

14 컴퓨터의 버스에 대한 설명으로 옳지 않은 것은?

① 시스템 버스의 종류에는 제어 버스, 데이터 버스, 주소 버스가 있다.
② 제어 버스는 제어 신호를 전달하기 위해 사용된다.
③ 버스의 폭은 전송량을 의미하며, 컴퓨터의 성능에 영향을 준다.
④ 컴퓨터의 각 장치 간에 데이터를 전달할 때 사용하는 데이터 버스는 단방향성을 가지고 있다.

ANSWER 12.④ 13.① 14.④

12 ④ 구조 해저드(structural hazard)의 설명으로, 제어 해저드는 분기 명령(if, jump 등) 때문에 다음에 실행할 명령을 예측할 수 없는 경우에 발생한다.
① 앞 명령의 결과가 아직 나오지 않았는데, 다음 명령이 그것을 사용하려고 할 때 발생한다.
② 이론적으로는 파이프라인 단계 수만큼 속도 향상 가능하지만, 해저드(데이터, 제어, 구조) 때문에 제한된다.
③ 하나의 명령을 여러 단계로 나누어, 각 단계가 독립적으로 병렬 실행된다.

13 ② 원형이므로 계속 돌다 보면 자기 자신으로 반드시 돌아온다.
③ 단일 연결 리스트에 마지막 노드에는 NULL이 있지만, 환형 연결 리스트에는 마지막 노드가 첫 번째 노드를 가리키고 있기 때문에 NULL이 없다.
④ 원형 연결 리스트는 끝에 노드 삽입 시, 마지막 노드만 알고 있으면 바로 삽입 가능하여 오히려 효율적이다.
※ **원형 연결 리스트** : 어디서든 출발해도 전체 접근 가능. 끝과 시작이 연결된다. NULL이 없다.

14 데이터 버스 : CPU와 메모리/입출력 장치 간 데이터를 주고받기 위한 버스로 데이터를 읽고 쓰는 동작 모두에 사용되고 양방향성을 가진다.

15 다음 파이썬(Python) 프로그램의 출력 결과는?

```
a = [1, 3, 5, 7]
b = {1, 3, 5, 7}
c = (1, 3, 5, 7)

a.append(3)
b.add(3)

print(len(a) + len(b) + len(c))
```

① 10

② 12

③ 13

④ 14

ANSWER 15.③

15

기호	명칭	파이썬의 자료형	특징
[ ]	대괄호	리스트(List)	순서 있음, 변경 가능, 중복 허용
{ }	중괄호	집합(Set)	순서 없음, 변경 가능, 중복 불가
( )	소괄호	튜플(Tuple)	순서 있음, 변경 불가, 중복 허용

```
a = [1, 3, 5, 7] -> # 리스트 → 요소 개수 4
b = {1, 3, 5, 7} -> # 세트(Set) → 요소 개수 4
c = (1, 3, 5, 7) -> # 튜플 → 요소 개수 4

a.append(3) -> # 리스트에 3 추가 → 중복 허용 → [1, 3, 5, 7, 3] → 길이 5
b.add(3) -> # 세트는 중복 불가 → 이미 3 있음 → 변화 없음 → 길이 4

print(len(a) + len(b) + len(c))
→ len(a) = 5
→ len(b) = 4
→ len(c) = 4
→ 5 + 4 + 4 = 13
```

16 외부 인터럽트(External Interrupt)의 요인에 해당하지 않는 것은?

① 입 · 출력
② 오버플로
③ 전원 이상
④ 기계 오작동

17 NoSQL의 특징으로 옳지 않은 것은?

① 동적 스키마를 지원할 수 있다.
② 다양한 형태의 비정형 데이터들도 다룬다.
③ 빠른 속도로 증가하는 대용량 데이터를 처리하는 데 적합하지 않다.
④ 관계형 데이터베이스보다는 ACID 특성을 중요시하지 않는다.

ANSWER 16.② 17.③

15 ② **오버플로** : 연산 결과 범위 초과 → 내부 인터럽트
① **입 · 출력** : 외부 장치와 관련 → 외부 인터럽트
③ **전원 이상** : 하드웨어 상태 → 외부 인터럽트
④ **기계 오작동** : 장치 고장 등 하드웨어 문제 → 외부 인터럽트

17 ③ NoSQL은 빅데이터나 실시간 로그 처리 같은 대용량 데이터에 최적화된 구조, 수평적 확장(서버를 추가하여 확장) 구조를 사용해 대용량 처리에 매우 적합하다.

※ 기존의 RDBMS와 NoSQL의 비교

항목	RDBMS	NoSQL
구조	고정된 테이블 스키마	유연한 스키마
확장성	수직 확장	수평 확장
데이터 형식	정형 데이터	정형 비정형, 반정형 데이터
쿼리	SQL 언어 사용	다양한 접근 방식(API, JSON)
일관성	강한 일관성(ACID)	최종 일관성
사용분야	금융, ERP	빅데이터, IoT

18 힙(Heap)에 대한 설명으로 옳지 않은 것은?

① 삽입 시간 복잡도는 $O(1)$이다.

② 힙은 우선순위 큐의 한 종류이다.

③ 힙은 완전 이진 트리를 사용한다.

④ 최대 힙(Max Heap)은 부모노드의 키값이 자식노드의 키값보다 크거나 같다.

19 운영체제 구조에 대한 설명으로 옳지 않은 것은?

① 커널은 운영체제의 핵심 기능을 모아 놓은 것이다.

② 다양한 장치를 효율적으로 사용할 수 있는 하드웨어와의 인터페이스를 디바이스 드라이버라고 한다.

③ 사용자 인터페이스는 커널에 명령을 전달하고, 실행 결과를 사용자와 응용 프로그램에 전달한다.

④ 사용자나 응용 프로그램이 커널을 거치지 않고 하드웨어에 직접 접근할 수 있도록 제공하는 함수의 집합을 시스템 호출이라고 한다.

ANSWER 18.① 19.④

18 ① 삽입 시 맨 끝에 노드 추가 → 부모와 비교하며 위로 이동(Heapify Up)
최대 비교 횟수는 트리의 높이 : $\log_2(n)$
시간 복잡도는 $O(\log n)$

※ 힙(Heap)의 특징
- 힙은 완전 이진 트리
- 우선순위 큐의 한 종류
- 최대 힙(Max Heap)
- 삽입 시간 복잡도

19 ④ 시스템 호출은 응용 프로그램이 커널을 통해서 하드웨어 자원에 접근하게 하는 보안된 통로이다.

20 다음 제시된 표에서 (가)~(라)에 들어갈 애플리케이션 계층 프로토콜 및 하위 전송 계층 프로토콜을 바르게 연결한 것은?

애플리케이션 \ 프로토콜	애플리케이션 계층 프로토콜	하위 전송 계층 프로토콜
전자메일	(가)	(나)
원격접속	(다)	(라)

	(가)	(나)	(다)	(라)
①	SMTP	TCP	Telnet	TCP
②	SNMP	UDP	DNS	UDP
③	SNMP	TCP	Telnet	UDP
④	SMTP	UDP	DNS	TCP

ANSWER 20.①

20
- 전자메일은 응용계층의 서비스로 프로토콜은 SMTP이다.
- 원격접속은 응용계층의 서비스로 프로토콜은 Telnet이다.
- SMTP, Telnet, FTP, HTTP 등은 TCP 프로토콜을 사용한다.
- DNS, TFTP 등은 UDP 프로토콜을 사용한다.

컴퓨터일반

2025. 6. 21. 제1회 지방직 시행

1 데이터베이스에서 트랜잭션(transaction)의 성질이 아닌 것은?

① 원자성(atomicity)
② 일관성(consistency)
③ 독립성(isolation)
④ 의존성(dependency)

2 EBCDIC(Extended Binary Coded Decimal Interchange Code)에 대한 설명으로 옳은 것만을 모두 고르면?

> ㉠ 표현할 수 있는 문자 수는 총 256개이다.
> ㉡ 6비트를 사용하여 하나의 문자를 표시하는 방식이다.
> ㉢ 7개의 데이터 비트와 1개의 패리티 비트로 구성되어 총 8개의 비트를 사용한다.

① ㉠
② ㉡
③ ㉠, ㉢
④ ㉡, ㉢

ANSWER 1.④ 2.①

1
- 트랜잭션(Transaction) : 데이터베이스 관리 시스템(DBMS)에서 여러 개의 연산을 하나의 논리적 단위로 묶어서 처리하는 방식
- 트랜잭션의 특징(ACID)
  - 원자성(Atomicity) : 트랜잭션 내 작업은 전부 수행되거나 전혀 수행되지 않아야 한다.
  - 일관성(Consistency) : 트랜잭션 종료 시 데이터베이스는 항상 유효한 상태여야 한다.
  - 격리성(Isolation) : 동시에 실행되는 트랜잭션은 서로 간섭 없이 독립적으로 수행되어야 한다.
  - 지속성(Durability) : 커밋된 결과는 시스템 장애 후에도 영구히 보존되어야 한다.

2 EBCDIC(Extended Binary Coded Decimal Interchange Code)
- 8비트 문자 인코딩 방식으로, IBM이 1960년대에 메인프레임 및 펀치 카드 기반 시스템에서 사용 목적으로 개발하였다.
- ASCII와 호환되지 않으며, 문자 매핑을 위해 전환 테이블이 필요하다.
- 총 256개의 코드 값을 사용하며, 대소문자 · 숫자 · 특수문자 · 제어문자 등을 포괄한다.

3 IP 주소에 대한 설명으로 옳은 것은?

① IPv4는 8바이트 주소 체계이다.

② IPv6는 16바이트 주소 체계이다.

③ IPv6의 헤더 크기는 20바이트이다.

④ IPv4 주소가 143.248.166.12이면 클래스 C에 해당한다.

ANSWER 3.②

3 ② IPv6는 16바이트 주소 체계이다.

① IPv4는 32비트(4바이트) 주소 체계이다.

③ IPv6의 헤더 크기는 40바이트이다.

④ IPv4 주소가 143.248.166.12이면 클래스 B에 해당한다.(클래스 B 주소범위 : 128.0.0.0부터 191.255.255.255)

항목	IPv4	IPv6
주소길이	32비트(4바이트)	128비트(16바이트)
주소형식	4개의 10진수(예 : 192.168.1.1)	8개의 16진수(예 : 2001:0db8::1)
주소표기법	점으로 구분된 10진수 4개(예 : 192.168.0.1)	콜론으로 구분된 16진수 8개 그룹 (예 : 2001:db8::1)
브로드캐스트	브로드캐스트 지원	브로드캐스트 없음(애니/멀티캐스트)
주소 할당	수동 할당 또는 DHCP(동적 주소 할당)	자동 주소 할당 (Stateless Autoconfiguration) 및 DHCPv6
주소 부족 해결	NAT 및 CIDR 사용	광대한 주소 공간으로 NAT 불필요
헤더	가변(20~60 바이트)	고정40 바이트

4 다음은 입력으로 들어온 배열 [70, 11, 31, 3, 17, 9, 32, 23]에 대하여 오름차순으로 버블 정렬 알고리즘의 수행 과정을 단계별로 나타낸 것으로 (가)에 해당하는 것은?

> 〈초기 상태〉 단계 0: [70, 11, 31, 3, 17, 9, 32, 23]
> 단계 1 : [11, 31, 3, 17, 9, 32, 23, 70]
> 단계 2 : [11, 3, 17, 9, 31, 23, 32, 70]
> 단계 3 : [(가)]
> ⋮

① 3, 9, 11, 23, 17, 31, 32, 70
② 3, 11, 9, 17, 23, 31, 32, 70
③ 11, 3, 9, 17, 23, 31, 32, 70
④ 11, 3, 17, 9, 23, 31, 32, 70

ANSWER 4.②

4 • 주어진 배열
[70, 11, 31, 3, 17, 9, 32, 23]
• 단계별 정렬
− 초기 상태
[70, 11, 31, 3, 17, 9, 32, 23]
70이 맨 뒤로 이동 → [11, 31, 3, 17, 9, 32, 23, 70]
− 단계 1
[11, 31, 3, 17, 9, 32, 23, 70]
32가 두 번째로 뒤로 이동 → [11, 3, 17, 9, 31, 23, 32, 70]
− 단계 2
[11, 3, 17, 9, 31, 23, 32, 70]
31이 세 번째로 뒤로 이동 → [3, 11, 9, 17, 23, 31, 32, 70]
− 단계 3 (가)에 최종 정렬된 배열→[3, 11, 9, 17, 23, 31, 32, 70]
※ **버블 정렬**(Bubble Sort) : 배열을 여러 번 순차적으로 비교하고, 인접한 원소들이 순서가 맞지 않으면 교환하는 방식으로 정렬하는 알고리즘으로 배열의 마지막 요소가 정렬될 때까지 이 작업을 반복

5 프로그램 내장 방식을 적용한 컴퓨터만을 모두 고르면?

> ㉠ EDSAC(Electronic Delay Storage Automatic Computer)
> ㉡ EDVAC(Electronic Discrete Variable Automatic Computer)
> ㉢ ENIAC(Electronic Numerical Integrator And Computer)
> ㉣ MARK I

① ㉠, ㉡
② ㉠, ㉣
③ ㉡, ㉢
④ ㉢, ㉣

6 컴퓨터 네트워크에 대한 설명으로 옳지 않은 것은?

① TCP는 연결 지향적(connection-oriented)인 프로토콜이다.
② ARP는 IP 주소로부터 MAC 주소를 구하기 위한 프로토콜이다.
③ ICMP는 MAC 주소로부터 IP 주소를 구하기 위한 프로토콜이다.
④ IPv4에서 클래스 B는 마지막 16비트를 호스트 주소로 사용한다.

ANSWER 5.① 6.③

5 ㉠ EDSAC(Electronic Delay Storage Automatic Computer, 1949)
- 영국 케임브리지 대학교에서 모리스 윌크스(Maurice Wilkes)가 설계한 컴퓨터
- 존 폰 노이만의 설계를 기반으로 하여, 프로그램과 데이터를 동일한 메모리에 저장하는 프로그램 내장 방식을 최초로 실용화한 컴퓨터

㉡ EDVAC(Electronic Discrete Variable Automatic Computer, 1949-1951)
- 미국 펜실베이니아 대학교에서 개발된 컴퓨터
- 존 폰 노이만의 설계를 기반으로 하여, 프로그램과 데이터를 동일한 메모리에 저장하는 프로그램 내장 방식을 채택

㉢ ENIAC(Electronic Numerical Integrator And Computer)
- 미국에서 개발된 최초의 전자식 디지털 컴퓨터, 1945년에 완성

㉣ MARK I
- 미국 하버드 대학교에서 개발된 전자기계식 컴퓨터, 1944년에 완성

6 ICMP(Internet Control Message Protocol)
- IP 네트워크에서 오류 메시지와 상태 정보를 전송하는 프로토콜로 핑(ping)이나 트레이스 라우트(trace route) 명령어에서 사용되며, 네트워크 상태 확인에 활용된다.
- ICMP는 MAC 주소로부터 IP 주소를 구하는 ARP와는 다르게, IP 네트워크에서의 오류 및 상태 정보를 관리하는 역할이다.

7 운영체제에서 가변 분할 메모리 관리 기법을 사용하고 있으며, 현재 비어 있는 메모리 상태를 순서대로 표현하면 다음과 같다. 새로운 프로세스가 12Kbyte 크기의 메모리를 요청하여 4번 위치로 할당되었다면, 이때 적용된 메모리 할당 기법은?

위치	빈 공간 크기
1번	10 Kbyte
2번	25 Kbyte
3번	30 Kbyte
4번	15 Kbyte

① 중앙 적합(center fit)
② 최악 적합(worst fit)
③ 최적 적합(best fit)
④ 최초 적합(first fit)

8 다음 설명에 해당하는 운영체제의 메모리 영역은?

> 프로세스 내에서 함수가 호출될 때 지역변수, 매개변수와 함수가 실행을 마치고 돌아갈 주소 등을 저장하기 위한 공간이다.

① 데이터(data) 영역
② 스택(stack) 영역
③ 코드(code) 영역
④ 힙(heap) 영역

ANSWER 7.③ 8.②

7 4번 위치(15 Kbyte)는 요청된 12 Kbyte 크기에 가장 적합한 공간이므로 할당되어 최적 적합(Best-Fit) 기법 사용

※ 가변 분할 메모리 관리 기법(Variable Partition Memory Management) : 운영체제에서 프로그램이나 프로세스를 메모리에 할당할 때, 고정된 크기의 분할이 아니라 동적으로 크기가 조정되는 분할 방식을 사용하는 기법

※ 메모리 할당 전략

최악 적합(Worst-Fit)	가장 큰 빈 공간을 찾아 프로세스를 할당함
최적 적합(Best-Fit)	요청 크기에 가장 알맞은(작지만 충분한) 빈 공간을 찾아 할당
최초 적합(First-Fit)	리스트에서 최초로 충분히 큰 공간을 찾아 바로 할당

8 ② 스택(stack) 영역 : 함수 호출 시 사용되는 지역 변수(local variable), 매개 변수(parameter), 함수 복귀 주소(return address) 등을 저장하는 영역

① 데이터(data) 영역 : 전역 변수(global variable), 정적 변수(static variable)들이 저장되는 영역

④ 힙(heap) 영역 : 동적 메모리 할당을 위한 영역

※ 운영체제의 메모리 영역은 프로그램이 실행되는 동안 사용하는 메모리 공간을 여러 영역으로 나누어 관리한다.

9 다음 이진 트리를 중위 순회하는 경우 방문 순서는?

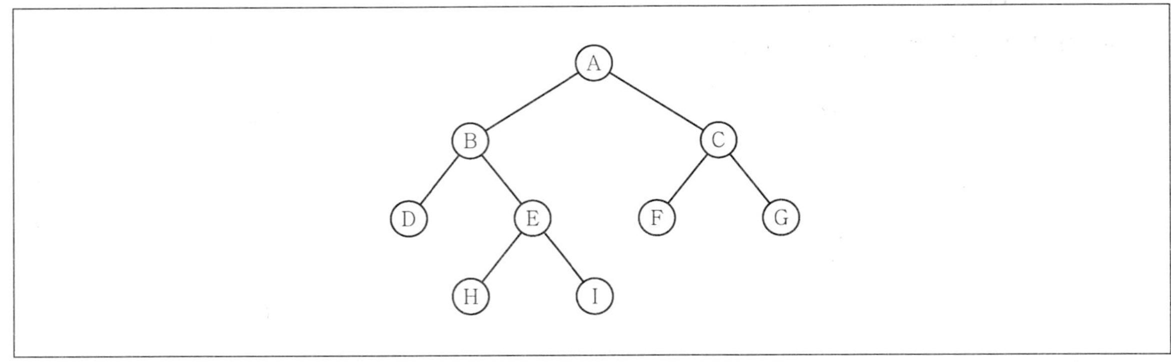

① A, B, D, E, H, I, C, F, G
② A, B, D, E, H, I, F, C, G
③ D, B, H, E, I, A, F, C, G
④ D, H, I, E, B, F, G, C, A

10 40KHz로 샘플링하고 10비트로 양자화하여 60초의 스테레오 음악 파일을 만들었을 때, 파일의 크기는? (단, 압축은 하지 않는다)

① 약 2Mbyte
② 약 6Mbyte
③ 약 16Mbyte
④ 약 48Mbyte

ANSWER 9.③ 10.②

9
- A부터 시작→A의 왼쪽인 B로 이동
- B의 왼쪽인 D방문
- B방문
- 오른쪽 E→E의 왼족 H방문→E망문→E의 오른쪽 I방문
- A방문
- A의 오른쪽 C이동→C 왼족 F방문→C방문→C 오른쪽 G방문
- 결과 : D→B→H→E→I→A→F→C→G

※ 이진 트리의 중위 순회(Inorder Traversal) : 왼쪽 자식→루트(현재 노드)→오른쪽 자식의 순서로 노드를 방문

10
- 파일 크기(bit) = 샘플링 주파수 × 비트 수 × 채널 수 × 시간
  = 40,000(샘플/초) × 10(비트/샘플) × 2(채널) × 60(초)
  = 48,000,000 비트
- 바이트로 변환 : 48,000,000 ÷ 8 = 6,000,000 Byte
- MB로 변환 : 6,000,000 Byte ÷ 1,000,000 = 6MByte

11 다음 설명에 해당하는 기술은?

> 현실을 디지털 기반의 가상 세계로 확장해 가상 공간에서 모든 활동을 할 수 있게 만드는 기술이다. 정치, 경제, 사회, 문화 등 전반적 측면에서 현실과 비현실이 공존하는 생활형, 게임형 가상 세계라는 의미로 넓게 사용한다.

① 메타버스(metaverse)
② 사물인터넷(Internet of Things)
③ 텔레메틱스(telematics)
④ NFT(Non-Fungible Token)

12 다음 12비트 명령어 형식에 대하여 직접 주소 지정 방식(direct addressing mode)으로 지정할 수 있는 메모리의 최대 크기는? (단, 하나의 주소공간 크기는 1바이트이다)

연산코드(5비트)	주소부(7비트)

① 128바이트
② 256바이트
③ 512바이트
④ 1,024바이트

ANSWER 11.① 12.①

11 ① 메타버스(Metaverse) : 현실을 디지털 기반의 가상 세계로 확장하여, 가상 공간에서 사용자가 다양한 활동을 할 수 있도록 만들어주는 기술
② 사물인터넷(Internet of Things, IoT) : 물리적인 기기나 객체들이 인터넷을 통해 상호 연결되고 데이터를 교환하는 기술
③ 텔레메틱스(Telematics) : 차량이나 다른 이동체에 탑재된 기술을 통해 통신과 정보 기술을 결합하여 위치 추적, 차량 상태 모니터링, 원격 진단 등을 제공
④ NFT(Non-Fungible Token) : 대체 불가능한 토큰을 의미, 주로 디지털 자산을 블록체인 기술을 이용해 고유한 방식으로 증명하는 데 사용

12
- 총 명령어 길이 : 12비트
- 연산코드(Opcode) : 5비트
- 주소부(Address part) : 7비트
- 7비트로 표현할 수 있는 주소 개수 : $2^7 = 128$개

13 값이 $(01100000)_2$가 아닌 것은? (단, 오른쪽 괄호 밖의 아래 첨자는 진법을 의미하고, +는 덧셈, ×는 곱셈 연산을 의미한다)

① $(60)_{16}$

② $(60)_8 + (60)_8$

③ $(00110000)_2 \times (00000010)_2$

④ $(46)_{10}$에 대하여 왼쪽 산술 시프트 1회

14 크기가 32Kbyte이고 4-방향 집합 연관 사상(4-way set associative mapping)을 따르는 캐시(cache)가 있다. 각 캐시 블록의 크기가 64바이트일 때, 캐시 집합의 개수는?

① 32
② 64
③ 128
④ 256

ANSWER 13.④ 14.③

13
- $(01100000)_2 = 96$ (10진수)
- 이진수 $(01100000)_2$는 10진수로 96

① $(60)_{16}$
$(60)_{16}$는 16진수 60 = $(01100000)_2$

② $(60)_8 + (60)_8$
$(60)_8$는 8진수 60
$(60)_8 + (60)_8 = 48 + 48 = 96 = (01100000)_2$

③ $(00110000)_2 \times (00000010)_2$
$(00110000)_2 \rightarrow$ 10진수 = 48
$48 \times 2 = 96$

④ $(46)_{10}$에 대하여 왼쪽 산술 시프트 1회
$(46)_{10} \rightarrow$ 10진수 = 46
$(01011100)_2 \rightarrow$ 10진수 = 92

14
- 캐시 전체 크기 : 32KB = 32 × 1024 = 32,768 바이트
- 블록 크기 : 64바이트
- 4-방향 집합 연관 사상 : 한 집합(Set)에 4개의 블록(Block)
- 총 블록 수 : 전체 캐시 용량 ÷ 블록 크기
  32,768 ÷ 64 = 512 블록
- 집합(Set)의 개수 : 총 블록 수 ÷ 하나의 집합에 들어가는 블록 수(4-way)
  512 ÷ 4 = 128개

15 다음과 같이 준비 상태 큐에 프로세스가 도착했을 때, 타임 슬라이스가 4ms인 라운드 로빈(round-robin) 스케줄링으로 실행하면 프로세스의 평균 대기 시간은? (단, 프로세스 간 문맥 교환에 따른 오버헤드는 무시하고, 주어진 4개 프로세스 외에 처리할 다른 프로세스는 없다)

프로세스	도착 시간(ms)	실행 시간(ms)
P_1	0	8
P_2	1	4
P_3	2	6
P_4	3	5

① 4ms ② 11ms
③ 18ms ④ 44ms

ANSWER 15.②

15 • 라운드 로빈(round-robin) 스케줄링으로 실행
타임 슬라이스가 4ms이므로 각 프로세스는 최대 4ms씩 실행

순서	실행프로세스	시간	종료시간	남은시간
1	P1	0~4	–	8–4=4
2	P2	4~8	종료(4ms 실행 완료)	0
3	P3	8~12	–	6–4=2
4	P4	12~16	–	5–4=1
5	P1	16~20	종료	4–4=0
6	P3	20~22	종료	2–2=0
7	P4	22~23	종료	1–1=0

• 대기 시간 계산 : 대기 시간 = 종료 시간 – 도착 시간 – 실행 시간

프로세스	도착시간	실행시간	종료시간	대기 시간 계산	대기시간
P_1	0ms	8ms	20ms	20–0–8	12ms
P_2	1ms	4ms	8ms	8–1–4	3ms
P_3	2ms	6ms	22ms	22–2–6	14ms
P_4	3ms	5ms	23ms	23–3–5	15ms

• 평균 대기 시간 : (12+3+14+15) / 4 = 44 / 4 = 11ms
※ 라운드 로빈(Round–Robin) 스케줄링 : 여러 작업(프로세스)이 CPU를 돌아가면서(Time Sharing) 사용하는 방식

16 다음 C 프로그램의 출력 결과는?

```
#include <stdio.h>
int main(void) {
 int x = 100, y = 200;
 int* px = &x, *py = &y, *tmp;
 (*px) -= 10;
 (*py) += 50;
 tmp = px;
 px = py;
 py = tmp;
 (*px) += 50;
 (*py) -= 10;
 printf("x: %d, y : %d ₩n", x, y);
 return 0;
}
```

① x : 80, y : 300
② x : 140, y : 240
③ x : 240, y : 140
④ x : 300, y : 80

ANSWER 16.①

16 포인터를 활용하여 두 변수의 값을 변경하고, 포인터를 교환한 후 다시 값을 수정하는 과정

```
#include <stdio.h>
int main(void) {
 int x = 100, y = 200; //변수선언
 int* px = &x, *py = &y, *tmp;
 (*px) -= 10;// x = 90 → px를 통해 x의 값 10감소
 (*py) += 50; // y = 250 → py를 통해 y의 값 50 증가
 tmp = px;// tmp → px tmp에 px값 저장
 px = py;// px → y px와 py값 교환
 py = tmp;// py → x
→ px는 y, py는 x를 가리킴.

 (*px) + = 0;// *px = y = 300 → px를 통해 y값 50증가
 (*py) - = 10;// *py = x = 80 py → py를 통해  x값 10감소
 printf("x : %d, y : %d ₩n", x, y); → x = 80, y = 300
 return 0;
}
```

17 다음 파이썬 프로그램의 출력 결과는?

```
val = [1, 2, 3, 4, 5, 6, 7, 8, 9, 10, 11, 12]
rst = 0
for i in range(2, len(val), 3):
    rst = rst + val[i]
print(rst)
```

① 21　　② 24

③ 26　　④ 30

ANSWER 17.④

17 for i in range(2, len(val), 3): →range(시작, 끝, 증가폭)

여기서는 range(2, 12, 3) → i = 2, 5, 8, 11

리스트 val에서 2번, 5번, 8번, 11번 인덱스에 해당하는 값을 가져온다.

인덱스	값
2	3
5	6
8	9
11	12

리스트에서 3칸씩 건너뛰며 특정 위치 값만 더하는 코드로 3,6,9,12를 더하면 30이 된다.

rst = 3 + 6 + 9 + 12 = 30

18 **애자일(agile) 방법론에 대한 설명으로 옳지 않은 것은?**

① 고객의 요구 사항 변화를 허용하는 개발 방식이다.
② 익스트림 프로그래밍(XP)은 애자일 기법 중 하나이다.
③ 구현 단계에서는 고객의 추가 요구 사항을 반영하지 않는다.
④ 포괄적인 문서보다는 작동하는 프로그램에 더 가치를 둔다.

19 **객체지향 설계에서의 SOLID 원칙 중 '구체화가 아닌 추상화에 의존해야 한다'는 원칙은?**

① 개방－폐쇄 원칙(open－closed principle)
② 단일 책임 원칙(single responsibility principle)
③ 인터페이스 분리 원칙(interface segregation principle)
④ 의존관계 역전 원칙(dependency inversion principle)

ANSWER 18.③ 19.④

8 • 애자일 방법론(Agile Methodology) : 변화에 빠르게 대응하며 협업을 통해 고객 가치를 신속하게 제공하는 개발 방식
• 4가지 핵심 가치
1. 개인과 상호작용을 프로세스와 도구보다 우선시한다.
2. 동작하는 소프트웨어를 포괄적인 문서보다 우선시한다.
3. 고객과의 협업을 계약 협상보다 우선시한다.
4. 변화에 대한 반응을 계획을 따르는 것보다 우선시한다.

19 ④ **의존관계 역전 원칙**(dependency inversion principle) : SOLID 원칙 중 하나로, 객체지향 설계에서 구체적인 클래스에 의존하지 않고, 추상화된 인터페이스에 의존하도록 하여 시스템의 유연성과 확장성을 높이는 원칙
① **개방-폐쇄 원칙**(Open－Closed Principle) : 소프트웨어 엔티티는 확장에 대해서는 열려 있어야 하고, 수정에 대해서는 닫혀 있어야 한다"는 원칙
② **단일 책임 원칙**(Single Responsibility Principle) : 한 클래스는 오직 하나의 책임만 가져야 한다"는 원칙
③ **인터페이스 분리 원칙**(Interface Segregation Principle) : "클라이언트는 자신이 사용하지 않는 메서드에 의존하지 않아야 한다"는 원칙

20 위상 정렬(topological sort)이 가능한 그래프만을 모두 고르면?

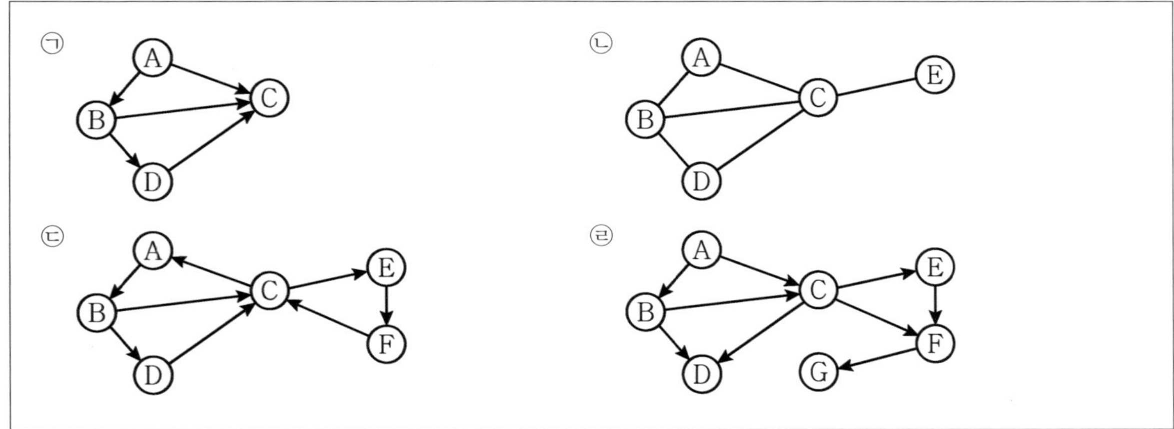

① ㉠, ㉡
② ㉠, ㉣
③ ㉡, ㉢
④ ㉢, ㉣

ANSWER 20.②

20 ㉠ 사이클 없음, 모든 간선 방향이 한쪽(앞→뒤)⇒위상 정렬 가능
㉡ A→C→B→A 사이에 순환(사이클) 존재⇒위상 정렬 불가
㉢ 모든 간선 방향 있음, 사이클 없음⇒위상 정렬 가능
㉣ B→C, D→C, A→C(모두 C로 향함), A→B, B→D, D→C→A 순으로 사이클 존재⇒위상 정렬 불가
※ **위상 정렬**(Topological Sort) : 방향 그래프(DAG)에서만 가능한 정렬 방식, 모든 간선이 방향성을 갖는 그래프에서 각 정점에 대해 간선 방향에 맞게 정렬하는 것
- 특징 : 방향 그래프에만 적용, 방향성 비순환 그래프(DAG)에서만 가능하다. 즉, 순환(사이클)이 없어야 한다.
- 정렬 순서 : 그래프 내의 각 노드는 모든 간선이 해당 노드를 가리키기 전에 반드시 나와야 한다.

02 정보보호론

정보보호론

2019. 4. 6. 인사혁신처 시행

1 쿠키(Cookie)에 대한 설명으로 옳지 않은 것은?

① 쿠키는 웹사이트를 편리하게 이용하기 위한 목적으로 만들어졌으며, 많은 웹사이트가 쿠키를 이용하여 사용자의 정보를 수집하고 있다.

② 쿠키는 실행파일로서 스스로 디렉터리를 읽거나 파일을 지우는 기능을 수행한다.

③ 쿠키에 포함되는 내용은 웹 응용프로그램 개발자가 정할 수 있다.

④ 쿠키 저장 시 타인이 임의로 쿠키를 읽어 들일 수 없도록 도메인과 경로 지정에 유의해야 한다.

2 악성프로그램에 대한 설명으로 옳지 않은 것은?

① Bot – 인간의 행동을 흉내 내는 프로그램으로 DDoS 공격을 수행한다.

② Spyware – 사용자 동의 없이 설치되어 정보를 수집하고 전송하는 악성 소프트웨어로서 금융정보, 신상정보, 암호 등을 비롯한 각종 정보를 수집한다.

③ Netbus – 소프트웨어를 실행하거나 설치 후 자동적으로 광고를 표시하는 프로그램이다.

④ Keylogging – 사용자가 키보드로 PC에 입력하는 내용을 몰래 가로채 기록하는 행위이다.

ANSWER 1.② 2.③

1 쿠키(Cookie)는 웹사이트에 접속할 때 자동적으로 만들어지는 임시 파일로 이용자가 본 내용, 상품 구매 내역, 신용카드 번호, 아이디(ID), 비밀번호, IP주소 등의 정보를 담고 있는 일종의 정보파일이다.

2
- **트로이목마**(Trojan horse) : 악성루틴이 숨어 있는 프로그램으로 겉보기에는 프로그램이 정상적으로 보이지만 실행 시 악성코드를 실행한다. '트로이 목마' 이야기 에서 나온 유래로 겉보기에는 평범한 목마 안에 사람이 숨어 있었다는 것에 비유한 것이다.
- **Netbus(넷버스)** : 원격 공격자에게 피해 시스템에 대한 전체 권한을 부여하는 원격 조정 트로이 목마로서 파일 업로드, 응용프로그램 실행, 문서 유출, 파일 삭제 등을 수행하며, 일반적으로 일단 실행되면 특정 시스템 폴더에 자신을 복사한 후 운영체계를 시작할 때마다 트로이 목마가 실행되어 레지스트리 값을 만들면서 피해 시스템에 키로거 파일을 삽입하여 사용자가 입력한 사항을 감시하고 기록.

3 **정보보호 서비스에 대한 설명으로 옳지 않은 것은?**

① Authentication – 정보교환에 의해 실체의 식별을 확실하게 하거나 임의 정보에 접근할 수 있는 객체의 자격이나 객체의 내용을 검증하는 데 사용한다.

② Confidentiality – 온오프라인 환경에서 인가되지 않은 상대방에게 저장 및 전송되는 중요정보의 노출을 방지한다.

③ Integrity – 네트워크를 통하여 송수신되는 정보의 내용이 불법적으로 생성 또는 변경되거나 삭제되지 않도록 보호한다.

④ Availability – 행위나 이벤트의 발생을 증명하여 나중에 행위나 이벤트를 부인할 수 없도록 한다.

ANSWER 3.④

3 정보보호의 3요소(CIA)

- 기밀성(Confidentiality) : 온오프라인 환경에서 인가되지 않은 상대방에게 저장 및 전송되는 중요정보의 노출을 방지
- 무결성(Integrity) : 네트워크를 통하여 송수신되는 정보의 내용이 불법적으로 생성 또는 변경되거나 삭제되지 않도록 보호
- 가용성(Availability) : 서버, 네트워크 등의 정보 시스템이 장애 없이 정상적으로 요청된 서비스를 수행할 수 있는 능력

① 인증(Authentication) : 정보교환에 의해 실체의 식별을 확실하게 하거나 임의 정보에 접근할 수 있는 객체의 자격이나 객체의 내용을 검증.

4 다음에서 설명하는 스캔방법은?

> 공격자가 모든 플래그가 세트되지 않은 TCP 패킷을 보내고, 대상 호스트는 해당 포트가 닫혀 있을 경우 RST 패킷을 보내고, 열려 있을 경우 응답을 하지 않는다.

① TCP Half Open 스캔

② NULL 스캔

③ FIN 패킷을 이용한 스캔

④ 시간차를 이용한 스캔

ANSWER 4.②

4 ① TCP Half Open 스캔

SYN패킷 전송 후 SYN/ACK 패킷 수신 후 ACK 패킷을 보내지 않음

SYN/ACK 수신시 해당 시스템 on, RST 수신시 해당 시스템 off

– 반응 : 대상 포트가 열려 있을 경우 SYN/ACK 수신

대상 포트가 닫혀 있을 경우 RST/ACK 수신

② NULL 스캔

– 반응 : 대상 포트가 열려 있을 경우 응답이 없음

대상 포트가 닫혀 있을 경우 RST/ACK

③ FIN 패킷을 이용한 스캔

– 반응 : 대상 포트가 열려 있을 경우 응답이 없음

대상 포트가 닫혀 있을 경우 RST/ACK 수신

> ※ 헤더 정보
> - SYN – 접속요청
> - ACK – 응답
> - RST – 리셋
> - FIN – 종료
> - URG – 응급패킷
> - PSH – 버퍼 없이 바로 전송

5 SSL(Secure Socket Layer) 프로토콜에 대한 설명으로 옳지 않은 것은?

① ChangeCipherSpec – Handshake 프로토콜에 의해 협상된 암호규격과 암호키를 이용하여 추후의 레코드 계층의 메시지를 보호할 것을 지시한다.

② Handshake – 서버와 클라이언트 간 상호인증 기능을 수행하고, 암호화 알고리즘과 이에 따른 키 교환 시 사용된다.

③ Alert – 내부적 및 외부적 보안 연관을 생성하기 위해 설계된 프로토콜이며, Peer가 IP 패킷을 송신할 필요가 있을 때, 트래픽의 유형에 해당하는 SA가 있는지를 알아보기 위해 보안 정책 데이터베이스를 조회한다.

④ Record – 상위계층으로부터(Handshake 프로토콜, ChangeCipherSpec 프로토콜, Alert 프로토콜 또는 응용층) 수신하는 메시지를 전달하며 메시지는 단편화되거나 선택적으로 압축된다.

6 블록체인에 대한 설명으로 옳지 않은 것은?

① 금융 분야에만 국한되지 않고 분산원장으로 각 분야에 응용할 수 있다.

② 블록체인의 한 블록에는 앞의 블록에 대한 정보가 포함되어 있다.

③ 앞 블록의 내용을 변경하면 뒤에 이어지는 블록은 변경할 필요가 없다.

④ 하나의 블록은 트랜잭션의 집합과 헤더(header)로 이루어져 있다.

ANSWER 5.③ 6.③

5 SSL(Secure Socket Layer) … 웹 브라우저와 서버 간의 개인 메시지의 전송 상태인 인터넷 환경에서 안전한 정보 교환을 위해 개발된 보안 프로토콜

- SSL을 구성하는 서브 프로토콜로서 Handshake 프로토콜, Change Cipher Spec 프로토콜, Alert 프로토콜, Record 프로토콜 등이 있다.
  - Record **프로토콜** : 암호화, 메시지인증, 프로토콜 캡슐화
  - Handshake **프로토콜** : 세션정보와 연결 정보를 공유
  - Change Cipher Spec **프로토콜** : 서버와 클라이언트 상호간의 cipher spec 확인
  - Alert **프로토콜** : 메시지의 암호화 오류, 인증서 오류 전달

6 블록체인(Block Chain)

- 블록체인은 거래 내용이 담긴 블록(Block)을 사슬처럼 연결(chain)한 것이라 하여 붙여진 이름으로 네트워크에 참여하는 모든 사용자가 관리 대상이 되는 모든 데이터를 분산하여 저장하는 데이터 분산처리기술.
- 거래 정보가 담긴 원장을 거래 주체나 특정 기관에서 보유하는 것이 아니라 네트워크 참여자 모두가 나누어 가지는 기술이라는 점에서 '분산원장기술(DLC ; distributed ledger technology)' 또는 '공공거래장부'라고도 한다.
- 거래할 때마다 거래 정보가 담긴 블록이 생성되어 계속 연결되면서 모든 참여자의 컴퓨터에 분산 저장되는데, 이를 해킹하여 임의로 변경하거나 위조 또는 변조하려면 전체 참여자의 1/2 이상의 거래 정보를 동시에 수정하여야 하기 때문에 사실상 불가능하다. 따라서 접근을 차단함으로써 거래 정보를 보호 · 관리하는 기존의 금융 시스템과는 전혀 다른 모든 거래 정보를 모두 열람할 수 있도록 공개한 상태에서 은행 같은 공신력 있는 제3자의 보증 없이 당사자 간에 안전하게 블록체인에서는 거래가 이루어진다.

7 다음의 결과에 대한 명령어로 옳은 것은?

```
Thu Feb 7 20:33:56 2019 1 198.188.2.2 861486 /tmp/12-67-ftp1.bmp b _ o r freeexam
ftp 0 * c 861486 0
```

① cat /var/adm/messages

② cat /var/log/xferlog

③ cat /var/adm/loginlog

④ cat /etc/security/audit_event

8 무선 LAN 보안에 대한 설명으로 옳지 않은 것은?

① WPA2는 RC4 알고리즘을 암호화에 사용하고, 고정 암호키를 사용한다.

② WPA는 EAP 인증 프로토콜(802.1x)과 WPA-PSK를 사용한다.

③ WEP는 64비트 WEP 키가 수분 내 노출되어 보안이 매우 취약하다.

④ WPA-PSK는 WEP보다 훨씬 더 강화된 암호화 세션을 제공한다.

ANSWER 7.② 8.①

7
- xferlog는 ftp 서버의 데이터 전송관련 로그로 데몬을 통하여 송수신되는 모든 파일에 대한 기록을 제공하여 접속시간과 remote 시스템의 적정성 및 로그인 사용자, 송수신한 파일이 해킹툴이나 주요 자료인지 여부를 집중적으로 조사
- messages : 가장 기본적인 로그파일, 시스템 전반적인 사항에 대한 로그파일
- loginlog : 5번 이상 로그인 시도에 실패한 기록을 담고 있음
- audit_event : 감사 기록을 생성하는 시스템에 의해 내부적으로 발견된 행위

8 WPA2는 AES 알고리즘을 사용하며, 가변길이 암호키를 사용

9 다음 설명에 해당하는 DoS 공격을 옳게 짝 지은 것은?

> ㉠ 공격자가 공격대상의 IP 주소로 위장하여 중계 네트워크에 다량의 ICMP Echo Request 패킷을 전송하며, 중계 네트워크에 있는 모든 호스트는 많은 양의 ICMP Echo Reply 패킷을 공격 대상으로 전송하여 목표시스템을 다운시키는 공격
> ㉡ 공격자가 송신자 IP 주소를 존재하지 않거나 다른 시스템의 IP 주소로 위장하여 목적 시스템으로 SYN 패킷을 연속해서 보내는 공격
> ㉢ 송신자 IP 주소와 수신자 IP 주소, 송신자 포트와 수신자 포트가 동일하게 조작된 SYN 패킷을 공격 대상에 전송하는 공격

	㉠	㉡	㉢
①	Smurf Attack	Land Attack	SYN Flooding Attack
②	Smurf Attack	SYN Flooding Attack	Land Attack
③	SYN Flooding Attack	Smurf Attack	Land Attack
④	Land Attack	Smurf Attack	SYN Flooding Attack

ANSWER 9.②

9 서비스 거부 공격(DoS : Denial of Service) … 컴퓨터 자원(Resource)을 고갈시키기 위한 공격으로 특정 서비스를 계속적으로 호출하여 CPU, Memory, Network 등의 자원을 고갈시키며 DoS 공격은 소프트웨어 취약점을 이용하는 공격과 IP Header를 변조하여 공격하는 로직 공격(Logic Attack), 무작위로 패킷을 발생시키는 플러딩 공격(Flooding Attack)으로 구분

① Smurf Attack : 목표 사이트에 응답 패킷의 트래픽이 넘쳐서 다른 사용자로부터 접속을 받아들일 수 없게 만드는 것

② SYN Flooding Attack : 서버별로 한정되어 있는 접속 가능 공간에 존재하지 않는 클라이언트가 접속 한 것처럼 속여 다른 사용자가 서비스를 제공받지 못하게 하는 것

③ Land Attack : IP Header를 변조하여 인위적으로 송신자 IP 주소 및 Port 주소를 수신자의 IP 주소와 Port 주소로 설정하여 트래픽을 전송하는 공격 기법

10 사용자 A가 사용자 B에게 해시함수를 이용하여 인증, 전자서명, 기밀성, 무결성이 모두 보장되는 통신을 할 때 구성해야 하는 함수로 옳은 것은?

> K: 사용자 A와 B가 공유하고 있는 비밀키
> KSa: 사용자 A의 개인키
> KPa: 사용자 A의 공개키
> H: 해시함수
> E: 암호화
> M: 메시지
> ||: 두 메시지의 연결

① EK[M || H(M)]

② M || EK[H(M)]

③ M || EKSa[H(M)]

④ EK[M || EKSa[H(M)]]

ANSWER 10.④

10 ㉠ 무결성 보장을 위해 해시함수를 이용하여 해시값을 만들고 해시값으로 ksa로 암호화→ EKSa[H(M)]]

㉡ 메시지와 암호화된 해시값은 연결→M || EKSa[H(M)]

㉢ 기밀성 보장 위해 메시지와 해시값을 공유비밀키 K로 암호화→EK[M || EKSa[H(M)]]

- **부인방지**(non-repudiation) : 메시지의 송수신이나 교환 후, 또는 통신이나 처리가 실행된 후에 그 사실을 증명함으로써 사실 부인을 방지하는 보안기술
- **인증**(authentication) : 시스템이 각 사용자를 정확히 식별하고자 할 때 사용하는 방법
- **전자 서명**(Digital Signature) : 인터넷 환경에서 특정 사용자를 인증(Authentication)하려고 사용
- **기밀성**(Confidentiality) : 인가(authorization)된 사용자만 정보 자산에 접근할 수 있는 것을 의미
- **무결성**(integrity) : 정밀성, 정확성, 완전성, 유효성의 의미로 사용되며, 데이터 베이스의 정확성을 보장하는 문제를 의미

11 다음 알고리즘 중 공개키 암호 알고리즘에 해당하는 것은?

① SEED 알고리즘
② RSA 알고리즘
③ DES 알고리즘
④ AES 알고리즘

12 정보보안 관련 용어에 대한 설명으로 옳지 않은 것은?

① 부인방지(Non-repudiation) – 사용자가 행한 행위 또는 작업을 부인하지 못하는 것이다.
② 최소권한(Least Privilege) – 계정이 수행해야 하는 작업에 필요한 최소한의 권한만 부여한다.
③ 키 위탁(Key Escrow) – 암호화 키가 분실된 경우를 대비하여 키를 보관하는 형태를 의미한다.
④ 차분 공격(Differential Attack) – 대용량 해쉬 테이블을 이용하여 충분히 작은 크기로 줄여 크랙킹 하는 방법이다.

ANSWER 11.② 12.④

11 ② **RSA 알고리즘**: 공개키 암호시스템(비공개키 방식)의 하나로, 전자서명이 가능한 최초의 알고리즘. RSA의 전자서명 기능은 전자 상거래 등의 광범위한 활용이 가능하며 RSA 암호의 안정성은 큰 숫자를 소인수분해하기 어렵다는 점에 기반한다.

① **SEED 알고리즘**: SEED 알고리즘은 전자상거래, 금융, 무선통신 등에서 전송되는 개인정보와 같은 중요한 정보를 보호하기 위해, 1999년 2월 한국인터넷진흥원과 국내 암호전문가들이 순수 국내기술로 개발한 128비트 블록의 암호 알고리즘이다.

③ **DES(Data Encryption Standard) 알고리즘**: 평문을 64비트로 나누어 56비트의 키를 이용해 다시 64비트의 암호문을 만들어 내는 암호화 방식으로 대칭형 블록 암호화 방식이다. '블록 암호'란 단순한 함수를 반복하여 암호문을 생성해 내는 방식을 말한다. 이 때 반복되는 함수를 '라운드 함수'라고 하며, 라운드 함수에 사용되는 키 값은 '라운드 키'라고 한다.

④ **AES(Advanced Encryption Standard Algorithm) 알고리즘**: DES의 안정성을 해치는 공격 기법들이 발견되면서 1998년 'AES'가 만들어 졌으며 평문을 128비트로 나누고 128 비트, 192비트, 256비트 중의 한 가지 종류의 키를 선택하여 암호화하는 블록 암호 방식이다.

12 ④ **차분 공격(Differential Attack)**: 암호해독의 한 방법으로 입력값의 변화에 따른 출력값의 변화를 이용하는 방법

13 **공통평가기준은 IT 제품이나 특정 사이트의 정보시스템의 보안성을 평가하는 기준이다. '보안기능 요구사항'과 '보증요구사항'을 나타내는 보호프로파일(PP), 보호목표명세서(ST)에 대한 설명으로 옳지 않은 것은?**

① 보호프로파일은 구현에 독립적이고, 보호목표명세서는 구현에 종속적이다.

② 보호프로파일은 보호목표명세서를 수용할 수 있고, 보호목표명세서는 보호프로파일을 수용할 수 있다.

③ 보호프로파일은 여러 시스템 · 제품을 한 개 유형의 보호프로파일로 수용할 수 있으나, 보호목표명세서는 한 개의 시스템 · 제품을 한 개의 보호목표명세서로 수용해야 한다.

④ 보호프로파일은 오퍼레이션이 완료되지 않을 수 있으나, 보호목표명세서는 모든 오퍼레이션이 완료되어야 한다.

14 **방화벽 구축 시 내부 네트워크의 구조를 외부에 노출하지 않는 방법으로 적절한 것은?**

① Network Address Translation

② System Active Request

③ Timestamp Request

④ Fragmentation Offset

ANSWER 13.② 14.①

13

	보호프로파일 (PP : Protection Profile)	보호목표명세서 (ST : Security Target)
정의	정보보호 제품별 표준 평가기준 및 절차를 제시한 것으로 보호 프로파일은 정보 보호 시스템 사용 환경에서 보안문제를 해결하기 위한 보안 요구사항을 국제 공통 평가기준(CC)에서 선택해 작성한 제품이나 시스템 군별 보안 기능과 보안 요구사항	평가를 신청하려는 정보보호시스템에 해당하는 PP의 보안요구사항을 기초로 시스템 사용환경, 보안환경, 보안요구사항, 보안기능 명세 등을 서술한 문서
차이점	• 정보보호시스템에 대한 개략적 서술 • 보안요구사항을 정의한 문서	• 시스템에 기초한 상세한 기술 • 시스템 구현에 대한 명세서 • 소비자의 요구를 직접적으로 만족

14 NAT(Network Address Translation)

㉠ 컴퓨터 네트워크 용어로서, IP패킷의 TCP/UDP 포트 숫자와 소스 및 목적지의 IP주소를 재기록 하면서 라우터를 통해 네트워크 트래픽을 주고 받는 기술. 외부에 공개된 공인(Public)IP와 내부에서 사용하는 사설(Private)IP가 다른 경우에 네트워크를 전송시 두 IP주소를 매핑하는 기술

㉡ NAT의 장점

• 공인(Public)IP를 전체 사용자에게 할당하지 않아도 되기 때문에 IP주소 부족이 해결됨

• 외부에서 내부 네트워크의 정보를 알 수 없기 때문에 보안성이 강함

15 「개인정보 보호법」 시행령 상 개인정보 영향평가의 대상에 대한 규정의 일부이다. ㉠, ㉡에 들어갈 내용으로 옳은 것은?

> 제35조(개인정보 영향평가의 대상) 개인정보 보호법 제33조제1항에서 "대통령령으로 정하는 기준에 해당하는 개인정보파일"이란 개인정보를 전자적으로 처리할 수 있는 개인정보파일로서 다음 각 호의 어느 하나에 해당하는 개인정보파일을 말한다.
> 1. 구축·운용 또는 변경하려는 개인정보파일로서 (㉠) 이상의 정보주체에 관한 민감정보 또는 고유식별정보의 처리가 수반되는 개인정보파일
> 2. 구축·운용하고 있는 개인정보파일을 해당 공공기관 내부 또는 외부에서 구축·운용하고 있는 다른 개인정보파일과 연계하려는 경우로서 연계 결과 50만 명 이상의 정보주체에 관한 개인 정보가 포함되는 개인정보파일
> 3. 구축·운용 또는 변경하려는 개인정보파일로서 (㉡) 이상의 정보주체에 관한 개인정보파일

	㉠	㉡
①	5만 명	100만 명
②	10만 명	100만 명
③	5만 명	150만 명
④	10만 명	150만 명

ANSWER 15.①

15 개인정보 보호법 시행령 제35조(개인정보 영향평가의 대상) … 법 제33조 제1항에서 "대통령령으로 정하는 기준에 해당하는 개인정보파일"이란 개인정보를 전자적으로 처리할 수 있는 개인정보파일로서 다음 각 호의 어느 하나에 해당하는 개인정보파일을 말한다.

1. 구축·운용 또는 변경하려는 개인정보파일로서 5만 명 이상의 정보주체에 관한 민감정보 또는 고유식별정보의 처리가 수반되는 개인정보파일
2. 구축·운용하고 있는 개인정보파일을 해당 공공기관 내부 또는 외부에서 구축·운용하고 있는 다른 개인정보파일과 연계하려는 경우로서 연계 결과 50만 명 이상의 정보주체에 관한 개인정보가 포함되는 개인정보파일
3. 구축·운용 또는 변경하려는 개인정보파일로서 100만 명 이상의 정보주체에 관한 개인정보파일
4. 법 제33조 제1항에 따른 개인정보 영향평가(이하 "영향평가"라 한다)를 받은 후에 개인정보 검색체계 등 개인정보파일의 운용체계를 변경하려는 경우 그 개인정보파일. 이 경우 영향평가 대상은 변경된 부분으로 한정한다.

16 **버퍼 오버플로우(Buffer Overflow) 공격에 대한 대응으로 해당하지 않는 것은?**

① 안전한 함수 사용
② Non-Executable 스택
③ 스택 가드(Stack Guard)
④ 스택 스매싱(Stack Smashing)

17 **블록체인(Blockchain) 기술과 암호화폐(Cryptocurrency) 시스템에 대한 설명으로 옳지 않은 것은?**

① 블록체인에서는 각 트랜잭션에 한 개씩 전자서명이 부여된다.
② 암호학적 해시를 이용한 어려운 문제의 해를 계산하여 블록체인에 새로운 블록을 추가할 수 있고 일정량의 암호화폐로 보상받을 수도 있다.
③ 블록체인의 과거 블록 내용을 조작하는 것은 쉽다.
④ 블록체인은 작업증명(Proof-of-work)과 같은 기법을 이용하여 합의에 이른다.

ANSWER 16.④ 17.③

16 • **버퍼 오버플로우**(Buffer Overflow) **공격에 대한 대응책**: 버퍼 오버플로우에 취약한 함수 사용금지 및 최신 운영체제를 사용 권장한다. 운영체제는 발전하면서 Non-Executable Stack, 스택 가드(Stack Guard), 스택 쉴드(Stack Shield)와 같이 운영체제 내에서 해커의 공격코드가 실행되지 않도록 하는 여러 가지 장치를 가진다.

17 • 블록체인(Blockchain) : 암호화폐의 거래내역이 저장되는 공간이며 블록들이 순서대로 연결되어 있어 블록체인이라 하며 이는 위조 · 변조가 불가능
• 암호화폐(Cryptocurrency) : 컴퓨터 등에 정보 형태로 남아 실물없이 사이버 상으로만 거래되는 전자화폐의 일종

18 「정보통신기반 보호법」상 주요정보통신기반시설의 보호체계에 대한 설명으로 옳지 않은 것은?

① 주요정보통신기반시설 관리기관의 장은 정기적으로 소관 주요정보통신시설의 취약점을 분석 · 평가하여야 한다.

② 중앙행정기관의 장은 소관분야의 정보통신기반시설을 필요한 경우 주요정보통신기반시설로 지정할 수 있다.

③ 지방자치단체의 장이 관리 · 감독하는 기관의 정보통신기반시설은 지방자치단체의 장이 주요정보통신기반시설로 지정한다.

④ 과학기술정보통신부장관과 국가정보원장등은 특정한 정보통신기반시설을 주요정보통신기반시설로 지정할 필요가 있다고 판단하면 중앙행정기관의 장에게 해당 정보통신기반시설을 주요정보통신기반 시설로 지정하도록 권고할 수 있다.

ANSWER 18.③

18 주요정보통신기반시설의 지정 등〈정보통신기반 보호법 제8조〉

① 중앙행정기관의 장은 소관분야의 정보통신기반시설중 다음 각 호의 사항을 고려하여 전자적 침해행위로부터의 보호가 필요하다고 인정되는 정보통신기반시설을 주요정보통신기반시설로 지정할 수 있다.

1. 해당 정보통신기반시설을 관리하는 기관이 수행하는 업무의 국가사회적 중요성
2. 제1호에 따른 기관이 수행하는 업무의 정보통신기반시설에 대한 의존도
3. 다른 정보통신기반시설과의 상호연계성
4. 침해사고가 발생할 경우 국가안전보장과 경제사회에 미치는 피해규모 및 범위
5. 침해사고의 발생가능성 또는 그 복구의 용이성

② 중앙행정기관의 장은 제1항에 따른 지정 여부를 결정하기 위하여 필요한 자료의 제출을 해당 관리기관에 요구할 수 있다.

③ 관계중앙행정기관의 장은 관리기관이 해당 업무를 폐지 · 정지 또는 변경하는 경우에는 직권 또는 해당 관리기관의 신청에 의하여 주요정보통신기반시설의 지정을 취소할 수 있다.

④ 지방자치단체의 장이 관리 · 감독하는 기관의 정보통신기반시설에 대하여는 행정안전부장관이 지방자치단체의 장과 협의하여 주요정보통신기반시설로 지정하거나 그 지정을 취소할 수 있다.

⑤ 중앙행정기관의 장이 제1항 및 제3항에 따라 지정 또는 지정 취소를 하고자 하는 경우에는 위원회의 심의를 받아야 한다. 이 경우 위원회는 제1항 및 제3항에 따라 지정 또는 지정취소의 대상이 되는 관리기관의 장을 위원회에 출석하게 하여 그 의견을 들을 수 있다.

⑥ 중앙행정기관의 장은 제1항 및 제3항에 따라 주요정보통신기반시설을 지정 또는 지정 취소한 때에는 이를 고시하여야 한다. 다만, 국가안전보장을 위하여 필요한 경우에는 위원회의 심의를 받아 이를 고시하지 아니할 수 있다.

⑦ 주요정보통신기반시설의 지정 및 지정취소 등에 관하여 필요한 사항은 이를 대통령령으로 정한다.

주요정보통신기반시설의 지정 권고〈정보통신기반 보호법 제8조의2〉

① 과학기술정보통신부장관과 국가정보원장등은 특정한 정보통신기반시설을 주요정보통신기반시설로 지정할 필요가 있다고 판단되는 경우에는 중앙행정기관의 장에게 해당 정보통신기반시설을 주요정보통신기반시설로 지정하도록 권고할 수 있다. 이 경우 지정 권고를 받은 중앙행정기관의 장은 위원회의 심의를 거쳐 지정 여부를 결정하여야 한다.

취약점의 분석 · 평가〈정보통신기반 보호법 제9조〉

① 관리기관의 장은 대통령령으로 정하는 바에 따라 정기적으로 소관 주요정보통신기반시설의 취약점을 분석 · 평가하여야 한다.

19 업무연속성(BCP)에 대한 설명으로 옳지 않은 것은?

① 업무연속성은 장애에 대한 예방을 통한 중단 없는 서비스 체계와 재난 발생 후에 경영 유지.복구 방법을 명시해야 한다.

② 재해복구시스템의 백업센터 중 미러 사이트(Mirror Site)는 백업센터 중 가장 짧은 시간 안에 시스템을 복구한다.

③ 콜드 사이트(Cold Site)는 주전산센터의 장비와 동일한 장비를 구비한 백업 사이트이다.

④ 재난복구서비스인 웜 사이트(Warm Site)는 구축 및 유지비용이 콜드 사이트(Cold Site)에 비해서 높다.

ANSWER 19.③

19 **업무 연속성 계획**(BCP;Business Continuity Planning) … 어떠한 재난이 발생하더라도 데이터는 손실되지 않아야 하며, 서비스는 중단 없이 계속돼야만 한다는 것.

- **콜드 사이트**(Cold Site) : 재해 발생을 대비하여 평상시 주기적으로 주요 데이터를 백업해 보관하거나 소산해 두고 재해 발생 시에 시스템 운용을 재개할 수 있도록 별도의 물리적인 공간과 전원 및 배전 설비, 통신 설비 등을 이용하는 복구 방식.
- **웜 사이트**(Warm Site) : 메인 센터와 동일한 수준의 정보 기술 자원을 보유하는 대신 중요성이 높은 기술 자원만 부분적으로 보유하는 방식으로 실시간 미러링을 수행하지 않으며 데이터의 백업 주기가 수 시간~1일(RTO) 정도로 핫사이트에 비해 다소 길다.
- **미러 사이트**(Mirror Site) : 메인 센터와 동일한 수준의 정보 기술 자원을 원격지에 구축하고, 메인 센터와 재해 복구 센터 모두 액티브 상태로 실시간 동시 서비스를 하는 방식으로 RTO(복구 소요 시간)은 이론적으로 '0'이다.

20 「개인정보 보호법 시행령」의 내용으로 옳지 않은 것은?

① 공공기관의 영상정보처리기기는 재위탁하여 운영할 수 없다.

② 개인정보처리자가 전자적 파일 형태의 개인정보를 파기하여야 하는 경우 복원이 불가능한 형태로 영구 삭제하여야 한다.

③ 개인정보처리자는 개인정보의 처리에 대해서 전화를 통하여 동의 내용을 정보주체에게 알리고 동의 의사표시를 확인하는 방법으로 동의를 받을 수 있다.

④ 공공기관이 개인정보를 목적 외의 용도로 이용하는 경우에는 '이용하거나 제공하는 개인정보 또는 개인정보파일의 명칭'을 개인정보의 목적 외 이용 및 제3자 제공 대장에 기록하고 관리하여야 한다.

ANSWER 20.①

20 공공기관의 고정형 영상정보처리기기 설치 · 운영 사무의 위탁〈개인정보 보호법 시행령 제26조〉

㉠ 법 제25조 제8항 단서에 따라 공공기관이 고정형 영상정보처리기기의 설치 · 운영에 관한 사무를 위탁하는 경우에는 다음 각 호의 내용이 포함된 문서로 하여야 한다.

- 위탁하는 사무의 목적 및 범위
- 재위탁 제한에 관한 사항
- 영상정보에 대한 접근 제한 등 안전성 확보 조치에 관한 사항
- 영상정보의 관리 현황 점검에 관한 사항
- 위탁받는 자가 준수하여야 할 의무를 위반한 경우의 손해배상 등 책임에 관한 사항

㉡ ㉠에 따라 사무를 위탁한 경우에는 규정에 따른 안내판 등에 위탁받는 자의 명칭 및 연락처를 포함시켜야 한다.

정보보호론 | 2019. 6. 15. 제1회 지방직 시행

1 정보통신망 등의 침해사고에 대응하기 위해 기업이나 기관의 업무 관할 지역 내에서 침해사고의 접수 및 처리 지원을 비롯해 예방, 피해 복구 등의 임무를 수행하는 조직은?

① CISO
② CERT
③ CPPG
④ CPO

2 취약한 웹 사이트에 로그인한 사용자가 자신의 의지와는 무관하게 공격자가 의도한 행위(수정, 삭제, 등록 등)를 일으키도록 위조된 HTTP 요청을 웹 응용 프로그램에 전송하는 공격은?

① DoS 공격
② 취약한 인증 및 세션 공격
③ SQL 삽입 공격
④ CSRF 공격

ANSWER 1.② 2.④

1 ① 정보보호 최고 책임자(CISO) : 기업에서 정보보안을 위한 기술적 대책과 법률 대응까지 총괄 책임을 지는 최고 임원.
③ 개인정보 관리사(CPPG) : 개인정보 보호정책과 대처 방법론에 대한 지식이나 능력을 갖춘 사람.
④ 개인정보 보호책임자(CPO) : 개인정보를 안전하게 보호 관리하기 위해 개인정보 처리 업무를 총괄해서 관리하는 최고 책임자.

2 ① DoS 공격 : 대상 네트워크나 웹 자원에 대한 합법적인 사용자의 접근을 방해하는 데 사용되는 방법
② 취약한 인증 및 세션 공격 : 다른 계정 도용 또는 권한 탈취 등 권한과 관련된 취약점을 악용하는 기법
③ SQL 삽입 공격 : 전송되는 인수에 추가적인 실행을 위한 코드를 넣는 것.

3 OECD 개인정보보호 8개 원칙 중 다음에서 설명하는 것은?

> 개인정보 침해, 누설, 도용을 방지하기 위한 물리적 · 조직적 · 기술적인 안전조치를 확보해야 한다.

① 수집 제한의 원칙(Collection Limitation Principle)

② 이용 제한의 원칙(Use Limitation Principle)

③ 정보 정확성의 원칙(Data Quality Principle)

④ 안전성 확보의 원칙(Security Safeguards Principle)

ANSWER 3.④

3 〈개인정보보호에 관한 OECD 8원칙〉

1. 수집제한의 원칙
   무차별적인 개인정보를 수집하지 않도록 제한, 정보 수집을 위해서는 정보주체의 인지 또는 동의가 최소한의 요건 (범죄 수사 활동 등은 예외)
2. 정보정확성의 원칙
   개인정보가 사용될 목적에 부합하고, 이용목적에 필요한 범위 안에서 정확하고, 완전하며, 최신의 것
3. 목적 명확화의 원칙
   수집 목적이 수집 시점까지는 명확할(알려질) 것, 목적 변경시 명시될 것
4. 이용 제한의 원칙
   목적 명확화 원칙에 의거 명시된 목적 외 공개, 이용 등 제한
5. 정보의 안전한 보호 원칙
   개인정보 유실, 불법접근, 이용, 수정, 공개 등 위험에 대한 적절한 보안유지 조치에 의해 보호
6. 공개의 원칙
   개인정보 관련 제도 개선, 실무, 정책 등에 대해 일반적 정책 공개 개인정보 존재, 성격, 주요이용목적, 정보처리자의 신원 등을 즉시 파악할 수 있는 장치 마련
7. 개인 참가의 원칙
   개인은 자신과 관련한 정보를 정보처리자가 보유하고 있는지 여부에 대해 정보처리자로부터 확인받을 권리, 요구 거부 이유를 요구하고, 거부에 대해 이의 제기 권리
8. 책임의 원칙
   정보처리자가 보호 원칙 시행조치 이행하는데 책임성

4 스테가노그래피에 대한 설명으로 옳지 않은 것은?

① 스테가노그래피는 민감한 정보의 존재 자체를 숨기는 기술이다.
② 원문 데이터에 비해 더 많은 정보의 은닉이 가능하므로 암호화보다 공간효율성이 높다.
③ 텍스트 · 이미지 파일 등과 같은 디지털화된 데이터에 비밀 이진(Binary) 정보가 은닉될 수 있다.
④ 고해상도 이미지 내 각 픽셀의 최하위 비트들을 변형하여 원본의 큰 손상 없이 정보를 은닉하는 방법이 있다.

5 다음 중 OSI 7계층 모델에서 동작하는 계층이 다른 것은?

① L2TP
② SYN 플러딩
③ PPTP
④ ARP 스푸핑

ANSWER 4.② 5.②

4 스테가노그래피(steganography) … 메시지가 전송되고 있다는 사실을 숨기는 기술 및 내용을 숨기기 위해 은닉 채널이나 보이지 않는 잉크를 사용하는 것과 같은 기술로 이미지 및 오디오 파일과 같이 다양한 디지털 매체를 통해 메시지를 숨겨 전송

5
- Layer2 : 데이터링크 계층
  - 데이터링크 계층은 오류 탐지 및 교정을 전담하는 계층으로 MAC 주소를 기반으로 통신을 하고 있다.
  - 프로토콜 : L2TP, PPTP, ARP 스푸핑
- Layer4 : 전송계층
  - 전송계층은 호스트들 사이에 메시지를 전송하는 계층으로, 이때 전달되는 메시지를 세그먼트라고 부른다.
  - 프로토콜 : TCP, UDP, SPX, 상호인증, 암호화, 무결성
- 위협 및 대응책
  - 위협
    SYN 플러딩
    포트 스캐닝
  - 대응책
    SYN 프락시
    허니팟

6 **해시 함수의 충돌에 대한 설명으로 옳은 것은?**

① 해시 함수의 입력 메시지가 길어짐에 따라 생성되는 해시 값이 길어지는 것을 의미한다.
② 서로 다른 해시 함수가 서로 다른 입력 값에 대해 동일한 출력 값을 내는 것을 의미한다.
③ 동일한 해시 함수가 서로 다른 두 개의 입력 값에 대해 동일한 출력 값을 내는 것을 의미한다.
④ 동일한 해시 함수가 동일한 입력 값에 대해 다른 출력 값을 내는 것을 의미한다.

7 **암호화 기법들에 대한 설명으로 옳지 않은 것은?**

① Feistel 암호는 전치(Permutation)와 대치(Substitution)를 반복시켜 암호문에 평문의 통계적인 성질이나 암호키와의 관계가 나타나지 않도록 한다.
② Kerckhoff의 원리는 암호 해독자가 현재 사용되고 있는 암호 방식을 알고 있다고 전제한다.
③ AES는 암호키의 길이를 64비트, 128비트, 256비트 중에서 선택한다.
④ 2중 DES(Double DES) 암호 방식은 외형상으로는 DES에 비해 2배의 키 길이를 갖지만, 중간일치공격 시 키의 길이가 1비트 더 늘어난 효과밖에 얻지 못한다.

ANSWER 6.③ 7.③

6 **해시 충돌** … 해시 함수가 서로 다른 두 개의 입력값에 대해 동일한 출력값을 내는 상황을 의미하며 해시 함수가 무한한 가짓수의 입력값을 받아 유한한 가짓수의 출력값을 생성하는 경우, 비둘기집 원리에 의해 해시 충돌은 항상 존재한다.
- 해시 충돌은 해시 함수를 이용한 자료구조나 알고리즘의 효율성을 떨어뜨린다.
- 해시 함수는 해시 충돌이 자주 발생하지 않도록 구성하며 암호학적 해시 함수의 경우 해시 함수의 안전성을 깨뜨리는 충돌 공격이 가능할 수 있기에 의도적인 해시 충돌을 만드는 것이 어렵도록 해야 한다.

7 ③ AES는 DES를 대신하여 새로운 표준이 된 대칭 알고리즘으로 SPN 구조이며 입력블록은 128, 키사이즈는 128, 192, 256비트이고 그에 따라서 라운드 수는 각각 10, 12, 14이다.
① Feistel 암호는 암호방식의 설계가 암호학적으로 다른 암호방식보다 강하도록 두 개 이상의 기본 암호가 연속적으로 수행되는 방식을 말하며 전치와 대치를 번갈하 수행하는 방식이다.
② Kerckhoff의 원리는 암호시스템의 안전성은 암호 알고리즘의 비밀을 지키는데 의존되어서는 안되고, 키의 비밀을 지키는데 의존되어야 한다는 원리를 말한다.
④ 2중 DES(Double DES) 암호 방식은 관측된 평문과 암호문이 주어지고 중간충돌 공격을 하면 2중 DES가 단일 DES에 비하여 안전성이 증대하지 않음을 알 수 있음(암호 해독 시간이 단일 DES의 2배가 안됨)

8 디지털 포렌식에 대한 설명에서 ㉠, ㉡에 들어갈 용어는?

> (㉠) 공간은 물리적으로 파일에 할당된 공간이지만 논리적으로 사용할 수 없는 낭비 공간이기 때문에, 공격자가 의도적으로 정보를 은닉할 가능성이 있다. 또한, 이전에 저장되었던 데이터가 남아 있을 가능성이 있어 파일 복구와 삭제된 파일의 파편 조사에 활용할 수 있다. 이 때, 디지털 포렌식의 파일 (㉡) 과정을 통해 디스크 내 비구조화된 데이터 스트림을 식별하고 의미 있는 내용을 추출할 수 있다.

	㉠	㉡
①	실린더(Cylinder)	역어셈블링(Disassembling)
②	MBR(Master Boot Record)	리버싱(Reversing)
③	클러스터(Cluster)	역컴파일(Decompiling)
④	슬랙(Slack)	카빙(Carving)

ANSWER 8.④

8 • **디지털포렌식**(Digital Forensic) : PC나 노트북, 휴대폰 등 각종 저장매체 또는 인터넷 상에 남아 있는 각종 디지털 정보를 분석해 범죄 단서를 찾는 수사기법을 말한다.
• **슬랙공간**(slack space area) : 저장 매체의 물리적인 구조와 논리적인 구조의 차이로 발생하는 낭비공간으로 물리적으로 할당되어 있으나 논리적으로 할당되어 있지 않기 때문에 사용 불가능한 공간이며 정보 은닉 가능하다.
• **파일 카빙**(File Carving) : 데이터 영역에 존재하는 파일 자체 정보(시그니처, 논리구조, 형식 등 고유특성)를 이용하는 방법으로 디스크의 비할당 영역을 대상으로 처음부터 끝까지 스캔하여 삭제된 파일을 찾아보고 특정 파일의 포맷이 탐지 될 경우 이를 복원하는 방식

9 **버퍼 오버플로우 공격 대응 방법 중 ASLR(Address Space Layout Randomization)에 대한 설명으로 옳은 것은?**

① 함수의 복귀 주소 위조 시, 공격자가 원하는 메모리 공간의 주소를 지정하기 어렵게 한다.

② 함수의 복귀 주소와 버퍼 사이에 랜덤(Random) 값을 저장하여 해당 주소의 변조 여부를 탐지한다.

③ 스택에 있는 함수 복귀 주소를 실행 가능한 임의의 libc 영역 내 주소로 지정하여 공격자가 원하는 함수의 실행을 방해한다.

④ 함수 호출 시 복귀 주소를 특수 스택에 저장하고 종료 시 해당 스택에 저장된 값과 비교하여 공격을 탐지한다.

10 **국내의 기관이나 기업이 정보 및 개인정보를 체계적으로 보호할 수 있도록 통합된 관리체계 인증제도는?**

① PIPL－P

② ISMS－I

③ PIMS－I

④ ISMS－P

ANSWER 9.① 10.④

9 ASLR(Address Space Layout Randomization) … 프로세스의 가상주소공간에 어떤 객체가 매핑될 때, 그 위치를 프로그램 실행시마다 랜덤하게 변경하는 보안기법.

- ASLR은 사용자 어플리케이션의 힙, 스택, 공유 라이브러리(예:libc, libpthread 등)를 처리의 가상 주소공간에 mapping 시키는 위치를 매 실행시마다 랜덤 하게 배치하는 것이며 이미 메모리 위치가 runtime에 결정되는 동적객체 들은 ASLR 개념을 적용할 필요가 없다고 할수 있다.

10 ISMS-P(Personal Information&Information Security Management System)

- 정보보호 및 개인정보보호를 위한 일련의 조치와 활동이 인증기준에 적합함을 인터넷진흥원 또는 인증기관이 증명하는 제도
- 'ISMS(정보보호 관리체계 인증, Information Security Management System) 인증'와 'PIMS(개인정보보호 관리체계 인증, Personal Information Security Mamagement System) 인증'의 중복을 해소하고자 만들어진 통합인증 제도

11 다음의 블록 암호 운용 모드는?

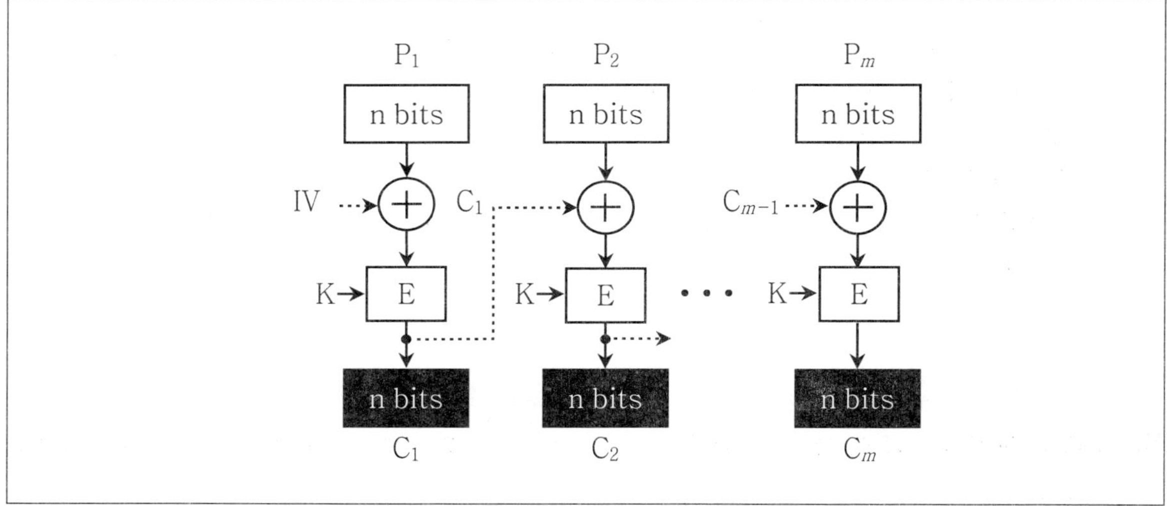

E: 암호화	K: 암호화 키
P1, P2,. . . , Pm: 평문 블록	C1, C2,. . . , Cm: 암호 블록
IV: 초기화 벡터	⊕ : XOR

① 전자 코드북 모드(Electronic Code Book Mode)

② 암호 블록 연결 모드(Cipher Block Chaining Mode)

③ 암호 피드백 모드(Cipher Feedback Mode)

④ 출력 피드백 모드(Output Feedback Mode)

ANSWER 11.②

11 ② **암호 블록 연결 모드**(Cipher Block Chaining Mode) : 암호문 블록을 마치 체인처럼 연결시키기 때문에 붙여진 이름으로 CBC 모드에서는 1 단계 앞에서 수행되어 결과로 출력된 암호문 블록에 평문 블록을 XOR 하고 나서 암호화를 수행한다. 따라서 생성되는 각각의 암호문 블록은 단지 현재 평문 블록 뿐만 아니라 그 이전의 평문 블록들의 영향도 받게 된다.

※ CBC 모드에서는 한 단계 전에 수행되어 결과로 출력된 암호문 블록에 평문 블록을 XOR하고 나서 암호화를 수행한다. 따라서 생성되는 각각의 암호문 블록은 현재 평문 블록뿐만 아니라 그 이전의 평문 블록들의 영향도 받게 된다.

12 무결성을 위협하는 공격이 아닌 것은?

① 스누핑 공격(Snooping Attack)

② 메시지 변조 공격(Message Modification Attack)

③ 위장 공격(Masquerading Attack)

④ 재전송 공격(Replay Attack)

13 다음에서 설명하는 접근 제어 모델은?

군사용 보안구조의 요구사항을 충족시키기 위해 개발된 최초의 수학적 모델로 알려져 있다. 불법적 파괴나 변조보다는 정보의 기밀성 유지에 초점을 두고 있다. '상위레벨 읽기금지 정책(No-Read-Up Policy)'을 통해 인가받은 비밀 등급이 낮은 주체는 높은 보안 등급의 정보를 열람할 수 없다. 또한, 인가받은 비밀 등급 이하의 정보 수정을 금지하는 '하위레벨 쓰기금지 정책(No-Write-Down Policy)'을 통해 비밀 정보의 유출을 차단한다.

① DAC(Discretionary Access Control) 모델

② Bell-LaPadula 모델

③ Biba 모델

④ RBAC(Role-Based Access Control) 모델

ANSWER 12.① 13.②

12 보안공격의 3가지 형태

㉠ 기밀성 위협 : 허가된, 인가된 사람만 시스템에 접근 가능하다.(소극적 공격)
- 스누핑 공격
- 트래픽분석

㉡ 무결성 위협 : 정보의 내용이 불법적으로 생성 또는 변경되거나 삭제되지 않도록 해야 한다.(적극적 공격)
- 변조(메시지 수정)
- 위장
- 재전송
- 부인

㉢ 가용성 위협 : 정보는 사용자가 필요로 하는 시점에 접근 가능해야 한다는 원칙이다.(적극적 공격)

13 ① DAC(Discretionary Access Control) 모델 : 임의적 접근통제로 어떤 사용자든지 임의적으로 다른 객체에 접근할 수 있도록 허용하는 기법

③ Biba 모델 : 무결성을 통제하기 위해 개발된 보안 모델

④ RBAC(Role-Based Access Control) 모델 : 역할기반접근통제로 사용자에게 할당된 역할에 기반하여 접근 통제하는 기법

14 유럽의 일반개인정보보호법(GDPR)에 대한 설명으로 옳은 것은?

① EU 회원국들 간 개인정보의 자유로운 이동을 금지하기 위한 목적을 갖는다.

② 그 자체로는 EU의 모든 회원국에게 직접적인 법적 구속력을 갖지 않는다.

③ 중요한 사항 위반 시 직전 회계연도의 전 세계 매출액 4% 또는 2천만 유로 중 높은 금액이 최대한도 부과 금액이다.

④ 만 19세 미만 미성년자의 개인정보 수집 시 친권자의 동의를 얻어야 한다.

ANSWER 14.③

14 GDPR … 2018년 5월 25일부터 시행되고 있는 EU(유럽연합)의 개인정보보호 법령

제정 목적	• 디지털 단일시장에 적합한 통일되고 단순화된 프레임워크 -단일 개인정보보호법 적용 -원스톱샵 메커니즘 • 권리와 의무 강화 -정보주체 권리 확대 -기업의 책임성 강화 • 현대화된 개인정보보호 거버넌스 체계 마련 -개인정보 감독기구간 협력 강화 -신뢰할 수 있고 비례적인 제재 부과 -법 적용의 일관성을 보장하기 위한 European Data Protection Board 설립
적용대상 및 범위	• 적용대상 기업 -EU 내에 사업장(establishment)을 운영하며, 개인정보 처리 -EU 거주자에게 재화나 서비스를 제공 -EU 거주자의 EU 內 행동을 모니터링 • '국적'이 아닌, 'EU 거주자'에 해당하는 지 고려 • '명백히' EU 시장을 염두에 두고 있을 때 적용, 단순 접근 가능성은 GDPR 적용의 근거가 되지 않음
정보주체의 권리	• 정보를 제공받을 권리 • 정보주체의 열람권 • 정정권 • 삭제권(잊힐권리) • 처리 제한권 • 개인정보 이동권 • 반대권 • 프로파일링을 포함한 자동화된 의사결정
기업의 책임성	• DPO(Data Protection Officer) 지정 • DPbD(Data Protection by Design and by Default) • 개인정보 영향평가(DPIA) • 처리 활동의 기록 • 기술적 관리적 보호조치
과징금 부과	• 일반 위반 : 전세계 연간 매출액 2% 미만 또는 1천만 유로 중 높은 금액(최대 과징금의 경우) • 심각한 위반 : 전세계 연간 매출액 4% 또는 2천만 유로 중 높은 금액(최대 과징금의 경우)

15 IPsec의 캡슐화 보안 페이로드(ESP) 헤더에서 암호화되는 필드가 아닌 것은?

① SPI(Security Parameter Index) ② Payload Data
③ Padding ④ Next Header

16 SSL 프로토콜에 대한 설명으로 옳지 않은 것은?

① 서버와 클라이언트 간 양방향 통신에 동일한 암호화 키를 사용한다.
② 웹 서비스 이외에 다른 응용 프로그램에도 적용할 수 있다.
③ 단편화, 압축, MAC 추가, 암호화, SSL 레코드 헤더 추가의 과정으로 이루어진다.
④ 암호화 기능을 사용하면 주고받는 데이터가 인터넷상에서 도청되는 위험성을 줄일 수 있다.

17 KCMVP에 대한 설명으로 옳은 것은?

① 보안 기능을 만족하는 신뢰도 인증 기준으로 EAL1부터 EAL7까지의 등급이 있다.
② 암호 알고리즘이 구현된 프로그램 모듈의 안전성과 구현 적합성을 검증하는 제도이다.
③ 개인정보 보호활동을 체계적 · 지속적으로 수행하기 위한 관리체계의 구축과 이행 여부를 평가한다.
④ 조직의 정보자산을 효과적으로 보호하고 있는지 평가하여 일정 수준 이상의 기업에 인증을 부여한다.

ANSWER 15.① 16.① 17.②

15 IPSec 보안 페이로드 캡슐화(ESP : Encapsulating Security Payload) : ESP의 주요 역할은 IP 데이터그램을 암호화하여 프라이버시를 보장하는 것

※ ESP 필드
㉠ ESP 헤더
- SPI와 Sequence Number라는 두 필드를 포함하며, 암호화된 데이터 앞에 온다.

㉡ ESP 트레일러
- 암호화된 데이터 뒤에 위치하며, 패딩과 패딩 길이 필드를 이용하여 암호화된 데이터를 32비트로 맞춘다.
- ESP 트레일러는 ESP의 다음 헤더 필드도 포함한다.

㉢ ESP 인증 데이터
- AH 프로토콜과 유사한 방식으로 계산되는 ICV를 포함한다.
- ESP의 선택적 인증 기능이 적용될 때 사용된다.

16 SSL은 클라이언트와 서버간 통신하는 데이터를 안전하게 보호하기 위해 사용하며 이를 위해 사용자 인증 및 비밀키 암호(DES, 3DES, RC4)를 사용하여 데이터를 보호한다.

17 암호모듈검증제도(Korea Cryptographic Module Validation Program: KCMVP) : 전자정부법 시행령 제69조와 암호모듈시험 및 검증지침에 의거, 국가 및 공공기관 정보통신망에서 소통되는 자료 중에서 비밀로 분류되지 않은 중요 정보의 보호를 위해 사용되는 암호 모듈의 안전성과 구현 적합성을 검증하는 제도.

18 「개인정보 보호법」상 개인정보 분쟁조정위원회에 대한 설명으로 옳지 않은 것은? [기출변형]

① 분쟁조정위원회는 위원장 1명을 포함한 30명 이내의 위원으로 구성한다.

② 위원장은 행정안전부 · 방송통신위원회 · 금융위원회 및 개인정보보호위원회의 고위공무원단에 속하는 일반직공무원 중에서 위촉한다.

③ 분쟁조정위원회는 재적위원 과반수의 출석으로 개의하며 출석위원 과반수의 찬성으로 의결한다.

④ 위원은 자격정지 이상의 형을 선고받거나 심신상의 장애로 직무를 수행할 수 없는 경우를 제외하고는 그의 의사에 반하여 면직되거나 해촉되지 아니한다.

ANSWER 18.②

18 ④ 위원장은 위원 중에서 공무원이 아닌 사람으로 보호위원회 위원장이 위촉한다.

※ 제7장 개인정보 분쟁조정위원회 제40조(설치 및 구성)

① 개인정보에 관한 분쟁의 조정(調停)을 위하여 개인정보 분쟁조정위원회(이하 "분쟁조정위원회"라 한다)를 둔다.

② 분쟁조정위원회는 위원장 1명을 포함한 30명 이내의 위원으로 구성하며, 위원은 당연직위원과 위촉위원으로 구성한다.

③ 위촉위원은 다음 각 호의 어느 하나에 해당하는 사람 중에서 보호위원회 위원장이 위촉하고, 대통령령으로 정하는 국가기관 소속 공무원은 당연직위원이 된다.

1. 개인정보 보호업무를 관장하는 중앙행정기관의 고위공무원단에 속하는 공무원으로 재직하였던 사람 또는 이에 상당하는 공공부문 및 관련 단체의 직에 재직하고 있거나 재직하였던 사람으로서 개인정보 보호업무의 경험이 있는 사람
2. 대학이나 공인된 연구기관에서 부교수 이상 또는 이에 상당하는 직에 재직하고 있거나 재직하였던 사람
3. 판사 · 검사 또는 변호사로 재직하고 있거나 재직하였던 사람
4. 개인정보 보호와 관련된 시민사회단체 또는 소비자단체로부터 추천을 받은 사람
5. 개인정보처리자로 구성된 사업자단체의 임원으로 재직하고 있거나 재직하였던 사람

④ 위원장은 위원 중에서 공무원이 아닌 사람으로 보호위원회 위원장이 위촉한다.

⑤ 위원장과 위촉위원의 임기는 2년으로 하되, 1차에 한하여 연임할 수 있다.

⑥ 분쟁조정위원회는 분쟁조정 업무를 효율적으로 수행하기 위하여 필요하면 대통령령으로 정하는 바에 따라 조정사건의 분야별로 5명 이내의 위원으로 구성되는 조정부를 둘 수 있다. 이 경우 조정부가 분쟁조정위원회에서 위임받아 의결한 사항은 분쟁조정위원회에서 의결한 것으로 본다.

⑦ 분쟁조정위원회 또는 조정부는 재적위원 과반수의 출석으로 개의하며 출석위원 과반수의 찬성으로 의결한다.

⑧ 보호위원회는 분쟁조정 접수, 사실 확인 등 분쟁조정에 필요한 사무를 처리할 수 있다.

⑨ 이 법에서 정한 사항 외에 분쟁조정위원회 운영에 필요한 사항은 대통령령으로 정한다.

19 **전자화폐 및 가상화폐에 대한 설명으로 옳지 않은 것은?**

① 전자화폐는 전자적 매체에 화폐의 가치를 저장한 후 물품 및 서비스 구매 시 활용하는 결제 수단이며, 가상화폐는 전자화폐의 일종으로 볼 수 있다.

② 전자화폐는 발행, 사용, 교환 등의 절차에 관하여 법률에서 규정하고 있으나, 가상화폐는 별도로 규정하고 있지 않다.

③ 가상화폐인 비트코인은 분산원장기술로 알려진 블록체인을 이용한다.

④ 가상화폐인 비트코인은 전자화폐와 마찬가지로 이중 지불(Double Spending)문제가 발생하지 않는다.

20 **X.509 인증서(버전 3)의 확장(Extensions) 영역에 포함되지 않는 항목은?**

① 인증서 정책(Certificate Policies)
② 기관 키 식별자(Authority Key Identifier)
③ 키 용도(Key Usage)
④ 서명 알고리즘 식별자(Signature Algorithm Identifier)

ANSWER 19.④ 20.④

19 이중지불(double spending) : 만일 악의를 가진 사람이 동시에 각각 다른 유저에게 암호화폐(비트코인, 이더리움등)를 사용할 경우 이를 '이중 지불'이라 한다. 이중 지불의 문제를 해결하는 것이 암호화폐의 핵심 기능이라 할 수 있다. 비트코인 채굴과 블록체인은 이중지불을 방지하는 데 그 목적이 있으며, 이로써 네트워크가 어떤 비트코인 거래들이 유효한 것인지를 확인하고 합의할수 있다.

20 ④ 서명 알고리즘 식별자(Signature Algorithm Identifier)은 인증서의 기본영역에 해당한다.

㉠ 인증서의 기본 영역
- 버전 : 인증서의 형식 구분(우리가 사용하는 대부분의 공인인증서는 버전3이다.)
- 일련번호 : 인증서를 발급한 인증기관 내의 인증서 일련번호
- 서명 알고리즘 : 인증서를 발급할 때 사용한 알고리즘
- 발급자 : 인증서를 발급한 인증기관의 DN(Distinguish Name)
- 유효 기간(시작, 끝) : 인증서를 사용할 수 있는 기간(시작일과 만료일을 기록하며 초 단위까지 표기됨).
- 주체 : 인증서 소유자의 DN(Distinguish Name)
- 공개키 : 인증서의 모든 영역을 해시해서 인증기관의 개인키로 서명한 값

㉡ 인증서의 확장 영역
- 기관 키 식별자 : 인증서를 확인할 때 사용할 인증기관 공개키의 유일 식별자
- 주체 키 식별자 : 인증서 소유자의 공개키에 대한 유일 식별자
- 주체 대체 이름 : 인증서 사용자의 이름 혹은 또 다른 별개의 이름에 대한 부가정보로 사용자 ID, E-mail, IP 주소, DNS 이름 등을 표시(버전3에서는 x.500DN 이외에 하나의 대체 이름을 가질 수 있다.)
- CRL 배포 지점 : 인증서의 폐기 여부를 확인하기 위한 인증서 폐기 목록(CRL)이 있는 위치
- 기관 정보 액세스
- 키 사용 용도 : 인증서에 포함된 공개키의 용도를 나타냄
  예 전자서명, 부인 방지, 키 암호화, 데이터 암호화, 키 동의, 인증서 서명 등
- 인증서 정책
- 손도장 알고리즘
- 손도장

정보보호론

2019. 6. 15. 제2회 서울특별시 시행

1 해시와 메시지 인증코드에 대한 〈보기〉의 설명에서 ㉠, ㉡에 들어갈 말을 순서대로 나열한 것은?

〈보기〉

해시와 메시지 인증코드는 공통적으로 메시지의 (㉠)을 검증할 수 있지만, 메시지 인증코드만 (㉡) 인증에 활용될 수 있다.

	㉠	㉡
①	무결성	상호
②	무결성	서명자
③	비밀성	상호
④	비밀성	서명자

ANSWER 1.①

1 • 해쉬함수의 응용

- 해쉬함수는 전자서명에 사용된다고 했는데, 이것은 서명자가 특정 문서에 자신의 개인키를 이용하여 연산함으로써 데이터의 무결성과 서명자의 인증성을 함께 제공하는 방식이다. 메시지 전체에 직접 서명하는 것은 공개키 연산을 모든 메시지 블록마다 반복해야 하기 때문에 매우 비효율적이며 메시지에 대한 해쉬값을 계산한 후, 이것에 서명함으로써 매우 효율적으로 전자서명을 생성할 수 있다.
- 서명자는 메시지 자체가 아니라 해쉬값에 대해 서명을 하였지만, 같은 해쉬값을 가지는 다른 메시지를 찾아내는 것이 어렵기 때문에 이 서명은 메시지에 대한 서명이라고 인정된다.
- 송신자의 신분인증이 필요없고 데이터가 통신 중 변조되지 않았다는 무결성만 필요할 때, 해쉬함수를 메시지 인증코드(MAC : Message Authentication Code)라는 형태로 사용할 수 있다. 송신자와 수신자가 비밀키를 공유하고 있으면 송신자는 메시지와 공유된 비밀키를 입력으로 하여 해쉬값을 계산하면 메시지 인증코드가 된다. 메시지와 메시지 인증코드를 보내면 수신자는 메시지가 통신 도중 변조되지 않았다는 확신을 가질 수 있다.

2 바이러스의 종류 중에서 감염될 때마다 구현된 코드의 형태가 변형되는 것은?

① Polymorphic Virus

② Signature Virus

③ Generic Decryption Virus

④ Macro Virus

3 침입탐지시스템(IDS)에 대한 설명으로 가장 옳지 않은 것은?

① 오용탐지는 새로운 침입 유형에 대한 탐지가 가능하다.

② 기술적 구성요소는 정보 수집, 정보 가공 및 축약, 침입 분석 및 탐지, 보고 및 조치 단계로 이루어진다.

③ 하이브리드 기반 IDS는 호스트 기반 IDS와 네트워크 기반 IDS가 결합한 형태이다.

④ IDS는 공격 대응 및 복구, 통계적인 상황 분석 보고 기능을 제공한다.

ANSWER 2.① 3.①

2 ① Polymorphic Virus(다형성 바이러스) : 파일을 감염시킬 때마다 자신의 이름이나 모습을 바꾸는 바이러스

② Signature Virus(바이러스 서명) : 바이러스의 고유한 비트열이나 이진수의 패턴, 특정 바이러스를 검색, 식별하기 위해 사용되는 지문과 같은 것

④ Macro Virus(매크로 바이러스) : 매크로 명령을 사용하는 프로그램의 데이터에 감염되는 컴퓨터 바이러스

3 침입탐지시스템(IDS, Intrusion Detection System) … 일반적으로 시스템에 대한 원치 않는 조작을 탐지.

- 침입탐지 기법은 비정상적인 컴퓨터의 비정상적인 행위나 사용에 근거한 침입을 탐지하고 새로운 공격이 탐지 가능한 비정상 탐지 모델과 시스템이나 응용 소프트웨어의 약점을 통하여 시스템에 침입할 수 있는 공격형태로 새로운 공격에 대해서 탐지가 불가능한 오용탐지 모델이 있다.

4 〈보기〉에서 블록암호 모드 중 초기 벡터(Initialization Vector)가 필요하지 않은 모드를 모두 고른 것은?

〈보기〉

㉠ CTR 모드 ㉡ CBC 모드 ㉢ ECB 모드

① ㉠
② ㉢
③ ㉡, ㉢
④ ㉠, ㉡, ㉢

ANSWER 4.②

4 **블록암호 운용모드** : 블록암호를 반복적으로 안전하게 이용하는 절차에 대한 방식으로 가변길이 데이터를 암호화하기 위해 블록단위로 나눈 후, 그 블록들을 어떤 방식으로 암호화 처리를 할지를 정해주는 것으로 초기화 벡터와 패딩이 있다.

㉠ **초기화 벡터**(IV) : 첫 블록을 암호화 할 때 사용되는 값으로 일반적으로 블록암호의 경우 블록크기와동일하며 CTR 등의 일부 운용 방식에서는 초기화 벡터라는 용어 대신의 nonce라는 용어를 사용

㉡ **패딩**(Padding) : 데이터를 블록단위로 맞추기 위해서 부족한 부분을 특정 값으로 채워 넣는 것

- ECB mode(전자코드북)
  - 운용방식 중 간단한 구조를 가지며 암호화 하려는 메시지를 여러 블록으로 나누어 각각 암호화 하는 방식이다.
  - 블록 암호의 가장 기본적인 형태라고 볼수 있으며 순수하게 입력 블록단위로 부가적인 것 없이 암호 알고리즘만 수행한다.
  - 장점 : 병렬 처리가 가능, 빠른 연산이 가능, 초기화 벡터를 거의 사용하지 않으며 같은 메시지에 대해서 암호화를 진행한다면 동일한 암호문이 나오게 된다.
- CBC mode(암호블록 체인)
  - 1976년 IBM에 의해 개발되었으며 ECB mode의 같은 블록에 대한 암호문이 같은 취약점을 개선하였다. 첫 블록의 경우 초기화 벡터와 xor 연산이 적용된 후 암호화가 진행되며 각 블록의 암호화 연산으로 나온 결과값을 다시 초기화 벡터로 사용하여 다음 블록이 암호화 되는 방식이다.
- CTR mode (카운터)
  - 블록암호 방식을 스트림 암호로 바꾸는 구조로 카운터 값을 이용해서 각 블록마다 현재 블록이 몇 번째 인지 정하고 그 카운터 값과 nonce 값을 결합하여 블록암호의 입력값으로 사용한다.

5 **스트림 암호(Stream Cipher)에 대한 설명으로 가장 옳지 않은 것은?**

① Key Stream Generator 출력값을 입력값(평문)과 AND 연산하여, 암호문을 얻는다.

② 절대 안전도를 갖는 암호로 OTP(One-Time Pad)가 존재한다.

③ LFSR(Linear Feedback Shift Register)로 스트림 암호를 구현할 수 있다.

④ Trivium은 현대적 스트림 암호로 알려져 있다.

6 **<보기>에서 설명하는 DRM 구성요소는?**

<보기>

DRM의 보호 범위에서 유통되는 콘텐츠의 배포 단위로서 암호화된 콘텐츠 메타 데이터, 전자서명 등의 정보로 구성되어 있다. 또한, MPEG-21 DID 규격을 따른다.

① 식별자

② 클리어링 하우스

③ 애플리케이션

④ 시큐어 컨테이너

ANSWER 5.① 6.④

5 스트림 암호(Stream Cipher)는 대칭 키 암호의 구조 중 하나로, 유사난수를 연속적(스트림)으로 생성하여 암호화하려는 자료와 결합하려는 구조를 가진다. 이진 수열 발생기로 평문을 일련의 비트열로 취급하여 한 번에 1비트씩(혹은 바이트/워드 단위) 암호화시키는 암호 시스템이다.

스트림 암호는 빠르게 디자인될 수 있고 실제로 어떠한 블록 암호보다도 빠르기 때문에 무선통신 기기에 주로 사용된다.

블록 암호는 큰 블록 데이터를 사용하지만 스트림 암호는 일반적으로 평문의 작은 단위인 비트를 사용하며 암호화는 일반적으로 비트 단위 배타적 논리합(XOR) 연산으로 평문과 키 스트림과의 결합에 의해서 생성된다.

6 DRM의 구성요소

- 패키저(Packager) : 콘텐츠를 메타 데이터와 함께 배포 가능한 단위로 묶는 기능
- 보안 컨테이너(Secure Container) : 원본을 안전하게 유통하기 위한 전자적 보안 장치
- 클리어링 하우스 : 콘텐츠 배포 정책 및 라이선스의 발급을 관리
- 컨트롤러 : 배포된 콘텐츠의 이용 권한을 통제

7 이더넷(Ethernet)상에서 전달되는 모든 패킷(Packet)을 분석하여 사용자의 계정과 암호를 알아내는 것은?

① Nessus
② SAINT
③ Sniffing
④ IPS

8 리눅스 시스템에서 패스워드 정책이 포함되고, 사용자 패스워드가 암호화되어 있는 파일은?

① /etc/group
② /etc/passwd
③ /etc/shadow
④ /etc/login.defs

ANSWER 7.③ 8.③

7 ① 네서스(Nessus)는 서비스 취약점 자동 분석 도구이며, 취약한 버전을 사용하고 있는 시스템, 네트워크, 웹 애플리케이션의 취약점을 빠르게 분석하여 보안위협을 파악
④ 침입차단시스템(Intrusion Prevention System, IPS)은 외부 네트워크로부터 내부 네트워크로 침입하는 네트워크 패킷을 찾아 제어하는 기능을 가지는 소프트웨어 또는 하드웨어로 일반적으로 내부 네트워크로 들어오는 모든 패킷이 지나가는 경로에 설치

8 ① /etc/group : 로그인 사용자의 그룹권한 관리를 위한 파일
② /etc/passwd : 시스템에 로그인과 계정에 관련된 권한 관리를 위한 파일
④ /etc/login.defs : 사용자 계정의 설정과 관련된 기본값을 정의한 파일

9 타원곡선 암호에 대한 설명으로 가장 옳지 않은 것은?

① 타원곡선 암호의 단점은 보안성 향상을 위하여 키 길이가 길어진다는 것이다.

② 타원곡선에서 정의된 연산은 덧셈이다.

③ 타원곡선을 이용하여 디피-헬먼(Diffie-Hellman) 키 교환을 수행할 수 있다.

④ 타원곡선은 공개키 암호에 사용된다.

10 영지식 증명(Zero-Knowledge Proof)에 대한 설명 으로 가장 옳지 않은 것은?

① 영지식 증명은 증명자(Prover)가 자신의 비밀 정보를 노출하지 않고 자신의 신분을 증명하는 기법을 의미한다.

② 영지식 증명에서 증명자 인증 수단으로 X.509 기반의 공개키 인증서를 사용할 수 있다.

③ 최근 블록체인상에서 영지식 증명을 사용하여 사용자의 프라이버시를 보호하고자 하며, 이러한 기술로 zk-SNARK가 있다.

④ 영지식 증명은 완정성(Completeness), 건실성(Soundness), 영지식성(Zero-Knowledgeness) 특성을 가져야 한다.

ANSWER 9.① 10.②

9 타원곡선 암호 … 타원곡선 시스템을 이용한 공개키 암호방식으로 짧은 키 사이즈로 높은 안전성이 확보되고, 또한 서명할 때의 계산을 고속으로 할 수 있는 것이 특징이며 스마트 카드(IC카드) 등의 정보처리능력이 그다지 높지 않은 기기에서 이용하기에 적합한 암호화 방식

- 1985년 워싱턴대학교의 수학교수인 닐 코블리츠(Neal Koblitz)와 IBM연구소의 빅터 밀러(Victor Miller)가 거의 동시에, 독립적으로 고안한 공개키 형식의 암호화 방식으로 타원곡선이라고 불리는 수식에 의해서 정의되는 특수한 가산법을 기반으로 하여 암호화·복호화를 하는 암호화 방식이다.
- 이 방식으로 만든 암호를 해독하는 것은 타원곡선상의 이산대수 문제를 푸는 것과 거의 같은 정도로 어렵다. 이를 해독하는 방법은 아직 발견되지 않았다. 다만, 일부 곡선에서는 약점이 발견되고 있어, 실제로 이 방식을 적용할 때에는 이것을 피해 갈 연구가 필요하며 짧은 키 사이즈로 높은 안전성이 확보되고, 또한 서명할 때의 계산을 고속으로 할 수 있는 것이 특징이다. 스마트카드(IC카드) 등의 정보처리능력이 그다지 높지 않은 기기에서 이용하기에 적합한 암호화 방식이다.

10
- 영지식 증명(Zero-Knowledge Proof)은 두 사용자 간의 상호작용을 통하여 비밀정보를 노출하지 않고도 그 정보를 가지고 있다는 것을 상대방에게 증명하는 방법으로 복잡한 과정을 거쳐야 하는 프로토콜 수행에서 매 단계가 원래의 약속대로 잘 진행된다는 것을 확신하게 하는 데 이용한다.
- zk-SNARK(영지식 증명에 필요한 핵심 기술)는 "Zero-Knowledge Succinct Non-Interactive Argument of Knowledge"을 의미하며, 한 사람이 정보를 공개하지 않고 인증자와 검증자 사이의 직접적인 상호작용 없이 비밀키를 소유할 수 있는 증명 구성을 나타낸다.

11 「개인정보 보호법」상 주민등록번호의 처리에 대한 설명으로 가장 옳지 않은 것은? [기출변형]

① 개인정보처리자는 주민등록번호가 분실, 도난, 유출, 위조, 변조 또는 훼손되지 아니하도록 암호화 조치를 통하여 안전하게 보관하여야 한다.

② 개인정보처리자가 개인정보를 파기하지 아니하고 보존하여야 하는 경우에는 해당 개인정보 또는 개인정보파일을 다른 개인정보와 분리하여서 저장 · 관리하여야 한다.

③ 개인정보처리자는 정보주체가 인터넷 홈페이지를 통하여 회원으로 가입하는 단계에서는 주민등록번호를 사용하지 아니하고도 회원으로 가입할 수 있는 방법을 제공하여야 한다.

④ 개인정보처리자로부터 주민등록번호를 제공받은 자는 개인정보 보호 위원회의 심의 · 의결을 거쳐 제공받은 주민등록번호를 목적 외의 용도로 이용하거나 이를 제3자에게 제공할 수 있다.

ANSWER 11.④

11 ④ 개인정보처리자로부터 개인정보를 제공받은 자는 다음 각 호의 어느 하나에 해당하는 경우를 제외하고는 개인정보를 제공받은 목적 외의 용도로 이용하거나 이를 제3자에게 제공하여서는 아니 된다〈개인정보 보호법 제19조〉.

1. 정보주체로부터 별도의 동의를 받은 경우
2. 다른 법률에 특별한 규정이 있는 경우

① 개인정보처리자는 제24조 제3항에도 불구하고 주민등록번호가 분실 · 도난 · 유출 · 위조 · 변조 또는 훼손되지 아니하도록 암호화 조치를 통하여 안전하게 보관하여야 한다〈개인정보 보호법 제24조의2 제2항 전단〉.

② 개인정보처리자가 개인정보를 파기하지 아니하고 보존하여야 하는 경우에는 해당 개인정보 또는 개인정보파일을 다른 개인정보와 분리하여서 저장 · 관리하여야 한다〈개인정보 보호법 제21조 제3항〉.

③ 개인정보처리자는 제1항 각 호에 따라 주민등록번호를 처리하는 경우에도 정보주체가 인터넷 홈페이지를 통하여 회원으로 가입하는 단계에서는 주민등록번호를 사용하지 아니하고도 회원으로 가입할 수 있는 방법을 제공하여야 한다〈개인정보 보호법 제24조의2 제3항〉.

12 〈보기〉의 설명에 해당되는 공격 유형으로 가장 적합한 것은?

〈보기〉

SYN 패킷을 조작하여 출발지 IP 주소와 목적지 IP 주소를 일치시켜서 공격 대상에 보낸다. 이때 조작된 IP 주소는 공격 대상의 주소이다.

① Smurf Attack

② Land Attack

③ Teardrop Attack

④ Ping of Death Attack

ANSWER 12.②

12 ② Land Attack(Local Area Network Denial Attack) : IP스푸핑을 이용한 SYN 공격으로 공격자는 공격대상 시스템의 IP주소로 출발지주소를 변경한(spoofed) TCP SYN 패킷을 보내며 패킷을 받은 시스템은 TCP SYN-ACK을 자신에게 보내게 되고 유휴시간제한(Idle timeout)까지 빈 연결을 만들게 된다. 이 과정을 반복하게 되면 시스템에는 빈 연결이 계속해서 쌓여 시스템 버퍼가 범람하게 되고, 결과적으로 서비스거부(DoS) 상태가 된다.

① Smurf Attack : 패킷을 전송할 때 스푸핑을 활용하여 출발지 주소를 공격대상의 IP주소로 설정하고 브로드캐스트 대역으로 전송하게 되면 목적지를 찾지 못한 시스템은 패킷을 전송하였던 출발지의 주소로 패킷을 다시 전송하게 되는 원리이다.

③ Teardrop Attack : 서비스 거부 공격(DOS)의 하나. 공격 대상 컴퓨터에 헤더가 조작된 일련의 IP 패킷 조각(IP fragments)들을 전송함으로써 컴퓨터의 OS를 다운시키는 공격이다. 주로 MS 윈도우나 리눅스 2.0.32와 2.1.63 이전 버전의 OS에 영향을 준다.

④ Ping of Death Attack(죽음의 핑) : 규정 크기 이상의 ICMP 패킷으로 시스템을 마비시키는 공격. 프로토콜 허용범위 이상의 ICMP Echo Request 패킷을 원격 IP주소에 송신하게 되면 허용범위 이상의 응답을 받게 되면서 버퍼 오버플로우를 발생시켜 공격대상의 IP스택을 넘치게 만드는 원리이다.

13 TLS 및 DTLS 보안 프로토콜에 대한 설명으로 가장 옳지 않은 것은?

① TLS 프로토콜에서는 인증서(Certificate)를 사용 하여 인증을 수행할 수 있다.

② DTLS 프로토콜은 MQTT 응용 계층 프로토콜의 보안에 사용될 수 있다.

③ TLS 프로토콜은 Handshake . Change Cipher Spec . Alert 프로토콜과 Record 프로토콜 등으로 구성되어 있다.

④ TCP 계층 보안을 위해 TLS가 사용되며, UDP 계층 보안을 위해 DTLS가 사용된다.

ANSWER 13.②

13 • DTLS(Datagram Transport Layer Security) : TLS(Transport Layer Security) 프로토콜을 기반으로 하여 암호화된 데이터그램을 전송할 수 있도록 해주는 UDP(User Datagram Protocol)를 위한 보안 프로토콜.

• TLS(Transport Layer Security) : 인터넷에서 통신하고 있는 애플리케이션과 그 사용자들 간에 프라이버시를 지키기 위한 프로토콜.

• CoAP(Constrained Application Protocol) : 인터넷에서 사물인터넷 디바이스처럼 제한된 컴퓨팅 성능을 갖는 디바이스들의 통신을 위해 IETF의 CoRE(Constrained RESTful Environment) 워킹그룹에서 표준화한 프로토콜.

• MQTT(Message Queueing Telemetry Transport) : CoAP와 유사하게 모바일 기기나 낮은 대역폭의 소형 디바이스들에 최적화된 메시징 프로토콜.

※ 사물인터넷 응용 프로토콜 … 인터넷의 핵심 기술은 IP이지만 인터넷을 폭발적으로 성장시킨 기술은 TCP/IP 위에서 웹의 세상을 연 HTTP이다.

• HTTP는 FTP, DNS, SMTP 등과 같은 인터넷 응용 프로토콜 중의 하나로 인터넷 응용 프로토콜의 공통점은 각각이 먼저 사용하는 포트 번호 (인터넷의 수송계층 프로토콜인 TCP, UDP 프로토콜의 헤더에 존재)를 가진다는 것이다. 사물인터넷의 디바이스들을 위해 제한적인 환경을 위해 HTTP와 유사한 목적으로 사용하도록 만들어진 기술로 대표적인 것이 CoAP(Constrained Application Protocol), MQTT(Message Queueing Telemetry Transport)이다.

대표적인 인터넷 공식 포터번호		
Port 번호	적용되는 수송 프로토콜	응용 (프로토콜) 이름
20, 21	TCP	FTP
23	TCP	Telnet
25	TCP	이메일 (SMTP)
53	TCP/UDP	도메인(DNS)
80	TCP/UDP	웹(HTTP)
110	TCP	이메일 가져오기(POP3)
443	TCP/UDP/SCTP	암호화 웹(HTTPS)
1883	TCP/UDP	MOTT
5683	UDP	CoAP

14 무선 통신 보안 기술에 대한 설명으로 가장 옳지 않은 것은?

① 무선 네트워크 보안 기술에 사용되는 WPA2 기술은 AES/CCMP를 사용한다.
② 무선 네트워크에서는 인증 및 인가, 과금을 위해 RADIUS 프로토콜을 사용할 수 있다.
③ 무선 AP의 SSID값 노출과 MAC 주소 기반 필터링 기법은 공격의 원인이 된다.
④ 무선 네트워크 보안 기술인 WEP(Wired Equivalent Privacy) 기술은 유선 네트워크 수준의 보안성을 제공 하므로 기존의 보안 취약성 문제를 극복했다.

15 서비스 거부 공격(DoS)에 대한 설명으로 가장 옳지 않은 것은?

① 공격자가 임의로 자신의 IP 주소를 속여서 다량으로 서버에 보낸다.
② 대상 포트 번호를 확인하여 17, 135, 137번, UDP 포트 스캔이 아니면, UDP Flooding 공격으로 간주한다.
③ 헤더가 조작된 일련의 IP 패킷 조각들을 전송한다.
④ 신뢰 관계에 있는 두 시스템 사이에 공격자의 호스트를 마치 하나의 신뢰 관계에 있는 호스트인 것처럼 속인다.

ANSWER 14.④ 15.④

14. WEP(Wired Equivalent Privacy) : 무선랜 표준을 정의하는 IEEE 802.11 규약의 일부분으로 무선 LAN 운용간의 보안을 위해 사용되는 기술로서 유선랜에서 제공하는 것과 유사한 수준의 보안 및 기밀 보호를 무선랜에 제공하기 위하여 Wi-Fi 표준에 정의되어 있는 보안 프로토콜

15 서비스 거부 공격(DoS) : 시스템을 악의적으로 공격해 해당 시스템의 자원을 부족하게 하여 원래 의도된 용도로 사용하지 못하게 하는 공격으로 특정 서버에게 수많은 접속 시도를 만들어 다른 이용자가 정상적으로 서비스 이용을 하지 못하게 한다.

16 윈도우 운영체제에서의 레지스트리(Registry)에 대한 설명으로 가장 옳은 것은?

① 레지스트리 변화를 분석함으로써 악성코드를 탐지할 수 있다.

② 레지스트리는 운영체제가 관리하므로 사용자가 직접 조작할 수 없다.

③ 레지스트리 편집기를 열었을 때 보이는 다섯 개의 키를 하이브(Hive)라고 부른다.

④ HKEY_CURRENT_CONFIG는 시스템에 로그인하고 있는 사용자와 관련된 시스템 정보를 저장한다.

ANSWER 16.①

16 레지스트리(Registry) : 윈도우 운영체제에서 가장 핵심적인 역할을 담당하고 있으며 시스템의 모든 설정 데이터를 모아두는 중앙 저장소로서 레지스트리에는 윈도우가 작동되는 구성값과 설정 그리고 프로그램과 관련된 모든 정보가 저장되어 있다. 따라서 윈도우의 부팅과정에서부터 로그인, 응용프로그램의 실행에 이르기까지 윈도우에서 행해지는 모든 작업이 레지스트리에 기록된 정보를 바탕으로 진행된다.

- 레지스트리의 루트키
  - HKEY_CLASSES_ROOT
    시스템에 등록된 파일 확장자와 그 파일의 어플리케이션 정보에 대해 제공
  - HKEY_CURRENT_USER
    HKEY_USERS의 항목중에서 현재 로그인한 사용자의 항목에 대한 단축경로
  - HKEY_LOCAL_MACHINE
    하드웨어와 소프트웨어의 정보를 저장
  - HKEY_USERS
    시스템에 있는 모든 사용자 정보와 그룹에 관한 정보
  - HKEY_CURRENT_CONFIG
    부팅시 사용되는 소프트웨어와 하드웨어 정보
- 레지스트리 구성
  - 이름 : 레지스트리값의 이름
  - 종류(데이터 유형) : 레지스트리 키에 값을 저장하기 위해 사용하는 데이터 형식
  - 데이터(내용) : 레지스트리 값의 실질적인 내용. 레지스트리 값의 종류에 따라 값의 내용이 정해짐
  - 기본값 : 모든 레지스트리 키가 하나씩 가지고 있는 기본 요소. 응용프로그램은 레지스트리 키에서(기본값)을 통해 다른 값에 접근할 수 있기 때문에 이름이 정해져 있든 없든 기본값을 지워서는 안된다.

17 침입차단시스템에 대한 설명으로 가장 옳은 것은?

① 스크린드 서브넷 구조(Screened Subnet Architecture)는 DMZ와 같은 완충 지역을 포함하며 구축 비용이 저렴하다.

② 스크리닝 라우터 구조(Screening Router Architecture)는 패킷을 필터링하도록 구성되므로 구조가 간단하고 인증 기능도 제공할 수 있다.

③ 이중 네트워크 호스트 구조(Dual-homed Host Architecture)는 내부 네트워크를 숨기지만, 베스천 호스트가 손상되면 내부 네트워크를 보호할 수 없다.

④ 스크린드 호스트 게이트웨이 구조(Screened Host Gateway Architecture)는 서비스 속도가 느리지만, 베스천 호스트에 대한 침입이 있어도 내부 네트워크를 보호할 수 있다.

18 최근 알려진 Meltdown 보안 취약점에 대한 설명으로 가장 옳은 것은?

① CPU가 사용하는 소비 전력 패턴을 사용하여 중요한 키 값이 유출되는 보안 취약점이다.

② CPU의 특정 명령어가 실행될 때 소요되는 시간을 측정하여 해당 명령어와 주요한 키 값이 유출될 수 있는 보안 취약점이다.

③ SSL 설정 시 CPU 실행에 영향을 미쳐 CPU 과열로 인해 오류를 유발하는 보안 취약점이다.

④ CPU를 고속화하기 위해 사용된 비순차적 명령어 처리(Out-of-Order Execution) 기술을 악용한 보안 취약점이다.

ANSWER 17.③ 18.④

17 ① **스크린드 서브넷 구조**(Screened Subnet Architecture) : 스크리닝 라우터들 사이에 듀얼홈드 게이트 웨이가 위치하는 구조로 인터넷 내부와 네트워크 사이에 DMZ라는 네트워크 완충지역 역할을 하는 서브넷을 운영하는 방식

② **스크리닝 라우터 구조**(Screening Router Architecture) : 라우터를 이용해 각 인터페이스에 들어오고 나가는 패킷을 필터링하여 내부 서버로의 접근을 가려냄

④ **스크린드 호스트 게이트웨이 구조**(Screened Host Gateway Architecture) : 듀얼홈드와 스크리닝 라우터를 결합한 형태. 내부 네트워크에 놓여 있는 배스천 호스트와 외부 네트워크 사이에 스크리닝 라우터를 설치하여 구성하며 패킷 필터링 또는 스크리닝 라우터의 한 포트를 외부 네트워크에 연결, 다른 포트를 네트워크에 연결하는 구조

18 **멜트다운**(Meltdown) … 각자 격리돼 있는 커널 메모리 운영체계를 교란시켜 응용프로그램이 권한 없는 데이터까지 접근할 수 있도록 하는 방식.

- 멜트다운은 '비순차적 명령어 처리(Out of order execution)' 설계에서부터 발생한다. 비순차적 명령어 처리 방식이란 CPU가 처리 속도를 최적화하기 위해 처리하기 어려운 명령어를 캐시 메모리에 저장해두는 것을 말한다. 기본적인 명령어 처리 방식에선 특정 응용프로그램이 커널 메모리를 통해 내부 메모리 접근을 시도할 때, 커널 메모리는 필요한 데이터에 대해 통로 역할을 해주게 된다. 이는 각 메모리에 대해 권한이 없는 응용프로그램의 접근이 막혀 있다는 뜻이다. 하지만 멜트다운은 비순차적 명령어 처리가 이뤄지는 과정에서 해당 보안 구조가 무너져내리는 상태를 가리킨다.

19 〈보기〉는 TCSEC(Trusted Computer System Evaluation Criteria)에 의하여 보안 등급을 평가할 때 만족해야 할 요건들에 대한 설명이다. 보안 등급이 높은 것부터 순서대로 나열된 것은?

〈보기〉

㉠ 강제적 접근 제어가 구현되어야 한다.
㉡ 정형화된 보안 정책을 일정하게 유지하여야 한다.
㉢ 사용자가 자신의 파일에 대한 접근 권한을 설정할 수 있어야 한다.

① ㉠ - ㉡ - ㉢
② ㉠ - ㉢ - ㉡
③ ㉡ - ㉠ - ㉢
④ ㉡ - ㉢ - ㉠

ANSWER 19.③

19 TCSEC(Trusted Computer System Evaluation Criteria) … 안전한 컴퓨터 시스템을 위하여 기밀성이 강조된 오렌지 북이라고 불리우는 평가 지침서.

- TCSEC 평가 기준은 미국의 정보보호시스템 평가 표준으로 채택되었고 세계 최초의 보안 시스템 평가기준으로 다른 평가기준의 모체가 되었으며 각 보안 등급을 평가하기 위해 크게 네 가지 범주에 해당하는 요구사항을 가지고 있으며 각각 보안정책, 책임성, 보증, 문서화 등이다.
  - **보안정책** : 정보를 보호하려는 조직을 위한 기본 적인 요구사항으로 임의적 접근제어, 강제적 접근제어, 레이블, 레이블된 정보의 유출, 사람이 읽을수 있는 출력 형태로 레이블, 장치 레이블 등이 있다.
  - **책임성** : 시스템이 DAC와 MAC를 지원하기 위한 기능으로 식별 및 인증, 감사 및 신뢰성 있는 경로 기능 등을 제공한다.
  - **보증** : 시스템의 보안기능이 올바르게 작동하는가를 검사하여 시스템의 신뢰성을 제공하는 요구사항으로 시스템 구조, 시스템의 무결성, 시스템 시험, 설계 명세서 및 검증, 형상관리, 비밀채널의 분석등이 있다.
  - **문서화** : 매우 어렵고 시간이 많이 걸리는 작업이지만 평가를 위해 꼭 필요한 작업이며 문서에는 사용자를 위한 보안지침서, 관리자를 위한 보안 특성 지침서, 시험문서, 설계문서 등이 있다.

20 정보보호 및 개인정보보호 관리체계인증(ISMS-P)에 대한 설명으로 가장 옳지 않은 것은?

① 정보보호 관리체계 인증만 선택적으로 받을 수 있다.

② 개인정보 제공 시뿐만 아니라 파기 시의 보호조치도 포함한다.

③ 위험 관리 분야의 인증기준은 보호대책 요구사항 영역에서 규정한다.

④ 관리체계 수립 및 운영 영역은 Plan, Do, Check, Act의 사이클에 따라 지속적이고 반복적으로 실행되는지 평가한다.

ANSWER 20.③

20 정보보호 및 개인정보보호 관리체계인증(ISMS-P) … 정보통신망의 안정성 확보 및 개인정보 보호를 위해 조직이 수립한 일련의 조치와 활동이 인증기준에 적합함을 인증기관이 평가하여 인증을 부여하는 제도.

• 인증범위

구분		내용
ISMS-P	정보보호 및 개인정보보호 관리체계 인증	• 정보서비스의 운영 및 보호에 필요한 조직, 물리적 위치, 정보자산 • 개인정보 처리를 위한 수집, 보유, 이용, 제공, 파기에 관여하는 개인정보처리 시스템, 취급자를 포함.
ISMS	정보보호 관리체계인증	• 정보서비스의 운영 및 보호에 필요한 조직, 물리적 위치, 정보자산을 포함

• 관리체계 수립 및 운영 영역은 관리체계 기반 마련, 관리체계 운영, 관리체계 점검 시 개선의 4개 분야 16개 인증 기준으로 구성되어 있으며 관리체계 수립 및 운영은 정보보호 및 개인정보보호 관리체계를 운영하는 동안 Plan, Do, Check, Act의 사이클에 따라 지속적이고 반복적으로 실행되어야 한다.

2020. 6. 13. 제1회 지방직 / 제2회 서울특별시 시행

1 **전자 서명(digital signature) 보안 메커니즘이 제공하는 보안 서비스가 아닌 것은?**

① 근원 인증
② 메시지 기밀성
③ 메시지 무결성
④ 부인 방지

2 **AES(Advanced Encryption Standard)에 대한 설명으로 옳은 것은?**

① DES(Data Encryption Standard)를 대신하여 새로운 표준이 된 대칭 암호 알고리즘이다.
② Feistel 구조로 구성된다.
③ 주로 고성능의 플랫폼에서 동작하도록 복잡한 구조로 고안되었다.
④ 2001년에 국제표준화기구인 IEEE가 공표하였다.

ANSWER 1.② 2.①

1 ㉠ **전자 서명**(digital signature) : 서명 알고리즘을 통해 송신자는 메시지에 송신자 개인키를 이용해 서명하며 수신자는 메시지와 서명을 받고 송신자의 공개키를 이용해 검증한다.
㉡ **특징** : 무결성, 인증, 부인방지
- 근원 인증 : 전자 서명의 서명자를 누구든지 검증할 수 있음
- 메시지 무결성 : 메시지 전송 중에 메시지의 내용이 부당하게 변경되었는지를 확인해 주는 기능
- 부인 방지 : 서명행위 이후 서명한 사실을 부인할 수 없음

2 AES(Advanced Encryption Standard) **알고리즘** … AES 알고리즘은 DES의 암호화 강도가 점점 약해지면서 새롭게 개발된 알고리즘이다. 기존 DES 알고리즘은 대칭키 암호 방식으로 56비트의 매우 짧은 길이를 가지고 있어 공격에 취약한 약점이 있었다. 안정성 및 알고리즘의 변경 없이도 128비트 암호화 블록, 다양한 키의 길이(128/192/256비트)의 블록 크기로 확장이 가능하며 2000년 10월 최종 선정되었다.

3 **침입탐지시스템(IDS)에 대한 설명으로 옳지 않은 것은?**

① 호스트 기반 IDS와 네트워크 기반 IDS로 구분한다.

② 오용 탐지 방법은 알려진 공격 행위의 실행 절차 및 특징 정보를 이용하여 침입 여부를 판단한다.

③ 비정상 행위 탐지 방법은 일정 기간 동안 사용자, 그룹, 프로토콜, 시스템 등을 관찰하여 생성한 프로파일이나 통계적 임계치를 이용하여 침입 여부를 판단한다.

④ IDS는 방화벽처럼 내부와 외부 네트워크 경계에 위치해야 한다.

4 **RSA 암호 알고리즘에서 두 소수, p = 17, q = 23과 키 값 e = 3을 선택한 경우, 평문 m = 8에 대한 암호문 c로 옳은 것은?**

① 121 ② 160

③ 391 ④ 512

ANSWER 3.④ 4.①

3 침입탐지시스템(IDS) … 네트워크에서 백신과 유사한 역할을 하는 것으로 네트워크를 통한 공격을 탐지하기 위한 장비이다.

4 ㉠ RSA 암호 알고리즘 : 리베스트, 샤미르, 에이들먼이 1977년에 개발한 암호체계로 처음으로 사용화되었고 지금도 널리 쓰이는 대표적인 공개키 암호체계로 안정성은 매우 큰 정수의 소인수 분해가 어렵다는 점에 기반하고 있다.

〈Alice는 Bob이 자신에게 암호문을 보낼 수 있도록 암호화 키와 복호화 키를 구성한다.〉

• 키생성

두 개의 서로 다른 소수 p와 q를 선택하여 곱해 n=pq를 계산

n=17*23

오일러 함수의 값∅(pq)=(p−1)(q−1)과 서로소인 적당한 자연수 e를 선택

e=3

(p−1)(q−1)에 대한 e의 역원 d, 즉 ed=1(mod(p−1)(q−1))을 만족하는 d를 구한다.

Alice는 호제법을 이용하여 d의 값을 간단히 구할 수 있지만 Alice 이외의 사람이 n의 두 소인수 p와 q를 모른 채 d를 알아내기는 거의 불가능하다.

Alice는 n과 e를 공개 → 공개키

p, q, d 는 비밀 → 비밀키

1. p=17과 q=23

2. n=pq=391을 계산

㉡ RSA 암호화/ 복호화

• 암호화

평문 : m

암호문 : c = me mod n

• 복호화

암호문 : c

평문 : m=cd mod n

c = 83mod 391 (391 = 17 × 23, n = p × q)

c = 512mod 391 = 121

5 IEEE 802.11i RSN(Robust Security Network)에 대한 설명으로 옳은 것은?

① TKIP는 확장형 인증 프레임워크이다.

② CCMP는 데이터 기밀성 보장을 위해 AES를 CTR 블록 암호 운용 모드로 이용한다.

③ EAP는 WEP로 구현된 하드웨어의 펌웨어 업데이트를 위해 사용한다.

④ 802.1X는 무결성 보장을 위해 CBC—MAC를 이용한다.

6 CC(Common Criteria) 인증 평가 단계를 순서대로 바르게 나열한 것은?

가. PP(Protection Profile) 평가 나. ST(Security Target) 평가 다. TOE(Target Of Evaluation) 평가

① 가→나→다　　② 가→다→나

③ 나→가→다　　④ 다→나→가

ANSWER 5.② 6.①

5 IEEE 802.11i RSN(Robust Security Network) **보안규격** … 802.1x 기반 인증인 포트 기반 접근제어를 이용해 사용자 인증과 무선 네트워크 접근을 제어하며 802.1x, EAP와 함께 AES를 이용하며 기기가 적법한 기기인지 판단하기 위해 대규모 패스워드, MAC주소, 하드웨어 ID 데이터베이스 등을 관리할 필요가 없다.

- 인증 : 사용자와 AS 간에 상호 인증, 클라이언트와 AP 간에 사용할 임시키 생성을 정의
- 접근제어 : 인증기능 사용, 적절한 메시지 라우팅, 키 교환을 통해 구현, 다양한 인증 프로토콜로 구현됨
- 메시지 무결성을 통한 프라이버시

※ 서비스와 프로토콜
- CBC-MAC : 암호블록 체인 메시지 인증 코드
- CCM : 암호블록 체인 메시지 인증 코드를 갖는 카운터 모드
- CCMP : 암호블록 체인 MAC 프로토콜을 갖는 카운터 모드
- TKIP : 임시 키 무결성 프로토콜

※ EAP : 인증을 위해 최적화된 전송 프로토콜로서, MD5, TLS, TTLS 등 다양한 하부 인증 메커니즘을 수용할 수 있도록 확장 기능

※ 802.1X : 유무선 네트워크에 대한 인증된 네트워크 접속을 제공하는 IEEE 표준으로 중앙 사용자 ID, 인증, 동적키 관리 및 계정을 지원하며 포트에 기반하여 네트워크 액세스를 제어한다.

6 CC(Common Criteria) **인증** … IT제품의 보안성을 평가하는 기준으로 보안과 관련된 기능성 측면에서 보안성을 평가하는 기준이라 하며 PP, ST, TOE가 평가 대상이다.

※ **평가** : 보호프로파일, 보안목표명세서, TOE가 정의된 기준을 만족하는지 사정하는 것

→ 보호프로파일과 보안목표명세서가 평가 대상이 되는 이유는 이 문서들이 TOE로 표현되는 평가 대상의 보안 기능성을 정의하고 있으며 PP와 ST가 올바로 정의되어 작성되었는지 먼저 검증하고, 이에 따라 TOE가 정의된 보안 기능성을 구현했는지 검증하는 순서로 평가가 진행

7 SQL 삽입 공격에 대한 설명으로 옳지 않은 것은?

① 사용자 요청이 웹 서버의 애플리케이션을 거쳐 데이터베이스에 전달되고 그 결과가 반환되는 구조에서 주로 발생한다.

② 공격이 성공하면 데이터베이스에 무단 접근하여 자료를 유출하거나 변조시키는 결과가 초래될 수 있다.

③ 사용자의 입력값으로 웹 사이트의 SQL 질의가 완성되는 약점을 이용한 것이다.

④ 자바스크립트와 같은 CSS(Client Side Script) 기반 언어로 사용자 입력을 필터링하는 방법으로 공격에 대응하는 것이 바람직하다.

8 유닉스/리눅스의 파일 접근 제어에 대한 설명으로 옳지 않은 것은?

① 접근 권한 유형으로 읽기, 쓰기, 실행이 있다.

② 파일에 대한 접근 권한은 소유자, 그룹, 다른 모든 사용자에 대해 각각 지정할 수 있다.

③ 파일 접근 권한 변경은 파일에 대한 쓰기 권한이 있으면 가능하다.

④ SetUID가 설정된 파일은 실행 시간 동안 그 파일의 소유자의 권한으로 실행된다.

ANSWER 7.④ 8.③

7 SQL 삽입 공격 … 악의적인 사용자가 보안상의 취약점을 이용하여 임의의 SQL 문을 주입하고 실행되게 하여 데이터베이스가 비정상적인 동작을 하도록 조작하는 행위로, 공격이 비교적 쉬운 편이고 공격에 성공할 경우 큰 피해를 입힐 수 있는 공격이다.

8 파일 접근 권한 보호 … 리눅스는 파일에 무단으로 접근하는 것을 방지하고 보호하는 기능을 제공한다. 사용자는 자신의 파일과 디렉토리 중에서 다른 사용자가 접근해도 되는 것과 그렇지 않은 것을 구분하여 접근 권한을 제한한다.

㉠ 접근 권한의 종류 : 읽기, 쓰기, 실행, 권한없음(-)

㉡ 접근 권한의 표기 방법 : 파일의 종류, 소유자, 그룹, 기타 사용자

㉢ 특수 접근 권한

- SetUID : 맨앞자리가 4
- 해당 파일이 실행되는 동안에는 파일을 실행한 사용자의 권한이 아니라 파일 소유자의 권한으로 실행, passwd가 대표적 설정되면 소유자의 실행권한에 s가 표시

9 IPSec에 대한 설명으로 옳지 않은 것은?

① 전송(transport) 모드에서는 전송 계층에서 온 데이터만을 보호하고 IP 헤더는 보호하지 않는다.

② 인증 헤더(Authentication Header) 프로토콜은 발신지 호스트를 인증하고 IP 패킷으로 전달되는 페이로드의 무결성을 보장하기 위해 설계되었다.

③ 보안상 안전한 채널을 만들기 위한 보안 연관(Security Association)은 양방향으로 통신하는 호스트 쌍에 하나만 존재한다.

④ 일반적으로 호스트는 보안 연관 매개변수들을 보안 연관 데이터베이스에 저장하여 사용한다.

ANSWER 9.③

9 IPSec(Internet Protocol Security) … 모든 트래픽을 IP 계층에서 암호화하거나 무결성을 보호함으로써 상위 계층 패킷에 대한 보안성을 향상시키는 방법으로 응용프로그램과 사용자에게 투명성을 제공하는 네트워크 계층의 보안통신규약이다.

→강한 보안성 제공, 방화벽 통과하여 원격지 호스트에 접속하는 것 허용

→전송모드

IPSec Header 필드가 IP와 TCP header 사이에 위치하며 전송모드는 IP 패킷의 payload까지만 보호

※ IPSec(Internet Protocol Security) **프로토콜의 구조**

㉠ **인증헤더**(AH)

- 데이터 무결성과 IP패킷(발신지 인증)의 인증을 제공하며 패킷을 암호화하지 않음
- 보안 페이로드 캡슐화(ESP)-기밀성까지 제공

AH와는 달리 메시지 내용에 대한 기밀성과 관련된 서비스를 제공, 옵션에 따라 AH와 동일한 일증 서비스를 할 수 있음

㉡ **키관리 프로토콜** : IPSec을 위한 SA을 생성하며, 그에 따른 키 관리를 수행하는 복합 프로토콜

㉢ **보안 연관**(Security Association) : IPSec으로 통신하기 전에 단말 간 가상의 연결이 필요하며 IPSec을 사용하는 노드 간 필요한 값을 주고받기 위해 연결된 논리적 선로이며 보안 연관(Security Association)은 단방향이기 때문에 노드가 양방향 통신을 한다면 두 개의 보안 연관(Security Association)이 연결되어야 한다.

10 「클라우드컴퓨팅 발전 및 이용자 보호에 관한 법률」 제25조(침해사고 등의 통지 등), 제26조(이용자 보호 등을 위한 정보 공개), 제27조(이용자 정보의 보호)에 명시된 것으로 옳지 않은 것은?

① 클라우드컴퓨팅서비스 제공자는 이용자 정보가 유출된 때에는 즉시 그 사실을 과학기술정보통신부장관에게 알려야 한다.

② 이용자는 클라우드컴퓨팅서비스 제공자에게 이용자 정보가 저장되는 국가의 명칭을 알려 줄 것을 요구할 수 있다.

③ 클라우드컴퓨팅서비스 제공자는 법원의 제출명령이나 법관이 발부한 영장에 의하지 아니하고는 이용자의 동의 없이 이용자 정보를 제3자에게 제공하거나 서비스 제공 목적 외의 용도로 이용할 수 없다. 클라우드컴퓨팅서비스 제공자로부터 이용자 정보를 제공받은 제3자도 또한 같다.

④ 클라우드컴퓨팅서비스 제공자는 이용자와의 계약이 종료되었을 때에는 이용자에게 이용자 정보를 반환하여야 하고 클라우드컴퓨팅서비스 제공자가 보유하고 있는 이용자 정보를 파기할 수 있다.

11 인증기관이 사용자의 공개키에 대한 인증을 수행하기 위해 X.509 형식의 인증서를 생성할 때 서명에 사용하는 키는?

① 인증기관의 공개키　　② 인증기관의 개인키

③ 사용자의 개인키　　④ 인증기관과 사용자 간의 세션키

ANSWER 10.④ 11.②

10 ④ 클라우드컴퓨팅서비스 제공자는 이용자와의 계약이 종료되었을 때에는 이용자에게 이용자 정보를 반환하여야 하고 클라우드컴퓨팅서비스 제공자가 보유하고 있는 이용자 정보를 파기하여야 한다〈「클라우드컴퓨팅 발전 및 이용자 보호에 관한 법률」 제27조 제3항 전단〉.

① 제25조 제2항 ② 제26조 제2항 ③ 제27조 제1항

11 ㉠ 인증기관(CA : Certificate Authority) : 지정된 신뢰기관으로 사용자의 공개키에 전자서명을 수행하여 인증서를 발급하는 기관

㉡ 인증서 전자 서명 생성
- 메시지(공개키)를 지정된 해시 알고리즘으로 암호화 → 메시지 다이제스트(Message Digest) 생성
- 생성된 메시지 다이제스트를 인증기관(CA)의 개인키로 암호화 → 전자 서명

㉢ 공개키(public key) : 지정된 인증기관에 의해 제공되는 키 값으로서 이 공개키로부터 개인키와 함께 결합되어 메시지 및 전자서명의 암호화와 복원에 효과적으로 사용
- 공개키와 개인키를 결합하는 방식은 비대칭 암호작성법이라 한다.
- 공개키를 사용하는 시스템을 공개키 기반구조(PKI)라고 한다.

㉣ 개인키(private or secret key) : 암호 작성 및 해독기법에서, 개인키란 암호/복호를 위해 비밀 메시지를 교환하는 당사자만이 알고 있는 키

㉤ x.509 : 공개키 인증서와 인증 알고리즘의 표준 가운데에서 공개키 기반(pki)의 ITU-T 표준이다.

12 하이브리드 암호 시스템에 대한 설명으로 옳지 않은 것은?

① 메시지는 대칭 암호 방식으로 암호화한다.

② 일반적으로 대칭 암호에 사용하는 세션키는 의사 난수 생성기로 생성한다.

③ 생성된 세션키는 무결성 보장을 위하여 공개키 암호 방식으로 암호화한다.

④ 메시지 송신자와 수신자가 사전에 공유하고 있는 비밀키가 없어도 사용할 수 있다.

13 해시함수의 충돌저항성을 위협하는 공격 방법은?

① 생일 공격

② 사전 공격

③ 레인보우 테이블 공격

④ 선택 평문 공격

ANSWER 12.③ 13.①

12 하이브리드 암호 시스템
- 대칭 암호와 공개키 암호의 장점을 조합한 방법
- 메시지의 기밀성 : 고속의 대칭 암호
- 대칭 암호 키의 기밀성 : 공개 키 암호

13 충돌저항성 … 해시 값의 충돌은 앞서 말했던 것처럼 서로 다른 메시지들이 같은 해시 값을 내는 것 또는 그러한 메시지들을 말한다.

→충돌찾기

충돌 찾는 게 더 빠름→생일 공격(birthday attack)

N개의 메시지와 그 만큼의 해시 값이 주어졌을 때, 두 해시 값의 쌍들을 점거해서 최대 $N \times (N-1) / 2$개의 잠재적 충돌을 만들 수 있다.

→생일 공격으로 충돌을 찾는 가장 간단한 방법이지만 상당히 많은 메모리가 필요하다.

② 사전 공격(Dictionary attack) : 패스워드 공격 방법의 하나로 비밀키 암호 알고리즘의 키를 사용할 경우 적용 가능한 공격 방법

③ 레인보우 테이블 공격(Rainbow Table Attack) : 해시 테이블과 R함수의 반복 수행을 통해 일치하는 해시 값으로 비밀번호를 찾는 패스워드 크래킹 방법

④ 선택 평문 공격(Chosen Plaintext Attack) : 암호 분석가가 임의로 선택한 평문과 그것에 대응한 암호문에서 암호 키를 알아내기 위해 시도하는 공격

14 블록 암호 운용 모드에 대한 설명으로 옳지 않은 것은?

① CFB는 블록 암호화를 병렬로 처리할 수 없다.

② ECB는 IV(Initialization Vector)를 사용하지 않는다.

③ CBC는 암호문 블록에 오류가 발생한 경우 복호화 시 해당 블록만 영향을 받는다.

④ CTR는 평문 블록마다 서로 다른 카운터 값을 사용하여 암호문 블록을 생성한다.

15 「개인정보 보호법」상 공개된 장소에 고정형 영상정보처리기기를 설치·운영할 수 있는 경우가 아닌 것은? [기출변형]

① 범죄의 예방 및 수사를 위하여 필요한 경우

② 공공기관의 장이 허가한 경우

③ 교통정보의 수집·분석 및 제공을 위하여 정당한 권한을 가진 자가 설치·운영하는 경우

④ 시설의 안전 및 관리, 화재 예방을 위하여 정당한 권한을 가진 자가 설치·운영하는 경우

ANSWER 14.③ 15.②

14 블록 암호의 운용 모드

• ECB(전자코드북) : 가장 단순하며 기본적인 모드

–암호화하려는 메시지를 여러 블록으로 나누어 각각 암호화 하는 방식

• CBC(암호블록체인) : 가장 보안성이 높은 모드로 가장 많이 사용

–각 블록은 암호화되기 전에 이전 블록의 암호화한 결과가 XOR되며, 첫 블록의 경우에는 초기화 벡터가 사용됨.

• CFB(암호 피드백) : CBC의 변형인 모드로 동일 평문이 동일한 암호문이 되지 않도록 하며, 블록 암호가 스트링 암호처럼 구성하여 평문과 암호문의 길이가 같다(==패딩이 필요 없음).

–CBC와 마찬가지로 암호화는 순차적이고 복호화는 병렬적으로 처리 가능

• OFB(암호 피드백) : 암호 알고리즘의 출력을 암호 알고리즘의 입력으로 피드백

–블록 암호가 스트링 암호처럼 구성하여 평문과 암호문의 길이가 같다(==패딩이 필요 없음).

–암호화 방법과 복호화 방법이 동일하기 때문에 암호문을 한번 더 암호화 하면 평문이 나온다(복호화 시 암호화).

• CTR(카운터) : OFB와 같이 블록 암호를 스트림 암호처럼 사용하기 위한 목적으로 사용(==패딩이 필요 없음. 암호화와 복호화가 같은 구조)

15 고정형 영상정보처리기기의 설치·운영 제한〈개인정보 보호법 제25조 제1항〉 … 누구든지 다음 각 호의 경우를 제외하고는 공개된 장소에 고정형 영상정보처리기기를 설치·운영하여서는 아니 된다.

㉠ 법령에서 구체적으로 허용하고 있는 경우

㉡ 범죄의 예방 및 수사를 위하여 필요한 경우

㉢ 시설의 안전 및 관리, 화재 예방을 위하여 정당한 권한을 가진 자가 설치·운영하는 경우

㉣ 교통단속을 위하여 정당한 권한을 가진 자가 설치·운영하는 경우

㉤ 교통정보의 수집·분석 및 제공을 위하여 정당한 권한을 가진 자가 설치·운영하는 경우

㉥ 촬영된 영상정보를 저장하지 아니하는 경우로서 대통령령으로 정하는 경우

16 SMTP 클라이언트가 SMTP 서버의 특정 사용자를 확인함으로써 계정 존재 여부를 파악하는 데 악용될 수 있는 명령어는?

① HELO
② MAIL FROM
③ RCPT TO
④ VRFY

17 다음 법 조문의 출처는?

> 제47조(정보보호 관리체계의 인증) ① 과학기술정보통신부장관은 정보통신망의 안정성 · 신뢰성 확보를 위하여 관리적 · 기술적 · 물리적 보호조치를 포함한 종합적 관리체계(이하 "정보보호 관리체계"라 한다)를 수립 · 운영하고 있는 자에 대하여 제4항에 따른 기준에 적합한지에 관하여 인증을 할 수 있다.

① 국가정보화 기본법
② 개인정보 보호법
③ 정보통신망 이용촉진 및 정보보호 등에 관한 법률
④ 정보통신산업진흥법

ANSWER 16.④ 17.③

16 SMTP(Simple Mail Transfer Protocol) … 인터넷상에서 전자우편을 전송할 때 이용하게 되는 표준 통신 규약
④ VRFY : SMTP 클라이언트가 SMTP 서버에 특정 아이디에 대한 메일이 있는지 검증하기 위해 보내는 명령어
① HELO : SMTP 세션을 초기화하고 식별할 수 있는 데이터를 교환함.
② MAIL FROM : 송신자의 메일 주소를 통지
③ RCPT TO : 수신자 메일 주소 통지

17 이 법은 정보통신망의 이용을 촉진하고 정보통신서비스를 이용하는 자를 보호함과 아울러 정보통신망을 건전하고 안전하게 이용할 수 있는 환경을 조성하여 국민생활의 향상과 공공복리의 증진에 이바지함을 목적으로 한다〈정보통신망 이용촉진 및 정보보호 등에 관한 법률 제1조〉.

18 위조된 출발지 주소에서 과도한 양의 TCP SYN 패킷을 공격 대상 시스템으로 전송하는 서비스 거부 공격에 대응하기 위한 방안의 하나인, SYN 쿠키 기법에 대한 설명으로 옳은 것은?

① SYN 패킷이 오면 세부 정보를 TCP 연결 테이블에 기록한다.

② 요청된 연결의 중요 정보를 암호화하고 이를 SYN-ACK 패킷의 응답(acknowledgment) 번호로 하여 클라이언트에게 전송한다.

③ 클라이언트가 SYN 쿠키가 포함된 ACK 패킷을 보내오면 서버는 세션을 다시 열고 통신을 시작한다.

④ TCP 연결 테이블에서 연결이 완성되지 않은 엔트리를 삭제하는 데까지의 대기 시간을 결정한다.

19 ISO/IEC 27001:2013 보안관리 항목을 PDCA 모델에 적용할 때, 점검(check)에 해당하는 항목은?

① 성과평가(performance evaluation)

② 개선(improvement)

③ 운영(operation)

④ 지원(support)

ANSWER 18.③ 19.①

18 SYN 쿠키 기법

- 클라이언트에서 연결 요청이 있을 경우 SYN/ACK 패킷에 특별한 쿠키 값을 담아 보낸다.
- ACK이 올 경우 쿠키값을 검증하여 제대로 된 값인 경우 연결을 형성한다.

19 PDCA 모델 … 일반적으로 업무현장에서 Plan(계획), Do(실행), Check(평가), Action(개선)을 반복함으로써, 생산 관리 및 품질 관리 등의 업무를 지속적으로 개선해 나가는 방법

- Plan(계획) : 목표를 설정하고 업무 계획을 작성하는 단계
- Do(실행) : P단계에서 세운 계획을 실제로 해 보는 단계
- Check(평가) : 계획에 따라 실행되어 있었는지 평가하는 단계
- Action(개선) : 실시 결과를 검토하고 업무 개선을 할 단계

→P로 계획하고 D에서 테스트한 결과를 C로 평가하고 마지막 A에서 실행

20 다음에서 설명하는 블록체인 합의 알고리즘은?

> • 비트코인에서 사용하는 방식이 채굴 경쟁으로 과도한 자원 소비를 발생시킨다는 문제를 해결하기 위한 대안으로 등장하였다.
> • 채굴 성공 기회를 참여자에 따라 차등적으로 부여한다.
> • 다수결로 의사 결정을 해서 블록을 추가하는 방식이 아니므로 불특정 다수가 참여하는 환경에서 유효하다.

① Paxos

② PoW(Proof of Work)

③ PoS(Proof of Stake)

④ PBFT(Practical Byzantine Fault Tolerance)

ANSWER 20.③

20 ㉠ 지분증명_PoS(Proof of Stake) : 암호화폐를 보유한 지분율에 비례하여 의사결정 권한을 주는 합의 알고리즘으로 노드가 보유한 자산을 기준으로 권한을 분배하여 합의하고 보상을 분배한다.

㉡ 작업증명_PoW(Proof of Work) : 블록체인 시스템에서 가장 보편적으로 사용하는 합의 알고리즘

정보보호론

2020. 7. 11. 인사혁신처 시행

1 **정보보호 위험관리에 대한 설명으로 옳지 않은 것은?**

① 자산은 조직이 보호해야 할 대상으로 정보, 하드웨어, 소프트웨어, 시설 등이 해당한다.
② 위험은 자산에 손실이 발생할 가능성과 관련되어 있으나 이로 인한 부정적인 영향을 미칠 가능성과는 무관하다.
③ 취약점은 자산이 잠재적으로 가진 약점을 의미한다.
④ 정보보호대책은 위협에 대응하여 자산을 보호하기 위한 관리적, 기술적, 물리적 대책을 의미한다.

2 **공개키 암호화에 대한 설명으로 옳지 않은 것은?**

① ECC(Elliptic Curve Cryptography)와 Rabin은 공개키 암호 방식이다.
② RSA는 소인수 분해의 어려움에 기초를 둔 알고리즘이다.
③ 전자서명 할 때는 서명하는 사용자의 공개키로 암호화한다.
④ ElGamal은 이산대수 문제의 어려움에 기초를 둔 알고리즘이다.

ANSWER 1.② 2.③

1 ㉠ **위험관리**(Risk Management) : 조직의 자산에 대한 위험을 감수할 수 있는 수준으로 유지하기 위하여 자산에 대한 위험을 분석하고 이러한 위험으로부터 자산을 보호하기 위한 비용 대비 효과적인 보호대책을 마련하는 일련의 과정
㉡ **위험**(risk) : 원하지 않는 사건이 발생하여 손실 또는 부정적인 영향을 미칠 가능성

2 **전자서명** … 암호기술의 인증기능을 이용해 전자문서에 서명이 가능하게 하는 것

3 X.509 인증서 형식 필드에 대한 설명으로 옳은 것은?

① Issuer name – 인증서를 사용하는 주체의 이름과 유효기간 정보
② Subject name – 인증서를 발급한 인증기관의 식별 정보
③ Signature algorithm ID – 인증서 형식의 버전 정보
④ Serial number – 인증서 발급 시 부여된 고유번호 정보

4 일방향 해시함수를 사용하여 비밀번호를 암호화할 때 salt라는 난수를 추가하는 이유는?

① 비밀번호 사전공격(Dictionary attack)에 취약한 문제를 해결할 수 있다.
② 암호화된 비밀번호 해시 값의 길이를 줄일 수 있다.
③ 비밀번호 암호화의 수행 시간을 줄일 수 있다.
④ 비밀번호의 복호화를 빠르게 수행할 수 있다.

ANSWER 3.④ 4.①

3 X.509 … 1988sus ITU-T에 의해 표준으로서 제안된 공개키 인증서 형식으로 전자서명을 위한 인증서에 대한 기본 형식을 정의한 규격
① Issuer name – 발행자의 이름
② Subject name – 소유자의 이름
③ Signature algorithm ID – 서명 알고리즘 식별자

4 ㉠ **일방향 해시함수** : 무결성을 확인하기 위한 방법으로서 메시지의 내용이 변조되지 않았다는 것을 보장하는 것
- 해시함수 : 수학적인 연산을 통해 원본 메시지를 변환하여 암호화된 메시지인 다이제스트를 생성하는 기법
- 일방향성 : 원본 메시지를 알면 암호화된 메시지를 구하기는 쉽지만 암호화된 메시지로는 원본 메시지를 구할 수 없는 것

㉡ **솔트(salt)** : 소금을 친다라는 의미로 해시함수로 도출된 데이터에 특정한 값을 추가하여 보안성을 한층 더 강화하는 기법으로 일방향 해시함수도 솔트(salt)값 없이 저장한다면 공격자에게 쉽게 보안 노출이 가능하여 솔트(salt)값의 추가 여부에 따라서 패스워드의 노출 가능서이 크게 차이가 남

5 **윈도우 운영체제에서 TPM(Trusted Platform Module)에 대한 설명으로 옳지 않은 것은?**

① TPM의 공개키를 사용하여 플랫폼 설정정보에 서명함으로써 디지털 인증을 생성한다.
② TPM은 신뢰 컴퓨팅 그룹(Trusted Computing Group)에서 표준화된 개념이다.
③ TPM은 키 생성, 난수 발생, 암복호화 기능 등을 포함한 하드웨어 칩 형태로 구현할 수 있다.
④ TPM의 기본 서비스에는 인증된 부트(authenticated boot), 인증, 암호화가 있다.

6 **키 k에 대한 블록 암호 알고리즘 E_k, 평문블록 M_i, Z_0는 초기벡터, $Z_i = E_k(Z_{i-1})$가 주어진 경우, 이때 i = 1, 2, ..., n에 대해 암호블록 C_i를 $C_i = Z_i \oplus M_i$로 계산하는 운영모드는? (단, ⊕는 배타적 논리합이다)**

① CBC
② ECB
③ OFB
④ CTR

7 **정보보호 시스템 평가 기준에 대한 설명으로 옳은 것은?**

① ITSEC의 레인보우 시리즈에는 레드 북으로 불리는 TNI(Trusted Network Interpretation)가 있다.
② ITSEC은 None부터 B2까지의 평가 등급으로 나눈다.
③ TCSEC의 EAL2 등급은 기능시험 결과를 의미한다.
④ TCSEC의 같은 등급에서는 뒤에 붙는 숫자가 클수록 보안 수준이 높다.

ANSWER 5.① 6.③ 7.④

5 TPM(Trusted Platform Module) … 암호화된 키, 패스워드, 디지털 인증서 등을 저장하는 안전한 저장 공간을 제공하는 보안 모듈

6 블록 암호 운영 모드 … 긴 평문을 전부 암호화하기 위해서 블록 암호 알고리즘을 반복 사용해야 하는데 반복 사용하는 방법을 블록 암호의 모드라고 한다.
① CBC : 암호화 알고리즘의 결과를 평문 블록과 XOR 하고 나서 암호화를 수행
② ECB : 평문 블록을 암호화한 것을 그대로 암호 블록으로 사용
③ OFB : 출력 피드백 모드로 평문 블록과 암호 알고리즘의 출력을 XOR 해서 암호문 블록을 만듦
④ CTR : 1씩 증가하는 카운터를 암호화해서 키 스트림을 만드는 스트림 암호

7 TCSEC 평가기준
- 미국의 정보보호 시스템 평가표준으로 채택되었고 세계 최초의 보안 시스템 평가기준으로 다른 평가 기준의 모체
- TCSEC는 D, C, B, A의 네 등급으로 분류하며 세부적으로는 D, C1, C2, B1, B2, B3, A1의 등급으로 나눈다. A등급이 가장 높은 보안 등급이며 D등급은 보안에 대한 요구사항이 없는 최소한의 보안 등급을 의미한다.

8 SSL(Secure Socket Layer)의 Handshake 프로토콜에서 클라이언트와 서버 간에 논리적 연결 수립을 위해 클라이언트가 최초로 전송하는 ClientHello 메시지에 포함되는 정보가 아닌 것은?

① 세션 ID

② 클라이언트 난수

③ 압축 방법 목록

④ 인증서 목록

9 소수 p = 13, 원시근 g = 2, 사용자 A와 B의 개인키가 각각 3, 2일 때, Diffie-Hellman 키 교환 알고리즘을 사용하여 계산한 공유 비밀키는?

① 6 ② 8

③ 12 ④ 16

ANSWER 8.④ 9.③

8 ㉠ SSL(Secure Socket Layer) : 1994년 넷스케이프사의 웹브라우저를 위한 보안 프로토콜로 처음 제안

㉡ Handshake Protocol : SSL 프로토콜에서 가장 복잡한 부분으로 클라이언트와 서버의 상호 인증, 암호 알고리즘, 암호키, MAC 알고리즘 등의 속성을 사전 합의

9 ㉠ 디피 헬만 키 교환 방식 : 1976년 Diffie와 Hellman이 개발한 최초의 공개키 알고리즘으로써 제한된 영역에서 멱의 계산에 비하여 이산대수로그 문제의 계산이 어렵다는 이론에 기초를 둔다. 이 알고리즘은 메세지를 암/복호화하는 데 사용되는 알고리즘이 아니라 암/복호화를 위해 사용되는 키의 분배 및 교환에 주로 사용되는 알고리즘이다.

㉡ A와 B의 개인키가 각각 3, 2를 사용하여 비밀키 공유

gab mod p = 223 mod 13 = 26 mod 13 = 12

(mod는 나머지를 구하는 함수이므로 몫은 4이고 나머지는 12이므로 답은 12이다.)

10 「개인정보 보호법」상 기본계획에 대한 조항의 일부이다. ㉠, ㉡에 들어갈 내용을 바르게 연결한 것은?

> 제9조(기본계획)
> ① 보호위원회는 개인정보의 보호와 정보주체의 권익 보장을 위하여 (㉠)년마다 개인정보 보호 기본계획(이하 "기본계획"이라 한다)을 관계 중앙행정기관의 장과 협의하여 수립한다.
> ② 기본계획에는 다음 각 호의 사항이 포함되어야 한다.
> 1. 개인정보 보호의 기본목표와 추진방향
> 2. 개인정보 보호와 관련된 제도 및 법령의 개선
> 3. 개인정보 침해 방지를 위한 대책
> 4. (㉡)
> 5. 개인정보 보호 교육 · 홍보의 활성화
> 6. 개인정보 보호를 위한 전문인력의 양성
> 7. 그 밖에 개인정보 보호를 위하여 필요한 사항

	㉠	㉡
①	1	개인정보 보호 자율규제의 활성화
②	3	개인정보 보호 자율규제의 활성화
③	1	개인정보 활용 · 폐지를 위한 계획
④	3	개인정보 활용 · 폐지를 위한 계획

ANSWER 10.②

10 기본계획〈개인정보 보호법 제9조〉

㉠ 보호위원회는 개인정보의 보호와 정보주체의 권익 보장을 위하여 3년마다 개인정보 보호 기본계획(이하 "기본계획"이라 한다)을 관계 중앙행정기관의 장과 협의하여 수립한다.

㉡ 기본계획에는 다음 각 호의 사항이 포함되어야 한다.

- 개인정보 보호의 기본목표와 추진방향
- 개인정보 보호와 관련된 제도 및 법령의 개선
- 개인정보 침해 방지를 위한 대책
- 개인정보 보호 자율규제의 활성화
- 개인정보 보호 교육 · 홍보의 활성화
- 개인정보 보호를 위한 전문인력의 양성
- 그 밖에 개인정보 보호를 위하여 필요한 사항

㉢ 국회, 법원, 헌법재판소, 중앙선거관리위원회는 해당 기관(그 소속 기관을 포함한다)의 개인정보 보호를 위한 기본계획을 수립 · 시행할 수 있다.

11 NIST의 AES(Advanced Encryption Standard) 표준에 따른 암호화 시 암호키(cipher key) 길이가 256비트일 때 필요한 라운드 수는?

① 8　　② 10

③ 12　　④ 14

12 IPsec의 ESP(Encapsulating Security Payload)에 대한 설명으로 옳지 않은 것은?

① 인증 기능을 포함한다.

② ESP는 암호화를 통해 기밀성을 제공한다.

③ 전송 모드의 ESP는 IP 헤더를 보호하지 않으며, 전송계층으로부터 전달된 정보만을 보호한다.

④ 터널 모드의 ESP는 Authentication Data를 생성하기 위해 해시 함수와 공개키를 사용한다.

ANSWER 11.④　12.④

11 AES(Advanced Encryption Standard) … 고급 암호화 표준(Advanced Encryption Standard)이라고 불리는 AES 암호 알고리즘은 DES를 대체한 암호 알고리즘이며 암호화와 복호화 과정에서 동일한 키를 사용하는 대칭 키 알고리즘이다.
DES에 비해서 키 사이즈가 자유롭다. 즉, 가변 길이의 블록과 가변 길이의 키 사용이 가능하다.(128bit, 192bit, 256bit)

	key length	block length	number of rounds
AES-128	4	4	10
AES-192	6	4	12
AES-256	8	4	14

12 ㉠ IPsec : 통신 세션의 각 IP 패킷을 암호화하고 인증하는 안전한 인터넷 프로토콜(IP) 통신을 위한 OSI 3계층 보안 프로토콜
㉡ ESP(Encapsulating Security Payload)

• 전송 모드 : IP 페이로드와 ESP 트레일러를 암호화하고 암호화된 데이터와 ESP 헤더를 인증

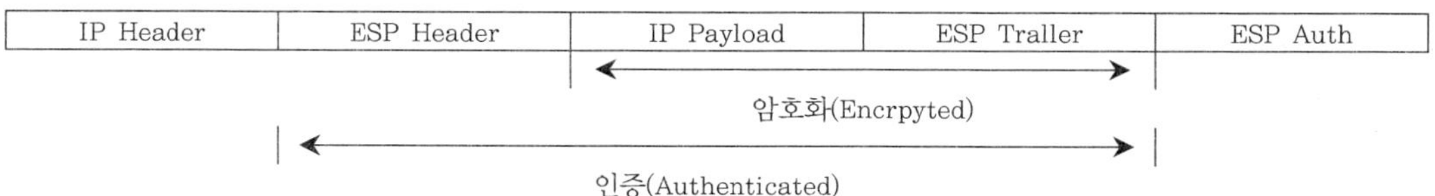

• 터널 모드 : 원본 IP 패킷 전체와 ESP 트레일러를 암호화하고 암호화된 데이터와 ESP 헤더를 인증

New IP Header	ESP Header	Original IP Header	IP Payload	ESP Traller	ESP Auth

암호화(Encrpyted)

인증(Authenticated)

13 네트워크나 컴퓨터 시스템의 자원 고갈을 통해 시스템 성능을 저하시키는 공격에 해당하는 것만을 모두 고르면?

㉠ Ping of Death 공격	㉡ Smurf 공격
㉢ Heartbleed 공격	㉣ Sniffing 공격

① ㉠, ㉡

② ㉠, ㉢

③ ㉡, ㉢

④ ㉡, ㉣

ANSWER 13.①

13 ㉠ Ping of Death 공격 : ICMP 패킷의 크기를 정상적인 크기보다 크게 만들어 전송하는 공격

㉡ Smurf 공격 : 웜이 네트워크를 공격할 때 많이 사용하는 것으로 ICMP 패킷 이용

㉢ Heartbleed 공격 : OpenSSL버전에서 클라이언트와 웹서버 간 암호화 통신이 제대로 이뤄지는지 검증하기 위해 사용되는 프로토콜인 하트비트(HeartBeat)에서 발견된 취약점

㉣ Sniffing 공격 : (소극적 공격)네트워크의 중간에서 남의 패킷 정보를 도청하는 해킹 유형의 하나로 수동적 공격에 해당하며 도청할 수 있도록 설치되는 도구를 스니퍼라고 한다.

※ 네트워크 공격 종류

- 네트워크 공격 : 네트워크 패킷 도/감청
  종류) 스니핑, 스푸핑, 세션 하이재킹
- 서비스거부 공격 : 서버의 자원을 소비시켜 시스템을 다운
  종류) SYN Flooding, UDP Flooding, Land 공격, Ping of Death, Smurf 공격, Tear Drop, Tiny Fragment 공격, Fragment overlap 공격
- 네트워크 스캐닝 공격 : 공격 전 취약점 파악
  종류) TCP Scan, UDP Scan

14 다음 설명에 해당하는 위험분석 및 평가 방법을 옳게 짝 지은 것은?

> ㉠ 전문가 집단의 토론을 통해 정보시스템의 취약성과 위협 요소를 추정하여 평가하기 때문에 시간과 비용을 절약할 수 있지만, 정확도가 낮다.
> ㉡ 이미 발생한 사건이 앞으로 발생한다는 가정하에 수집된 자료를 통해 위험 발생 가능성을 예측하며, 자료가 많을수록 분석의 정확도가 높아진다.
> ㉢ 어떤 사건도 기대하는 대로 발생하지 않는다는 사실에 근거하여 일정 조건에서 위협에 대해 발생 가능한 결과들을 예측하며, 적은 정보를 가지고 전반적인 가능성을 추론할 수 있다.

	㉠	㉡	㉢
①	순위 결정법	과거자료 분석법	기준선 접근법
②	순위 결정법	점수법기준선	접근법
③	델파이법	과거자료 분석법	시나리오법
④	델파이법	점수법	시나리오법

ANSWER 14.③

14 ③ 정성적 위험분석 및 평가 방법 중 델파이법과 시나리오법, 정량적 위험분석 및 평가 방법 중 과거자료 분석법에 대한 설명이다.

15 「정보통신망 이용촉진 및 정보보호 등에 관한 법률 시행령」 제19조(국내대리인 지정 대상자의 범위)에 명시된 자가 아닌 것은?

① 전년도(법인인 경우에는 전(前) 사업연도를 말한다) 매출액이 1,000억 원 이상인 자

② 정보통신서비스 부문 전년도(법인인 경우에는 전 사업연도를 말한다) 매출액이 100억 원 이상인 자

③ 전년도(법인인 경우에는 전(前) 사업연도를 말한다) 매출액이 1조 원 이상인 자

④ 이 법을 위반하여 정보통신서비스 이용의 안전성을 현저히 해치는 사건 · 사고가 발생하였거나 발생할 가능성이 있는 경우로서 법 제64조 제1항에 따라 방송통신위원회로부터 관계 물품 · 서류 등을 제출하도록 요구받은 자

16 커버로스(Kerberos) 프로토콜에 대한 설명으로 옳지 않은 것은?

① 양방향 인증방식의 문제점을 보완하여 신뢰하는 제3자 인증 서비스를 제공한다.

② 사용자의 패스워드를 추측하거나 캡처하지 못하도록 일회용 패스워드를 제공한다.

③ 버전 5에서는 이전 버전과 달리 DES가 아닌 다른 암호 알고리즘을 사용할 수 있다.

④ 클라이언트는 사용자의 식별정보를 평문으로 인증 서버(Authentication Server)에 전송한다.

ANSWER 15.① 16.②

15 국내대리인 지정 대상자의 범위〈정보통신망 이용촉진 및 정보보호 등에 관한 법률 시행령 제19조〉

㉠ 법 제32조의5 제1항에서 "대통령령으로 정하는 기준에 해당하는 자"란 다음 각 호의 어느 하나에 해당하는 자를 말한다.

1. 전년도[법인인 경우에는 전(前) 사업연도를 말한다] 매출액이 1조원 이상인 자
2. 정보통신서비스 부문 전년도(법인인 경우에는 전 사업연도를 말한다) 매출액이 100억 원 이상인 자
3. 삭제
4. 이 법을 위반하여 정보통신서비스 이용의 안전성을 현저히 해치는 사건 · 사고가 발생하였거나 발생할 가능성이 있는 경우로서 법 제64조 제1항에 따라 방송통신위원회로부터 관계 물품 · 서류 등을 제출하도록 요구받은 자

㉡ ㉠ 제1호 및 제2호에 따른 매출액은 전년도(법인인 경우에는 전 사업연도를 말한다) 평균환율을 적용하여 원화로 환산한 금액을 기준으로 한다.

16 커버로스(Kerberos) 프로토콜 … MIT에서 개발한 분산 환경에서 개체 인증 서비스를 제공하는 네트워크 인증 시스템으로 사용자가 서버의 인증을 얻기 위해서 티켓이라는 인증값을 사용한다.

공개키 암호 방식을 전혀 사용하지 않고 대칭키 암호 방식만 사용하여 신뢰된 티켓 발급 서버를 이용하여 인증을 한다.

㉠ **장점**: 커버로스는 당사자와 당사자가 인증을 요청하는 서비스 간의 통신 내용을 암호화 키 및 암호 프로세스를 이용하여 보호하기 때문에 데이터의 기밀성과 무결성을 보장할 수 있다.

㉡ **단점**: 커버로스는 패스워드 추측 공격에 취약하며, 사용자가 패스워드를 바꾸며 비밀키도 변경해야 하는 번거로움이 있다.

17 **다음 설명에 해당하는 악성코드 분석도구를 옳게 짝 지은 것은?**

> ㉠ 가상화 기술 기반으로 악성코드의 비정상 행위를 유발하는 실험과정에서 발생할 수 있는 분석시스템으로의 침해를 방지하여 통제된 환경과 분석 기능을 제공한다.
> ㉡ 악성코드의 행위를 추출하기 위해 실제로 해당 코드를 실행함으로써 발생하는 비정상 행위 혹은 시스템 동작 환경의 변화를 살펴볼 수 있는 동적 분석 기능을 제공한다.

	㉠	㉡
①	Sandbox	Process Explorer
②	Sandbox	Burp Suite
③	Blackbox	IDA Pro
④	Blackbox	OllyDBG

ANSWER 17.①

17 ㉠ 악성코드
- 악의적인 동작을 실시하기 위해서 개발한 프로그램/실행파일
- 일반적으로 EXE 실행파일로 배포가 되거나 스크립트를 포함한 문서형 파일로 배포

㉡ **악성코드 배포 목적** : 공공기관, 국가기관, 민가기업, 학교 등 기밀 정보를 탈취하기 위해서 배포

㉢ 악성코드 분석도구
- Sandbox : 악성코드 분석(초기 분석도구)
- Process Explorer : 실행 중인 프로세스에 대한 정보확인 및 실시간으로 변화하는 프로세스 상태, 상하위 관계 모니터링(동적분석도구)
- OllyDBG : 악성 코드 파일을 실행하고 상세하게 분석하는 방법으로 고급 정적 분석 내용을 기반으로 디버거를 통하여 동작하는 악성 코드의 내부 상태를 파악하는 방법(고급 동적 분석)
- IDA : 악성 코드 파일을 실행하지 않고, 상세하게 분석하는 방법(고급 정적 분석)

18 윈도우 운영체제의 계정 관리에 대한 설명으로 옳은 것은?

① 'net accounts guest /active:no' 명령은 guest 계정을 비활성화 한다.
② 'net user' 명령은 시스템 내 사용자 계정정보를 나열한다.
③ 'net usergroup' 명령은 시스템 내 사용자 그룹정보를 표시한다.
④ 컴퓨터/도메인에 모든 접근권한을 가진 관리자 그룹인 'Admin'이 기본적으로 존재한다.

19 임의적 접근 통제(Discretionary Access Control) 모델에 대한 설명으로 옳은 것은?

① 주체가 소유권을 가진 객체의 접근 권한을 다른 사용자에게 부여할 수 있으며, 사용자 신원에 따라 객체의 접근을 제한한다.
② 주체와 객체가 어떻게 상호 작용하는지를 중앙 관리자가 관리하며, 사용자 역할을 기반으로 객체의 접근을 제한한다.
③ 주체와 객체에 각각 부여된 서로 다른 수준의 계층적인 구조의 보안등급을 비교하여 객체의 접근을 제한한다.
④ 주체가 접근할 수 있는 상위와 하위의 경계를 설정하여 해당 범위 내 임의 객체의 접근을 제한한다.

ANSWER 18.② 19.①

18 윈도우의 주요그룹

구분	특징
Administrators	• 대표적인 관리자 그룹으로, 윈도우 시스템의 모든 권한을 가지고 있는 그룹이다. • 사용자 계정을 만들거나 없앨 수 있으며, 디렉토리와 프린터를 공유하는 명령을 내릴 수 있다. • 사용할 수 있는 자원에 대한 권한을 설정할 수 있다.
Power Users	• Administrators 그룹이 가진 권한 대부분을 가지지만, 로컬 컴퓨터에서만 관리할 능력을 가지고 있다. • 해당 컴퓨터 밖의 네트워크에서는 일반 사용자로 존재한다.
Backup Operators	• 윈도우 시스템에서 시스템 파일을 백업하는 권한을 가지고 있다. • 로컬 컴퓨터에 로그인하고 시스템을 종료할 수 있다.
Users	• 대부분의 사용자가 기본으로 속하는 그룹으로 여기에 속한 사용자는 네트워크를 통해 서버나 다른 도메인 구성요소에 로그인할 수 있다. • 관리 계정에 비해서 한정된 권한을 가진다.
Guests	• 윈도우 시스템에서 Users 그룹과 같은 권한을 갖는 그룹이다. • 두 그룹 모두 네트워크를 통해서 서버에 로그인할 수 있으며, 서버로의 로컬 로그인은 금지된다.

19 ㉠ **임의적 접근 통제**(Discretionary Access Control) **모델** : 행렬을 이용해 주체, 객체, 접근 권한의 관계를 기술하는 방법
㉡ **강제적 접근 통제**(MAC, Mandatory Access Control) : 보안 목적을 위해 사용자가 가지는 권한, 허가 그리고 기능을 크게 감소시키며 보안 레이블과 보안 허가증을 비교하는 것에 기반을 두는 접근 제어
㉢ **역할기반 접근 통제**(RBAC, Role Based Access Control) : 사용자의 역할에 기반을 두고 접근을 제어하며 권한을 역할과 연관시키고 사용자들이 적절한 역할을 할당 받도록해 권한의 관리를 용이하게 하는 것

20 「정보통신망 이용촉진 및 정보보호 등에 관한 법률」 제45조(정보통신망의 안정성 확보 등)에 정보보호 조치에 관한 지침에 포함되어야 할 보호조치로 명시되지 않은 것은?

① 정보의 불법 유출 · 위조 · 변조 · 삭제 등을 방지하기 위한 기술적 보호조치

② 사전 정보보호대책 마련 및 보안조치 설계 · 구현 등을 위한 기술적 보호조치

③ 정보통신망의 지속적인 이용이 가능한 상태를 확보하기 위한 기술적 · 물리적 보호조치

④ 정보통신망의 안정 및 정보보호를 위한 인력 · 조직 · 경비의 확보 및 관련 계획수립 등 관리적 보호조치

ANSWER 20.②

20 정보통신망의 안정성 확보 등〈정보통신망 이용촉진 및 정보보호 등에 관한 법률 제45조〉

㉠ 다음의 어느 하나에 해당하는 자는 정보통신서비스의 제공에 사용되는 정보통신망의 안정성 및 정보의 신뢰성을 확보하기 위한 보호조치를 하여야 한다.

1. 정보통신서비스 제공자
2. 정보통신망에 연결되어 정보를 송 · 수신할 수 있는 기기 · 설비 · 장비 중 대통령령으로 정하는 기기 · 설비 · 장비(이하 "정보통신망연결기기등"이라 한다)를 제조하거나 수입하는 자

㉡ 과학기술정보통신부장관은 ㉠에 따른 보호조치의 구체적 내용을 정한 정보보호조치에 관한 지침(이하 "정보보호지침"이라 한다)을 정하여 고시하고 ㉠의 어느 하나에 해당하는 자에게 이를 지키도록 권고할 수 있다.

㉢ 정보보호지침에는 다음의 사항이 포함되어야 한다.

1. 정당한 권한이 없는 자가 정보통신망에 접근 · 침입하는 것을 방지하거나 대응하기 위한 정보보호시스템의 설치 · 운영 등 기술적 · 물리적 보호조치
2. 정보의 불법 유출 · 위조 · 변조 · 삭제 등을 방지하기 위한 기술적 보호조치
3. 정보통신망의 지속적인 이용이 가능한 상태를 확보하기 위한 기술적 · 물리적 보호조치
4. 정보통신망의 안정 및 정보보호를 위한 인력 · 조직 · 경비의 확보 및 관련 계획수립 등 관리적 보호조치
5. 정보통신망연결기기등의 정보보호를 위한 기술적 보호조치

㉣ 과학기술정보통신부장관은 관계 중앙행정기관의 장에게 소관 분야의 정보통신망연결기기등과 관련된 시험 · 검사 · 인증 등의 기준에 정보보호지침의 내용을 반영할 것을 요청할 수 있다.

정보보호론

2021. 4. 17. 인사혁신처 시행

1 겉으로는 유용한 프로그램으로 보이지만 사용자가 의도하지 않은 악성 루틴이 숨어 있어서 사용자가 실행시키면 동작하는 악성 소프트웨어는?

① 키로거　　② 트로이목마
③ 애드웨어　　④ 랜섬웨어

2 능동적 공격에 해당하는 것만을 모두 고르면?

㉠ 도청	㉡ 서비스 거부
㉢ 트래픽 분석	㉣ 메시지 변조

① ㉠, ㉢　　② ㉡, ㉢
③ ㉡, ㉣　　④ ㉢, ㉣

ANSWER 1.② 2.③

1 ② **트로이목마** : 겉으로는 정상적이고 유용한 기능을 가진 컴퓨터 프로그램 이지만, 실제로는 시스템이나 네트워크의 취약성을 이용하거나 시스템이 허가되지 않은 접근을 가능하게 해 주는 악성 프로그램
① **키로거**(KeyLoggers) : 컴퓨터 사용자의 키보드 움직임을 탐지해 아이디나 패스워드, 계좌번호, 카드 번호 등과 같은 개인의 중요한 정보를 몰래 빼 가는 해킹 공격
③ **애드웨어** : 소프트웨어 내장된 광고, 감염시 팝업 광고가 뜨거나 브라우저가 광고사이트로 연결
④ **랜섬웨어**(Ransomware) : '몸값(Ransom)'과 '소프트웨어(Software)'의 합성어로 시스템을 잠그거나 데이터를 암호화해 사용할 수 없도록 만든 뒤, 이를 인질로 금전을 요구하는 악성 프로그램

2 **보안공격** : 전송되는 메시지에 대한 불법적인 공격자의 위협
- 능동적 공격
  - 시스템의 자원을 바꾸거나 동작에 영향을 미치려는 시도
  - 종류 : 서비스 거부, 메시지 변조
- 수동적 공격
  - 시스템의 정보를 이용하거나 알아내려는 시도
  - 종류 : 도청, 트래픽 분석

3 **분산 서비스 거부(DDoS) 공격에 대한 설명으로 옳지 않은 것은?**

① 하나의 공격 지점에서 대규모 공격 패킷을 발생시켜서 여러 사이트를 동시에 공격하는 방법이다.
② 가용성에 대한 공격이다.
③ 봇넷이 주로 활용된다.
④ 네트워크 대역폭이나 컴퓨터 시스템 자원을 공격 대상으로 한다.

4 **부인방지 서비스를 제공하기 위한 전자서명에 대한 설명으로 옳지 않은 것은?**

① 서명할 문서에 의존하는 비트 패턴이어야 한다.
② 다른 문서에 사용된 서명을 재사용하는 것이 불가능해야 한다.
③ 전송자(서명자)와 수신자(검증자)가 공유한 비밀 정보를 이용하여 서명하여야 한다.
④ 서명한 문서의 내용을 임의로 변조하는 것이 불가능해야 한다.

ANSWER 3.① 4.③

3 DDoS(Distributed Denial of Service) … 해킹 방식의 하나로서 여러 대의 공격자를 분산 배치하여 동시에 '서비스 공격'을 함으로써 시스템이 더 이상 정상적 서비스를 제공할 수 없도록 만드는 것

4 전자서명(Digital Signature) … 서명자가 해당 전자문서에 서명하였음을 나타내기 위해 전자문서에 첨부되거나 논리적으로 결합된 전자적 형태의 정보

※ 전자서명의 특징

- 위조불가 : 합법적인 서명자만이 전자서명을 생성할 수 있어야 함
- 부인방지 : 서명한 사실을 부인할 수 없어야 함
- 재사용불가 : 서명을 다른 전자문서의 서명으로 사용할 수 없어야 함
- 변경불가 : 문서의 내용을 변경 불가해야 함
- 서명자 인증 : 전자서명의 서명자를 누구든지 검증할 수 있어야 함

5 **다음은 IT 보안 관리를 위한 국제 표준(ISO/IEC 13335)의 위험 분석 방법에 대한 설명이다. ㉠ ~ ㉢에 들어갈 용어를 바르게 연결한 것은?**

> (㉠)은 가능한 빠른 시간 내에 적정 수준의 보호를 제공한 후 시간을 두고 중요 시스템에 대한 보호 수단을 조사하고 조정하는 것을 목표로 한다. 이 방법은 모든 시스템에 대하여 (㉡)에서 제시하는 권고 사항을 구현하는 것으로 시작한다. 중요 시스템을 대상으로 위험에 즉각적으로 대응하기 위하여 비정형 접근법이 적용될 수 있다. 그리고 (㉢)에 의한 단계별 프로세스를 적절하게 수행한다. 결과적으로 시간이 흐름에 따라 비용 대비 효과적인 보안 통제가 선택되도록 할 수 있다.

	㉠	㉡	㉢
①	상세 위험 분석	기준선 접근법	복합 접근법
②	상세 위험 분석	복합 접근법	기준선 접근법
③	복합 접근법	기준선 접근법	상세 위험 분석
④	복합 접근법	상세 위험 분석	기준선 접근법

ANSWER 5.③

5 위험분석 … 위험의 요소인 자산, 위협, 취약성, 정보보호대책을 분석하여 위험의 종류나 규모를 정함

- 복합 접근법 : 고위험영역을 식별하여 상세 위험분석을 수행하고, 그 외의 다른 영역은 베이스라인 접근법을 사용하는 방식으로 비용과 자원을 효과적으로 사용할 수 있으며 고위험 영역을 빠르게 식별하고 적절하게 처리할 수 있다는 장점이 있어 많이 사용
- 기준선 접근법 : 모든 시스템에 대하여 표준화된 보호대책의 세트를 체크리스트 형태로 제공하며 분석의 비용과 시간이 절약된다는 장점
- 상세 위험 분석 : 자산분석, 위협분석, 취약성 분석의 각 단계를 수행하여 위험을 평가하는 것으로 취약성 분석과 별도로 설치된 정보보호대책에 대한 분석을 수행

6 다음에서 설명하는 크로스사이트 스크립팅(XSS) 공격의 유형은?

> 공격자는 XSS 코드를 포함한 URL을 사용자에게 보낸다. 사용자가 그 URL을 요청하고 해당 웹 서버가 사용자 요청에 응답한다. 이때 XSS 코드를 포함한 스크립트가 웹 서버로부터 사용자에게 전달되고 사용자 측에서 스크립트가 실행된다.

① 세컨드 오더 XSS
② DOM 기반 XSS
③ 저장 XSS
④ 반사 XSS

7 SHA 알고리즘에서 사용하는 블록 크기와 출력되는 해시의 길이를 바르게 연결한 것은?

	알고리즘	블록 크기	해시 길이
①	SHA-12	56비트	160비트
②	SHA-256	512비트	256비트
③	SHA-384	1024비트	256비트
④	SHA-512	512비트	512비트

ANSWER 6.④ 7.②

6 크로스사이트 스크립팅(XSS) … 웹 애플리케이션에서 많이 나타나는 취약점의 하나로 웹사이트 관리자가 아닌 이가 웹페이지에 악성 스크립트를 삽입할 수 있는 취약점

※ 종류
- 저장 XSS 공격 : 접속자가 많은 웹사이트를 대상으로 공격자가 XSS 취약점이 있는 웹서버에 공격용 스크립트를 입력시켜 놓으면 방문자가 악성 스크립트가 삽입되어 있는 페이지를 읽는 순간 방문자의 브라우저를 공격
- 반사 XSS 공격 : 반사 XSS 공격으로 악성 스크립트가 포함된 URL을 사용자가 클릭하도록 유도하여 URL을 클릭하면 클라이언트를 공격
- DOM 기반 XSS 공격 : DOM 환경에서 악성 URL을 통해 사용자의 브라우저를 공격

7
- 해시 알고리즘은 대표적으로 MD, SHA 알고리즘 이외에도 RMD160, TIGER, HAVAL 알고리즘 등이 있다.
- SHA 알고리즘은 미국 NSA에서 만들어졌으며 160비트의 값을 생성하는 해시함수로 MD4가 발전한 형태이며 MD5보다 조금 느리지만 좀 더 안전하다.

※ SHA 알고리즘의 종류와 특징

알고리즘	블록크기	해시 결과값 길이	해시 강도
SHA256	512	256	1
SHA384	1024	384	1.5
SHA512	1024	512	2

8 **데이터베이스 접근 권한 관리를 위한 DCL(Data Control Language)에 속하는 명령으로 그 설명이 옳은 것은?**

① GRANT : 사용자가 테이블이나 뷰의 내용을 읽고 선택한다.

② REVOKE : 이미 부여된 데이터베이스 객체의 권한을 취소한다.

③ DROP : 데이터베이스 객체를 삭제한다.

④ DENY : 기존 데이터베이스 객체를 다시 정의한다.

9 **「개인정보 보호법」상 가명정보의 처리에 관한 특례에 대한 사항으로 옳지 않은 것은?**

① 개인정보처리자는 통계작성, 과학적 연구, 공익적 기록보존 등을 위하여 정보주체의 동의 없이 가명정보를 처리할 수 있다.

② 개인정보처리자는 가명정보를 처리하는 과정에서 특정 개인을 알아볼 수 있는 정보가 생성된 경우에는 내부적으로 해당 정보를 처리 보관하되, 제3자에게 제공해서는 아니 된다.

③ 개인정보처리자는 가명정보를 처리하고자 하는 경우에는 가명정보의 처리 목적, 제3자 제공 시 제공받는 자, 가명정보의 처리 기간 등 가명정보의 처리 내용을 관리하기 위하여 대통령령으로 정하는 사항에 대한 관련 기록을 작성하여 보관하여야 한다.

④ 통계작성, 과학적 연구, 공익적 기록보존 등을 위한 서로 다른 개인정보처리자 간의 가명정보의 결합은 보호위원회 또는 관계 중앙행정기관의 장이 지정하는 전문기관이 수행한다.

ANSWER 8.② 9.②

8 데이터 제어어(DCL : Data Control Language)

㉠ 데이터의 보안, 무결성, 권한, 회복, 병행제어 등 정의하는데 사용하는 언어로 주로 데이터 관리를 목적으로 사용

㉡ 종류

- GRANT : 권한부여
- DENY : 권한금지

9 개인정보처리자는 가명정보를 처리하는 과정에서 특정 개인을 알아볼 수 있는 정보가 생성된 경우에는 즉시 해당 정보의 처리를 중지하고, 지체 없이 회수 · 파기하여야 한다〈개인정보 보호법 제28조의5 제2항〉.

10 타원곡선 암호시스템(ECC)은 타원곡선 이산대수의 어려움을 이용한다. 그림과 같이 실수 위에 정의된 타원곡선과 타원곡선 상의 두 점 P와 R이 주어진 경우, $R = kP$를 만족하는 정수 k의 값은? (단, 점선은 타원곡선의 접선, 점을 연결하는 직선 또는 수직선을 나타낸다)

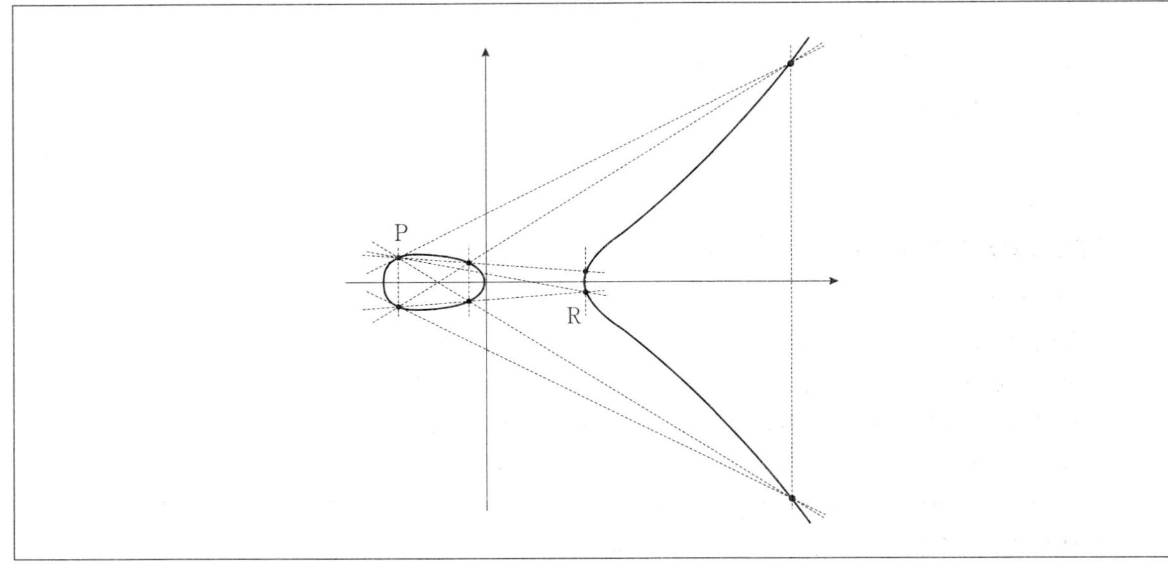

① 2
② 3
③ 4
④ 5

ANSWER 10.③

10 타원곡선 암호시스템(ECC)

타원곡선의 대수적 구조를 기반으로 한 이산로그

착안해 만들어진 공개키 암호화 알고리즘

$R = kP$

R = 공개키

k = 개인키

같은 값을 가지고 있는 P(공개키)를 구하는 타원곡

R=2로 정의 한다.

해당 P(공개키)를 지나는 직선이 2개이므로 R은

로 k는 4가 된다.

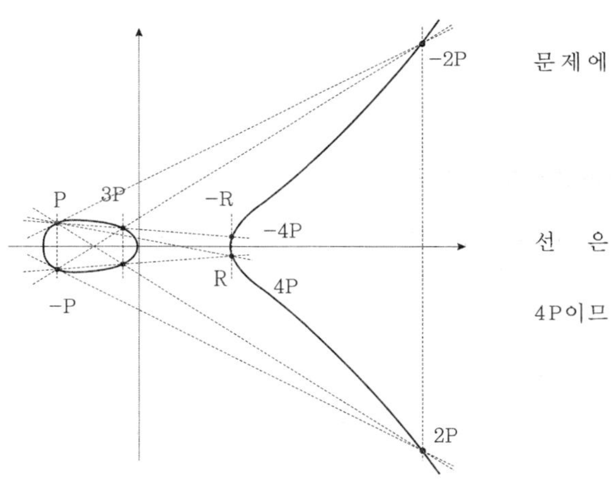

문제에

선 은

4P이므

11 시스템 내 하드웨어의 구동, 서비스의 동작, 에러 등의 다양한 이벤트를 선택·수집하여 로그로 저장하고 이를 다른 시스템에 전송할 수 있도록 해 주는 유닉스의 범용 로깅 메커니즘은?

① utmp　② syslog
③ history　④ pacct

12 공개키 암호시스템에 대한 설명으로 옳은 것만을 모두 고르면?

> ㉠ 한 쌍의 공개키와 개인키 중에서 개인키만 비밀로 보관하면 된다.
> ㉡ 동일한 안전성을 가정할 때 ECC는 RSA보다 더 짧은 길이의 키를 필요로 한다.
> ㉢ 키의 분배와 관리가 대칭키 암호시스템에 비하여 어렵다.
> ㉣ 일반적으로 암호화 및 복호화 처리 속도가 대칭키 암호시스템에 비하여 빠르다.

① ㉠, ㉡　② ㉠, ㉣
③ ㉡, ㉢　④ ㉢, ㉣

ANSWER 11.② 12.①

11 syslog
- 사용자 인증과 관련된 로그 및 커널, 데몬들에서 생성된 모든 로그를 포함하여 기록
- rlogin, ftp, finger, telnet, pop3 등에 대한 접속기록 및 접속 실패 기록

※ 유닉스/리눅스의 시스템의 로그파일 종류
- utmp : 시스템에 현재 로그인한 사용자들에 대한 상태 정보를 수집
- history : 시스템에 접근한 후 수행한 명령어들을 확인
- pacct : 시스템에 들어온 사용자가 어떤 명령어를 실행 시키고 어떠한 작업을 했는지에 대한 사용 내역 등이 기록

12 공개키 암호시스템 … 비밀키 암호와 달리 송신자와 수신자가 다른 키를 사용하여 비밀통신을 수행하며 송신자는 수신자의 공개키에 해당하는 정보를 사용하여 데이터를 암호화하여 네트워크를 통해 전송한다.

※ 특징
- 암호화 키와 복호화 키가 다르다.
- 대칭키(비밀키) 알고리즘에 비하여 속도가 느리다.
- 긴문서의 암호보다 대칭키(비밀키) 알고리즘의 키 값에 대한 암호에 사용한다.
- 키 관리와 키 분배가 용이하다.

13 이메일의 보안을 강화하기 위한 기술이 아닌 것은?

① IMAP
② S/MIME
③ PEM
④ PGP

14 국제 정보보호 표준(ISO 27001:2013 Annex)은 14개 통제 영역에 대하여 114개 통제 항목을 정의하고 있다. 통제 영역의 하나인 물리적 및 환경적 보안에 속하는 통제 항목에 대한 설명에 해당하지 않는 것은?

① 보안 구역은 인가된 인력만의 접근을 보장하기 위하여 적절한 출입 통제로 보호한다.
② 자연 재해, 악의적인 공격 또는 사고에 대비한 물리적 보호를 설계하고 적용한다.
③ 데이터를 전송하거나 정보 서비스를 지원하는 전력 및 통신 배선을 도청, 간섭, 파손으로부터 보호한다.
④ 정보보호에 영향을 주는 조직, 업무 프로세스, 정보 처리 시설, 시스템의 변경을 통제한다.

ANSWER 13.① 14.④

13 IMAP … 인터넷 메일 서버에서 메일을 읽기 위한 인터넷 표준 통신 규약

※ 이메일의 보안을 강화하기 위한 기술 종류

- S/MIME
  - 현재 가장 널리 사용되는 이메일 보안 프로토콜
  - PEM 구현의 복잡성, PGP의 낮은 보안성과 기존 시스템과의 통합이 용이하지 않다는 점을 보완하기 위해 개발
- PEM : IETF에서 인터넷 드래프트로 채택한 기밀성, 인증, 무결성, 부인방지를 지원하는 이메일 보안기술
- PGP : 대표적인 이메일과 파일보호를 위해 암호화를 사용하는 암호시스템

14 국제 정보보호 표준(ISO 27001:2013 Annex)

- 정보보호관리체계에 대해 국제 인증 시 필요한 요구사항의 국제 인증 규격
- 조직의 자산 및 정보 보호를 위해 정보보호관리체계를 수립하는 국제 인증 규격

※ 국제 정보보호 표준(ISO 27001:2013 Annex)의 인증요구사항

- 보안정책 : 정보보호에 대한 경영방침과 지원사항에 대한 통제구조
- 정보보안조직 : 조직 내에서 보안을 관리하기 위한 보안 조직 구성, 책임, 역할이다.
- 인적자원보안 : 인적오류, 절도, 사기 등의 위험을 감소하기 위한 대응 방안을 확인한다.
- 자산관리 : 조직 자산에 대한 분류 및 이에 따른 적절한 보호 프로세스를 말한다.
- 접근통제 : 문서화된 접근 통제 정책, 패스워드 사용, 권한관리 등을 말한다.
- 암호통제 : 정보에 대한 기밀성, 인증, 무결성을 보호하도록 암호화 사용을 말한다.
- 물리적/환경적보안 : 사업자의 비 인가된 접근 및 방해요인 예방을 위한 대응책
- 운영보안 : 정보처리 시설의 정확하고 안전한 운영을 보장하기 위한 대응
- 통신보안 : 네트워크 상의 정보와 정보처리시스템의 보호를 보장
- 정보시스템 취득, 개발, 유지보수 : 데이터 암호화, 메시지 인증, 변경관리 절차, 소프트웨어 패키지 변경 제한 등을 말한다.
- 공급자 관계 : 공급자가 접근할 수 있는 조직 자산에 대한 보호를 보장
- 정보보안 사고관리 : 보안사고에 대한 대응 절차의 수립 및 이행 보장
- 업무연속성관리 : 업무 지속성 계획 절차, 업무 지속성 계획 시험 및 계획 갱신
- 준거성 : 소프트웨어 복제 통제, 조직 기록의 보호, 데이터 보호 등을 말한다.

15 **대칭키 암호시스템에 대한 암호 분석 방법과 암호 분석가에게 필수적으로 제공되는 모든 정보를 연결한 것으로 옳지 않은 것은?**

① 암호문 단독(ciphertext only) 공격 – 암호 알고리즘, 해독할 암호문

② 기지 평문(known plaintext) 공격 – 암호 알고리즘, 해독할 암호문, 임의의 평문

③ 선택 평문(chosen plaintext) 공격 – 암호 알고리즘, 해독할 암호문, 암호 분석가에 의해 선택된 평문과 해독할 암호문에 사용된 키로 생성한 해당 암호문

④ 선택 암호문(chosen ciphertext) 공격 – 암호 알고리즘, 해독할 암호문, 암호 분석가에 의해 선택된 암호문과 해독할 암호문에 사용된 키로 복호화한 해당 평문

ANSWER 15.②

15 대칭키 암호시스템

- 암호화에 사용되는 암호키와 복호화에 사용되는 암호키가 동일한 암호화 기법
- 암호공격은 당사자가 아닌 제3자가 암호키가 없는 상태에서 암호문을 복호화 시키는 방법을 말하며 주로 암호키와 평문을 찾는 것을 그 목적으로 한다.
- **암호문 단독**(ciphertext only Attack) **공격**: 암호 공격자에게는 가장 불리한 방법으로 공격자는 단지 암호문만을 가지고 있으며 이로부터 평문 또는 키를 찾아내는 방법.
- **알려진 평문**(known plaintext Attack) **공격**: 공격자가 특정 암호문에 대한 평문을 알고 있는 상황에서 키를 찾아내거나 다른 암호문에 대한 평문을 알아내는 방법
- **선택 평문**(chosen plaintext Attack) **공격**: 공격자가 암호장치에 얼마든지 접근할 수 있어서 선택된 평문을 입력하고 그에 대한 암호문을 얻을 수 있는 상황에서 복호화키를 찾아내거나 선택된 암호문에 대한 평문을 찾아내고자 한다.
- **선택 암호문**(chosen ciphertext Attack) **공격**: 공격자가 복호화 장치에 접근할 수 있어서 선택한 어떤 암호문에 대해서도 평문을 얻을 수 있는 능력을 가지고 있는 경우에 키를 찾아내거나 선택된 암호문에 대해 평문을 얻고자 하는 공격이다.

16 IPv4 패킷에 대하여 터널 모드의 IPSec AH(Authentication Header) 프로토콜을 적용하여 산출된 인증 헤더가 들어갈 위치로 옳은 것은?

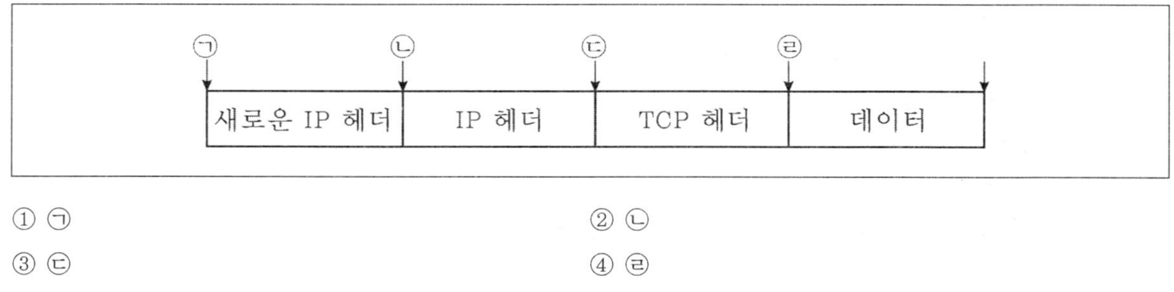

① ㉠ ② ㉡

③ ㉢ ④ ㉣

17 정보보호 관련 법률과 소관 행정기관을 잘못 짝지은 것은?

① 「전자정부법」 – 행정안전부

② 「신용정보의 이용 및 보호에 관한 법률」 – 금융위원회

③ 「정보통신망 이용촉진 및 정보보호 등에 관한 법률」 – 개인정보보호위원회

④ 「정보통신기반 보호법」 – 과학기술정보통신부

ANSWER 16.② 17.③

16 IPSec(Internet Protocol Security)

- 암호화 기술을 이용하여 IP 패킷 단위로 데이터 변조 방지 및 은닉 기능을 제공하는 프로토콜 모음
- IPSec AH(Authentication Header) : 인증헤더 및 데이터 무결성 보장을 위해 동작

※ IPSec의 동작모드

- **전송모드** : IP패킷의 페이로드를 보호하는 모드, 즉 IP의 상위 프로토콜 데이터를 보호하는 모드

최초 IP 헤더	AH	TCP 데이터	전송 데이터

- **터널모드** : IP 패킷 전체를 보호하는 모드로 IPsec으로 캡슐화하여 IP헤더를 식별할 수 없기 때문에 네트워크 상 패킷 전송이 불가능하다.

새로운 IP 헤더	AH	최초IP 헤더	TCP 데이터	전송 데이터

17 「정보통신망 이용촉진 및 정보보호 등에 관한 법률」 – 방송통신위원회, 과학기술정보통신부

18 침입탐지시스템의 비정상(anomaly) 탐지 기법에 대한 설명으로 옳지 않은 것은?

① 상대적으로 급격한 변화나 발생 확률이 낮은 행위를 탐지한다.

② 정상 행위를 예측하기 어렵고 오탐률이 높지만 알려지지 않은 공격에도 대응할 수 있다.

③ 수집된 다양한 정보로부터 생성한 프로파일이나 통계적 임계치를 이용한다.

④ 상태전이 분석과 패턴 매칭 방식이 주로 사용된다.

ANSWER 18.④

18 IDS(침입 탐지 시스템) … 컴퓨터 시스템의 비정상적인 사용, 오용, 남용 등 알려진 특정공격에 대해 수집된 정보를 조사 및 분석하여 공격 시그니처를 저장한 데이터베이스의 구축을 끝낸 후 그렇게 사전에 저장된 정보와 현재 통신을 비교하여 일치하는 통신을 실시간으로 탐지 혹은 감지하는 수동적인 방어 개념의 시스템

	오용탐지	이상탐지(anomaly)
정의	데이터베이스에 등록된 침입 패턴 정보를 침입자의 활동기록과 비교하여 동일하면 침입으로 간주한다.	데이터베이스에 등록된 정상 패턴을 침입자의 활동 기록과 비교하여 다르면 침입으로 간주한다.
동작방식	시그니처	설정, 행동, 통계
탐지기법	시그니처 분석 상태 전이 페트리넷	통계적 방법 데이터 마이닝 기계학습
기술	패턴 비교	신경망 – 인공지능을 통한 학습
장점	오탐율 낮음 빠른 속도	사전 침입 탐지
단점	알려지지 않은 공격 탐지 불가	오탐율 높음

19 「전자서명법」상 과학기술정보통신부장관이 정하여 고시하는 전자서명인증업무 운영기준에 포함되어 있는 사항이 아닌 것은?

① 전자서명 관련 기술의 연구 · 개발 · 활용 및 표준화

② 전자서명 및 전자문서의 위조 · 변조 방지대책

③ 전자서명인증서비스의 가입 · 이용 절차 및 가입자 확인방법

④ 전자서명인증업무의 휴지 · 폐지 절차

ANSWER 19.①

19 전자서명인증업무 운영기준 등〈전자서명법 제7조〉

㉠ 과학기술정보통신부장관은 전자서명의 신뢰성을 높이고 가입자 및 이용자가 합리적으로 전자서명인증서비스를 선택할 수 있도록 정보를 제공하기 위하여 필요한 조치를 마련하여야 한다.

㉡ 과학기술정보통신부장관은 다음의 사항이 포함된 전자서명인증업무 운영기준(이하 "운영기준"이라 한다)을 정하여 고시한다. 이 경우 운영기준은 국제적으로 인정되는 기준 등을 고려하여 정하여야 한다.

- 전자서명 및 전자문서의 위조 · 변조 방지대책
- 전자서명인증서비스의 가입 · 이용 절차 및 가입자 확인방법
- 전자서명인증업무의 휴지 · 폐지 절차
- 전자서명인증업무 관련 시설기준 및 자료의 보호방법
- 가입자 및 이용자의 권익 보호대책
- 장애인 · 고령자 등의 전자서명 이용 보장
- 그 밖에 전자서명인증업무의 운영 · 관리에 관한 사항

20 **안드로이드 보안 체계에 대한 설명으로 옳지 않은 것은?**

① 모든 응용 프로그램은 일반 사용자 권한으로 실행된다.

② 기본적으로 안드로이드는 일반 계정으로 동작하는데 이를 루트로 바꾸면 일반 계정의 제한을 벗어나 기기에 대한 완전한 통제권을 가질 수 있다.

③ 응용 프로그램은 샌드박스 프로세스 내부에서 실행되며, 기본적으로 시스템과 다른 응용 프로그램으로의 접근이 통제된다.

④ 설치되는 응용 프로그램은 구글의 인증 기관에 의해 서명 · 배포된다.

ANSWER 20.④

20 안드로이드의 보안체계

- **응용프로그램의 권한관리** : 안드로이드에 설치된 모든 응용 프로그램은 일반 사용자 권한으로 실행
- **응용프로그램에 대한 서명** : 안드로이드 역시 애플과 마찬가지로 설치되는 응용 프로그램에 대해 서명을 하고 있다. 하지만 애플이 자신의 CA를 통해 각 응용프로그램을 서명하여 배포하는 반면, 안드로이드는 개발자가 서명하도록 하는 점이 가장 큰 차이점이다.
- **샌드박스 활용** : 안드로이드 애플리케이션 역시 iOS와 마찬가지로 샌드박스 프로세스 내부에서 실행되며 기본적으로 시스템과 다른 어플리케이션에 접근하는 것을 통제하고 있다. 하지만 안드로이드는 특정 형태를 갖추어 권한을 요청하는 것을 허용
- **안드로이드의 취약점**

-안드로이드는 사용자의 선택에 따라 보안 수준을 선택할 수 있으며 iOS보다 훨씬 자유로운 운영체제이다.

-기본적으로 안드로이드는 일반 계정으로 동작할 때 약간의 제한이 있는데, 이를 루트권한으로 바꾸면 제한을 넘어서서 모바일 기기에 대한 완전한 통제권을 가질 수 있다.

정보보호론

2021. 6. 5. 제1회 지방직 시행

1 보안의 3대 요소 중 적절한 권한을 가진 사용자가 인가한 방법으로만 정보를 변경할 수 있도록 하는 것은?

① 무결성(integrity)

② 기밀성(confidentiality)

③ 가용성(availability)

④ 접근성(accessability)

2 스트림 암호에 대한 설명으로 옳지 않은 것은?

① 데이터의 흐름을 순차적으로 처리해 가는 암호 알고리즘이다.

② 이진화된 평문 스트림과 이진 키스트림 수열의 XOR 연산으로 암호문을 생성하는 방식이다.

③ 스트림 암호 알고리즘으로 RC5가 널리 사용된다.

④ 구현이 용이하고 속도가 빠르다는 장점이 있다.

ANSWER 1.① 2.③

1 보안의 3대 요소
- 기밀성(confidentiality) : 인가된 사용자만 정보자산에 접근할수 있는 것
- 무결성(integrity) : 적절한 권한을 가진 사용자가 인가한 방법으로만 정보를 변경할 수 있도록 하는 것
- 가용성(availability) : 필요한 시점에 정보 자산에 대한 접근이 가능하도록 하는 것

2 스트림 암호 … 대칭키 암호의 구조 중 하나로, 유사난수를 스트림으로 생성하여 암호화하려는 자료와 결합하는 구조로 블록단위로 암호화, 복호화 되는 블록암호와는 달리 이진화된 평문 스트림과 이진 키스트림의 XOR 연산으로 1비트의 암호문을 생성하는 방식

※ 특징
- 하드웨어 구현이 간편하며 속도가 빠르다.
- 대표적으로 RC4가 널리 사용된다.

3 DES(Data Encryption Standard)에 대한 설명으로 옳지 않은 것은?

① 1977년에 미국 표준 블록 암호 알고리즘으로 채택되었다.

② 64비트 평문 블록을 64비트 암호문으로 암호화한다.

③ 페이스텔 구조(Feistel structure)로 구성된다.

④ 내부적으로 라운드(round)라는 암호화 단계를 10번 반복해서 수행한다.

4 다음 ㈎~㈐에 해당하는 악성코드를 옳게 짝지은 것은?

> ㈎ 사용자의 문서와 사진 등을 암호화시켜 일정 시간 안에 일정 금액을 지불하면 암호를 풀어주는 방식으로 사용자에게 금전적인 요구를 하는 악성코드
> ㈏ 운영체제나 특정 프로그램의 취약점을 이용하여 공격하는 악성코드
> ㈐ 외부에서 파일을 내려받는 다운로드와 달리 내부 데이터로부터 새로운 파일을 생성하여 공격을 수행하는 악성코드

	㈎	㈏	㈐
①	드로퍼	익스플로잇	랜섬웨어
②	드로퍼	랜섬웨어	익스플로잇
③	랜섬웨어	익스플로잇	드로퍼
④	랜섬웨어	드로퍼	익스플로잇

ANSWER 3.④ 4.③

3 DES(Data Encryption Standard)
- 64비트의 평문을 46비트의 암호문으로 만드는 블록 암호 시스템으로 64비트의 키를 사용
- 16라운드의 반복적인 암호화 과정을 갖고 있으며, 각 라운드마다 전치 및 대치의 과정을 거친 평문과 56비트의 내부키에서 나온 48비트의 키가 섞여 암호문을 만든다.
- DES는 16번의 라운드 함수를 사용하며 각 라운드 함수는 페이스텔 암호로 되어 있다.

4 ㈎ **랜섬웨어** : 사용자 컴퓨터 시스템에 침투하여 중요 파일에 대한 접근을 차단하고 금품을 요구하는 악성프로그램

㈏ **익스플로잇(취약점 공격)** : 컴퓨터의 소프트웨어나 하드웨어 및 컴퓨터 관련 전자 제품의 버그, 보안 취약점 등 설계상 결함을 이용해 공격자의 의도된 동작을 수행하도록 만들어진 절차나 일련의 명령

㈐ **드로퍼** : 컴퓨터 사용자가 인지하지 못하는 순간에 바이러스 혹은 트로이 목마 프로그램을 사용자의 컴퓨터에 설치하는 프로그램

5 ISO/IEC27001:2022의 정보보안을 위한 통제분야 내용에 해당하지 않은 것은? [기출변형]

① 정보 저장

② 물리적 보안 모니터링

③ 데이터 유출 방지

④ 위협 인텔리전스

ANSWER 5.①

5 ISO 27001 … 국제 표준 정보 보호 관리 체계(ISMS) 인증으로 국제표준화기구에서 제정한 국제 정보 보호 관리 체계 국제 인증 규격

※ SO/IEC27001:2022의 통제분야

통제분야	통제내용
조직적(Organisational)	위협 인텔리전스, 클라우드 서비스 이용을 위한 정보보안, 비즈니스 연속성을 위한 ICT 준비
인적(People)	
물리적(Physical)	물리적 보안 모니터링
기술적(Technological)	구성 관리, 정보 삭제, 데이터 마스킹, 데이터 유출 방지, 모니터링 활동, 웹 필터링, 보안 코딩

6 암호화 알고리즘과 복호화 알고리즘에서 각각 다른 키를 사용하는 것은?

① SEED

② ECC

③ AES

④ IDEA

ANSWER 6.②

6 ㉠ 대칭키 암호화 알고리즘
- 암호화와 복호화에 동일한 비밀키를 사용하는 암호화 알고리즘
- 현재 가장 널리 쓰이는 암호화 방식은 미국표준방식인 AES이며, 128, 192, 256 비트 등의 다양한 키를 적용할 수 있으며, 보안성이 뛰어나다.
- 종류 : AES, DES, DES3, SEED, IDEA 등

㉡ 비 대칭형 암호화 방식
- 암호화, 복호화 과정에서 사용되는 비밀키가 서로 다른 암호화 알고리즘.
- 종류 : Diffie-Hellman, DSS, ElGamal, ECC, RSA 등

㉢ ECC(타원곡선암호)
- 타원곡선 시스템을 이용한 공개키 암호방식
- 타원곡선이라고 불리는 수식에 의해서 정의되는 특수한 가산법을 기반으로 하여 암호화, 복호화를 하는 암호화 방식
- 특징
  - 짧은 키 사이즈로 높은 안전성이 확보
  - 서명할 때의 계산을 고속으로 할 수 있는 것

㉣ SEED 알고리즘 : 전자상거래, 금융, 무선통신 등에서 전송되는 개인정보와 같은 중요한 정보를 보호하기 위해 1999년 2월 한국 인터넷진흥원과 국내 암호 전문가들이 순수 국내 기술로 개발한 128비트 블록의 암호 알고리즘

㉤ AES 알고리즘
- 미국 표준으로 사용되고 있는 대칭 암호 알고리즘
- 국가표준으로 사용되었던 DES의 취약점을 보안하기 위해 고안된 암호 알고리즘

㉥ IDEA 알고리즘(기타 대칭형 알고리즘) : 1990년 머시와 라이가 개발한 공개키 암호화 알고리즘의 일종으로 개량형 데이터 암호화 알고리즘이다.

7 **DoS(Denial of Service)의 공격유형이 아닌 것은?**

① Race Condition
② TearDrop
③ SYN Flooding
④ Land Attack

8 **다음에서 설명하는 방화벽 구축 형태는?**

> • 배스천(Bastion) 호스트와 스크린 라우터를 혼합하여 사용한 방화벽
> • 외부 네트워크와 내부 네트워크 사이에 스크린 라우터를 설치하고 스크린 라우터와 내부 네트워크 사이에 배스천 호스트를 설치

① Bastion Host
② Dual Homed Gateway
③ Screened Subnet Gateway
④ Screened Host Gateway

ANSWER 7.① 8.④

7 • DoS(Denial of Service) 공격 : 시스템이나 네트워크의 구조적 취약점을 공격하여 정상적인 서비스를 지연시키거나 마비시키는 해킹 공격

① Race Condition : 멀티프로세싱 시스템 환경에서 특정자원에 대하여 여러 프로세스 가동시에 자원을 획득하려고 경쟁하는 상태

② TearDrop : 프로토콜은 목적의 차이는 있으나 기본적으로 데이터 전송에 있어 신뢰성 있는 연결을 제공하려 하기 때문에 신뢰성이 확인되지 않는 데이터 전송에 대하여 반복적인 재요구와 수정을 하게 되는데 Boink, Bonk 및 Teardrop은 모두 공격 대상이 이런 반복적인 재요구와 수정을 계속하게 하여 시스템이 자원을 고갈시키는 공격

③ SYN Flooding : 네트워크에서 각 서비스를 제공하는 시스템에는 동시 사용자 수에 대한 제한이 있다. 설정상의 차이는 있지만 무제한은 아니기 때문에 존재하지 않는 클라이언트가 접속한 것처럼 속여서 다른 정상적인 사용자가 접속이 불가능하게 하는 공격방법

④ Land Attack : 패킷을 전송할 때 출발지 IP와 목적지 IP 주소 값을 공격대상의 IP 주소와 똑같이 만들어서 공격 대상에게 보내는 것

8 ④ Screened Host Gateway : 스크리닝 라우터와 베스천 호스트의 혼합구성으로 네트워크, 트랜스포트 계층에서 스크리닝 라우터가 1차로 필터링 하고 어플리케이션 계층에서 2차로 베스천 호스트가 방어한다.

① Bastion Host : 침입 차단 소프트웨어가 설치되어 내부와 외부 네트워크 사이에서 일종의 게이트 역할을 수행하는 호스트

② Dual Homed Gateway : 두 개의 네트워크 인터페이스를 가진 베스천 호스트를 이용하여 구성

③ Screened Subnet Gateway : 일반적으로 DMZ 구간을 운영하는 구축형태로 가장 안전하지만 가장 비싸고 가장 느리다.

9 다음에서 설명하는 보안 기술은?

> • 해시 함수를 이용하여 메시지 인증 코드를 구현한다.
> • SHA-256을 사용할 수 있다.

① HMAC(Hash based Message Authentication Code)

② Block Chain

③ RSA(Rivest-Shamir-Adleman)

④ ARIA(Academy, Research Institute, Agency)

10 스미싱 공격에 대한 설명으로 옳지 않은 것은?

① 공격자는 주로 앱을 사용하여 공격한다.

② 스미싱은 개인 정보를 빼내는 사기 수법이다.

③ 공격자는 사용자가 제대로 된 url을 입력하여도 원래 사이트와 유사한 위장 사이트로 접속시킨다.

④ 공격자는 문자 메시지 링크를 이용한다.

ANSWER 9.① 10.③

9 ① HMAC(Hash based Message Authentication Code) : 암호화 해시 함수와 기밀 암호화 키를 수반하는 특정한 유형의 메시지 인증코드

② Block Chain : 가상 화폐로 거래할 때 해킹을 막기 위한 기술

③ RSA(Rivest-Shamir-Adleman) : 공개키와 개인키를 세트로 만들어서 암호화와 복호화를 하는 인터넷 암호화 및 인증 시스템

④ ARIA(Academy, Research Institute, Agency) : 전자정부 구현 등으로 다양한 환경에 적합한 암호화 알고리즘이 필요하게 됨에 따라 국가보안기술연구소 주도로 학계, 국가정보원 등의 암호기술 전문가들이 힘을 모아 개발한 국가 암호화 알고리즘. 128/192/256 비트의 ISPN 구조

10 • 스미싱 공격

-휴대폰 상에서 SMS를 이용해 실행되는 피싱 공격 유형

-스미싱 메시지는 링크를 클릭하거나 전화번호로 통화해 민감한 정보를 넘겨주도록 위협하거나 유혹

• 파밍 : 사용자들로 하여금 진짜 사이트로 오인하여 접속하도록 유도한 뒤에 개인정보를 훔치는 새로운 컴퓨터 범죄

11 **디지털 포렌식을 통해 획득한 증거가 법적인 효력을 갖기 위해 만족해야 할 원칙이 아닌 것은?**

① 정당성의 원칙
② 재현의 원칙
③ 무결성의 원칙
④ 기밀성의 원칙

12 **「개인정보 보호법」상의 개인정보에 대한 설명으로 옳지 않은 것은?**

① 개인정보 보호위원회의 위원 임기는 3년이다.
② 개인정보는 가명처리를 할 수 없다.
③ 개인정보 보호위원회의 위원은 대통령이 임명 또는 위촉한다.
④ 개인정보처리자는 개인정보파일의 운용을 위하여 다른 사람을 통하여 개인정보를 처리할 수 있다.

ANSWER 11.④ 12.②

11 ㉠ **디지털포렌식**: 컴퓨터 관련 조사/수사를 지원하며, 디지털 데이터가 법적 효력을 갖도록 하는 과학적/논리적 절차와 방법을 연구하는 학문으로 정의한다.

㉡ **포렌식**: 1991년 미국 오레곤주 포틀랜드의 국제 컴퓨터 수사 전문가 협회(IACIS)에서 개설한 교육과정에서 '디지털포렌식'이라는 용어를 처음 사용하면서 많이 쓰이게 되었다.

㉢ **디지털포렌식 기본원칙**: 포렌식을 통해서 증거를 획득하고, 이 증거가 법적인 효력을 갖기 위해서는 그 증거를 발견하고, 기록하고, 획득하고, 보관하는 절차가 적절해야 하며 이를 만족하기 위해서는 기본원칙이 반드시 지켜져야 한다. 정당성의 원칙, 재현의 원칙, 신속성의 원칙, 절차연속성의 원칙, 무결성의 원칙과 같이 5가지 원칙이 있다.

- **정당성의 원칙**: 모든 증거는 적법한 절차를 거쳐서 획득한 것이어야 하며, 위법한 절차를 거쳐 획득한 증거는 증거 능력이 없다.
- **재현의 원칙**: 법정에 이 증거를 제출하기 위해서는 똑같은 환경에서 같은 결과가 나오도록 재현이 가능해야 한다.
- **신속성의 원칙**: 컴퓨터 내부의 정보는 휘발성을 가진 것이 많기 때문에 비교적 신속하게 이루어져야 한다.
- **절차연속성의 원칙**: 증거는 획득되고, 이송 – 분석 – 보관 – 법정제출이라는 일련의 과정이 명확해야 하며, 이러한 과정에 대한 추적이 가능해야 한다.
- **무결성의 원칙**: 수집된 정보는 연계보관성을 만족시키고 각 단계를 거치는 과정에서 위조 · 변조되어서는 안되며, 이러한 사항을 매번 확인해야 한다. 하드디스크 같은 경우에는 해시값을 구해 각 단계마다 그 값을 확인하여 무결성을 입증할 수 있어야 한다.

12 ② "가명처리"란 개인정보의 일부를 삭제하거나 일부 또는 전부를 대체하는 등의 방법으로 추가 정보가 없이는 특정 개인을 알아볼 수 없도록 처리하는 것을 말한다〈개인정보 보호법 제2조 제1의2호〉.

① 위원의 임기는 3년으로 하되, 한 차례만 연임할 수 있다〈개인정보 보호법 제7조의4 제1항〉.

③ 보호위원회의 위원은 개인정보 보호에 관한 경력과 전문지식이 풍부한 다음 각 호의 사람 중에서 위원장과 부위원장은 국무총리의 제청으로, 그 외 위원 중 2명은 위원장의 제청으로, 2명은 대통령이 소속되거나 소속되었던 정당의 교섭단체 추천으로, 3명은 그 외의 교섭 단체 추천으로 대통령이 임명 또는 위촉한다〈개인정보 보호법 제7조의2 제1항〉.

④ "개인정보처리자"란 업무를 목적으로 개인정보파일을 운용하기 위하여 스스로 또는 다른 사람을 통하여 개인정보를 처리하는 공공기관, 법인, 단체 및 개인 등을 말한다〈개인정보 보호법 제2조 제5호〉.

13 **DoS 및 DDoS 공격 대응책으로 옳지 않은 것은?**

① 방화벽 및 침입 탐지 시스템 설치와 운영　　② 시스템 패치

③ 암호화　　④ 안정적인 네트워크 설계

14 **국제 공통 평가기준(Common Criteria)에 대한 설명으로 옳지 않은 것은?**

① CC는 국제적으로 평가 결과를 상호 인정한다.

② CC는 보안기능수준에 따라 평가 등급이 구분된다.

③ 보안목표명세서는 평가 대상에 해당하는 정보보호 시스템의 보안 요구 사항, 보안 기능 명세 등을 서술한 문서이다.

④ 보호프로파일은 보안 문제를 해결하기 위해 작성한 제품군별 구현에 독립적인 보안요구사항 등을 서술한 문서이다.

ANSWER 13.③ 14.②

13 ㉠ **DoS**(Denial of Service) **공격**: 시스템이나 네트워크의 구조적 취약점을 공격하여 정상적인 서비스를 지연시키거나 마비시키는 해킹 공격

㉡ **DDoS**(Distributed Denial of Service) **공격**: DoS 공격의 업그레이드 판으로 DDoS 공격은 수많은 DoS 공격이 한 사람의 공격자에 의해 동시에 일어나게 하는 것

㉢ **DoS와 DDoS 공격에 대한 대응책**
- 방화벽 설치와 운영
- 침입탐지 시스템 설치와 운영
- 안정적인 네트워크의 설계
- 홈페이지 보안 관리
- 시스템 패치
- 스캔 및 서비스별 대역폭 제한

14 **국제 공통 평가기준**(Common Criteria): 국가마다 서로 다른 정보보호시스템 평가기준을 연동하고 평가결과를 상호 인증하기 위해 제정된 평가기준

㉠ **평가**: 보안기능과 보호기능으로 나누어 평가

㉡ **보안등급체계**
- EAL 부여
- EAL0 : 부적절
- EAL1-EAL7 : 평가 보안 등급 체계

※ **관련작성문서**
- 보호프로파일(PP:Protection Profile)
  - 정보보호제품이 갖추어야 할 공통적인 보안 요구사항들 목록
  - CC의 기능과 보증요구사항을 이용하여 특정제품의 구현과 상관없이 보안 요구 사항을 정의한 문서
- 보안목표명세서(ST:Security Target)
  - 보호프로파일을 기초로 보안 기능을 서술한 문서
  - 시스템 사용환경, 보안 환경, 보안기능 명세서 등을 포함

15 생체인증(Biometrics)에 대한 설명으로 옳지 않은 것은?

① 생체 인증은 불변의 신체적 특성을 활용한다.

② 생체 인증은 지문, 홍채, 망막, 정맥 등의 특징을 활용한다.

③ 얼굴은 행동적 특성을 이용한 인증 수단이다.

④ 부정허용률(false acceptance rate)은 인증되지 않아야 할 사람을 인증한 값이다.

ANSWER 15.③

15 생체인증(Biometrics) … 살아있는 사람의 신원을 생리학적 특징이나 행동적 특징을 기반으로 하여 인증하는 기술로 인간의 특성을 디지털화하여 보안용 패스워드로 활용

- 생체인식 정보
  - 생체인식을 위한 신체정보는 생리학적 정보와 행동적 정보로 나눈다.
  - 생리학적 정보 : 홍체, 망막, 손모양, 정맥, 지문, 얼굴 등
- 행동적 정보
  - 음성, 필체, 키스트로크, 걸음걸이 등
  - 생체 인식의 정확도
- 부정 거부율 : 이 매개변수는 인식돼야 할 사람이 얼마나 자주 시스템에 의해서 인식이 되지 않는지를 나타내는 값
- 부정허용률 : 이 매개변수는 인식되어서는 안될 사람이 얼마나 자주 시스템에 의해서 인식이 되는지를 나타내는 값

16 「정보통신망 이용촉진 및 정보보호 등에 관한 법률」 제45조의3(정보보호 최고책임자의 지정 등)에 따른 정보보호 최고책임자의 업무가 아닌 것은? [기출변형]

① 정보보호 실태와 관행의 정기적인 감사 및 개선

② 정보보호 교육과 모의 훈련 계획의 수립 및 시행

③ 정보보호 위험의 식별 평가 및 정보보호 대책 마련

④ 정보통신시설을 안정적으로 운영하기 위하여 대통령령으로 정하는 바에 따른 보호조치

ANSWER 16.④

16 정보보호 최고책임자의 지정 등〈정보통신망 이용촉진 및 정보 보호 등에 관한 법률 제45조의3〉

㉠ 정보통신서비스 제공자는 정보통신시스템 등에 대한 보안 및 정보의 안전한 관리를 위하여 대통령령으로 정하는 기준에 해당하는 임직원을 정보보호 최고책임자로 지정하고 과학기술정보통신부장관에게 신고하여야 한다. 다만, 자산총액, 매출액 등이 대통령령으로 정하는 기준에 해당하는 정보통신서비스 제공자의 경우에는 정보보호 최고책임자를 신고하지 아니할 수 있다.

㉡ ㉠에 따른 신고의 방법 및 절차 등에 대해서는 대통령령으로 정한다.

㉢ ㉠ 본문에 따라 지정 및 신고된 정보보호 최고책임자(자산총액, 매출액 등 대통령령으로 정하는 기준에 해당하는 정보통신서비스 제공자의 경우로 한정한다)는 ㉣의 업무 외의 다른 업무를 겸직할 수 없다.

㉣ 정보보호 최고책임자의 업무는 다음 각 호와 같다.

1. 정보보호 최고책임자는 다음 각 목의 업무를 총괄한다.
   가. 정보보호 계획의 수립·시행 및 개선
   나. 정보보호 실태와 관행의 정기적인 감사 및 개선
   다. 정보보호 위험의 식별 평가 및 정보보호 대책 마련
   라. 정보보호 교육과 모의 훈련 계획의 수립 및 시행
2. 정보보호 최고책임자는 다음 각 목의 업무를 겸할 수 있다.
   가. 「정보보호산업의 진흥에 관한 법률」 제13조에 따른 정보보호 공시에 관한 업무
   나. 「정보통신기반 보호법」 제5조 제5항에 따른 정보보호책임자의 업무
   다. 「전자금융거래법」 제21조의2 제4항에 따른 정보보호최고책임자의 업무
   라. 「개인정보 보호법」 제31조 제2항에 따른 개인정보 보호책임자의 업무
   마. 그 밖에 이 법 또는 관계 법령에 따라 정보보호를 위하여 필요한 조치의 이행

17 정보보호 및 개인정보보호 관리체계 인증에 대한 설명으로 옳은 것은?

① 인증기관 지정의 유효기간은 2년이다.

② 사후심사는 인증 후 매년 사후관리를 위해 실시된다.

③ 인증심사 기준은 12개 분야 92개 항목이다.

④ 인증심사원은 2개 등급으로 구분된다.

ANSWER 17.②

17 ② 인증을 취득한 자는 인증서 유효기간 중 연 1회 이상 심사수행기관에 사후심사를 신청하여야 한다〈정보보호 및 개인정보보호 관리체계 인증 등에 관한 고시 제27조 제1항〉.

① 인증기관 및 심사기관 지정의 유효기간은 3년이며 유효기간이 끝나기 전 6개월부터 끝나는 날까지 재지정을 신청을 할 수 있으며 제6조제2항 각 호의 서류를 과학기술정보통신부장관과 보호위원회에 제출하여야 한다. 이 경우 재지정의 신청에 대한 처리결과를 통지받을 때까지는 그 지정이 계속 유효한 것으로 본다〈정보보호 및 개인정보보호 관리체계 인증 등에 관한 고시 제9조 제1항〉.

③ 정보보호 및 개인정보보호 관리체계 인증심사 기준은 21개 분야 101개 항목이다〈정보보호 및 개인정보보호 관리체계 인증 등에 관한 고시 별표 7〉.

④ 인증심사원은 심사원보, 심사원, 선임심사원의 3등급으로 구분된다〈정보보호 및 개인정보보호 관리체계 인증 등에 관한 고시 별표 3〉.

18 PGP(Pretty Good Privacy)에 대한 설명으로 옳지 않은 것은?

① RSA를 이용하여 메시지 다이제스트를 서명한다.

② 세션 키는 여러 번 사용된다.

③ 수신자는 자신의 개인키를 이용하여 세션 키를 복호화한다.

④ 세션 키를 이용하여 메시지를 암·복호화한다.

19 다음에서 설명하는 블록암호 운영 모드는?

> • 단순한 모드로 평문이 한 번에 하나의 평문 블록으로 처리된다.
> • 각 평문 블록은 동일한 키로 암호화된다.
> • 주어진 하나의 키에 대하여 평문의 모든 블록에 대한 유일한 암호문이 존재한다.

① CBC(Cipher Block Chaining Mode)

② CTR(Counter Mode)

③ CFB(Cipher－Feed Back Mode)

④ ECB(Electronic Code Book Mode)

ANSWER 18.② 19.④

18 PGP(Pretty Good Privacy)

• 인터넷에서 전달하는 전자우편을 다른 사람이 받아 볼 수 없도록 암호화 하고, 받은 전자우편의 암호를 해석해주는 프로그램

• 전자우편의 내용을 암호 알고리즘을 이용하여 암호화시키므로 암호를 해독하는 특정 키를 가지고 있어함 → 공개키 암호화 기술

19 ECB(Electronic Code Book Mode)

㉠ 평문(M)을 일정한 크기의 블록(M1, M2, …, Mn)으로 나누어 동일한 키로 암호화하는 모드이다.

㉡ Mn이 일정한 크기보다 작은 경우 패딩을 해주고 암호화를 수행

㉢ ECB 모드의 특징

• 특정 블록에 에러가 나도 다른 블록에 영향을 미치지 않는다.
• 키가 동일하기 때문에 키가 변경되지 않는 한 같은 평문에 대해서 항상 같은 암호문이 나온다.
• 각각의 블록만을 암호화하기 때문에 모든 블록을 수신하지 않아도 이미 수신한 블록은 복호화가 가능하다.
• 능동적인 공격자가 암호문 블록을 바꾸는 경우 복호화 할 때 평문 블록도 바뀌게 된다.

20 BCP(Business Continuity Planning)에 대한 설명으로 옳지 않은 것은?

① BCP는 사업의 연속성을 유지하기 위한 업무지속성 계획과 절차이다.

② BCP는 비상시에 프로세스의 운영 재개에 필요한 조치를 정의한다.

③ BIA는 조직의 필요성에 의거하여 시스템의 중요성을 식별한다.

④ DRP(Disaster Recovery Plan)는 최대허용중단시간(Maximum Tolerable Downtime)을 산정한다.

ANSWER 20.④

20 ㉠ BCP(Business Continuity Planning) : 각종재해, 장애, 재난 등의 위기관리를 기반으로 재해복구, 업무복구 및 재개, 비상계획 등의 비즈니스 연속성을 보장하는 체계

㉡ BIA(Business Impact Analysis)_**사업 영향 평가** : 업무 프로세스를 상실 했을 때 손실의 규모를 평가, 복구 우선순위 파악

㉢ DRP(Disaster Recovery Plan)_ **재난 복구 계획**

- 지진, 화재, 홍수 등 재난에 대비하여 하드웨어, 소프트웨어에 대하여 계획을 미리 마련하는 것
- 정보시스템의 기밀성, 무결성, 가용성 등을 확보하기 위함
- 사고 발생 시 의사결정 시간을 최소화해 복구시간 단축 위함

정보보호론 | 2022. 4. 2. 인사혁신처 시행

1 사용자의 신원을 검증하고 전송된 메시지의 출처를 확인하는 정보보호 개념은?

① 무결성
② 기밀성
③ 인증성
④ 가용성

2 TCP에 대한 설명으로 옳지 않은 것은?

① 비연결 지향 프로토콜이다.
② 3-Way Handshaking을 통해 서비스를 연결 설정한다.
③ 포트 번호를 이용하여 서비스들을 구별하여 제공할 수 있다.
④ SYN Flooding 공격은 TCP 취약점에 대한 공격이다.

ANSWER 1.③ 2.①

1 ③ 인증성(Authentication) : 정보교환에 의해 실체의 식별을 확실하게 하거나 임의 정보에 접근할 수 있는 객체의 자격이나 내용을 검증하는 데 사용하는 성질
예 패스워드, 공개키, 스마트카드 등

※ 정보보호의 3요소(CIA)
- 기밀성(Confidentiality) : 노출로부터 보호, 인가된 자만 정보에 접근하여 취득하여야 함
- 무결성(Integrity) : 변경으로부터의 보호, 데이터가 불법적으로 생성, 변경, 삭제되지 않도록 보호해야 함
- 가용성(Availability) : 파괴로부터의 보호, 정당한 사용자가 정보시스템의 데이터 또는 자원이 필요할 때 지체 없이 원하는 객체 또는 자원에 접근하여 사용할 수 있어야 함

2

TCP(Transmission Control Protocol)	UDP(user datagram protocol)
IP프로토콜 위에서 연결형 서비스를 지원하는 전송계층 프로토콜 • 연결지향적 • 신뢰성 있는 프로토콜 전이중 방식의 양방향 가상 회선을 제공	인터넷에서 정보를 주고받을 때, 서로 주고받는 형식이 아닌 한쪽에서 일방적으로 보내는 방식의 통신 프로토콜 • 비신뢰성 프로토콜 • 비연결지향적

3 암호 알고리즘에 대한 설명으로 옳지 않은 것은?

① 일반적으로 대칭키 암호 알고리즘은 비대칭키 암호 알고리즘에 비하여 빠르다.

② 대칭키 암호 알고리즘에는 Diffie-Hellman 알고리즘이 있다.

③ 비대칭키 암호 알고리즘에는 타원 곡선 암호 알고리즘이 있다.

④ 인증서는 비대칭키 암호 알고리즘에서 사용하는 공개키 정보를 포함하고 있다.

4 TCP 세션 하이재킹에 대한 설명으로 옳은 것은?

① 서버와 클라이언트가 통신할 때 TCP의 시퀀스 넘버를 제어하는 데 문제점이 있음을 알고 이를 이용한 공격이다.

② 공격 대상이 반복적인 요구와 수정을 계속하여 시스템 자원을 고갈시킨다.

③ 데이터의 길이에 대한 불명확한 정의를 악용한 덮어쓰기로 인해 발생한다.

④ 사용자의 동의 없이 컴퓨터에 불법적으로 설치되어 문서나 그림 파일 등을 암호화한다.

ANSWER 3.② 4.①

3 디피-헬먼(Diffie-Hellman) 알고리즘

- 최초의 공개키 암호 알고리즘
- 1976년 미국 스탠퍼드 대학의 연구원 W.디피와 M.헬먼이 공동 개발하여 발표한 것

구분	대칭키(비공개키)	비대칭키(공개키)
키 관계	암호화키=복호화키	암호화키≠복호화키
비밀키	전송 필요	전송 불필요
키 갯수	n(n-1)/2	2n
전자서명	복잡	간단
장점	고속, 경제성 높음	키 분배 및 관리 용이
단점	키 분배 및 관리 불편	저속, 경제성 낮음
알고리즘	DES, AES, SEED, RC4	RSA, 디피-헬먼, 타원 곡선 암호화

4
- TCP 세션 하이재킹 : 시스템의 접속하기 위한 인가된 ID와 Password가 없을 경우 현재 접속된 시스템들의 세션 정보를 가로채는 공격 기법(세션 : 송수신 네트워킹을 위해 상호 인증에 필요한 정보 교환 후 두 컴퓨터 간의 연결된 활성화 상태)
- DoS공격(서비스 거부 공격) : 비정상적으로 컴퓨터의 리소스를 고갈시켜 사용자가 인터넷 상에서 평소 잘 이용하던 자원에 대한 서비스를 더 이상 받지 못하게 하는 것
- 버퍼 오버 플로우공격 : 데이터의 길이에 대한 불명확한 정의를 악용한 덮어쓰기로 인해 발생
- 랜섬웨어 : '몸값과 소프트웨어'의 합성어로 시스템을 잠그거나 데이터를 암호화해 사용할 수 없도록 하고 이를 인질로 금전을 요구하는 악성 프로그램

5 **생체 인증 측정에 대한 설명으로 옳지 않은 것은?**

① FRR는 권한이 없는 사람이 인증을 시도했을 때 실패하는 비율이다.
② 생체 인식 시스템의 성능을 평가하는 지표로는 FAR, EER, FRR 등이 있다.
③ 생체 인식 정보는 신체적 특징과 행동적 특징을 이용하는 것들로 분류한다.
④ FAR는 권한이 없는 사람이 인증을 시도했을 때 성공하는 비율이다.

6 **블록암호 카운터 운영모드에 대한 설명으로 옳지 않은 것은?**

① 암호화와 복호화는 같은 구조로 구성되어 있다.
② 병렬로 처리할 수 있는 능력에 따라 처리속도가 결정된다.
③ 카운터를 암호화하고 평문블록과 XOR하여 암호블록을 생성한다.
④ 블록을 순차적으로 암호화 · 복호화 한다.

ANSWER 5.① 6.④

5 ① FRR는 권한이 있는 사람이 인증을 시도했을 때 실패하는 비율이다.
- FAR(오인식률) : 등록 되지 않은 사용자를 등록된 사용자로 오인하는 비율
- FRR(오거부율) : 등록된 사용자를 거부하는 인식 오류율로 FRR(오거부율)이 높을수록 보안 수준이 높음

6 CTR(카운터) 모드
- 블록암호를 스트림 암호로 바꾸는 구조로 블록을 암호화할 때마다 1씩 증가해가는 카운터를 암호화해서 키 스트림을 만들며 카운터를 암호화한 비트열과 평문블록과의 XOR를 취한 결과가 암호문 블록이 됨
- 각 블록의 암호화 및 복호화가 이전 블록에 의존하지 않아 병렬적으로 동작하는 것이 가능
- 암호화와 복호화⇒같은 구조

7 AES 알고리즘에 대한 설명으로 옳지 않은 것은?

① 대먼과 리즈먼이 제출한 Rijndael이 AES 알고리즘으로 선정되었다.

② 암호화 과정의 모든 라운드에서 SubBytes, ShiftRows, MixColumns, AddRoundKey 연산을 수행한다.

③ 키의 길이는 128, 192, 256 bit의 크기를 사용한다.

④ 입력 블록은 128 bit이다.

ANSWER 7.②

7 **AES 알고리즘** … 1997년 미국국립기술표준원에서 DES를 대체하기 위해 공모하여 만들어진 미국 연방 표준 블록암호 알고리즘

㉠ AES의 암호화 과정

- 각 라운드는 비 선형성을 갖는 S-BOX를 적용하여 바이트 단위로 치환을 수행하는 SubBytes()연산, 행단위로 순환 시프트를 수행하는 ShitfRows()연산, Diffusion을 제공하기 위해 열 단위로 혼합하는 MixColumns()연산과 마지막으로 라운드 키와 State를 XOR하는 Addroundkey() 연산으로 구성된다.
- 암호화의 마지막 라운드에서는 MixColumns()연산을 수행하지 않는다.

㉡ 복호화 과정 : 암호화 과정에서 마지막 라운드는 이전의 라운드들과 달리 MixColumns()연산을 포함하지 않으므로 복호화 과정의 첫 번째 라운드가 이후의 라운드들과 달리 InvMixColumns() 연산을 포함하지 않는다.

항목	AES
키 크기	128/192/256
평문 블록 크기	128
암호문 블록 크기	128
라운드 수	12/14/16
전체 구조	SPN
개발 기관	미국 표준 기술 연구소
보안	DES보다 훨씬 안전
속도	DES보다 비교적 빠름

8 **비트코인 블록 헤더의 구조에서 머클 루트에 대한 설명으로 옳지 않은 것은?**

① 머클 트리 루트의 해시값이다. ② 머클 트리는 이진트리 형태이다.
③ SHA-256으로 해시값을 계산한다. ④ 필드의 크기는 64바이트이다.

9 **SET에 대한 설명으로 옳지 않은 것은?**

① 인터넷에서 신용카드를 지불수단으로 이용하기 위한 기술이다.
② 인증기관은 SET에 참여하는 모든 구성원의 정당성을 보장한다.
③ 고객등록에서는 지불 게이트웨이를 통하여 고객의 등록과 인증서의 처리가 이루어진다.
④ 상점등록에서는 인증 허가 기관에 등록하여 자신의 인증서를 만들어야 한다.

ANSWER 8.④ 9.③

8 • **머클 루트**(Merkle hash root) : 현재 블록에 포함된 거래정보의 거래 해시를 2진 트리 형태로 구성할 때 트리의 루트에 위치하는 해시값으로 32바이트의 크기를 가짐.
• **블록 헤더**(Block Header) : 블록에서 가장 중요한 데이터를 보관하며 블록의 정체성을 나타내는 공간
• **구성**
−이전 블록 해시값
−난이도, 타임스탬프, 논스
−머클 트리 루트
• 머클 트리
−블록체인의 블록 내 저장된 거래의 해시 값을 이진트리 형태로 구성한 트리로 거래의 유효성 검증 시 사용
−블록의 용량을 효율적으로 활용하기 위해 사용되는 데이터 구조로 한 블록 내에 더 많은 거래를 담기 위해 암호화를 통해 데이터 용량을 압축하는 방식
−해시 함수를 통해 두 개의 거래 데이터를 하나의 데이터로 묶는 방식으로 용량을 절약하며 이진 해시 트리의 일종.
※ **머클트리 구성요소**
• 머클루트
−머클 트리의 루트
−블록이 보유하고 있는 모든 거래의 해시값 계산
−가장 가까운 거래내역끼리 쌍을 지어 해시값 계산
−쌍을 지을 수 없을 때까지 동 과정을 반복했을 때 얻는 값이 머클 루트
• 머클 경로 : 머클 루트부터 특정 거래의 해시 값을 갖는 노드까지 경로 특정 거래의 진위 검증 시 사용
• SHA-256 : 트리의 각 노드에 저장되는 해시 값을 계산하기 위해 SHA-256 해시함수 사용

9 SET(Secure Electronic Transaction) **프로토콜** : VISA와 Master Card 사에 의해 개발된 신용카드 기반의 전자지불 프로토콜
• **고객등록** : 신용카드 이용자가 신용카드 회사의 CA를 통해 고객의 등록과 인증서의 생성이 이루어짐
• **상점등록** : 상점이 CA에 등록하여 거래를 위한 인증서 발급
• **구매요구** : 구매 계약이 성사되는 시점까지의 인증서 전달과정
• **지불허가** : 상점이 지불 게이트웨이를 통하여 고객의 신용카드 사용을 허가 받는 절차
• **지불확인** : 구매 계약 성립 후 입금을 요구하는 절차

10 「개인정보 보호법」 제26조(업무위탁에 따른 개인정보의 처리 제한)에 대한 설명으로 옳지 않은 것은?

① 위탁자가 재화 또는 서비스를 홍보하거나 판매를 권유하는 업무를 위탁하는 경우에는 대통령령으로 정하는 방법에 따라 위탁하는 업무의 내용과 수탁자를 정보주체에게 알려야 한다.

② 위탁자는 업무 위탁으로 인하여 정보주체의 개인정보가 분실 · 도난 · 유출 · 위조 · 변조 또는 훼손되지 아니하도록 수탁자를 교육하고, 처리 현황 점검 등 대통령령으로 정하는 바에 따라 수탁자가 개인정보를 안전하게 처리하는지를 감독하여야 한다.

③ 수탁자는 개인정보처리자로부터 위탁받은 해당 업무 범위를 초과하여 개인정보를 이용하거나 제3자에게 제공할 수 있다.

④ 수탁자가 위탁받은 업무와 관련하여 개인정보를 처리하는 과정에서 「개인정보 보호법」을 위반하여 발생한 손해배상책임에 대하여 수탁자를 개인정보처리자의 소속 직원으로 본다.

ANSWER 10.③

10 ③ 수탁자는 개인정보처리자로부터 위탁받은 해당 업무 범위를 초과하여 개인정보를 이용하거나 제3자에게 제공하여서는 아니 된다〈「개인정보 보호법」 제26조(업무위탁에 따른 개인정보의 처리 제한) 제5항〉.

※ 업무위탁에 따른 개인정보의 처리 제한〈「개인정보 보호법」 제26조〉

㉠ 개인정보처리자가 제3자에게 개인정보의 처리 업무를 위탁하는 경우에는 다음 각 호의 내용이 포함된 문서로 하여야 한다.

1. 위탁업무 수행 목적 외 개인정보의 처리 금지에 관한 사항
2. 개인정보의 기술적 · 관리적 보호조치에 관한 사항
3. 그 밖에 개인정보의 안전한 관리를 위하여 대통령령으로 정한 사항

㉡ ㉠에 따라 개인정보의 처리 업무를 위탁하는 개인정보처리자(이하 "위탁자"라 한다)는 위탁하는 업무의 내용과 개인정보 처리 업무를 위탁받아 처리하는 자(개인정보 처리 업무를 위탁받아 처리하는 자로부터 위탁받은 업무를 다시 위탁받은 제3자를 포함하며, 이하 "수탁자"라 한다)를 정보주체가 언제든지 쉽게 확인할 수 있도록 대통령령으로 정하는 방법에 따라 공개하여야 한다.

㉢ 위탁자가 재화 또는 서비스를 홍보하거나 판매를 권유하는 업무를 위탁하는 경우에는 대통령령으로 정하는 방법에 따라 위탁하는 업무의 내용과 수탁자를 정보주체에게 알려야 한다. 위탁하는 업무의 내용이나 수탁자가 변경된 경우에도 또한 같다.

㉣ 위탁자는 업무 위탁으로 인하여 정보주체의 개인정보가 분실 · 도난 · 유출 · 위조 · 변조 또는 훼손되지 아니하도록 수탁자를 교육하고, 처리 현황 점검 등 대통령령으로 정하는 바에 따라 수탁자가 개인정보를 안전하게 처리하는지를 감독하여야 한다.

㉤ <u>수탁자는 개인정보처리자로부터 위탁받은 해당 업무 범위를 초과하여 개인정보를 이용하거나 제3자에게 제공하여서는 아니 된다.</u>

㉥ 수탁자는 위탁받은 개인정보의 처리 업무를 제3자에게 다시 위탁하려는 경우에는 위탁자의 동의를 받아야 한다.

㉦ 수탁자가 위탁받은 업무와 관련하여 개인정보를 처리하는 과정에서 이 법을 위반하여 발생한 손해배상책임에 대하여는 수탁자를 개인정보처리자의 소속 직원으로 본다.

㉧ 수탁자에 관하여는 제15조부터 제18조까지, 제21조, 제22조, 제22조의2, 제23조, 제24조, 제24조의2, 제25조, 제25조의2, 제27조, 제28조, 제28조의2부터 제28조의5까지, 제28조의7부터 제28조의11까지, 제29조, 제30조, 제30조의2, 제31조, 제33조, 제34조, 제34조의2, 제35조, 제35조의2, 제36조, 제37조, 제37조의2, 제38조, 제59조, 제63조, 제63조의2 및 제64조의2를 준용한다. 이 경우 "개인정보처리자"는 "수탁자"로 본다.

11 IPv6에 대한 설명으로 옳지 않은 것은?

① IP주소 부족 문제를 해결하기 위하여 등장하였다.
② 128bit 주소공간을 제공한다.
③ 유니캐스트는 단일 인터페이스를 정의한다.
④ 목적지 주소는 유니캐스트, 애니캐스트, 브로드캐스트 주소로 구분된다.

12 SSH를 구성하는 프로토콜에 대한 설명으로 옳은 것은?

① SSH는 보통 TCP상에서 수행되는 3개의 프로토콜로 구성된다.
② 연결 프로토콜은 서버에게 사용자를 인증한다.
③ 전송계층 프로토콜은 SSH 연결을 사용하여 한 개의 논리적 통신 채널을 다중화한다.
④ 사용자 인증 프로토콜은 전방향 안전성을 만족하는 서버인증만을 제공한다.

ANSWER 11.④ 12.①

11

구분	IPv4	IPv6
주소길이	32비트	128비트
표시방법	8비트씩 4부분으로 10진수 표시	16비트씩 8부분으로 16진수로 표시
전송방식	유니, 멀티, 브로드 캐스트	유니, 멀티, 애니 캐스트

12 ① SSH는 보통 TCP상에서 수행되는 3개의 프로토콜로 구성된다.
→SSH는 전송계층, 인증, 연결의 3개 프로토콜로 구성되어 있다.

- SSH 전송 계층 프로토콜

-TCP가 안전한 전송 계층 프로토콜이 아니므로 SSH는 먼저 TCP상에 안전한 채널을 생성하는 프로토콜을 사용
-이 새로운 계층은 SSH-TRANS라 불리는 독립적인 프로토콜

- SSH 인증 프로토콜 : 클라이언트와 서버 간에 안전한 채널이 설정되고 클라이언트에 대해 서버 인증이 이루어진 후 SSH는 서버에 대해 클라이언트를 인증하는 소프트웨어를 호출
- SSH 연결 프로토콜 : SSH-CONN 프로토콜에 의해 제공되는 서비스 중의 하나는 여러 개의 논리적 통신채널의 다중화를 수행
- SSH 응용 : 연결 단계를 마치면 SSH는 몇 가지 응용프로그램들이 그 연결을 사용할 수 있도록 하며 각 응용은 논리적 채널을 생성할 수 있고 안전한 연결의 혜택을 받을 수 있다.

13 **유럽의 국가들에 의해 제안된 것으로 자국의 정보보호 시스템을 평가하기 위하여 제정된 기준은?**

① TCSEC
② ITSEC
③ PIMS
④ ISMS-P

ANSWER 13.②

13 ② ITSEC : TCSEC와는 별개로 유럽에서 발전한 보안 표준으로 1991년 5월 유럽 국가들이 발표한 공동보안 지침서

- 정보보호 시스템 평가기준
  - TCSEC(미국) : 미국 국방부가 컴퓨터 보안 제품을 평가하기 위해 채택한 컴퓨터 보안 평가 지침서
  - CC(Common Criteria) : 국제 공통 평가 기준
- PIMS : 개인 정보보호 관리체계
- ISMS-P : 정보보호 및 개인 정보보호 관리체계 인증

14 「개인정보 보호법」 제3조(개인정보 보호 원칙)에 대한 설명으로 옳지 않은 것은?

① 개인정보의 처리 목적을 명확하게 하여야 하고 그 목적에 필요한 범위에서 최소한의 개인정보만을 적법하고 정당하게 수집하여야 한다.

② 개인정보의 처리 목적에 필요한 범위에서 개인정보의 정확성, 완전성 및 최신성이 보장되도록 하여야 한다.

③ 개인정보 처리방침 등 개인정보의 처리에 관한 사항을 비공개로 하여야 하며, 열람청구권 등 정보주체의 권리를 보장하여야 한다.

④ 개인정보를 익명 또는 가명으로 처리하여도 개인정보 수집목적을 달성할 수 있는 경우 익명처리가 가능한 경우에는 익명에 의하여, 익명처리로 목적을 달성할 수 없는 경우에는 가명에 의하여 처리될 수 있도록 하여야 한다.

ANSWER 14.③

14 ③ 개인정보처리자는 개인정보 처리방침 등 개인정보의 처리에 관한 사항을 공개하여야 하며, 열람청구권 등 정보주체의 권리를 보장하여야 한다〈「개인정보 보호법」 제3조(개인정보 보호 원칙) 제5항〉.

※ **개인정보 보호 원칙**〈「개인정보 보호법」 제3조〉

㉠ 개인정보처리자는 개인정보의 처리 목적을 명확하게 하여야 하고 그 목적에 필요한 범위에서 최소한의 개인정보만을 적법하고 정당하게 수집하여야 한다.

㉡ 개인정보처리자는 개인정보의 처리 목적에 필요한 범위에서 적합하게 개인정보를 처리하여야 하며, 그 목적 외의 용도로 활용하여서는 아니 된다.

㉢ 개인정보처리자는 개인정보의 처리 목적에 필요한 범위에서 개인정보의 정확성, 완전성 및 최신성이 보장되도록 하여야 한다.

㉣ 개인정보처리자는 개인정보의 처리 방법 및 종류 등에 따라 정보주체의 권리가 침해받을 가능성과 그 위험 정도를 고려하여 개인정보를 안전하게 관리하여야 한다.

㉤ 개인정보처리자는 개인정보 처리방침 등 개인정보의 처리에 관한 사항을 공개하여야 하며, 열람청구권 등 정보주체의 권리를 보장하여야 한다.

㉥ 개인정보처리자는 정보주체의 사생활 침해를 최소화하는 방법으로 개인정보를 처리하여야 한다.

㉦ 개인정보처리자는 개인정보를 익명 또는 가명으로 처리하여도 개인정보 수집목적을 달성할 수 있는 경우 익명처리가 가능한 경우에는 익명에 의하여, 익명처리로 목적을 달성할 수 없는 경우에는 가명에 의하여 처리될 수 있도록 하여야 한다.

㉧ 개인정보처리자는 이 법 및 관계 법령에서 규정하고 있는 책임과 의무를 준수하고 실천함으로써 정보주체의 신뢰를 얻기 위하여 노력하여야 한다.

15 ISO/IEC 27001의 통제영역에 해당하지 않은 것은?

① 정보보호 조직 ② IT 재해복구
③ 자산 관리 ④ 통신 보안

16 접근제어 모델에 대한 설명으로 옳지 않은 것은?

① 접근제어 모델은 강제적 접근제어, 임의적 접근제어, 역할기반 접근제어로 구분할 수 있다.
② 임의적 접근제어 모델에는 Biba 모델이 있다.
③ 강제적 접근제어 모델에는 Bell-LaPadula 모델이 있다.
④ 역할기반 접근제어 모델은 사용자의 역할에 권한을 부여한다.

17 운영체제에 대한 설명으로 옳지 않은 것은?

① 윈도 시스템에는 FAT, FAT32, NTFS가 있다.
② 메모리 관리는 프로그램이 메모리를 요청하면 적합성을 점검하고 적합하다면 메모리를 할당한다.
③ 인터럽트는 작동 중인 컴퓨터에 예기치 않은 문제가 발생한 것이다.
④ 파일 관리는 명령어들을 체계적이고 효율적으로 실행할 수 있도록 작업스케줄링하고 사용자의 작업 요청을 수용하거나 거부한다.

ANSWER 15.② 16.② 17.④

15 ISO 27001:2013 **통제영역** : 정보보안 정책, 정보보안 조직 및 구성, 인적 자원의 보안, 자산 관리, 접근통제, 암호화, 물리적·환경적 보안, 운영 보안, 통신 보안, 시스템 도입·개발·유지보수, 공급자 관계, 정보보호 사고 관리, 비즈니스 연속성 관리, 준거성

※ ISO 27001(정보보안 경영시스템) : 기업의 비즈니스 활동과 관련하여 창출된 유무형 정보들의 기밀성, 무결성, 가용성을 보장하여 기업활동에 기여할 수 있도록 보장하기 위해 정보보안시스템을 수립하고 이행 및 운영하며 감시, 검토 유지, 개선하기 위한 경영 시스템

16 • 강제적 접근통제(MAC) : 비밀성을 갖는 객체에 대하여 주체가 갖는 권한에 근거하여 객체에 대한 접근을 제어하는 방법
-강제적 접근제어 모델 : Bell-LaPadula 모델, Biba 모델, Clark and Wilson 모델, 만리장성 모델
• 임의적 접근통제(DAC) : 주체가 속해 있는 그룹의 신원에 근거하여 객체에 대한 접근을 제한하는 방법

17 ④ 파일 관리자는 명령어들을 체계적이고 효율적으로 실행할 수 있도록 작업스케줄링하고 사용자의 작업 요청을 수용하거나 거부한다.

※ 파일관리자 … 시스템 내 데이터, 응용 프로그램 등의 모든 파일에 사용자별로 파일 접근 권한을 부여하고, 접근 권한에 따라 파일을 할당하고 해제

18 「정보통신망 이용촉진 및 정보보호 등에 관한 법률」의 용어에 대한 설명으로 옳지 않은 것은?

① "정보통신서비스 제공자"란 「전기통신사업법」 제2조 제8호에 따른 전기통신사업자와 영리를 목적으로 전기통신사업자의 전기통신역무를 이용하여 정보를 제공하거나 정보의 제공을 매개하는 자를 말한다.

② "통신과금서비스이용자"란 정보통신서비스 제공자가 제공하는 정보통신서비스를 이용하는 자를 말한다.

③ "전자문서"란 컴퓨터 등 정보처리능력을 가진 장치에 의하여 전자적인 형태로 작성되어 송수신되거나 저장된 문서형식의 자료로서 표준화된 것을 말한다.

④ 해킹, 컴퓨터바이러스, 논리폭탄, 메일폭탄, 서비스거부 또는 고출력 전자기파 등의 방법으로 정보통신망 또는 이와 관련된 정보시스템을 공격하는 행위로 인하여 발생한 사태는 "침해사고"에 해당한다.

ANSWER 18.②

18 ② "이용자"란 정보통신서비스 제공자가 제공하는 정보통신서비스를 이용하는 자를 말한다〈정보통신망 이용촉진 및 정보보호 등에 관한 법률 제2조 제1항 제4호〉.

※ 정의〈「정보통신망 이용촉진 및 정보보호 등에 관한 법률」 제2조〉

㉠ 이 법에서 사용하는 용어의 뜻은 다음과 같다.

- "정보통신망"이란 「전기통신사업법」 제2조 제2호에 따른 전기통신설비를 이용하거나 전기통신설비와 컴퓨터 및 컴퓨터의 이용기술을 활용하여 정보를 수집 · 가공 · 저장 · 검색 · 송신 또는 수신하는 정보통신체제를 말한다.
- "정보통신서비스"란 「전기통신사업법」 제2조 제6호에 따른 전기통신역무와 이를 이용하여 정보를 제공하거나 정보의 제공을 매개하는 것을 말한다.
- "정보통신서비스 제공자"란 「전기통신사업법」 제2조 제8호에 따른 전기통신사업자와 영리를 목적으로 전기통신사업자의 전기통신역무를 이용하여 정보를 제공하거나 정보의 제공을 매개하는 자를 말한다.
- "이용자"란 정보통신서비스 제공자가 제공하는 정보통신서비스를 이용하는 자를 말한다.
- "전자문서"란 컴퓨터 등 정보처리능력을 가진 장치에 의하여 전자적인 형태로 작성되어 송수신되거나 저장된 문서형식의 자료로서 표준화된 것을 말한다.
- "침해사고"란 다음 각 목의 방법으로 정보통신망 또는 이와 관련된 정보시스템을 공격하는 행위로 인하여 발생한 사태를 말한다.
  - 해킹, 컴퓨터바이러스, 논리폭탄, 메일폭탄, 서비스거부 또는 고출력 전자기파 등의 방법
  - 정보통신망의 정상적인 보호 · 인증 절차를 우회하여 정보통신망에 접근할 수 있도록 하는 프로그램이나 기술적 장치 등을 정보통신망 또는 이와 관련된 정보시스템에 설치하는 방법
- "게시판"이란 그 명칭과 관계없이 정보통신망을 이용하여 일반에게 공개할 목적으로 부호 · 문자 · 음성 · 음향 · 화상 · 동영상 등의 정보를 이용자가 게재할 수 있는 컴퓨터 프로그램이나 기술적 장치를 말한다.
- "통신과금서비스"란 정보통신서비스로서 다음 각 목의 업무를 말한다.
  - 타인이 판매 · 제공하는 재화 또는 용역(이하 "재화등"이라 한다)의 대가를 자신이 제공하는 전기통신역무의 요금과 함께 청구 · 징수하는 업무
  - 타인이 판매 · 제공하는 재화등의 대가가 가목의 업무를 제공하는 자의 전기통신역무의 요금과 함께 청구 · 징수되도록 거래정보를 전자적으로 송수신하는 것 또는 그 대가의 정산을 대행하거나 매개하는 업무
- "통신과금서비스제공자"란 제53조에 따라 등록을 하고 통신과금서비스를 제공하는 자를 말한다.
- "통신과금서비스이용자"란 통신과금서비스제공자로부터 통신과금서비스를 이용하여 재화등을 구입 · 이용하는 자를 말한다.
- "전자적 전송매체"란 정보통신망을 통하여 부호 · 문자 · 음성 · 화상 또는 영상 등을 수신자에게 전자문서 등의 전자적 형태로 전송하는 매체를 말한다.

㉡ 이 법에서 사용하는 용어의 뜻은 제1항에서 정하는 것 외에는 「지능정보화 기본법」에서 정하는 바에 따른다.

19 **스니핑 공격에 대한 설명으로 옳지 않은 것은?**

① 스위치에서 ARP 스푸핑 기법을 이용하면 스니핑 공격이 불가능하다.
② 모니터링 포트를 이용하여 스니핑 공격을 한다.
③ 스니핑 공격 방지책으로는 암호화하는 방법이 있다.
④ 스위치 재밍을 이용하여 위조한 MAC 주소를 가진 패킷을 계속 전송하여 스니핑 공격을 한다.

20 **「정보보호 및 개인정보보호 관리체계 인증 등에 관한 고시」에서 인증심사원에 대한 설명으로 옳지 않은 것은?**

① 인증심사원의 자격 유효기간은 자격을 부여 받은 날부터 3년으로 한다.
② 인증심사 과정에서 취득한 정보 또는 서류를 관련 법령의 근거나 인증신청인의 동의 없이 누설 또는 유출하거나 업무목적 외에 이를 사용한 경우에는 인증심사원의 자격이 취소될 수 있다.
③ 인증위원회는 자격 유효기간 동안 1회 이상의 인증심사를 참여한 인증심사원에 대하여 자격유지를 위해 자격 유효기간 만료 전까지 수료하여야하는 보수 교육시간 전부를 이수한 것으로 인정할 수 있다.
④ 인증심사원의 등급별 자격요건 중 선임심사원은 심사원 자격취득자로서 정보보호 및 개인정보보호 관리체계 인증심사를 3회 이상 참여하고 심사일수의 합이 15일 이상인 자이다.

ANSWER 19.① 20.③

19 스위칭 환경에서의 스니핑 기법 : Switch Jamming, ARP Redirect, ARP spoofing, ICMP Redirect, 스위치의 span/port mirroring

20 ③ 인터넷진흥원은 자격 유효기간 동안 1회 이상의 인증심사를 참여한 인증심사원에 대하여 자격유지를 위해 자격 유효기간 만료 전까지 수료하여야하는 보수 교육시간 중 일부를 이수한 것으로 인정할 수 있다〈정보보호 및 개인정보보호 관리체계 인증 등에 관한 고시 제15조 제3항〉.

정보보호론

2022. 6. 18. 제1회 지방직 시행

1 송 · 수신자의 MAC 주소를 가로채 공격자의 MAC 주소로 변경하는 공격은?

① ARP spoofing

② Ping of Death

③ SYN Flooding

④ DDoS

2 스니핑 공격의 탐지 방법으로 옳지 않은 것은?

① ping을 이용한 방법

② ARP를 이용한 방법

③ DNS를 이용한 방법

④ SSID를 이용한 방법

ANSWER 1.① 2.④

1 ② Ping of Death : 인터넷 프로토콜 허용 범위(65,535바이트) 이상의 큰 패킷을 고의로 전송하여 발생한 서비스 거부(DoS) 공격

③ SYN Flooding : 공격대상에게 잘못된 송신주소로 SYN 패킷을 보내 과부화 시키는 공격

④ DDoS(분산 서비스 거부 공격) : 해커가 여러 대의 감염된 컴퓨터를 일제히 동작하게 하여 특정 사이트를 공격하고 정상적인 서비스를 불가능하게 만든 공격

2 스니퍼의 탐지방법

- Pingk을 이용한 스니퍼 탐지 방법
- ARP를 이용한 스니퍼 탐지 방법
- DNS를 이용한 스니퍼 탐지 방법
- 유인(Deoy)를 이용한 스니퍼 탐지 방법

3 공격자가 해킹을 통해 시스템에 침입하여 루트 권한을 획득한 후, 재침입할 때 권한을 쉽게 획득하기 위하여 제작된 악성 소프트웨어는?

① 랜섬웨어
② 논리폭탄
③ 슬래머 웜
④ 백도어

4 다음에서 설명하는 용어는?

> • 한 번의 시스템 인증을 통해 다양한 정보시스템에 재인증 절차 없이 접근할 수 있다.
> • 이 시스템의 가장 큰 약점은 일단 최초 인증 과정을 거치면, 모든 서버나 사이트에 접속할 수 있다는 것이다.

① NAC(Network Access Control)
② SSO(Single Sign On)
③ DRM(Digital Right Management)
④ DLP(Data Leak Prevention)

ANSWER 3.④ 4.②

3 ① 랜섬웨어 : 금전적인 요구, 몸값을 요구하는 악성 프로그램
② 논리폭탄 : 보통의 프로그램에 오류를 발생시키는 프로그램 루틴을 무단으로 삽입하여 특정한 조건의 발생이나 특정한 데이터의 입력을 기폭제로 컴퓨터에 부정한 행위를 실행 시키는 것
③ 슬래머 웜 : 윈도 서버의 취약점을 이용해 대량의 네트워크 트래픽을 유발하여 네트워크를 마비시키는 바이러스

4 ① NAC(Network Access Control) : 네트워크 상태를 더욱 명확하게 파악하고 위험을 줄이기 위해 네트워크에 액세스하는 디바이스에 정책을 적용하는 보안 솔루션
③ DRM(Digital Right Management) : 디지털 저작권 관리를 의미하며 디지털 콘텐츠를 다양한 방식으로 제어할 수 있게 기술적인 방법
④ DLP(Data Leak Prevention) : 기밀 정보를 자동으로 식별하고 전송 및 출력 등 외부로 반출에 관련된 작업들은 기밀 정보가 발견된 경우 해당 작업을 차단하는 구조

5 보안 공격 유형에는 적극적 공격과 소극적 공격이 있다. 다음 중 공격 유형이 다른 하나는?

① 메시지 내용 공개(release of message contents)

② 신분 위장(masquerade)

③ 메시지 수정(modification of message)

④ 서비스 거부(denial of service)

6 X.509 인증서 폐기 목록(Certificate Revocation List) 형식 필드에 포함되지 않는 것은?

① 발행자 이름(Issuer name)

② 사용자 이름(Subject name)

③ 폐지된 인증서(Revoked certificate)

④ 금번 업데이트 날짜(This update date)

ANSWER 5.① 6.②

5 ① 소극적 공격

②③④ 능동적 공격

※ 보안 공격의 유형

수동적 공격	능동적 공격
메시지 내용 공개 도청 트래픽 분석 스캐닝	신분위장 메시지 수정 방해 위변조 재생공격 서비스거부 분산서비스공격

6 X.509(공개키 인증서) … ITU-T표준으로 인증서 구조 명세와 인증 서비스 활용을 위한 관리 메커니즘을 제시하는 공개키 기반 구조(PKI) 프레임워크

※ **인증서 폐기 목록**(Certificate Revocation List) … 인증서의 지속적인 유효함을 점검하는 도구

- 발급자 : CRL 발급자의 CA
- 발급일자 및 다음 발급 일자 : 본 CRL의 발급일자 + 다음 발급일자
- 폐지된 인증서 : 일련번호 / 폐지 일자 / CRL 항목 확장
- CRL 확장 : CRL 의 추가 정보 제공
- 서명 알고리즘 : CA가 사용한 서명 알고리즘
- 발급자의 서명 : 인증서 발급 기관의 서명

7 AES 알고리즘에 대한 설명으로 옳지 않은 것은?

① 블록 암호 체제를 갖추고 있다.

② 128/192/256bit 키 길이를 제공하고 있다.

③ DES 알고리즘을 보완하기 위해 고안된 알고리즘이다.

④ 첫 번째 라운드를 수행하기 전에 먼저 초기 평문과 라운드 키의 NOR 연산을 수행한다.

8 정보기술과 보안 평가를 위한 CC(Common Criteria)의 보안 기능적 요구 조건에 해당하지 않는 것은?

① 암호 지원 ② 취약점 평가

③ 사용자 데이터 보호 ④ 식별과 인증

9 커버로스(Kerberos) 버전 4에 대한 설명으로 옳지 않은 것은?

① 사용자를 인증하기 위해 사용자의 패스워드를 중앙집중식 DB에 저장하는 인증 서버를 사용한다.

② 사용자는 인증 서버에게 TGS(Ticket Granting Server)를 이용하기 위한 TGT(Ticket Granting Ticket)를 요청한다.

③ 인증 서버가 사용자에게 발급한 TGT는 유효기간 동안 재사용 할 수 있다.

④ 네트워크 기반 인증 시스템으로 비대칭 키를 이용하여 인증을 수행한다.

ANSWER 7.④ 8.② 9.④

7 각 블록의 평문과 블록 암호문과의 XOR 연산을 수행하여 암호화를 진행한다.

※ AES 알고리즘

- 미국 연방 표준 블록암호 알고리즘으로 1997년 미국 국립 기술 표준원에서 DES를 대체하기 위해 공모하여 만들어짐
- 128/192/256비트 키를 사용

8 공통평가기준(CC, Common Criteria)

- 국가마다 서로 다른 정보보호시스템 평가기준을 연동하고 평가기결과를 상호인증하기 위해 제정된 국제표준 평가기준이다.
- 공통평가기준 구성

–1부 CC의 소개 및 일반 모델 : 용어 정의, 보안성 평가 개념 정의 , PP/ST 구조 정의

–2부 보안 기능 요구 사항 11개 기능 : 보안감사, 통신, 암호지원, 사용자 데이터 보호, 식별 및 인증, 프라이버시, TSF보호, 자원활동,ToE접근, 안전한 경로/ 채널

–3부 보증 요구 사항 7개의 보증 클래스 : PP/ST 평가, 개발, 생명주기 지원, 설명서, 시험, 취약성 평가, 합성

9 커버로스(Kerberos) … 클라이언트/서버 모델에서 동작하여 대칭키 암호기법에 바탕을 둔 티켓 기반 인증 프로토콜

10 다음에서 설명하는 보안 공격은?

> • 정상적인 HTTP GET 패킷의 헤더 부분의 마지막에 입력되는 2개의 개행 문자(\r\n\r\n) 중 하나(\r\n)를 제거한 패킷을 웹 서버에 전송할 경우, 웹 서버는 아직 HTTP 헤더 정보가 전달되지 않은 것으로 판단하여 계속 연결을 유지하게 된다.
> • 제한된 연결 수를 모두 소진하게 되어 결국 다른 클라이언트가 해당 웹 서버에 접속할 수 없게 된다.

① HTTP Cache Control ② Smurf
③ Slowloris ④ Replay

11 (가), (나)에 들어갈 접근통제 보안모델을 바르게 연결한 것은?

> (가) 은 허가되지 않은 방식의 접근을 방지하는 모델로 정보 흐름 모델 최초의 수학적 보안모델이다.
> (나) 은 비즈니스 입장에서 직무분리 개념을 적용하고, 이해가 충돌되는 회사 간의 정보의 흐름이 일어나지 않도록 접근통제 기능을 제공하는 보안모델이다.

	(가)	(나)
①	Bell-LaPadula Model	Biba Integrity Model
②	Bell-LaPadula Model	Brewer-Nash Model
③	Clark-Wilson Model	Biba Integrity Model
④	Clark-Wilson Model	Brewer-Nash Model

ANSWER 10.③ 11.②

10 ① HTTP Cache Control : 웹 서버에 접근 시 Cache Control 옵션을 초기화해 cache가 없는 패턴을 전달해서 웹 서버에 대해서 과부하를 발생시키는 공격
② Smurf : ICMP 패킷과 네트워크에 존재하는 임의의 시스템들을 이용하여 패킷을 확장시켜서 서비스 거부 공격을 수행하는 방법
④ Replay : 네트워크에서 메시지 패킷을 가로채서 재전송 하는 것

11 • Bell-LaPadula Model : 군대의 보안 레벨처럼 정보의 기밀성에 따라 상하 관계가 구분된 정보를 보호하기 위해 사용
• Brewer-Nash Model(만리장성 모델) : 사용자 이전 동작에 따라 변화할 수 있는 접근 통제를 제공하기 위해 만들어짐, 이해충돌이 발생할 수 있는 상업용 응용을 위해 개발

12 리눅스 시스템에서 umask값에 따라 새로 생성된 디렉터리의 접근 권한이 'drwxr-xr-x'일 때 기본 접근 권한을 설정하는 umask의 값은?

① 002
② 020
③ 022
④ 026

13 (가), (나)에 해당하는 침입차단시스템 동작 방식에 따른 분류를 바르게 연결한 것은?

> (가) 각 서비스별로 클라이언트와 서버 사이에 프록시가 존재하며 내부 네트워크와 외부 네트워크가 직접 연결되는 것을 허용하지 않는다.
> (나) 서비스마다 개별 프록시를 둘 필요가 없고 프록시와 연결을 위한 전용 클라이언트 소프트웨어가 필요하다.

	(가)	(나)
①	응용 계층 게이트웨이(application level gateway)	회선 계층 게이트웨이(circuit level gateway)
②	응용 계층 게이트웨이(application level gateway)	상태 검사(stateful inspection)
③	네트워크 계층 패킷 필터링(network level packet filtering)	상태 검사(stateful inspection)
④	네트워크 계층 패킷 필터링(network level packet filtering)	회선 계층 게이트웨이(circuit level gateway)

ANSWER 12.③ 13.①

12 접근권한(umask) … 사용자가 만든 파일이나 디렉토리에 대한 기본 권한을 설정

권한	2진수	8진수	설명
---	000	0	권한없음
--x	001	1	실행 전용 권한
-w-	010	2	쓰기 전용 권한
-wx	011	3	쓰기 및 실행 권한
r-	100	4	읽기 전용 권한
r-x	101	5	읽기 및 실행 권한
rw-	110	6	읽기 및 쓰기 권한
rwx	111	7	읽기, 쓰기 및 실행 권한

777 - 755 = 022

- umask값 : 어떤 보안 수준에 대하여 주고 싶지 않은 권한을 마스크 하는 마스크 값으로 개체에 대해 설정되는 모든 권한에서 빼기를 한 값
- 파일에 대한 모든 권한 모드는 666(모든 사용자에게 읽기, 쓰기 권한 부여)이고 디렉토리에 대해서는 777(모든 사용자에게 읽기, 쓰기, 실행 권한 부여)이다.

13
- 응용 계층 게이트웨이(application level gateway) : 내부 서버 보호 목적이며 사용자 응용계층에서 침입차단 시스템 기능 제공
- 회선 계층 게이트웨이(circuit level gateway) : 내부 네트워크의 호스트 보호 목적

14 **IPSec에 대한 설명으로 옳지 않은 것은?**

① AH는 인증 기능을 제공한다.

② ESP는 암호화 기능을 제공한다.

③ 전송 모드는 IP 헤더를 포함한 전체 IP 패킷을 보호한다.

④ IKE는 Diffie-Hellman 키 교환 알고리즘을 기반으로 한다.

15 **보안 공격에 대한 설명으로 옳지 않은 것은?**

① Land 공격은 패킷을 전송할 때 출발지와 목적지 IP를 동일하게 만들어서 공격 대상에게 전송한다.

② UDP Flooding 공격은 다수의 UDP 패킷을 전송하여 공격 대상 시스템을 마비시킨다.

③ ICMP Flooding 공격은 ICMP 프로토콜의 echo 패킷에 대한 응답인 reply 패킷의 폭주를 통해 공격 대상 시스템을 마비시킨다.

④ Teardrop 공격은 공격자가 자신이 전송하는 패킷을 다른 호스트의 IP 주소로 변조하여 수신자의 패킷 조립을 방해한다.

ANSWER 14.③ 15.④

14 IPSec

- IP계층에서 무결성과 인증을 보장하는 인증헤더(AH)와 기밀성을 보장하는 암호화(ESP)를 이용하여 양 종단 간(End Point) 구간에 보안 서비스를 제공하는 터널링 프로토콜이다.
- 전송모드

-원래의 IP 헤더는 대부분 그대로 이용하고, 나머지 데이터 부분만 보호하는 방법이다.

-호스트 to 호스트(종단간)에 주로 사용하고, 상위 계층 프로토콜을 보호한다.

① **인증헤더 프로토콜**(AH) : 인증서비스 제공, 메시지의 송신자로 표시된 장비가 실제로 그 메시지를 송신했다는 것을 수신자가 검증할 수 있도록 한다.

② **보안 페이로드 캡슐화**(ESP) : AH는 데이터그램 데이터의 무결성은 보장하지만 프라이버시는 보장하지 않으므로 데이터그램의 정보는 ESP를 이용하여 암호화해야 한다.

④ IKE : key를 주고받는 알고리즘으로 공개된 네트워크를 통해 IKE 교환을 위한 메시지를 전달하는 프로토콜이다.

15 Teardrop 공격

- fragment offset을 조작하여 ip피킷 재조합에 오류를 발생하게 하는 공격
- 중첩되게 하거나 중간을 빈 상태로 offset을 설정해서 재조합을 못 하게 만듦
- 헤더값을 조작하는 bonk, boink 공격도 있음

16 다음은「지능정보화 기본법」제6조(지능정보사회 종합계획의 수립)의 일부이다. (가), (나)에 들어갈 내용을 바르게 연결한 것은?

> 제6조(지능정보사회 종합계획의 수립)
> ① 정부는 지능정보사회 정책의 효율적 · 체계적 추진을 위하여 지능정보사회 종합계획(이하 "종합계획"이라 한다)을 [(가)] 단위로 수립하여야 한다.
> ② 종합계획은 [(나)]이 관계 중앙행정기관(대통령 소속 기관 및 국무총리 소속 기관을 포함한다. 이하 같다)의 장 및 지방자치단체의 장의 의견을 들어 수립하며,「정보통신 진흥 및 융합 활성화 등에 관한 특별법」제7조에 따른 정보통신 전략위원회(이하 "전략위원회"라 한다)의 심의를 거쳐 수립 · 확정한다. 종합계획을 변경하는 경우에도 또한 같다.

	(가)	(나)
①	3년	과학기술정보통신부장관
②	3년	행정안전부장관
③	5년	과학기술정보통신부장관
④	5년	행정안전부장관

17 「개인정보 영향평가에 관한 고시」상 용어의 정의로 옳지 않은 것은?

① "대상시스템"이란「개인정보 보호법 시행령」제35조에 해당하는 개인정보파일을 구축 · 운용, 변경 또는 연계하려는 정보시스템을 말한다.

② "대상기관"이란「개인정보 보호법 시행령」제35조에 해당하는 개인정보파일을 구축 · 운용, 변경 또는 연계하려는 공공기관 및 민간기관을 말한다.

③ "개인정보 영향평가 관련 분야 수행실적"이란「개인정보 보호법 시행령」제37조 제1항 제1호에 따른 영향평가 업무 또는 이와 유사한 업무, 정보보호 컨설팅 업무 등을 수행한 실적을 말한다.

④ "개인정보 영향평가"란「개인정보 보호법」제33조 제1항에 따라 공공기관의 장이「개인정보 보호법 시행령」제35조에 해당하는 개인정보파일의 운용으로 인하여 정보주체의 개인정보 침해가 우려되는 경우에 그 위험요인의 분석과 개선 사항 도출을 위한 평가를 말한다.

ANSWER 16.① 17.②

16 지능정보사회 종합계획의 수립〈「지능정보화 기본법」 제6조〉

㉠ 정부는 지능정보사회 정책의 효율적 · 체계적 추진을 위하여 지능정보사회 종합계획(이하 "종합계획"이라 한다)을 3년 단위로 수립하여야 한다.

㉡ 종합계획은 과학기술정보통신부장관이 관계 중앙행정기관(대통령 소속 기관 및 국무총리 소속 기관을 포함한다. 이하 같다)의 장 및 지방자치단체의 장의 의견을 들어 수립하며, 「정보통신 진흥 및 융합 활성화 등에 관한 특별법」 제7조에 따른 정보통신 전략위원회(이하 "전략위원회"라 한다)의 심의를 거쳐 수립 · 확정한다. 종합계획을 변경하는 경우에도 또한 같다.

㉢ 과학기술정보통신부장관이 중앙행정기관의 장 및 지방자치단체의 장에게 종합계획의 수립에 필요한 자료를 요청하는 경우 해당 기관의 장은 특별한 사정이 없으면 이에 응하여야 한다.

㉣ 종합계획에는 다음 각 호의 사항이 포함되어야 한다.

1. 지능정보사회 정책의 기본방향 및 중장기 발전방향
2. 공공 · 민간 · 지역 등 분야별 지능정보화
3. 지능정보기술의 고도화 및 지능정보서비스의 이용촉진과 관련 과학기술 발전 지원
4. 전 산업의 지능정보화 추진, 지능정보기술 관련 산업의 육성, 규제개선 및 공정한 경쟁환경 조성 등을 통한 신산업 · 신서비스 창업생태계 조성
5. 정보의 공동활용 · 표준화 및 초연결지능정보통신망의 구축
6. 지능정보사회 관련 법 · 제도 개선
7. 지능정보화 및 지능정보사회 관련 교육 · 홍보 · 인력양성 및 국제협력
8. 건전한 정보문화 창달 및 지능정보사회윤리의 확립
9. 정보보호, 정보격차 해소, 제51조에 따른 기본계획의 수립에 관한 사항 등 역기능 해소, 이용자의 권익보호 및 지식재산권의 보호
10. 지능정보사회 구현을 위한 시책 추진에 필요한 재원의 조달 · 운용 및 인력확보 방안
11. 그 밖에 지능정보사회 구현을 위하여 필요한 사항

㉤ 중앙행정기관의 장과 지방자치단체의 장은 소관 주요 정책을 수립하고 집행을 할 때 제4항 각 호의 사항을 우선적으로 고려하여야 한다.

㉥ 과학기술정보통신부장관은 매년 종합계획의 주요 시책에 대한 추진 실적을 점검 · 분석하여 그 결과를 전략위원회에 보고하여야 한다.

17 용어의 정의〈개인정보 영향 평가에 관한 고시 제2조〉

㉠ "개인정보 영향평가(이하 "영향평가"라 한다)"란 법 제33조 제1항에 따라 공공기관의 장이 영 제35조에 해당하는 개인정보파일의 운용으로 인하여 정보주체의 개인정보 침해가 우려되는 경우에 그 위험요인의 분석과 개선 사항 도출을 위한 평가를 말한다.

㉡ "대상기관"이란 영 제35조에 해당하는 개인정보파일을 구축 · 운용, 변경 또는 연계하려는 공공기관을 말한다.

㉢ "개인정보 영향평가기관(이하 "평가기관"이라 한다)"이란 영 제37조 제1항 각 호의 요건을 모두 갖춘 법인으로서 공공기관의 영향평가를 수행하기 위하여 행정안전부장관이 지정한 기관을 말한다.

㉣ "대상시스템"이란 영 제35조에 해당하는 개인정보파일을 구축 · 운용, 변경 또는 연계하려는 정보시스템을 말한다.

㉤ "개인정보 영향평가 관련 분야 수행실적(이하 "영향평가 관련 분야 수행실적"이라 한다)"이란 영 제37조 제1항 제1호에 따른 영향평가 업무 또는 이와 유사한 업무, 정보보호 컨설팅 업무 등을 수행한 실적을 말한다.

18 「정보통신망 이용촉진 및 정보보호 등에 관한 법률」 제23조의4(본인확인업무의 정지 및 지정취소)상 본인확인업무에 대해 전부 또는 일부의 정지를 명하거나 본인확인기관 지정을 취소할 수 있는 사유에 해당하지 않는 것은?

① 「정보통신망 이용촉진 및 정보보호 등에 관한 법률」 제23조의3 제4항에 따른 지정기준에 적합하지 아니하게 된 경우

② 거짓이나 그 밖의 부정한 방법으로 본인확인기관의 지정을 받은 경우

③ 본인확인업무의 정지명령을 받은 자가 그 명령을 위반하여 업무를 정지하지 아니한 경우

④ 지정받은 날부터 3개월 이내에 본인확인업무를 개시하지 아니하거나 3개월 이상 계속하여 본인확인업무를 휴지한 경우

19 메일 보안 기술에 대한 설명으로 옳지 않은 것은?

① PGP는 중앙 집중화된 키 인증 방식이고, PEM은 분산화된 키 인증 방식이다.

② PGP를 이용하면 수신자가 이메일을 받고서도 받지 않았다고 발뺌할 수 없다.

③ PGP는 인터넷으로 전송하는 이메일을 암호화 또는 복호화하여 제3자가 알아볼 수 없게 하는 보안 프로그램이다.

④ PEM에는 메시지를 암호화하여 통신 내용을 보호하는 기능, 메시지 위·변조, 검증 및 메시지 작성자를 인증하는 보안 기능이 있다.

ANSWER 18.④ 19.①

18 본인확인업무의 정지 및 지정취소〈「정보통신망 이용촉진 및 정보보호 등에 관한 법률」 제23조의4〉

㉠ 방송통신위원회는 본인확인기관이 다음 각 호의 어느 하나에 해당하는 때에는 6개월 이내의 기간을 정하여 본인확인업무의 전부 또는 일부의 정지를 명하거나 지정을 취소할 수 있다. 다만, 제1호 또는 제2호에 해당하는 때에는 그 지정을 취소하여야 한다.

- 거짓이나 그 밖의 부정한 방법으로 본인확인기관의 지정을 받은 경우
- 본인확인업무의 정지명령을 받은 자가 그 명령을 위반하여 업무를 정지하지 아니한 경우
- 지정받은 날부터 6개월 이내에 본인확인업무를 개시하지 아니하거나 6개월 이상 계속하여 본인확인업무를 휴지한 경우
- 제23조의3제4항에 따른 지정기준에 적합하지 아니하게 된 경우

㉡ ㉠에 따른 처분의 기준, 절차 및 그 밖에 필요한 사항은 대통령령으로 정한다.

19 메일 보안 기술

- PGP : 객체에 암호화와 전자서명 기능을 추가한 암호화 프로토콜로 네트워크를 통해 주고받는 메시지에 대해서 송수신자에게 보안서비스를 제공하고 평문 메시지를 암호화 한다.
- PEM

−프라이버시 향상 이메일로 인터넷에서 사용되는 이메일 보안 시스템이다.
−중앙 집중화된 키 인증 방식으로 구현이 어렵고 높은 보안성을 제공한다.
−군사, 은행에서 주로 사용된다.

20 (가) ~ (다)에 해당하는 트리형 공개키 기반 구조의 구성 기관을 바르게 연결한 것은? (단, PAA는 Policy Approval Authorities, RA는 Registration Authority, PCA는 Policy Certification Authorities를 의미한다)

> (가) PKI에 대한 정책을 결정하고 하위 기관의 정책을 승인하는 기관
> (나) Root CA 인증서를 발급하고 CA가 준수해야 할 기본 정책을 수립하는 기관
> (다) CA를 대신하여 PKI 인증 요청을 확인하고, CA 간 인터페이스를 제공하는 기관

	(가)	(나)	(다)
①	PAA	RA	PCA
②	PAA	PCA	RA
③	PCA	RA	PAA
④	PCA	PAA	RA

ANSWER 20.②

20 PKI

㉠ 공개키 암호화를 기초로 인증서를 생성, 관리, 저장, 분배, 취소하는데 필요한 하드웨어, 소프트웨어, 사람, 정책 절차이다.

㉡ 구성

- 인증기관(CA) : 인증서 발행기관 3계층 구분
  - 정책 승인기관(PAA) : 공인인증서에 대한 정책을 결정하고 하위 기관의 정책을 승인하는 기관
  - 정책 인증기관(PCA) : RootCA를 발급하고 기본 정책을 수립하는 기관
  - 인증기관(CA) : PCA의 하위 기관으로 인증서 발급과 취소 등의 실질적인 업무를 하는 기관
- 검증기관(VA)
- 등록기관(RA) : 사용자의 신분을 확인하고 CA 간 인터페이스를 제공하는 기관
- 저장소
- 사용자

정보보호론 | 2023. 4. 8. 인사혁신처 시행

1 SSS(Server Side Script) 언어에 해당하지 않는 것은?

① IIS
② PHP
③ ASP
④ JSP

2 정보나 정보시스템을 누가, 언제, 어떤 방법을 통하여 사용했는지 추적할 수 있도록 하는 것은?

① 인증성
② 가용성
③ 부인방지
④ 책임추적성

ANSWER 1.① 2.④

1 SSS(Server Side Script) 언어
㉠ PHP(오픈소스)
㉡ ASP(Windows)
㉢ JSP(JAVA)

2 ④ 주체가 자신의 행동에 책임이 있다는 것을 보증하는 것으로 감사, 기록, 감시 등의 방법으로 이뤄낼 수 있다
① 객체의 자격이나 내용을 검증하는데 사용한다.
② 정당한 사용자가 데이터 또는 자원을 필요로 할때 지체없이 자원을 사용할 수 있어야 한다.
③ 송수신자가 송수신 사실에 대한 행동을 추적해서 부인을 할 수 없도록 하는 것이다.

3 디지털포렌식의 원칙에 대한 설명으로 옳지 않은 것은?

① 연계성의 원칙 : 수집된 증거가 위변조되지 않았음을 증명해야 한다.

② 정당성의 원칙 : 법률에서 정하는 적법한 절차와 방식으로 증거가 입수되어야 하며 입수 경위에서 불법이 자행되었다면 그로 인해 수집된 2차적 증거는 모두 무효가 된다.

③ 재현의 원칙 : 불법 해킹 용의자의 해킹 도구가 증거 능력을 가지기 위해서는 같은 상황의 피해 시스템에 도구를 적용할 경우 피해 상황과 일치하는 결과가 나와야 한다.

④ 신속성의 원칙 : 컴퓨터 내부의 정보는 휘발성을 가진 것이 많기 때문에 신속하게 수집되어야 한다.

4 다음에서 설명하는 국내 인증 제도는?

> • 「정보통신망 이용촉진 및 정보보호 등에 관한 법률」에 의한 정보보호 관리체계 인증과 「개인정보보호법」에 의한 개인정보보호 관리체계 인증에 관한 사항을 통합하여 한국인터넷진흥원과 금융보안원에서 인증하고 있다.
> • 한국정보통신진흥협회, 한국정보통신기술협회, 개인정보보호협회에서 인증심사를 수행하고 있다.

① CC　　② BS7799

③ TCSEC　　④ ISMS-P

ANSWER 3.① 4.④

3 ① 연계성의 원칙이란 디지털 증거의 습득, 이송, 분석, 보관, 법정 제출 각 단계에서 담당자와 업무자를 명확히 하는 것을 의미한다.

4 ④ 정보통신망의 안정성 확보 및 개인정보 보호를 위해 조직이 수립한 일련의 조치와 활동이 인증기준에 적합함을 인증기관이 평가하여 인증을 부여하는 제도이다.

① 컴퓨터의 보안을 위한 국제 표준규격으로 보안기능이 있는 IT 제품(즉, 정보보호제품)의 보안성을 평가기관에서 평가하고 이에 대한 결과를 인증기관(IT보안 인증사무국 확인 가능)에서 인증하는 제도이다.

② 정보 보호 관리 체계(ISMS ; Information Security Management System)에 대한 요구 사항을 규정하기 위해 BSI가 제정한 국제 표준이다.

③ 컴퓨터 시스템에 빌드되는 컴퓨터 보안 컨트롤의 효율성의 기본 요건을 설정해 놓은 미국 정부의 국방부(DoD) 표준이다.

5 「개인정보 보호법」 제28조의2(가명정보의 처리 등)의 내용으로서 (가)와 (나)에 들어갈 용어를 바르게 연결한 것은?

> 제1항 개인정보처리자는 통계작성, 과학적 연구, 공익적 기록보존 등을 위하여 정보주체의 [(가)] 가명정보를 처리할 수 있다.
>
> 제2항 개인정보처리자는 제1항에 따라 가명정보를 제3자에게 제공하는 경우에는 특정 개인을 알아보기 위하여 사용될 수 있는 정보를 포함 [(나)].

	(가)	(나)
①	동의를	받아 할 수 있다.
②	동의를	받아 해서는 아니 된다.
③	동의 없이	해서는 아니 된다.
④	동의 없이	할 수 있다.

6 SSL을 구성하는 프로토콜에 대한 설명으로 옳은 것은?

① Handshake는 두 단계로 이루어진 메시지 교환 프로토콜로서 클라이언트와 서버 사이의 암호학적 비밀 확립에 필요한 정보를 교환하기 위한 것이다.

② 클라이언트와 서버는 각각 상대방에게 Change Cipher Spec 메시지를 전달함으로써 메시지의 서명 및 암호화에 필요한 매개변수가 대기 상태에서 활성화되어 비로소 사용할 수 있게 된다.

③ 송신 측의 Record 프로토콜은 응용 계층 또는 상위 프로토콜의 메시지를 단편화, 암호화, 압축, 서명, 헤더 추가의 순서로 처리하여 전송 프로토콜에 전달한다.

④ Alert 프로토콜은 Record 프로토콜의 하위 프로토콜로서 처리 과정의 오류를 알리는 메시지를 전달한다.

ANSWER 5.③ 6.②

5 가명정보의 처리 등〈「개인정보 보호법」 제28조의2〉

㉠ 개인정보처리자는 통계작성, 과학적 연구, 공익적 기록보존 등을 위하여 정보주체의 동의 없이 가명정보를 처리할 수 있다.

㉡ 개인정보처리자는 제1항에 따라 가명정보를 제3자에게 제공하는 경우에는 특정 개인을 알아보기 위하여 사용될 수 있는 정보를 포함해서는 아니 된다.

6 ① Handshake는 크게 네 단계로 이루어진다.

③ 송신 측의 Record 프로토콜은 단편화, 압축, MAC 추가, 암호화, 레코드 헤더 순으로 처리한다.

④ Alert 프로토콜은 Record 프로토콜의 상위 프로토콜로서

7 **블록체인 기술의 하나인 하이퍼레저 패브릭에 대한 설명으로 옳지 않은 것은?**

① 허가형 프라이빗 블록체인의 형태로 MSP(Membership Service Provider)라는 인증 관리 시스템에 등록된 사용자만 참여할 수 있다.

② 체인코드라는 스마트 컨트랙트를 통해서 분산 원장의 데이터를 읽고 쓸 수 있다.

③ 분산 원장은 원장의 현재 상태를 나타내는 월드 스테이트와 원장의 생성 시점부터 현재까지의 사용 기록을 저장하는 블록체인 두 가지로 구성된다.

④ 트랜잭션을 정해진 순서로 정렬하는 과정을 합의로 정의하고, 이를 위해 지분 증명 방식과 BFT(Byzantine Fault Tolerance) 알고리즘을 사용한다.

8 **「정보통신망 이용촉진 및 정보보호 등에 관한 법률」 제23조의3(본인확인기관의 지정 등)에 의거하여 다음의 사항을 심사하여 대체수단의 개발 · 제공 · 관리 업무(이하 "본인확인업무"라 한다)를 안전하고 신뢰성 있게 수행할 능력이 있다고 인정되는 자를 본인확인기관으로 지정할 수 있는 기관은?**

1. 본인확인업무의 안전성 확보를 위한 물리적 · 기술적 · 관리적 조치계획
2. 본인확인업무의 수행을 위한 기술적 · 재정적 능력
3. 본인확인업무 관련 설비규모의 적정성

① 과학기술정보통신부
② 개인정보보호위원회
③ 방송통신위원회
④ 금융위원회

ANSWER 7.④ 8.③

7 ④ 하이퍼레저 패브릭은 카프카(Kafka)를 선택하였다. 카프카는 엄밀히 이야기하면 블록체인 합의 알고리즘이 아니다. 링크드인(Linkedin)에서 개발한 분산 메시징 시스템으로, 실시간 대용량 로그 처리에 특화되어 있다. 그래서 다른 합의 알고리즘들이 BFT인 반면, 카프카는 CFT(Crash Fault Tolerance)이다.

8 본인확인기관의 지정 등〈「정보통신망 이용촉진 및 정보보호 등에 관한 법률」 제23조의3〉
방송통신위원회는 다음의 사항을 심사하여 대체수단의 개발 · 제공 · 관리 업무(이하 "본인확인업무"라 한다)를 안전하고 신뢰성 있게 수행할 능력이 있다고 인정되는 자를 본인확인기관으로 지정할 수 있다.
㉠ 본인확인업무의 안전성 확보를 위한 물리적 · 기술적 · 관리적 조치계획
㉡ 본인확인업무의 수행을 위한 기술적 · 재정적 능력
㉢ 본인확인업무 관련 설비규모의 적정성

9 (가)와 (나)에 들어갈 용어를 바르게 연결한 것은?

> 악성 코드의 정적 분석은 파일을 [(가)]하여 상세한 동작을 분석하는 단계로 악성 코드 파일을 역공학 분석하여 그 구조, 핵심이 되는 명령 부분, 동작 방식 등을 알아내는 것을 목표로 한다. 이를 위하여 역공학 분석을 위한 [(나)]와/과 같은 도구를 활용한다.

	(가)	(나)
①	패킹	OllyDbg
②	패킹	Regshot
③	디스어셈블링	Regshot
④	디스어셈블링	OllyDbg

10 프로그램 입력 값에 대한 검증 누락, 부적절한 검증 또는 데이터의 잘못된 형식 지정으로 인해 발생할 수 있는 보안 공격이 아닌 것은?

① HTTP GET 플러딩
② SQL 삽입
③ 크로스사이트 스크립트
④ 버퍼 오버플로우

ANSWER 9.④ 10.①

9 (가) 기계어를 어셈블리어로 변환하는 컴퓨터 프로그램이다.
(나) 바이너리 코드 분석을 위한 x86 디버거로서, 소스 코드가 없을 때 유용하게 사용된다.

10 ① Dos(Denial of Service) 공격의 일종으로, 대량의 HTTP GET 요청을 발생시켜 해당 게시물이 존재 하는 웹서버의 자원을 소진 시키는 공격이다.
② 응용 프로그램 보안 상의 허점을 의도적으로 이용해, 악의적인 SQL문을 실행되게 함으로써 데이터베이스를 비정상적으로 조작하는 코드 인젝션 공격 방법이다.
③ '공격자'의 웹사이트에서 피해자가 친숙하다고 느끼는 웹사이트에 악성 스크립트를 주입하는 행위이다.
④ 프로그램이 실행될 때 입력받는 값이 버퍼를 가득 채우다 못해 넘쳐흘러 버퍼 이후의 공간을 침범하는 현상이다.

11 정보의 무결성에 중점을 둔 보안 모델은?

① Biba
② Bell-LaPadula
③ Chinese Wall
④ Lattice

12 허니팟에 대한 설명으로 옳지 않은 것은?

① 공격자가 중요한 시스템에 접근하지 못하도록 실제 시스템처럼 보이는 곳으로 유인한다.
② 공격자의 행동 패턴에 관한 정보를 수집한다.
③ 허니팟은 방화벽의 내부망에는 설치할 수 없다.
④ 공격자가 가능한 한 오랫동안 허니팟에서 시간을 보내도록 하고 그사이 관리자는 필요한 대응을 준비한다.

ANSWER 11.① 12.③

11 ① BIBA Integrity 모델은 주체들과 객체들의 무결성 계층에 기반하여, 수학적으로 설명할 수 있는 변경문제를 다룬 모델이다.
② 허가된 비밀정보에 허가되지 않은 방식의 접근을 금지하는 기밀성을 집행하는 상태 머신 모델이다.
③ 같은 회사나 그룹 내 계열사끼리도 불필요한 정보 교류를 원천적으로 차단하는 것 또는 개별적으로 운영하는 것을 뜻한다.

12 ③ 허니팟은 다양한 곳에 설치할 수 있다. 다만, 방화벽 뒤에 허니팟을 설치하면 효율성은 높아지나 내부 네트워크의 위험도가 증가할 수 있다.

13 다음에 설명하는 위험 분석 방법은?

> • 구조적인 방법론에 기반하지 않고 분석가의 경험이나 지식을 사용하여 위험 분석을 수행한다.
> • 중소 규모의 조직에는 적합할 수 있으나 분석가의 개인적 경험에 지나치게 의존한다는 단점이 있다.

① 기준선 접근법
② 비정형 접근법
③ 상세 위험 분석
④ 복합 접근법

14 RSA를 적용하여 7의 암호문 11과 35의 암호문 42가 주어져 있을 때, 알고리즘의 수학적 특성을 이용하여 계산한 245(=7 × 35)의 암호문은? (단, RSA 공개 모듈 n = 247, 공개 지수 e = 5)

① 2
② 215
③ 239
④ 462

ANSWER 13.② 14.②

13 ① 기준 문서, 실무 규약 등을 이용하여 시스템에 일반적 수준의 보안 통제 사항들을 구현하는 것이다.
③ 잘 정립된 모델에 기초하여 자산 분석, 위협 분석, 취약성 분석의 각 단계를 수행하여 위험을 평가하는 것이다.
④ 고위험 영역을 식별하여 이 영역은 상세 위험분석을 수행하고, 다른 영역은 베이스라인 접근법을 사용하는 방식이다.

14 $7^5 \bmod 247 = 11$

$35^5 \bmod 247 = 42$

$$\begin{aligned} 245^5 \bmod 247 &= (7 \times 35)^5 \bmod 247 \\ &= \{(7^5 \bmod 247) \times (35^5 \bmod 247)\} \bmod 247 \\ &= (11 \times 41) \bmod 247 \\ &= 462 \bmod 247 = 215 \end{aligned}$$

15 사용자 A가 사전에 비밀키를 공유하고 있지 않은 사용자 B에게 기밀성 보장이 요구되는 문서 M을 보내기 위한 메시지로 옳은 것은?

> KpuX : 사용자 X의 공개키
> KprX : 사용자 X의 개인키
> KS : 세션키
> H() : 해시 함수
> E() : 암호화
> | | : 연결(concatenation) 연산자

① M | | E_{KprA}(H(M))

② E_{KprA}(M | | H(M))

③ E_{KS}(M) | | E_{KpuB}(KS)

④ E_{KS}(M) | | E_{KprA}(KS)

16 보안 서비스와 이를 제공하기 위한 보안 기술을 잘못 연결한 것은?

① 데이터 무결성 – 암호학적 해시

② 신원 인증 – 인증서

③ 부인방지 – 메시지 인증 코드

④ 메시지 인증 – 전자 서명

ANSWER 15.③ 16.③

15 ③ 세션키로 메시지를 암호화하고(EKS(M), 세션키는 수신자의 공개키로 암호화해서 보낸다(EKPuB(KS).

16 ③ 메시지 인증 코드는 데이터가 변조(수정, 삭제, 삽입 등) 되었는지를 검증할 수 있도록 데이터에 덧붙이는 코드이다.

17 **웹 서버와 클라이언트 간의 쿠키 처리 과정으로 옳지 않은 것은?**

① HTTP 요청 메시지의 헤더 라인을 통한 쿠키 전달

② HTTP 응답 메시지의 상태 라인을 통한 쿠키 전달

③ 클라이언트 브라우저의 쿠키 디렉터리에 쿠키 저장

④ 웹 서버가 클라이언트에 관해 수집한 정보로부터 쿠키를 생성

18 **「개인정보 보호법」 제15조(개인정보의 수집 · 이용)에서 개인정보처리자가 개인정보를 수집할 수 있으며 그 수집 목적의 범위에서 이용할 수 있는 경우에 해당하지 않는 것은?**

① 정보주체의 동의를 받은 경우

② 법률에 특별한 규정이 있거나 법령상 의무를 준수하기 위하여 불가피한 경우

③ 공공기관이 법령 등에서 정하는 소관 업무의 수행을 위하여 불가피한 경우

④ 공공기관과의 계약의 체결 및 이행을 위하여 불가피하게 필요한 경우

ANSWER 17.② 18.④

17 ② HTTP 응답 메시지의 헤더 라인을 통한 쿠키 전달

18 개인정보의 수집 · 이용〈「개인정보 보호법」 제15조〉 … 개인정보처리자는 다음 각 호의 어느 하나에 해당하는 경우에는 개인정보를 수집할 수 있으며 그 수집 목적의 범위에서 이용할 수 있다.

㉠ 정보주체의 동의를 받은 경우

㉡ 법률에 특별한 규정이 있거나 법령상 의무를 준수하기 위하여 불가피한 경우

㉢ 공공기관이 법령 등에서 정하는 소관 업무의 수행을 위하여 불가피한 경우

㉣ 정보주체와 체결한 계약을 이행하거나 계약을 체결하는 과정에서 정보주체의 요청에 따른 조치를 이행하기 위하여 필요한 경우

㉤ 명백히 정보주체 또는 제3자의 급박한 생명, 신체, 재산의 이익을 위하여 필요하다고 인정되는 경우

㉥ 개인정보처리자의 정당한 이익을 달성하기 위하여 필요한 경우로서 명백하게 정보주체의 권리보다 우선하는 경우. 이 경우 개인정보처리자의 정당한 이익과 상당한 관련이 있고 합리적인 범위를 초과하지 아니하는 경우에 한한다.

㉦ 공중위생 등 공공의 안전과 안녕을 위하여 긴급히 필요한 경우

19 함수 P에서 호출한 함수 Q가 자신의 작업을 마치고 다시 함수 P로 돌아가는 과정에서의 스택 버퍼 운용 과정을 순서대로 바르게 나열한 것은?

> (가) 스택에 저장되어 있는 복귀 주소(return address)를 pop한다.
> (나) 스택 포인터를 프레임 포인터의 값으로 복원시킨다.
> (다) 이전 프레임 포인터 값을 pop하여 스택 프레임 포인터를 P의 스택 프레임으로 설정한다.
> (라) P가 실행했던 함수 호출(function call) 인스트럭션 다음의 인스트럭션을 실행한다.

① (가)→(나)→(다)→(라)
② (가)→(다)→(라)→(나)
③ (나)→(가)→(라)→(다)
④ (나)→(다)→(가)→(라)

20 무선 네트워크 보안에 대한 설명으로 옳은 것은?

① 이전에 사용했던 WEP의 보안상 약점을 보강하기 위해서 IETF에서 WPA, WPA2, WPA3를 정의하였다.
② WPA는 TKIP 프로토콜을 채택하여 보안을 강화하였으나 여전히 WEP와 동일한 메시지 무결성 확인 방식을 사용하는 약점이 있다.
③ WPA2는 무선 LAN 보안 표준인 IEEE 802.1X의 보안 요건을 충족하기 위하여 CCM 모드의 AES 블록 암호 방식을 채택하고 있다.
④ WPA-개인 모드에서는 PSK로부터 유도된 암호화 키를 사용하는 반면에, WPA-엔터프라이즈 모드에서는 인증 및 암호화를 강화하기 위해 RADIUS 인증 서버를 두고 EAP 표준을 이용한다.

ANSWER 19.④ 20.④

19 함수 호출 과정
㉠ 함수가 사용할 인자값들을 스택에 넣고 함수의 시작 지점으로 점프해서 함수를 시작한다. 해당 함수의 스택 프레임이 할당된다.
㉡ 함수 내에서 사용할 스택 프레임 값들을 할당한다.
㉢ 함수 내용을 수행한다.
㉣ 함수가 끝나면 함수가 호출된 지점으로 복귀하기 위해 스택을 pop한다.
㉤ 호출한 지점의 다음 라인으로 점프하여 프로그램이 계속 실행된다.

20 ① WPA, WPA2, WPA3는 IEEE 802.111 작업 그룹과 Wi-Fi Alliance에 의해 개발되었다.
② WPA는 TKIP 프로토콜을 채택하여 무결성 서비스 등을 강화하였으나 여전히 WEP와 동일한 RC4 암호화 알고리즘을 사용하는 약점이 있다.
③ IEEE802.1x는 802.11b의 사용자 인증 취약성을 보완한 프레임워크로, EAP를 통해 다양한 사용자 인증 메커니즘을 지원한다.

정보보호론 | 2023. 6. 10. 제1회 지방직 시행

1 데이터의 위·변조를 방어하는 기술이 목표로 하는 것은?

① 기밀성
② 무결성
③ 가용성
④ 책임추적성

2 UDP 헤더 포맷의 구성 요소가 아닌 것은?

① 순서 번호
② 발신지 포트 번호
③ 목적지 포트 번호
④ 체크섬

ANSWER 1.② 2.①

1 ② 정보는 고의적인, 비인가된, 우연한 변경으로부터 보호되어야 한다는 원칙
① 오직 인가된 사람/프로세스/시스템만이 알 필요성에 근거하여 시스템에 접근해야 한다는 원칙
③ 정보는 사용자가 필요로 하는 시점에 접근 가능해야 한다는 원칙
④ 주체가 자신의 행동에 책임이 있다는 것을 보증하는 것

2 UDP 헤더 포맷의 구성 요소
㉠ 출발지 포트
㉡ 도착지 포트
㉢ 시퀀스넘버
㉣ Acknowledgement(응답) 넘버
㉤ 플래그
㉥ 윈도우 사이즈
㉦ 체크섬
㉧ urgent pointer

3 논리 폭탄에 대한 설명으로 옳은 것은?

① 사용자 동의 없이 설치되어 컴퓨터 내의 금융 정보, 신상 정보 등을 수집 · 전송하기 위한 것이다.

② 침입자에 의해 악성 소프트웨어에 삽입된 코드로서, 사전에 정의된 조건이 충족되기 전까지는 휴지 상태에 있다가 조건이 충족되면 의도한 동작이 트리거 되도록 한다.

③ 사용자가 키보드로 PC에 입력하는 내용을 몰래 가로채어 기록한다.

④ 공격자가 언제든지 시스템에 관리자 권한으로 접근할 수 있도록 비밀 통로를 지속적으로 유지시켜 주는 일련의 프로그램 집합이다.

4 대칭키 암호 알고리즘이 아닌 것은?

① SEED

② ECC

③ IDEA

④ LEA

ANSWER 3.② 4.②

3 ① 스파이웨어 ③ 키로깅 ④ 루트킷

4 ② ECC는 비대칭키(공개키) 암호 알고리즘의 종류
※ 대칭키 암호 알고리즘 종류 : DES, IDEA, AES, 3DES, SEED, AES, ARIA 등

5 「정보통신망 이용촉진 및 정보보호 등에 관한 법률」에서 규정하고 있는 사항이 아닌 것은?

① 정보통신망의 표준화 및 인증
② 정보통신망의 안정성 확보
③ 고정형 영상정보처리기기의 설치 · 운영 제한
④ 집적된 정보통신시설의 보호

6 CSRF 공격에 대한 설명으로 옳지 않은 것은?

① 사용자가 자신의 의지와는 무관하게 공격자가 의도한 행위를 특정 웹사이트에 요청하게 하는 공격이다.
② 특정 웹사이트가 사용자의 웹 브라우저를 신뢰하는 점을 노리고 사용자의 권한을 도용하려는 것이다.
③ 사용자에게 전달된 데이터의 악성 스크립트가 사용자 브라우저에서 실행되면서 해킹을 하는 것으로, 이 악성 스크립트는 공격자가 웹 서버에 구현된 애플리케이션의 취약점을 이용하여 서버 측 또는 URL에 미리 삽입해 놓은 것이다.
④ 웹 애플리케이션의 요청 내에 세션별 · 사용자별로 구별 가능한 임의의 토큰을 추가하도록 하여 서버가 정상적인 요청과 비정상적인 요청을 판별하는 방법으로 공격에 대응할 수 있다.

ANSWER 5.③ 6.③

5 ③ 「개인정보 보호법」 제25조
① 「정보통신망 이용촉진 및 정보보호 등에 관한 법률」 제8조
② 「정보통신망 이용촉진 및 정보보호 등에 관한 법률」 제45조
④ 「정보통신망 이용촉진 및 정보보호 등에 관한 법률」 제46조

6 ③ XSS 공격이란 공격자가 웹 서버에 구현된 웹 애플리케이션의 XSS 취약점을 이용하여 서버 측 또는 URL에 미리 삽입을 해 놓은 악성 스크립트가 애플리케이션에서 브라우저로 전달되는 데이터에 포함되어 개인의 브라우저에서 실행되면서 해킹을 하는 것을 의미한다.

7 **IPSec의 터널 모드를 이용한 VPN에 대한 설명으로 옳지 않은 것은?**

① 인터넷상에서 양측 호스트의 IP 주소를 숨기고 새로운 IP 헤더에 VPN 라우터 또는 IPSec 게이트웨이의 IP 주소를 넣는다.

② IPSec의 터널 모드는 새로운 IP 헤더를 추가하기 때문에 전송 모드 대비 전체 패킷이 길어진다.

③ ESP는 원래 IP 패킷 전부와 원래 IP 패킷 앞뒤로 붙는 ESP 헤더와 트레일러를 모두 암호화한다.

④ ESP 인증 데이터는 패킷의 끝에 추가되며, ESP 터널 모드의 경우 인증은 목적지 VPN 라우터 또는 IPSec 게이트웨이에서 이루어진다.

8 **「전자서명법」상 전자서명인증사업자에 대한 전자서명인증업무 운영기준 준수사실의 인정(이하 "인정"이라 한다)에 대한 설명으로 옳지 않은 것은?**

① 인정을 받으려는 전자서명인증사업자는 국가기관, 지방자치단체 또는 공공기관이어야 한다.

② 인정을 받으려는 전자서명인증사업자는 평가기관으로부터 평가를 먼저 받아야 한다.

③ 평가기관은 평가를 신청한 전자서명인증사업자의 운영기준 준수 여부에 대한 평가를 하고, 그 결과를 인정기관에 제출하여야 한다.

④ 인정기관은 평가 결과를 제출받은 경우 그 평가 결과와 인정을 받으려는 전자서명인증사업자가 법정 자격을 갖추었는지 여부를 확인하여 인정 여부를 결정하여야 한다.

ANSWER 7.③ 8.①

7 ③ ESP는 암호화할 때 데이터 패킷에 헤더와 트레일러를 추가한다.

8 ① 인정을 받으려는 전자서명인증사업자는 국가기관, 지방자치단체 또는 법인이어야 한다.(「전자서명법」 제8조)

9 위험 평가 접근방법에 대한 설명으로 옳지 않은 것은?

① 기준(baseline) 접근법은 기준 문서, 실무 규약, 업계 최신 실무를 이용하여 시스템에 대한 가장 기본적이고 일반적인 수준에서의 보안 통제 사항을 구현하는 것을 목표로 한다.

② 비정형(informal) 접근법은 구조적인 방법론에 기반하지 않고 전문가의 지식과 경험에 따라 위험을 분석하는 것으로, 비교적 신속하고 저비용으로 진행할 수 있으나 특정 전문가의 견해 및 편견에 따라 왜곡될 우려가 있다.

③ 상세(detailed) 위험 분석은 정형화되고 구조화된 프로세스를 사용하여 상세한 위험 평가를 수행하는 것으로, 많은 시간과 비용이 드는 단점이 있는 반면에 위험에 따른 손실과 보안 대책의 비용 간의 적절한 균형을 이룰 수 있는 장점이 있다.

④ 복합(combined) 접근법은 상세 위험 분석을 제외한 기준 접근법과 비정형 접근법 두 가지를 조합한 것으로 저비용으로 빠른 시간 내에 필요한 통제 수단을 선택해야 하는 상황에서 제한적으로 활용된다.

ANSWER 9.④

9 ④ 복합 접근법은 고위험 영역을 식별하여 이 영역은 상세 위험분석을 수행하고, 다른 영역은 베이스라인 접근법을 사용하는 방식이다.

10 ISMS-P 인증 기준의 세 영역 중 하나인 관리체계 수립 및 운영에 해당하지 않는 것은?

① 관리체계 기반 마련

② 위험 관리

③ 관리체계 점검 및 개선

④ 정책, 조직, 자산 관리

ANSWER 10.④

10

구분		통합인증	분야(인증기준 개수)
ISMS-P	ISMS	1.관리체계 수립 및 운영(16)	1.1 관리체계 기반 마련(6) 1.2 위험관리(4) 1.3 관리체계 운영(3) 1.4 관리체계 점검 및 개선(3)
		2.보호대책 요구사항(64)	2.1 정책, 조직, 자산 관리(3) 2.2 인적보안(6) 2.3 외부자 보안(4) 2.4 물리보안(7) 2.5 인증 및 권한 관리(6) 2.6 접근통제(7) 2.7 암호화 적용(2) 2.8 정보시스템 도입 및 개발 보안(6) 2.9 시스템 및 서비스 운영관리(7) 2.10 시스템 및 서비스 보안관리(9) 2.11 사고 예방 및 대응(5) 2.12 재해복구(2)
	-	3.개인정보 처리단계별 요구사항(22)	3.1 개인정보 수집 시 보호조치(7) 3.2 개인정보 보유 및 이용 시 보호조치(5) 3.3 개인정보 제공 시 보호조치(3) 3.4 개인정보 파기 시 보호조치(4) 3.5 정보주체 권리보호(3)

11 OTP 토큰이 속하는 인증 유형은?

① 정적 생체정보
② 동적 생체정보
③ 가지고 있는 것
④ 알고 있는 것

12 서비스 거부 공격에 해당하는 것은?

① 발신지 IP 주소와 목적지 IP 주소의 값을 똑같이 만든 패킷을 공격 대상에게 전송한다.
② 공격 대상에게 실제 DNS 서버보다 빨리 응답 패킷을 보내 공격 대상이 잘못된 IP 주소로 웹 접속을 하도록 유도한다.
③ LAN상에서 서버와 클라이언트의 IP 주소에 대한 MAC 주소를 위조하여 둘 사이의 패킷이 공격자에게 전달되도록 한다.
④ 네트워크 계층에서 공격 시스템을 네트워크에 존재하는 또 다른 라우터라고 속임으로써 트래픽이 공격 시스템을 거쳐 가도록 흐름을 바꾼다.

ANSWER 11.③ 12.①

11 ③ OTP 토큰은 특수 하드웨어 장치나 카드를 사용하는 형태로, O사용자가 가지고 있는 디바이스에 해당한다.

12 ① 서비스 거부(DoS) 공격은 사이버 공격의 한 유형으로, 악의적인 행위자가 장치의 정상적인 작동을 방해하여 컴퓨터 또는 기타 장치를 사용하려는 사용자가 해당 장치를 사용할 수 없게 만드는 것을 목표로 한다. DoS 공격은 일반적으로 정상적인 트래픽을 처리할 수 없을 때까지 대상 시스템을 요청으로 압도하거나 폭주시켜 추가 사용자에 대한 서비스 거부를 초래하는 방식으로 작동한다. DoS 공격은 단일 컴퓨터를 사용하여 공격을 시작하는 것이 특징이다.
② DNS 스푸핑
③ ARP 스푸핑(ARP Spoofing)
④ ICMP 리다이렉트 공격

13 「정보통신망 이용촉진 및 정보보호 등에 관한 법률」 제48조의4(침해사고의 원인 분석 등)의 내용으로 옳지 않은 것은? [기출변형]

① 정보통신서비스 제공자 등 정보통신망을 운영하는 자는 침해사고가 발생하면 침해사고의 원인을 분석하고 그 결과에 따라 피해의 확산 방지를 위하여 사고대응, 복구 및 재발 방지에 필요한 조치를 하여야 한다.

② 과학기술정보통신부장관은 정보통신서비스 제공자의 정보통신망에 침해사고가 발생하면 그 침해사고의 원인을 분석하고 피해 확산 방지, 사고대응, 복구 및 재발 방지를 위한 대책을 마련하여 해당 정보통신서비스 제공자(공공기관 등은 제외)에게 필요한 조치를 이행하도록 명령할 수 있다.

③ 과학기술정보통신부장관은 정보통신서비스 제공자의 정보통신망에 발생한 침해사고의 원인 분석 및 대책 마련을 위하여 필요하면 정보통신서비스 제공자에게 정보통신망의 접속기록 등 관련 자료의 보전을 명할 수 있다.

④ 과학기술정보통신부장관이나 민 · 관합동조사단은 관련 규정에 따라 정보통신서비스 제공자로부터 제출받은 침해사고 관련 자료와 조사를 통하여 알게 된 정보를 재발 방지 목적으로 필요한 경우 원인 분석이 끝난 후에도 보존할 수 있다.

14 전자상거래에서 소비자의 주문 정보와 지불 정보를 보호하기 위한 SET의 이중 서명은 소비자에서 상점으로 그리고 상점에서 금융기관으로 전달된다. 금융기관에서 이중 서명을 검증하는데 필요하지 않은 것은?

① 소비자의 공개키

② 주문 정보의 해시

③ 상점의 공개키

④ 지불 정보

ANSWER 13.④ 14.③

13 ④ 과학기술정보통신부장관이나 민 · 관합동조사단은 제6항에 따라 제출받은 자료와 조사를 통하여 알게 된 정보를 침해사고의 원인 분석 및 대책 마련 외의 목적으로는 사용하지 못하며, 원인 분석이 끝난 후에는 즉시 파기하여야 한다.

14 이중 서명(dual signature) 동작

㉠ 신용카드 사용자의 구매 정보와 지불 정보를 각각 해시한 후 두 값을 합하여 다시 해시한다.

㉡ 최종 해시 값을 신용카드 사용자의 개인 키로 암호화(서명)하면 이중 서명 값이 생성된다.

15 SHA-512 알고리즘의 수행 라운드 수와 처리하는 블록의 크기(비트 수)를 바르게 짝지은 것은?

	라운드 수	블록의 크기
①	64	512
②	64	1024
③	80	512
④	80	1024

16 다음 그림과 같이 암호화를 수행하는 블록 암호 운용 모드는? (단, ⊕ : XOR, K : 암호키)

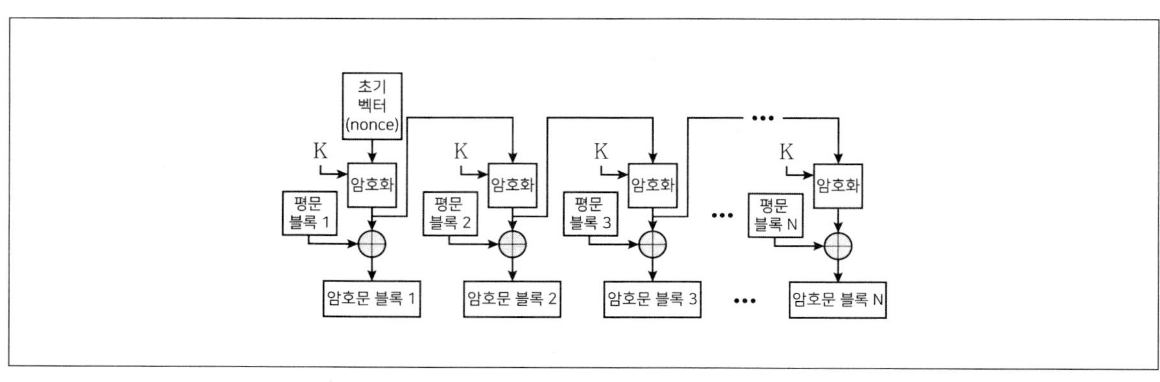

① CBC ② CFB
③ OFB ④ ECB

ANSWER 15.④ 16.③

15 SHA-512 알고리즘 특성
㉠ 해시값 크기 : 512
㉡ 내부 상태 크기 : 512
㉢ 블록 크기 : 1024
㉣ 길이 한계 : 128
㉤ 워드 크기 : 64
㉥ 과정 수 : 80
㉦ 사용되는 연산 : +, and, or, xor, shr, rotr
㉧ 충돌 여부 : 발견 안됨

16 ③ 첫 블록은 IV(초기화 벡터)를 암호화하고, 이후 블록은 평문과 XOR 연산 전 다음 블록으로 입력 및 암호화하는 블록 암호화 모드
① 첫 블록은 IV(초기화 벡터)로 암호화하고, 이후 블록은 이전 암호문 결과와 XOR 연산을 순차적으로 반복하는 블록 암호화 모드
② 첫 블록은 IV(초기화 벡터)를 암호화하고, 이후 블록은 평문과 XOR 연산 후 다음 블록으로 입력 및 암호화 하는 블록 암호화 모드
④ 평문을 블록 단위로 나누어 비밀키로 암호화하여 오류 전파 방지 및 병렬 처리가 가능한 블록 암호화 모드

17 **윈도우 최상위 레지스트리에 대한 설명으로 옳지 않은 것은?**

① HKEY_LOCAL_MACHINE은 로컬 컴퓨터의 하드웨어와 소프트웨어의 설정을 저장한다.

② HKEY_CLASSES_ROOT는 파일 타입 정보와 관련된 속성을 저장하는 데 사용된다.

③ HKEY_CURRENT_USER는 현재 로그인한 사용자의 설정을 저장한다.

④ HKEY_CURRENT_CONFIG는 커널, 실행 중인 드라이버 또는 프로그램과 서비스에 의해 제공되는 성능 데이터를 실시간으로 제공한다.

18 **SSH(Secure Shell)의 전송 계층 프로토콜에 의해 제공되는 서비스가 아닌 것은?**

① 서버 인증

② 데이터 기밀성

③ 데이터 무결성

④ 논리 채널 다중화

ANSWER 17.④ 18.④

17 ④ HKEY_CURRENT_CONFIG는 레지스트리 중에서 제일 단순한 부분으로 HKEY_LOCAL_MACHINE에 서브로 존재하는 Config 내용이 담겨있다. 디스플레이와 프린터에 관한 정보가 들어있다.

18 ④ s전송 계층 프로토콜은 전방향 기밀(즉 한 세션에서 세션 키나 영구 개인키가 손상되더라도, 이전 세션의 기밀성에 영향을 미치지 않는다)을 만족하는 서버 인증, 데이터 기밀성과 데이터 무결성을 제공한다.

19 리눅스 배시 셸(Bash shell) 특수 문자와 그 기능에 대한 설명이 옳지 않은 것은?

	특수 문자	기능
①	~	작업 중인 사용자의 홈 디렉터리를 나타냄
②	" "	문자(" ") 안에 있는 모든 셸 특수 문자의 기능을 무시
③	;	한 행의 여러 개 명령을 구분하고 왼쪽부터 차례로 실행
④	|	왼쪽 명령의 결과를 오른쪽 명령의 입력으로 전달

20 ISMS-P 인증 기준 중 사고 예방 및 대응을 모두 고르면?

> ㉠ 백업 및 복구 관리
> ㉡ 취약점 점검 및 조치
> ㉢ 이상행위 분석 및 모니터링
> ㉣ 재해 복구 시험 및 개선

① ㉠, ㉡
② ㉠, ㉣
③ ㉡, ㉢
④ ㉢, ㉣

ANSWER 19.② 20.③

19 ② " " 사이에 들어있는 모든 특수 문자를 일반 문자로 인식하지만 $()와 ` `(명령어 대체 특수문자), $ (변수 값 대체 특수문자), ₩ (quotation 특수문자) 등은 예외로 한다.

20 사고 예방 및 대응 분야의 점검 항목
㉠ 사고 예방 및 대응체계 구축
㉡ 취약점 점검 및 조치
㉢ 이상행위 분석 및 모니터링
㉣ 사고 대응 훈련 및 개선
㉤ 사고 대응 및 복구

정보보호론

2024. 3. 23. 인사혁신처 시행

1 사용자 A가 사용자 B에게 보낼 메시지에 대한 전자서명을 생성하는 데 필요한 키는?

① 사용자 A의 개인키

② 사용자 A의 공개키

③ 사용자 B의 개인키

④ 사용자 B의 공개키

2 원본 파일에 숨기고자 하는 정보를 삽입하고 숨겨진 정보의 존재 여부를 알기 어렵게 하는 기술은?

① 퍼징(Fuzzing)

② 스캐닝(Scanning)

③ 크립토그래피(Cryptography)

④ 스테가노그래피(Steganography)

ANSWER 1.④ 2.④

1 A(송신자)의 개인키를 사용하여 전자서명을 생성
B(수신자)는 A(송신자)의 공개키를 사용하여 검증
- 공개키 : 사람들에게 공개된 키로 정보를 암호화 할 수 있음
- 비밀키 : 사용자만 알고 있는 암호를 해독할 수 있는 키

2
- 스캐닝(Scanning) : 물리적인 물체나 문서의 이미지를 디지털 형태로 변환하는 과정
- 퍼징(Fuzzing) : 소프트웨어 테스트 기법으로서, 컴퓨터 프로그램에 유효한, 예상치 않은 또는 무작위 데이터를 입력하는 것

3 **다음에서 설명하는 공격 방법은?**

> • 사람의 심리를 이용하여 보안 기술을 무력화시키고 정보를 얻는 공격 방법
> • 신뢰할 수 있는 사람으로 위장하여 다른 사람의 정보에 접근하는 공격 방법

① 재전송 공격(Replay Attack)
② 무차별 대입 공격(Brute-Force Attack)
③ 사회공학 공격(Social Engineering Attack)
④ 중간자 공격(Man-in-the-Middle Attack)

4 **블록 암호의 운영 모드 중 ECB 모드와 CBC 모드에 대한 설명으로 옳은 것은?**

① ECB 모드는 블록의 변화가 다른 블록에 영향을 주지 않아 안전하다.
② ECB 모드는 암호화할 때, 같은 데이터 블록에 대해 같은 암호문 블록을 생성한다.
③ CBC 모드는 블록의 변화가 이전 블록에 영향을 주므로 패턴을 추적하기 어렵다.
④ CBC 모드는 암호화할 때, 이전 블록의 결과가 필요하지 않다.

ANSWER 3.③ 4.②

3
- 재전송 공격(repaly) : 공격자가 통신의 내용을 가로채어 기록하고 나중에 동일한 내용을 다시 전송하여 공격
- 무차별 대입 공격(Brute-Force Attack) : 특정한 암호를 풀기 위해 가능한 모든 값을 대입하는 것

4
- ECB(Electronic CodeBook) Mode : 가장 단순한 모드로 블록단위로 순차적으로 암호화 하는 구조로 한개의 블록만 해독되면 나머지 블록도 해독이 되는 단점
- CBC(Cipher Block Chaining) Mode : 블록 암호화 운영 모드 중 보안성이 제일 높은 암호화 방법으로 가장 많이 사용

5 컴퓨터 보안의 3요소가 아닌 것은?

① 무결성(Integrity)
② 확장성(Scalability)
③ 가용성(Availability)
④ 기밀성(Confidentiality)

6 로컬에서 통신하고 있는 서버와 클라이언트의 IP 주소에 대한 MAC 주소를 공격자의 MAC 주소로 속여, 클라이언트와 서버 간에 이동하는 패킷이 공격자로 전송되도록 하는 공격 기법은?

① SYN 플러딩
② DNS 스푸핑
③ ARP 스푸핑
④ ICMP 리다이렉트 공격

7 CC(Common Criteria)의 보증 요구사항(Assurance Requirements)에 해당하는 것은?

① 개발
② 암호 지원
③ 식별과 인증
④ 사용자 데이터 보호

ANSWER 5.② 6.③ 7.①

5 컴퓨터 보안의 3요소
- 무결성(Integrity) : 허락 되지 않은 사용자 또는 객체가 정보를 함부로 수정할 수 없도록 하는 것
- 가용성(Availability) : 허락된 사용자 또는 객체가 정보에 접근하려 하고자 할 때 이것이 방해받지 않도록 하는 것
- 기밀성(Confidentiality) : 허락 되지 않은 사용자 또는 객체가 정보의 내용을 알 수 없도록 하는 것

6
- SYN 플러딩 : TCP 연결 과정인 핸드셰이크의 문제점을 악용한 SYN Flooding도 DoS의 방법
- DNS 스푸핑 : DNS 서버로 보내는 질문을 가로채서 변조된 결과를 보내주는 것으로 중간자 공격

7
- CC(Common Criteria) : 정보보호 시스템(보안 솔루션)의 보안 기능 요구사항과 보증 요구사항 평가를 위해 공통으로 제공되는 국제 평가 기
- 보증 요구사항(Assurance Requirements) : 요구된 보안 기능을 준수할 수 있도록 제품을 개발하고 평가하는 동안 취해야 하는 조치

8 IEEE 802.11i 키 관리의 쌍별 키 계층을 바르게 나열한 것은?

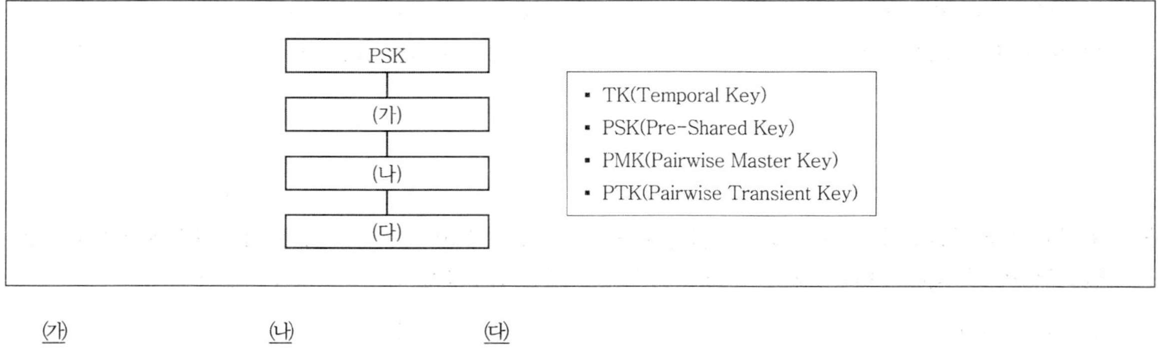

	(가)	(나)	(다)
①	PMK	TK	PTK
②	PMK	PTK	TK
③	PTK	TK	PMK
④	PTK	PMK	TK

9 위험 평가 방법에 대한 설명으로 옳지 않은 것은?

① 정성적 위험 평가는 자산에 대한 화폐가치 식별이 어려운 경우 이용한다.

② 정량적 분석법에는 델파이법, 시나리오법, 순위결정법, 브레인스토밍 등이 있다.

③ 정성적 분석법은 위험 평가 과정과 측정기준이 주관적이어서 사람에 따라 결과가 달라질 수 있다.

④ 정량적 위험 평가 방법에 의하면 연간 기대 손실은 위협이 성공했을 경우의 예상 손실액에 그 위협의 연간 발생률을 곱한 값이다.

ANSWER 8.② 9.②

8 • **IEEE 802.11i 표준** : 무선랜 사용자 보호를 위해서 사용자 인증 방식, 키 교환 방식 및 향상된 무선구간 암호 알고리즘을 정의
PMK(Pairwise Master Key) : 사전 공유 키(PSK) 또는 802.1X/EAP(확장 가능 인증 프로토콜) 교환을 통해 설정
– PTK : 단말과 AP간의 통신에 사용
– TK : 데이터 흐름 보안을 위한 임시 키 (TKIP, CCMP에서 사용)

9 • **정량적 분석법** : 위험발생확률×손실크기를 통해 기대 위험가치를 분석함
• **정성적 분석법** : 손실크기를 화폐가치로 표현 어려움, 위험크기는 기술변수로 표현하며 델파이법, 시나리오법, 순위결정법, 퍼지행렬법, 질문서법이 있다.

10 다음 /etc/passwd 파일 내용에 대한 설명으로 옳지 않은 것은?

root ㉠	:	x	:	0 ㉡	:	0	:	root	:	/root ㉢	:	/bin/bash ㉣

① ㉠은 사용자 ID이다.

② ㉡은 UID 정보이다.

③ ㉢은 사용자 홈 디렉터리 경로이다.

④ ㉣은 패스워드가 암호화되어 /bin/bash 경로에 저장되어 있음을 의미한다.

ANSWER 10.④

10
- /etc/passwd에는 시스템에 등록된 사용자의 정보들이 담겨있는 파일
- /etc/passwd 파일 필드
  - 사용자 계정명 : 맨 앞에 필드는 사용자의 계정명을 나타냄
  - 패스워드 : 그 다음의 필드는 패스워드 필드인데, x가 의미하는 바는 사용자의 패스워드가 /etc/shadow에 암호화되어 저장되어있다는 뜻
  - UID : 사용자의 user id를 나타냅니다. 관리자 계정(Root)은 UID가 0
  - GID : 사용자의 그룹 ID를 나타냅니다. 관리자 그룹(Root)의 GID는 0
  - comment : 사용자와 관련한 기타 정보로 일반적으로 사용자의 이름을 나타냄
  - 홈 디렉터리(root) : 사용자의 홈디렉토리를 의미
  - 로그인 쉘 : 사용자가 로그인시에 사용할 쉘을 의미

11 리눅스에서 설정된 umask 값이 027일 때, 생성된 디렉터리의 기본접근 권한으로 옳은 것은?

① drw−r−−−−−

② d−−−r−−rw−

③ drwxr−x−−−

④ d−−−r−xrwx

12 역공학을 위해 로우레벨 언어에서 하이레벨 언어로 변환할 목적을 가진 도구는?

① 디버거(Debugger)

② 디컴파일러(Decompiler)

③ 패커(Packer)

④ 어셈블러(Assembler)

ANSWER 11.③ 12.②

11 umask : 새로 생성되는 파일이나 디렉토리의 권한을 제한하는 명령어

	파일 소유자			그룹			다른 사용자		
	읽기	쓰기	실행	읽기	쓰기	실행	읽기	쓰기	실행
	r	w	x	r	w	x	r	w	x
	4	2	1	4	2	1	4	2	1
	7			7			7		
UMASK 값	0			2			7		
디렉토리 권한	7			5			0		
	r	w	x	r		x			

디렉토리이므로 rwxr−x−−−에 앞부분에 "d" 붙이면 drwxr−x−−−가 된다.

12
- 디버거(Debugger) : 오류를 포함하고 있는 프로그램에서 그 오류의 원인을 찾기 위해서 사용할 수 있는 프로그램이다. 프로그램의 소스코드를 개별적으로 조사해서 빠르게 프로그램의 이상 동작을 검출하기 위해 사용할 수 있다.
- 어셈블러(assembler) : 어셈블리어를 기계어 형태의 오브젝트 코드로 해석해 주는 컴퓨터 언어 번역 프로그램이다.
- 역어셈블러(Disassembler) : 기계어를 어셈블리어로 변환하는 컴퓨터 프로그램이다. 역어셈블러는 특히 리버스 엔지니어링 도구로서 효율적으로 활용할 수 있다.
- 패킹(Packing) : 원본 프로그램을 패킹된 형태로 압축하고 암호화하여 저장하는 기술이다.

13 「개인정보 보호법」 제30조(개인정보 처리방침의 수립 및 공개)에 따라 개인정보처리자가 정해야 하는 '개인정보 처리방침'에 포함되는 사항이 아닌 것은?

① 개인정보의 처리 목적

② 개인정보의 처리 및 보유 기간

③ 정보주체와 법정대리인의 권리 · 의무 및 그 행사방법에 관한 사항

④ 개인정보처리자의 성명 또는 개인정보를 활용하는 부서의 명칭과 전화번호 등 연락처

14 「개인정보 보호법」 제4조(정보주체의 권리)에 따른 정보주체의 권리가 아닌 것은?

① 개인정보의 처리에 관한 정보를 제공받을 권리

② 개인정보의 처리 정지, 정정 · 삭제 및 파기를 요구할 권리

③ 개인정보의 처리로 인하여 발생한 피해를 신속하고 공정한 절차에 따라 구제받을 권리

④ 완전히 자동화된 개인정보 처리에 따른 결정을 승인하거나 그에 대한 회복 등을 요구할 권리

ANSWER 13.④ 14.④

13 개인정보 처리방침의 수립 및 공개〈개인정보 보호법 제30조 제1항〉

㉠ 개인정보의 처리 목적

㉡ 개인정보의 처리 및 보유 기간

㉢ 개인정보의 제3자 제공에 관한 사항(해당되는 경우에만 정한다.)

㉣ 개인정보의 파기절차 및 파기방법(개인정보를 보존하여야 하는 경우에는 그 보존근거와 보존하는 개인정보 항목을 포함한다)

㉤ 민감정보의 공개 가능성 및 비공개를 선택하는 방법(해당되는 경우에만 정한다.)

㉥ 개인정보처리의 위탁에 관한 사항(해당되는 경우에만 정한다.)

㉦ 가명정보의 처리 등에 관한 사항(해당되는 경우에만 정한다.)

㉧ 정보주체와 법정대리인의 권리 · 의무 및 그 행사방법에 관한 사항

㉨ 개인정보 보호책임자의 성명 또는 개인정보 보호업무 및 관련 고충사항을 처리하는 부서의 명칭과 전화번호 등 연락처

㉩ 인터넷 접속정보파일 등 개인정보를 자동으로 수집하는 장치의 설치

14 정보주체의 권리〈개인정보 보호법 제4조〉

㉠ 개인정보의 처리에 관한 정보를 제공받을 권리

㉡ 개인정보의 처리에 관한 동의 여부, 동의 범위 등을 선택하고 결정할 권리

㉢ 개인정보의 처리 여부를 확인하고 개인정보에 대한 열람(사본의 발급을 포함한다. 이하 같다) 및 전송을 요구할 권리

㉣ 개인정보의 처리 정지, 정정 · 삭제 및 파기를 요구할 권리

㉤ 개인정보의 처리로 인하여 발생한 피해를 신속하고 공정한 절차에 따라 구제받을 권리

㉥ 완전히 자동화된 개인정보 처리에 따른 결정을 거부하거나 그에 대한 설명 등을 요구할 권리

15 증거물의 "획득 → 이송 → 분석 → 보관 → 법정 제출" 과정에 대한 추적성을 보장하기 위하여 준수해야 하는 원칙은?

① 연계 보관성의 원칙
② 정당성의 원칙
③ 재현의 원칙
④ 무결성의 원칙

16 128비트 키를 이용한 AES 알고리즘 연산 수행에 필요한 내부 라운드 수는?

① 10
② 12
③ 14
④ 16

17 SSL에서 기밀성과 메시지 무결성을 제공하기 위해 단편화, 압축, MAC 첨부, 암호화를 수행하는 프로토콜은?

① 경고 프로토콜
② 레코드 프로토콜
③ 핸드셰이크 프로토콜
④ 암호 명세 변경 프로토콜

ANSWER 15.① 16.① 17.②

15 연계보관성의 원칙 : 증거물 획득 → 이송 → 분석 → 보관 → 보관 → 법정 제출의 각 단계에서 담당자 및 책임자를 명확히 해야 하는 등 일련의 과정이 명확해야 하며 추적이 가능

16 AES : 128비트 평문을 128비트 암호문으로 출력하는 알고리즘으로 non-Feistel 알고리즘에 속한다. 10, 12, 14라운드를 사용하며, 각 라운드에 대응하는 키 크기는 128, 192, 256비트이다. 키 크기에 따라 AES의 세 가지 버전이 존재하며 이들은 AES-128, AES-192, AES-256으로 불린다.

AES의 키 길이	라운드 수
128비트	10
192비트	12
256비트	14

17 Record 프로토콜 : 상위계층에서 수신된 메시지를 전달하는 역할을 담당하며 클라이언트와 서버 간 약속된 절차에 따라 메시지에 대한 단편화, 압축, 메시지 인증 코드생성 및 암호화 과정 등을 수행하는 프로토콜

18 「정보통신망 이용촉진 및 정보보호 등에 관한 법률」 제45조(정보통신망의 안정성 확보 등)에서 정보보호지침에 포함되어야 하는 사항으로 명시적으로 규정한 것이 아닌 것은?

① 정보통신망연결기기등의 정보보호를 위한 물리적 보호조치

② 정보의 불법 유출 · 위조 · 변조 · 삭제 등을 방지하기 위한 기술적 보호조치

③ 정보통신망의 지속적인 이용이 가능한 상태를 확보하기 위한 기술적 · 물리적 보호조치

④ 정보통신망의 안정 및 정보보호를 위한 인력 · 조직 · 경비의 확보 및 관련 계획수립 등 관리적 보호조치

ANSWER 18.①

18 정보통신망의 안정성 확보 등〈정보통신망 이용 촉진 및 정보보호 등에 관한 법률 제45조〉

㉠ 다음의 어느 하나에 해당하는 자는 정보통신서비스의 제공에 사용되는 정보통신망의 안정성 및 정보의 신뢰성을 확보하기 위한 보호조치를 하여야 한다.

- 정보통신서비스 제공자
- 보통신망에 연결되어 정보를 송 · 수신할 수 있는 기기 · 설비 · 장비 중 대통령령으로 정하는 기기 · 설비 · 장비를 제조하거나 수입하는 자

㉡ 과학기술정보통신부장관은 제1항에 따른 보호조치의 구체적 내용을 정한 정보보호조치에 관한 지침을 정하여 고시하고 ㉠의 어느 하나에 해당하는 자에게 이를 지키도록 권고할 수 있다.

㉢ 정보보호지침에는 다음의 사항이 포함되어야 한다.

- 정당한 권한이 없는 자가 정보통신망에 접근 · 침입하는 것을 방지하거나 대응하기 위한 정보보호시스템의 설치 · 운영 등 기술적 · 물리적 보호조치
- 정보의 불법 유출 · 위조 · 변조 · 삭제 등을 방지하기 위한 기술적 보호조치
- 정보통신망의 지속적인 이용이 가능한 상태를 확보하기 위한 기술적 · 물리적 보호조치
- 정보통신망의 안정 및 정보보호를 위한 인력 · 조직 · 경비의 확보 및 관련 계획수립 등 관리적 보호조치
- 정보통신망연결기기등의 정보보호를 위한 기술적 보호조치

㉣ 과학기술정보통신부장관은 관계 중앙행정기관의 장에게 소관 분야의 정보통신망연결기기등과 관련된 시험 · 검사 · 인증 등의 기준에 정보보호지침의 내용을 반영할 것을 요청할 수 있다.

19 다음에서 설명하는 ISMS-P의 단계는?

> • 조직의 업무특성에 따라 정보자산 분류기준을 수립하여 관리체계 범위 내 모든 정보자산을 식별 · 분류하고, 중요도를 산정한 후 그 목록을 최신으로 관리하여야 한다.
> • 관리체계 전 영역에 대한 정보서비스 및 개인정보 처리 현황을 분석하고 업무 절차와 흐름을 파악하여 문서화하며, 이를 주기적으로 검토하여 최신성을 유지하여야 한다.
> • 위험 평가 결과에 따라 식별된 위험을 처리하기 위하여 조직에 적합한 보호대책을 선정하고, 보호대책의 우선순위와 일정 · 담당자 · 예산 등을 포함한 이행계획을 수립하여 경영진의 승인을 받아야 한다.

① 위험 관리
② 관리체계 운영
③ 관리체계 기반 마련
④ 관리체계 점검 및 개선

ANSWER 19.①

19 ISMS-P 관리체계 수립 및 운영

분야	항목
관리체계 기반 마련	경영진의 참여, 최고책임자의 지정, 조직구성, 범위 설정, 정책 수립, 자원 할당
위험관리	정보자산 식별, 현황 및 흐름분석, 위험평가, 보호대책 선정
관리체계 운영	보호대책 구현, 보호대책 공유, 운영현황 관리
관리체계 점검 및 개선	법적 요구사항 준수 검토, 관리체계 점검, 관리체계 개선

20 디지털 콘텐츠의 불법 복제와 유포를 막고 저작권 보유자의 이익과 권리를 보호해 주는 기술은?

① PGP(Pretty Good Privacy)

② IDS(Intrusion Detection System)

③ DRM(Digital Rights Management)

④ PIMS(Personal Information Management System)

ANSWER 20.③

20 ③ DRM(Digital Rights Management)**기술**: 콘텐츠의 지적재산권이 디지털 방식에 의해서 안전하게 보호, 유지되도록 콘텐츠 창작에서부터 소비에 이르는 모든 유통과정에서 거래·분배·사용규칙이 적법하게 성취되도록 하는 기술. 재산권 보호 유지 이외에도 콘텐츠에 구매자 정보를 삽입하여 콘텐츠 불법 복제자를 추적하는 기능이 포함된 것이 특징이다.

① PGP(Pretty Good Privacy) : 전자 메일을 해독 및 암호화하고 디지털 서명 및 파일 암호화를 통해 전자 메일 메시지를 인증하는 데 사용되는 보안 프로그램

② IDS(Intrusion Detection System) : 의심스러운 활동을 탐지하고 탐지 시 경고를 생성하는 모니터링 시스템

④ PIMS(Personal Information Management System) : 개인정보의 기술적, 관리적, 물리적 보호조치에 대한 기준을 달성하기 위한 위협 정도 평가 및 대책 수립 및 운영을 위한 인증

정보보호론

2024. 6. 22. 제1회 지방직 시행

1 **사용자 A가 사용자 B에게 보내는 메시지 M의 해시값을 A와 B가 공유하는 비밀키로 암호화하고 이를 M과 함께 보냄으로써 보장하려는 것은?**

① 무결성　② 기밀성
③ 가용성　④ 부인방지

2 **서비스 거부 공격에 해당하지 않는 것은?**

① Smurf 공격　② Slowloris 공격
③ Pharming 공격　④ HTTP GET 플러딩 공격

ANSWER 1.① 2.③

1 ① **무결성**(integrity) : 컴퓨팅 분야에서 완전한 수명 주기를 거치며 데이터의 정확성과 일관성을 유지하고 보증하는 것
② **기밀성**(Confidentiality) : 정보나 데이터가 오직 그에 접근할 권한이 있는 사람들에게만 공개되는 상태
③ **가용성**(Availability) : 시스템이 정상적으로 작동하여 사용자가 필요한 시간에 서비스에 접근할 수 있는 능력
④ **부인방지**(Non-repudiation) : 데이터나 행위의 부인을 방지하는 것

2
- **서비스 거부 공격**(Denial-of-dervice attack) : 시스템을 악의적으로 공격해 해당 시스템의 리소스를 부족하게 하여 원래 의도된 용도로 사용하지 못하게 하는 공격
- **분산 서비스 거부 공격**(Distributed DoS attack) : 다수의 시스템을 통해 공격을 시도하며 다양한 방법을 통해 동시에 공격
- **Slowloris DDoS 공격** : 공격자가 공격자와 대상 간에 많은 HTTP 연결을 동시에 열고 유지함으로써 대상 서버를 압도하는 서비스 거부 공격 프로그램

3 ㈎와 ㈏에 들어갈 용어를 바르게 연결한 것은?

> traceroute 명령어는 [㈎] 시스템에서 사용되며 [㈏] 기반으로 구현된다.

	㈎	㈏
①	Windows	IGMP
②	Windows	TCP
③	Linux	HTTP
④	Linux	ICMP

4 하이브리드 암호 시스템에 대한 설명으로 옳지 않은 것은?

① 대칭키 암호와 공개키 암호의 장점을 조합한 방법이다.
② 메시지의 기밀성과 세션키의 기밀성을 제공한다.
③ 송신자의 공개키를 이용하여 메시지를 암호화한다.
④ 수신자의 공개키를 이용하여 세션키를 암호화한다.

ANSWER 3.④ 4.③

3 traceroute : Linux 시스템에서 실행하는 컴퓨터에서 목적지 서버로 가는 네트워크 경로를 확인하며 ping과 동일하게 ICMP 프로토콜을 이용하여 경로를 확인해주는 역할을 한다.

4 하이브리드 암호 시스템 : 대칭키 암호화와 공개키 암호화를 결합하여 안전한 통신을 가능하게 하는 방식

- 대칭키와 공개키 암호화의 장점만 결합
- 수신자의 공개키에 두 개의 키(공개키, 개인키)를 사용, 공개키는 메시지를 암호화할 때 사용되며 개인키는 복호화 할 때 사용된다.

5 암호학적 해시 함수 H에 대한 설명으로 옳은 것은?

① 임의의 크기의 데이터 블록 x에 대해서 가변적 길이의 해시값 H(x)를 생성한다.

② 주어진 h로부터 h = H(x)인 x를 찾는 것은 계산적으로 불가능하다.

③ 임의의 크기의 데이터 블록 x에 대해 H(x)를 구하는 계산은 어려운 연산이 포함되어 계산이 비효율적이다.

④ H(x) = H(y)를 만족하는 서로 다른 x, y는 존재하지 않는다.

6 다음에서 설명하는 보안 공격은?

> 사용자 요청이 웹 서버의 애플리케이션을 거쳐 데이터베이스에 전달되고 그 결과가 반환되는 구조에서 주로 발생하는 것으로, 공격자가 악의적으로 질의에 포함시킨 특수 문자를 제대로 필터링하지 않으면 데이터베이스 자료가 무단으로 유출 · 변조될 수 있다.

① 버퍼 오버플로우

② SQL 삽입

③ XSS

④ CSRF

ANSWER 5.② 6.②

5 • 암호학적 해시 함수 H : 메시지나 데이터를 입력으로 받아 고정된 길이의 해시 값(해시 코드 또는 해시)을 출력하는 함수

• 암호학적 해시 함수는 다음 3가지 조건을 만족해야 한다.

– 제 1 역상 저항성 : 암호학적 해시 함수 H에 대해서, H(x) = y라고 할 때, 주어진 y 값에 대하여 x 값을 알아내는 것은 어렵다. 일방향 함수임을 의미한다.

– 제 2 역상 저항성 : 암호학적 해시 함수 H에 대해서, 어떤 x가 주어졌을 때, x와 다른 H(x) = H(x')을 만족하는 x'을 알아내는 것은 어렵다.

– 충돌 저항성 : 암호학적 해시 함수 H에 대해서, x와 다른 x'에 대해서 H(x) = H(x')인 x, x'을 알아내는 것은 어렵다.

6 SQL 삽입 : 응용 프로그램 보안상의 허점을 의도적으로 이용해, 악의적인 SQL문을 실행되게 함으로써 데이터베이스를 비정상적으로 조작하는 코드 인젝션 공격 방법

7 **커버로스(Kerberos)에 대한 설명으로 옳지 않은 것은?**

① 네트워크를 이용한 인증 프로토콜이다.
② 세션키를 분배하는 데 사용될 수 있다.
③ 세션키를 이용하여 데이터의 기밀성을 제공할 수 있다.
④ 버전 5에서는 비표(nonce)를 사용하지 않기 때문에 재생(replay) 공격에 취약하다.

8 **패스워드를 저장할 때 솔트(salt)를 사용함으로써 얻을 수 있는 이점이 아닌 것은?**

① 시스템 내에 같은 패스워드를 쓰는 사용자가 복수로 존재한다는 것을 발견하지 못하게 한다.
② 오프라인 사전(dictionary) 공격을 어렵게 한다.
③ 사용자가 같은 패스워드를 여러 시스템에서 중복해서 사용하여도 그 사실을 발견하기 어렵게 한다.
④ 패스워드 파일에 솔트가 암호화된 상태로 저장되므로 인증 처리시간을 단축시킨다.

ANSWER 7.④ 8.④

7 커버로스(Kerberos) : 개방된 컴퓨터 네트워크 내에서 서비스 요구를 인증하기 위한 대칭 암호기법에 바탕을 둔 티켓 기반 인증 프로토콜로서 KDC라는 신뢰할 수 있는 제 3자를 이용하는 방식
- ver4 : DES 사용
- ver5 : DES 이외의 다른 암호 알고리즘도 사용 가능

㉠ 장점
- 데이터의 기밀성과 무결성 보장
- 재생공격 예방
- 개방된 이기종 간의 컴퓨터에서 자유로운 서비스 인증 가능(SSO)
- 대칭키를 사용하여 도청으로부터 보호

㉡ 단점
- 패스워드 사전공격에 약함
- 비밀키, 세션키가 임시 단말기에 저장되어 침입자에 의해 탈취당할 수 있음
- Timestamp로 인해 시간 동기화 프로토콜이 필요
- 비밀키 변경 필요
- KDC가 단일 실패지점이 될 수 있음
- KDC는 많은 수의 요청을 처 가능해야 함(즉, 확장 가능성이 있어야 함)
- TGS & AS는 물리적 공격 및 악성코드로부터의 공격에 취약

8 솔트(Salt)
- 비밀번호 뒤에 임의의 문자열을 덧붙여서 해싱 하는 방식
- 특징
  - 랜덤한 값으로 비밀번호와 함께 해싱
  - 사용자가 짧고 간단한 조합의 비밀번호를 사용한다고해도 솔트 값에 의해 값을 좀 더 복잡하게 만들 수 있음
  - 해싱을 한 값과 솔트 값을 모두 데이터베이스에 저장하여 사용자가 비밀번호 입력했을 때 일치 여부를 판단
  - 공격을 위해 미리 계산된 테이블이 필요하기 때문에 해킹 과정이 더 복잡해지고 그 시간을 지연시킬 수 있음

9 **NIST 표준(FIPS 186)인 전자서명 표준(DSS)에 대한 설명으로 옳지 않은 것은?**

① DSA(Digital Signature Algorithm)는 DSS에서 명세한 알고리즘으로 ElGamal과 Schnorr에 의해 제안된 기법을 기반으로 한다.

② 서명자는 공개키와 개인키의 쌍을 생성하고 검증에 필요한 매개 변수들을 공개해야 한다.

③ 서명 과정을 거치고 나면 두 개의 요소로 이루어진 서명이 생성되는데 서명자는 이를 메시지와 함께 수신자(검증자)에게 보낸다.

④ 검증 과정에서 검증자는 서명으로부터 추출한 값과 수신한 메시지로부터 얻은 해시값을 비교하여 일치하는가를 확인함으로써 서명을 검증한다.

ANSWER 9.④

9 디지털 서명 알고리즘(Digital Signature Algorithm)

㉠ 디지털 서명을 위한 연방 정보 처리 표준으로 1991년 8월 미국 국립표준기술연구소(NIST)는 자신들의 디지털 서명 표준(Digital Signature Standard, DSS)에 사용하기 위해 DSA를 제안했으며 1993년 FIPS 186로 채택

㉡ 3개의 알고리즘으로 구성

- 첫째. 공개 키 쌍을 생성하는 키 생성 알고리즘
- 둘째. 이용자의 개인 키를 사용하여 서명(전자서명)을 생성하는 알고리즘
- 셋째. 이용자의 공개 키를 사용하여 서명을 검증하는 알고리즘

㉢ 디지털 서명은 크게 해싱, 서명, 검증 3가지 단계로 이루어진다.

- 해싱(Hashing) : 해시함수를 통해 메시지를 일정한 크기의 데이터로 만드는 과정으로 메시지 다이제스트(message digest)를 생성하는 과정
- 서명(Signing) : 해싱을 거친 메시지 다이제스트, 또는 메시지를 서명자의 개인키(private key)로 암호화 하며 서명이라고 함. 서명을 완료하면, 서명(암호화된 메시지)과 메시지가 검증자들에게 전달
- 검증(Verification) : 서명자가 자신의 개인키로 암호화한 데이터를 검증자가 서명자의 공개키(public key)로 복호화하는 과정. 서명자로부터 받은 메시지와, 서명자로부터 받은 서명의 복호화 값이 같다면 검증 완료

10 「개인정보 보호법 시행령」에서 규정한 민감정보에 해당하지 않는 것은? (단, 공공기관이 관련 규정에 따라 해당 정보를 처리하는 경우는 제외한다)

① 유전자검사 등의 결과로 얻어진 유전정보

② 「형의 실효 등에 관한 법률」 제2조제5호에 따른 범죄경력자료에 해당하는 정보

③ 개인의 신체적, 생리적, 행동적 특징에 관한 정보로서 특정 개인을 알아보지 못하도록 일정한 기술적 수단을 통해 생성한 정보

④ 인종이나 민족에 관한 정보

11 (가)와 (나)에 들어갈 내용을 바르게 연결한 것은?

> 하트블리드(Heartbleed)는 [(가)]를 구현한 공개 소프트웨어인 OpenSSL의 심각한 보안 취약점으로, 수신한 요청 메시지의 실제 [(나)]을/를 제대로 확인하지 않은 것에 기인한 것이다.

	(가)	(나)
①	SSH	길이
②	SSH	유형
③	TLS	길이
④	TLS	유형

ANSWER 10.③ 11.③

10 민감정보의 범위〈개인정보 보호법 시행령 제18조〉… 법 제23조 제1항 각 호 외의 부분 본문에서 "대통령령으로 정하는 정보"란 다음의 어느 하나에 해당하는 정보를 말한다. 다만, 공공기관이 법 제18조 제2항 제5호부터 제9호까지의 규정에 따라 다음의 어느 하나에 해당하는 정보를 처리하는 경우의 해당 정보는 제외한다.

- 유전자검사 등의 결과로 얻어진 유전정보
- 「형의 실효 등에 관한 법률」 제2조제5호에 따른 범죄경력자료에 해당하는 정보
- 개인의 신체적, 생리적, 행동적 특징에 관한 정보로서 특정 개인을 알아볼 목적으로 일정한 기술적 수단을 통해 생성한 정보
- 인종이나 민족에 관한 정보

11 하트블리드(Heartbleed)

- 2014년 4월에 발견된 오픈 소스 암호화 라이브러리인 OpenSSL의 소프트웨어 버그
- 전송 계층 보안(TLS) 및 데이터그램 전송 계층 보안(DTLS) 프로토콜의 하트비트 확장은 2012년 2월 출판된 RFC 6520이 지정한 제안된 표준

12 DNS 스푸핑 공격에 대한 설명으로 옳지 않은 것은?

① 위조된(spoofed) DNS 응답을 보내 공격자가 의도한 웹 사이트로 사용자의 접속을 유도하는 공격이다.

② 일반적으로 DNS 질의는 TCP 패킷이므로 공격자는 로컬 DNS 서버가 인터넷의 DNS 서버로부터 응답을 얻기 위해 설정한 TCP 세션을 하이재킹해야 한다.

③ 위조된 응답이 일반적으로 로컬 DNS 서버에 의해 캐시되므로 손상이 지속될 수 있는데 이를 DNS 캐시 포이즈닝이라고 한다.

④ 디지털 서명으로 DNS 데이터의 진위 여부를 확인하는 DNSSEC는 DNS 캐시 포이즈닝에 대처하도록 설계되었다.

13 정보보호제품 평가 · 인증제도에 대한 설명으로 옳지 않은 것은?

① 정보보호제품 평가 · 인증제도는 「지능정보화 기본법」 제58조(정보보호시스템에 관한 기준 고시 등)에 근거한다.

② 인증기관은 국가보안기술연구소이다.

③ 「정보보호시스템 공통평가기준」은 최고의 평가보증등급인 EAL 1부터 최저의 평가보증등급인 EAL 7까지 보증등급을 정의하고 있다.

④ 보호 프로파일은 정보보호시스템이 사용될 환경에서 필요한 보안기능 및 보증 요구사항을 공통평가기준에 근거하여 서술한 것이다.

ANSWER 12.② 13.③

12 ㉠ DNSSEC : 인터넷 상의 도메인에 대한 DNS 질의응답 절차 가운데 발생할 수 있는 "DNS 데이터 위-변조" 공격에 대응할 수 있는 보안기술

㉡ DNS 스푸핑 공격

- 공격 대상에게 전달되는 DNS서버의 캐시 정보를 조작하여 희생자가 의도하지 않은 주소로 접속하게 만드는 공격으로 희생자 입장에서는 정상적인 URL로 접속하지만 실제로는 공격자가 만든 가짜 사이트로 접속하게 된다.
- 공격방법
  - 스니핑을 이용한 DNS 스푸핑 : 공격대상이 DNS질의를 수행하면 공격자가 스니핑하고 있다가 정상 응답보다 빠르게 희생자에게 조작된 웹사이트 IP 정보를 담은 DNS응답을 보내 정상 주소를 입력해도 조작된 주소로 접속하게 만드는 공격
  - DNS 캐시 포이즈닝 : DNS서버의 캐시정보를 조작하는 공격

13 정보보호제품 평가 · 인증제도

㉠ 법적근거

- 지능정보화 기본법 제58조(정보보호시스템에 관한 기준 고시 등)
- 지능정보화 기본법 시행령 제51조(정보보호시스템에 관한 기준 고시 등)
- 정보보호시스템 공통평가기준(미래창조과학부 고시 제2013-51호)
- 정보보호시스템 평가인증 등에 관한 고시(과학기술정보통신부 고시 제 2022-61호)

㉡ 인증기관 : 국가보안기술연구소(NSR)의 IT보안인증사무국(ITSCC)

14 소켓은 통신의 한 종점을 추상화한 것으로, 통신 상대를 식별하기 위한 것이다. TCP 연결을 위한 소켓 정의에 사용되는 것은?

① MAC 주소, IP 주소
② IP 주소, Port 번호
③ Port 번호, URL
④ URL, MAC 주소

15 개인정보 보호위원회의 「가명정보 처리 가이드라인」(2024. 2.)에 있는 정형데이터 가명처리 기술로 다음에서 설명하는 암호화 기법은?

- 암호화된 상태에서의 연산이 가능한 암호화 방식으로 원래의 값을 암호화한 상태로 연산 처리를 하여 다양한 분석에 이용 가능한 기술이다.
- 암호화된 상태의 연산값을 복호화하면 원래의 값을 연산한 것과 동일한 결과를 얻을 수 있는 4세대 암호화기법이다.

① 동형 암호화(homomorphic encryption)
② 다형성 암호화(polymorphic encryption)
③ 순서보존 암호화(order-preserving encryption)
④ 형태보존 암호화(format-preserving encryption)

ANSWER 14.② 15.①

14 ㉠ **소켓은 프로토콜, IP 주소, 포트 넘버로 정의** : 소켓은 떨어져 있는 두 호스트를 연결해 주는 도구로 인터페이스 역할을 하는데 데이터를 주고 받을수 있는 구조체로 소켓을 통해 데이터 통로가 만들어 진다. 이러한 소켓은 역할에 따라 서버 소켓, 클라이언트 소켓으로 구분된다.

㉡ **소켓 종류**
- 스트림(TCP)
  - 양방향으로 바이트 스트림을 전송, 연결 지향성
  - 소량의 데이터보다 대량의 데이터 전송에 적합
- 데이터그램(UDP)
  - 비연결형 소켓
  - 데이터의 크기에 제한이 있음

㉢ **포트(Port)** : TCP가 상위 계층으로 데이터를 전달하거나 상위 계층에서 TCP로 데이터를 전달할 때 상호간에 사용하는 데이터의 이동 통로

15 **동형 암호화(homomorphic encryption)** : 데이터를 암호화된 상태에서 연산할 수 있는 암호화 방법을 의미

16 「개인정보 보호법」에서 규정하고 있는 사항이 아닌 것은?

① 개인정보의 수집 · 이용
② 위치정보사업자의 개인위치정보 제공
③ 고정형 영상정보처리기기의 설치 · 운영 제한
④ 개인정보 처리방침의 수립 및 공개

17 포트 스캔 방식 중에서 포트가 열린 서버로부터 SYN+ACK 패킷을 받으면 로그를 남기지 않기 위하여 RST 패킷을 보내 즉시 연결을 끊는 스캔 방식은?

① TCP Half Open 스캔
② UDP 스캔
③ NULL 스캔
④ X-MAS 스캔

ANSWER 16.② 17.①

16 ①「개인정보 보호법」 제15조
②「개인정보 보호법」 제25조
④「개인정보 보호법」 제30조

17
- TCP Half Open 스캔
  - SYN을 보내 SYN+ACK이 오면 열린 것으로 판단하고, RST 패킷을 보내 접속을 끊어버린다.
  - 열림 : SYN+ACK
  - 닫힘 : RST+ACK
- TCP NULL 스캔
  - TCP 헤더의 제어비트 중 SYN(연결요청) 제어비트 대신 아무것도 설정하지 않은 비트를 설정하여 보낸다.
  - 열림 : 응답없음
  - 닫힘 : RST+ACK
- Xmas 스캔
  - ACK, FIN, RST, SYN, URG 여러 플래그를 동시에 설정하여 한꺼번에 보낸다.
  - 열림 : 응답 없음
  - 닫힘 : RST 응답 회신
- UDP Open
  - TCP 스캔과 다르게 UDP 포트 OPEN/CLOSE 여부를 확인하는 스캔
  - 열림 : UDP 응답
  - 닫힘 : CIMP 에러

18 다음은 「OECD 프라이버시 프레임워크」(2013)에서 제시한 개인정보보호 원칙을 설명한 것이다. (가)와 (나)에 해당하는 것을 A~D에서 바르게 연결한 것은?

> (가) 개인 데이터의 수집에는 제한이 있어야 하고 그러한 정보는 적법하고 공정한 방법에 의해 얻어져야 하며, 정보주체의 적절한 인지 또는 동의가 있어야 한다.
> (나) 개인 데이터는 사용목적과 관계가 있어야 하고 그 목적에 필요한 한도 내에서 정확하고, 완전하며, 최신의 것이어야 한다.

> A. 수집 제한의 원칙(collection limitation principle)
> B. 목적 명확화의 원칙(purpose specification principle)
> C. 데이터 품질 원칙(data quality principle)
> D. 개인 참여의 원칙(individual participation principle)

	(가)	(나)
①	A	B
②	A	C
③	D	B
④	D	C

ANSWER 18.②

18 OECD 개인정보 보호 8원칙

1. **수집제한의 원칙**(Collection Limitation Principle) : 개인정보의 수집은 합법적이고 공정한 절차에 의하여 가능한 한 정보주체에게 알리거나 동의를 얻은 후에 수집되어야 한다.
2. **정보 정확성의 원칙**(Data Quality Principle) : 개인정보는 그 이용 목적에 부합하는 것이어야 하고, 이용 목적에 필요한 범위 내에서 정확하고 완전하며 최신의 상태로 유지해야 한다.
3. **목적의 명확화 원칙**(Purpose Specification Principle) : 개인정보는 수집 시 목적이 명확해야 하며, 이를 이용할 경우에도 수집 목적의 실현 또는 수집 목적과 양립되어야 하고 목적이 변경될 때마다 명확히 해야 한다.
4. **이용제한의 원칙**(Use Limitation Principle) : 개인정보는 정보주체의 동의가 있는 경우나 법률의 규정에 의한 경우를 제외하고는 명확화된 목적 이외의 용도로 공개되거나 이용되어서는 안 된다.
5. **안전성 확보의 원칙**(Security Safeguards Principle) : 개인정보의 분실, 불법적인 접근, 훼손, 사용, 변조, 공개 등의 위험에 대비하여 합리적인 안전보호장치를 마련해야 한다.
6. **공개의 원칙**(Openness Principle) : 개인정보의 처리와 정보처리장치의 설치, 활용 및 관련 정책은 일반에게 공개해야 한다.
7. **개인 참가의 원칙**(Individual Participation Principle) : 정보주체인 개인은 자신과 관련된 정보의 존재 확인, 열람 요구, 이의 제기 및 정정, 삭제, 보완 청구권을 가진다.
8. **책임의 원칙**(Accountability Principle) : 개인정보 관리자는 위에서 제시한 원칙들이 지켜지도록 필요한 제반조치를 취해야 한다.

19 ISMS-P의 보호대책 요구사항 중 '외부자 보안' 인증 항목에 해당하지 않는 것은?

① 보호 구역 지정
② 외부자 현황 관리
③ 외부자 보안 이행 관리
④ 외부자 계약 변경 및 만료 시 보안

ANSWER 19.①

19 **'보호대책 요구사항' 영역**: 12개 분야 64개 인증 기준으로 구성. 보호대책 요구사항에 따라 신청기관은 관리체계 수립 및 운영 과정에서 수행한 위험평가 결과와 조직의 서비스 및 정보시스템 특성 등을 반영하여 체계적으로 보호대책을 수립·이행하여야 한다.

분야 (12)	항목 (64)
2.1 정책, 조직, 자산 관리	2.1.1 정책의 유지관리
	2.1.2 조직의 유지관리
	2.1.3 정보자산 관리
2.2 인적 보안	2.2.1 주요 직무자 지정 및 관리
	2.2.2 직무 분리
	2.2.3 보안 서약
	2.2.4 인식제고 및 교육훈련
	2.2.5 퇴직 및 직무변경 관리
	2.2.6 보안 위반 시 조치
2.3 외부자 보안	2.3.1 외부자 현황 관리
	2.3.2 외부자 계약 시 보안
	2.3.3 외부자 보안 이행 관리
	2.3.4 외부자 계약 변경 및 만료 시 보안
2.4 물리 보안	2.4.1 보호구역 지정
	2.4.2 출입통제
	2.4.3 정보시스템 보호
	2.4.4 보호설비 운영
	2.4.5 보호구역 내 작업
	2.4.6 반출입 기기 통제
	2.4.7 업무환경 보안
2.5 인증 및 권한관리	2.5.1 사용자 계정 관리
	2.5.2 사용자 식별
	2.5.3 사용자 인증
	2.5.4 비밀번호 관리
	2.5.5 특수 계정 및 권한 관리

ANSWER

	2.5.6 접근권한 검토
2.6 접근통제	2.6.1 네트워크 접근
	2.6.2 정보시스템 접근
	2.6.3 응용프로그램 접근
	2.6.4 데이터베이스 접근
	2.6.5 무선 네트워크 접근
	2.6.6 원격접근 통제
	2.6.7 인터넷 접속 통제
2.7 암호화 적용	2.7.1 암호정책 적용
	2.7.2 암호키 관리
2.8 정보시스템 도입 및 개발 보안	2.8.1 보안 요구사항 정의
	2.8.2 보안 요구사항 검토 및 시험
	2.8.3 시험과 운영 환경 분리
	2.8.4 시험 데이터 보안
	2.8.5 소스 프로그램 관리
	2.8.6 운영환경 이관
2.9 시스템 및 서비스 운영관리	2.9.1 변경관리
	2.9.2 성능 및 장애관리
	2.9.3 백업 및 복구관리
	2.9.4 로그 및 접속기록 관리
	2.9.5 로그 및 접속기록 점검
	2.9.6 시간 동기화
	2.9.7 정보자산의 재사용 및 폐기
2.10 시스템 및 서비스 보안관리	2.10.1 보안시스템 운영
	2.10.2 클라우드 보안
	2.10.3 공개서버 보안
	2.10.4 전자거래 및 핀테크 보안
	2.10.5 정보전송 보안
	2.10.6 업무용 단말기기 보안
	2.10.7 보조저장매체 관리
	2.10.8 패치관리
	2.10.9 악성코드 통제
2.11 사고 예방 및 대응	2.11.1 사고 예방 및 대응체계 구축
	2.11.2 취약점 점검 및 조치

20 「개인정보 보호법」 제31조(개인정보 보호책임자의 지정 등)에서 규정한 개인정보 보호책임자의 수행 업무가 아닌 것은?

① 개인정보 보호 계획의 수립 및 시행
② 개인정보 처리 실태 및 관행의 정기적인 조사 및 개선
③ 개인정보 유출 및 오용 · 남용 방지를 위한 내부통제시스템의 구축
④ 정보주체의 권리침해에 대한 조사 및 이에 따른 처분에 관한 사항

ANSWER 20.④

20 개인정보 보호책임자의 지정 등〈개인정보 보호법 제31조〉

㉠ 개인정보처리자는 개인정보의 처리에 관한 업무를 총괄해서 책임질 개인정보 보호책임자를 지정하여야 한다. 다만, 종업원 수, 매출액 등이 대통령령으로 정하는 기준에 해당하는 개인정보처리자의 경우에는 지정하지 아니할 수 있다.

㉡ ㉠의 단서에 따라 개인정보 보호책임자를 지정하지 아니하는 경우에는 개인정보처리자의 사업주 또는 대표자가 개인정보 보호책임자가 된다.

㉢ 개인정보 보호책임자는 다음의 업무를 수행한다.

- 개인정보 보호 계획의 수립 및 시행
- 개인정보 처리 실태 및 관행의 정기적인 조사 및 개선
- 개인정보 처리와 관련한 불만의 처리 및 피해 구제
- 개인정보 유출 및 오용 · 남용 방지를 위한 내부통제시스템의 구축
- 개인정보 보호 교육 계획의 수립 및 시행
- 개인정보파일의 보호 및 관리 · 감독
- 그 밖에 개인정보의 적절한 처리를 위하여 대통령령으로 정한 업무

㉣ 개인정보 보호책임자는 ㉢의 각 업무를 수행함에 있어서 필요한 경우 개인정보의 처리 현황, 처리 체계 등에 대하여 수시로 조사하거나 관계 당사자로부터 보고를 받을 수 있다.

㉤ 개인정보 보호책임자는 개인정보 보호와 관련하여 이 법 및 다른 관계 법령의 위반 사실을 알게 된 경우에는 즉시 개선조치를 하여야 하며, 필요하면 소속 기관 또는 단체의 장에게 개선조치를 보고하여야 한다.

㉥ 개인정보처리자는 개인정보 보호책임자가 ㉢의 각 업무를 수행함에 있어서 정당한 이유 없이 불이익을 주거나 받게 하여서는 아니 되며, 개인정보 보호책임자가 업무를 독립적으로 수행할 수 있도록 보장하여야 한다.

㉦ 개인정보처리자는 개인정보의 안전한 처리 및 보호, 정보의 교류, 그 밖에 대통령령으로 정하는 공동의 사업을 수행하기 위하여 ㉠에 따른 개인정보 보호책임자를 구성원으로 하는 개인정보 보호책임자 협의회를 구성 · 운영할 수 있다.

㉧ 보호위원회는 ㉦에 따른 개인정보 보호책임자 협의회의 활동에 필요한 지원을 할 수 있다.

㉨ ㉠에 따른 개인정보 보호책임자의 자격요건, ㉢에 따른 업무 및 ㉥에 따른 독립성 보장 등에 필요한 사항은 매출액, 개인정보의 보유 규모 등을 고려하여 대통령령으로 정한다.

정보보호론 | 2025. 4. 5. 국가직 시행

1 적극적(active) 공격에 해당하는 것만을 모두 고르면?

> ㉠ 위장(masquerade)
> ㉡ 변조(modification)
> ㉢ 도청(eavesdropping)
> ㉣ 트래픽 분석(traffic analysis)

① ㉠, ㉡ ② ㉠, ㉢
③ ㉡, ㉣ ④ ㉢, ㉣

2 전자서명이 제공하는 보안 요소가 아닌 것은?

① 메시지 무결성 ② 서명자 인증
③ 서명 부인 방지 ④ 메시지 기밀성

ANSWER 1.① 2.④

1

적극적(active) 공격	소극적 공격 (Passive Attack)
시스템에 직접 개입하거나 변경을 가하는 공격	정보를 가로채거나 관찰만 하고, 시스템에 직접 변경은 가하지 않는다.
시스템 무결성, 가용성 위협	기밀성 위협
• 위장(Masquerade) : 권한 없는 사용자가 허가된 사용자로 가장 • 변조(Modification) : 전송 중인 데이터를 몰래 변경	• 도청(Eavesdropping) : 전송 중인 데이터를 몰래 듣기 • 트래픽 분석(Traffic Analysis) : 암호화된 트래픽의 양, 패턴을 분석하여 정보 추론

2 전자서명은 무결성, 인증, 부인방지는 제공하지만 기밀성은 암호화가 담당하며, 전자서명만으로는 기밀성을 보장하지 않는다.

3 흔히 'Orange Book'으로 불리며, 미국에서 제정된 보안 표준으로 효과적인 정보보호 시스템 평가의 기준 개발과 이러한 기준에 맞게 개발된 제품들을 평가하는 데 초점을 두고 있는 정보 보안 평가 기준은?

① CC ② PIMS
③ ITSEC ④ TCSEC

4 다음에서 설명하는 보안 모델은?

> • 상업 환경에서의 데이터의 무결성에 중점을 둔 것이다.
> • 정형화된 트랜잭션의 처리 과정에서 직무를 분리하도록 한다.
> • 제약을 받는(constrained) 데이터 항목에 대해 무결성 검증 절차를 거치도록 한다.

① Bell−LaPadula ② Biba
③ Clark−Wilson ④ Lattice

ANSWER 3.④ 4.③

3 ① CC(Common Criteria) : 국제 표준 정보보안 평가 기준(ISO/IEC 15408). Orange Book 이후에 개발된 국제적 통합 기준
② PIMS(Personal Information Management System) : 개인정보보호 관리체계 인증 제도. 기업이나 기관이 개인정보를 안전하게 관리하는지 평가하는 기준
③ ITSEC(Information Technology Security Evaluation Criteria) : 유럽에서 제정한 정보보호 평가 기준, TCSEC의 단점을 보완하여 유연한 평가를 목표로 한다.
※ TCSEC(Trusted Computer System Evaluation Criteria) : 오렌지북(Orange Book)
㉠ 제정 : 미국 국방부(DOD)
㉡ 목적
• 신뢰할 수 있는 컴퓨터 시스템을 만들기 위한 평가 기준
• 정보보호 시스템의 보안 기능과 보증 수준을 평가
• 주요 기준 : 접근 통제, 사용자 인증, 감사 기능 등
• 등급 체계 : D → C1 → C2 → B1 → B2 → B3 → A1(A1이 가장 높은 보안 수준)

4 ③ Clark−Wilson : 상업적 환경의 데이터 무결성을 보장하고, 승인된 트랜잭션만 데이터에 접근하거나 수정
① Bell−LaPadula : 기밀성(C)에 중점, 접근 제어에 "레벨 기반" 접근 방식을 사용하여, 정보의 기밀성 보호에 중점
② Biba : 무결성(I) 중심, 상향식 및 하향식 접근 제어를 통해 데이터의 무결성을 보호하지만, 직무 분리나 트랜잭션 제어에 중점을 두지 않는다.
④ Lattice : 다중 등급 보안(MLS)에 중점, 다양한 보안 등급을 사용하여 접근 제어를 수행하는 모델

5 다음에서 설명하는 정보보호의 목표에 해당하는 것은?

> • 정당한 사용자가 정보시스템의 데이터 또는 자원을 필요로 하는 시점에 사용할 수 있는 성질이다.
> • 확보 방법으로 데이터 백업, 중복성 유지 등이 있다.
> • 위협 요소로는 서비스 거부 공격, 지진, 홍수 등이 있다.

① 기밀성　　② 가용성
③ 무결성　　④ 책임추적성

6 「개인정보 보호법」에서 규정하고 있는 개인정보에 해당하지 않는 것은?

① 성명
② 주민등록번호
③ 영상 등을 통하여 개인을 알아볼 수 있는 정보
④ 사망자에 대한 정보

ANSWER 5.② 6.④

5 정보보호의 3대 요소(CIA Triad)
• 기밀성(Confidentiality) : 인가되지 않은 사용자에게 정보를 노출하지 않는다.(접근 제한)
• 가용성(Availability) : 필요한 시점에 정당한 사용자가 시스템/데이터에 접근 가능해야 한다.
• 무결성(Integrity) : 정보가 정확하고 변조되지 않음을 보장한다.

6 개인정보 보호법에서는 "생존하는 개인"에 대한 정보만을 개인정보로 규정하며 사망자의 정보는 개인정보로 간주되지 않는다.

7 다음에서 설명하는 기술은?

> • 공인 IP 주소가 내부 사설 IP 주소보다 부족한 경우에 적용 가능한 방식이다.
> • 내부 사설 IP 주소나 내부 네트워크 대역을 공인 IP로 자동 매핑하는 기능을 제공한다.
> • 내부 IP 주소를 외부로부터 보호해 주는 기능을 제공하기도 한다.

① ARP
② IPS
③ NAT
④ VLAN

8 ㈎, ㈏에 들어갈 용어를 바르게 연결한 것은?

> 공개키 암호 방식으로 송신자가 수신자에게 보낼 평문을 암호화할 때는 [㈎]를 사용하고, 송신자가 평문을 전자서명하여 수신자에게 보낼 때는 [㈏]를 사용한다.

	㈎	㈏
①	송신자의 공개키	송신자의 공개키
②	수신자의 공개키	송신자의 공개키
③	송신자의 공개키	송신자의 개인키
④	수신자의 공개키	송신자의 개인키

ANSWER 7.③ 8.④

7 ③ NAT(Network Address Translation) : 내부 사설 IP 주소를 공인 IP 주소로 변환하는 기능을 수행한다.
① ARP(Address Resolution Protocol) : IP 주소를 MAC 주소로 변환해주는 프로토콜로, 내부 IP 주소 보호나 IP 매핑과는 관계 없다.
② IPS(Intrusion Prevention System)침입을 탐지하고 차단하는 보안 시스템으로, IP 변환이나 매핑 기능은 없다.
④ VLAN(Virtual LAN)하나의 물리적 네트워크를 논리적으로 분할하는 기술로, IP 주소 변환과는 관련 없다.

8 ㈎ 암호화할 때 : 수신자의 공개키를 사용→수신자만 자신의 개인키로 복호화
㈏ 전자서명할 때 : 송신자의 개인키로 서명→누구나 송신자의 공개키로 검증할 수 있으며 부인 방지, 인증, 무결성에 중요하다.

9 다음과 같은 과정으로 진행되는 공격은?

> 1. 공개키 암호 방법을 사용하는 A와 B의 통신에 C가 개입한다.
> 2. C는 A의 공개키를 가로채어 B에게 C의 공개키를 A의 공개키처럼 전송한다.
> 3. B는 C의 공개키로 메시지를 암호화하여 A에게 전송한다.
> 4. C는 B가 보낸 메시지를 가로채어 C의 개인키로 복호화 한다.
> 5. C는 복호화한 메시지를 단계 2에서 가로챈 A의 공개키로 암호화하여 A에게 B가 보낸 것처럼 전송한다.
> 6. A는 자신의 개인키로 메시지를 복호화 한다.

① Smurf
② 중간자(MITM)
③ Sniffing
④ Slowloris

ANSWER 9.②

9 ② 중간자(MITM, Man-in-the-Middle) : 공격자가 두 당사자(예 : 클라이언트와 서버) 간의 통신을 가로채고, 수정하거나 도청하는 공격 기법

> 1. 공개키 암호 방법을 사용하는 A와 B의 통신에 C가 개입한다.
> →A와 B가 공개키 암호 방식으로 통신하려 함
> 2. C는 A의 공개키를 가로채어 B에게 C의 공개키를 A의 공개키처럼 전송한다.
> →C가 A의 공개키를 가로채고, 자신의 공개키를 A의 것처럼 B에게 전달함
> 3. B는 C의 공개키로 메시지를 암호화하여 A에게 전송한다.
> →B는 C의 공개키를 A의 것이라 믿고 암호화한 메시지를 보냄
> 4. C는 B가 보낸 메시지를 가로채어 C의 개인키로 복호화 한다.
> →C는 그 메시지를 자신의 개인키로 복호화하여 내용 확인
> 5. C는 복호화한 메시지를 단계 2에서 가로챈 A의 공개키로 암호화하여 A에게 B가 보낸 것처럼 전송한다.
> →그런 다음, 진짜 A의 공개키로 다시 암호화해 A에게 보냄
> 6. A는 자신의 개인키로 메시지를 복호화 한다.
> →A는 그 메시지를 정상 메시지로 착각하고 복호화함

① Smurf : ICMP 패킷을 이용한 DDoS 공격 유형. IP 스푸핑과 브로드캐스트를 이용하여 트래픽을 증폭시키는 공격
③ Sniffing(스니핑) : 네트워크상의 데이터를 몰래 엿보는 패킷 가로채기 공격. MITM처럼 조작은 하지 않는다.
④ Slowloris : 웹 서버에 HTTP 요청을 아주 천천히 보내 서버 자원을 고갈시키는 Dos 공격

10 「개인정보 보호법」 제3조(개인정보 보호 원칙)상 개인정보 보호 원칙으로 옳지 않은 것은?

① 개인정보처리자는 개인정보를 익명 또는 가명으로 처리하여도 개인정보 수집목적을 달성할 수 있는 경우 가명처리가 가능한 경우에는 가명에 의하여, 가명처리로 목적을 달성할 수 없는 경우에는 익명에 의하여 처리될 수 있도록 하여야 한다.

② 개인정보처리자는 개인정보의 처리 목적을 명확하게 하여야 하고 그 목적에 필요한 범위에서 최소한의 개인정보만을 적법하고 정당하게 수집하여야 한다.

③ 개인정보처리자는 개인정보의 처리 목적에 필요한 범위에서 개인정보의 정확성, 완전성 및 최신성이 보장되도록 하여야 한다.

④ 개인정보처리자는 정보주체의 사생활 침해를 최소화하는 방법으로 개인정보를 처리하여야 한다.

11 스택 오버플로(stack overflow) 공격에 대응하는 방법으로 옳지 않은 것은?

① 스택에 저장할 수 있는 데이터의 최대 길이를 지정해야 하는 함수를 사용한다.

② 스택에서 코드가 실행되는 것을 허용한다.

③ 스택 영역을 임의의 메모리 주소에 할당하여 스택 영역의 주소에 대한 추측을 어렵게 한다.

④ 함수의 종료 연산을 수행하기 전에 카나리(canary) 값의 변경 여부를 검사한다.

ANSWER 10.① 11.②

10 개인정보 보호 원칙〈개인정보 보호법 제3조〉

㉠ 개인정보 수집 시 처리 목적이 명확해야 하며, 최소한의 범위에서 적법하고 정당하게 수집해야 한다.

㉡ 개인정보는 정확하고 완전하며 최신 상태로 유지되어야 한다.

㉢ 개인정보는 사생활 침해를 최소화하는 방식으로 처리해야 한다.

㉣ 수집 목적 외의 이용 및 제3자 제공은 정보주체의 동의를 원칙으로 한다.

11 스택 오버플로(stack overflow) 공격

- 프로그램의 스택 메모리 영역에 예상보다 더 많은 데이터를 입력하여 스택을 넘치게 만들고, 이를 통해 악성 코드를 실행하는 공격 기법이다.
- 스택에서 코드가 실행되는 것을 허용한다.
- 스택에서 코드 실행을 허용하면, 공격자가 스택에 악성 코드를 넣고 실행할 수 있어 스택 오버플로우 공격에 매우 취약해진다.

12 ISMS-P 인증을 위한 정보보호 보호대책 요구사항 중 '인증 및 권한관리' 항목에 해당하지 않는 것은?

① 비밀번호 관리
② 접근권한 검토
③ 정보시스템 보호
④ 특수 계정 및 권한관리

13 정보보호 관련 법률과 소관 부처를 잘못 짝지은 것은?

① 「개인정보 보호법」 – 개인정보보호위원회
② 「위치정보의 보호 및 이용 등에 관한 법률」 – 과학기술정보통신부
③ 「공공기관의 정보공개에 관한 법률」 – 행정안전부
④ 「전자서명법」 – 과학기술정보통신부

14 S/MIME(RFC 8551)의 데이터 콘텐트 유형(data content type) 중 데이터의 기밀성만을 제공하는 것은?

① Signed-Data
② Enveloped-Data
③ Auth-Enveloped-Data
④ Compressed-Data

ANSWER 12.③ 13.② 14.②

12 ISMS-P(정보보호 관리체계 인증 및 개인정보 보호) 인증에서 '인증 및 권한 관리' 항목은 비밀번호 관리, 접근권한 검토, 특수 계정 및 권한 관리와 관련된 보안 대책을 요구한다.

13 ② 위치정보의 보호 및 이용 등에 관한 법률 : 위치정보의 보호와 활용을 규제하며, 그 관리는 방송통신위원회가 담당한다.

14 ① Signed-Data : 무결성, 인증, 전자서명 포함. 송신자의 신원 증명 및 데이터 변경 방지. 기밀성 없음
③ Auth-Enveloped-Data : 기밀성+인증, Enveloped-Data에 MAC(Message Authentication Code) 추가. 인증 기능 포함
④ Compressed-Data : 데이터 압축, 보안 기능 없음. 단순히 데이터 크기 줄임
※ S/MIME(RFC 8551) 데이터 콘텐츠 유형 : 이메일에 보안 기능(기밀성, 무결성, 인증 등)을 추가해주는 표준

15 ㈎, ㈏에 들어갈 용어를 바르게 연결한 것은?

> 공격자는 웹사이트에서 인증 과정을 거쳐 활성 세션을 가지고 있는 사용자로 하여금 공격자가 만든 악의적인 링크에 접근하게 유도한다. 이 링크를 클릭한 사용자는 자신도 인지하지 못한 채 공격자가 의도한 데이터를 HTTP 몸체(body)에 첨부하여 페이지 내용을 변경하도록 하는 HTTP ㈎ 요청을 웹사이트로 보낸다. 이와 같은 방식의 공격을 ㈏라고 한다.

	㈎	㈏
①	GET	XSS
②	GET	CSRF
③	POST	XSS
④	POST	CSRF

16 리눅스 /etc/shadow 파일에 포함되지 않는 것은?

① 사용자 계정명

② 솔트(salt)

③ 대칭키 암호 알고리즘의 종류

④ 기준일(epoch)부터 패스워드가 최종 수정된 날까지의 일수

ANSWER 15.④ 16.③

15 • ㈎ : HTTP 요청 방식

– CSRF는 공격자가 POST 방식을 사용하여 사용자가 모르게 데이터를 웹 서버로 전송하게 만드는 공격

• ㈏ : 공격 방식

– XSS(Cross-Site Scripting) : 스크립트를 삽입해서 사용자 브라우저에서 실행시키는 공격

– CSRF(Cross-Site Request Forgery) : 사용자의 인증을 악용해 의도치 않은 요청을 보내게 하는 공격

16 ③ 단방향 해시 함수(SHA-512 등)를 사용하며 대칭키(복호화 가능한 암호)는 사용하지 않는다.

※ 리눅스의 /etc/shadow 파일 : 리눅스에서 사용자의 비밀번호 정보를 저장하는 파일로 보안 강화를 위해 /etc/passwd에서 비밀번호 해시를 분리하여 이 파일에 저장

17 소수 p를 선택하고, 위수가 p−1인 원시근을 사용하는 대신에 p−1의 소인수인 q를 위수로 갖는 원소를 이용해서 서명과 검증에 사용할 키를 생성하는 전자서명 구조는?

① RSA
② ElGamal
③ ECDSA
④ Schnorr

18 다음 수식으로 나타낸 블록 암호 운용 모드에 대한 설명으로 옳은 것은?

> P_i : 평문 블록
> C_i : 암호문 블록
> E_K : 암호화 함수
> K : 키
> IV : 초기벡터
>
> $C_1 = E_K(P_1 \oplus IV)$
> $C_i = E_K(P_i \oplus C_{i-1}),\ i = 2, 3, ..., N$

① 복호화 함수를 D_K이라고 하면, 평문 블록 $P_1 = D_K(C_1) \oplus IV$이고, $P_i = D_K(C_i) \oplus C_{i-1}$, $i = 2, 3, ..., N$이다.
② 송신자와 수신자가 공유하는 IV는 반드시 제3자에게 비밀로 해야 한다.
③ 암호문 블록 C_j $(j = 1, 2, ..., N)$의 전송 도중에 비트 오류가 발생하면, 복호화된 P_j부터 P_N까지의 모든 평문 블록에 영향을 미친다.
④ 여러 평문 블록에 대한 암호화 과정의 병렬처리가 가능하다.

ANSWER 17.④ 18.①

17 ④ **Schnorr 서명 알고리즘** : 이산 로그 문제(DLP)를 기반으로 한 전자서명 알고리즘으로, 간결하고 계산 효율이 높은 구조
① **RSA** : 대표적인 비대칭키 암호화 및 전자서명 알고리즘으로, 소인수 분해의 어려움을 기반
② **ElGamal** : 이산 로그 문제의 어려움을 기반으로 한 전자서명 방식
③ **ECDSA** : 타원 곡선을 기반으로 한 전자서명 알고리즘

18 ② 송신자와 수신자가 공유하는 IV는 반드시 제3자에게 비밀로 해야 한다.
→ CBC 모드에서 사용하는 IV(초기 벡터)는 고정된 값이면 안 되지만, 꼭 비밀일 필요는 없다.
③ 암호문 블록 C_j $(j = 1, 2, ..., N)$의 전송 도중에 비트 오류가 발생하면, 복호화된 P_j부터 P_N까지의 모든 평문 블록에 영향을 미친다.
→ CBC는 이전 암호문 블록을 이용해 복호화하므로 오류 전파 발생
④ 여러 평문 블록에 대한 암호화 과정의 병렬처리가 가능하다.
→ CBC 모드는 순차적으로 진행되기 때문에 병렬처리가 불가능
※ **CBC(Cipher Block Chaining) 모드** : 블록 암호에서 암호문을 생성할 때, 각 블록을 이전 암호문 블록과 XOR 연산한 후 암호화를 수행하는 방식

19 TLS 핸드셰이크 프로토콜의 목적에 해당하는 것만을 모두 고르면?

> ㉠ 인증서 확인
> ㉡ 세션을 활성 상태로 유지
> ㉢ 세션키 생성 및 교환
> ㉣ 응용 데이터 전송

① ㉠, ㉢
② ㉠, ㉣
③ ㉡, ㉢
④ ㉡, ㉣

20 다음 수식으로 표현된 HMAC에 대한 설명으로 옳지 않은 것은? (단, K는 키, M은 메시지, H는 해시 함수, ⊕는 XOR, ||는 연결(concatenation)이다)

$$HMAC(K,\ M) = H((K^{+} \oplus opad) || H((K^{+} \oplus ipad) || M))$$

① HMAC 구조는 해시 함수 H로 MD5, SHA-1, SHA-512 등 가용한 것을 선택할 수 있도록 되어 있다.
② K는 HMAC를 주고받는 사용자가 공유하는 비밀키이다.
③ K^{+}는 K의 왼쪽에 0을 패딩해서 전체 비트 수가 해시 함수 출력의 크기와 같게 되도록 한 것이다.
④ ipad와 opad는 각각 16진수 36과 5C가 반복된 것으로, 해시 함수에 입력되는 블록의 크기와 같다.

ANSWER 19.① 20.③

19 ㉠ 인증서 확인(○) : 클라이언트는 서버의 인증서를 받아서 유효한지(신뢰할 수 있는 인증기관이 발급했는지 등) 확인한다.
㉡ 세션을 활성 상태로 유지(×) : 핸드셰이크 이후 TLS 레코드 프로토콜이나 세션 관리 관련 기능
㉢ 세션키 생성 및 교환(○) : 핸드셰이크 과정에서 대칭키(세션키)를 안전하게 생성하고 교환한다.
㉣ 응용 데이터 전송(×) : 응용 데이터(예 : 웹 페이지, 이메일)는 핸드셰이크 이후 암호화된 세션에서 전송한다.
※ TLS 핸드셰이크 프로토콜 : 핸드셰이크 프로토콜은 보안 연결을 시작할 때 클라이언트와 서버가 상호작용하며 여러 작업을 수행하는 절차

20 ③ K^{+}는 K의 왼쪽에 0을 패딩해서 전체 비트 수가 해시 함수 출력의 크기와 같게 되도록 한 것이다.
→ K^{+}는 키 K를 블록 크기(block size)만큼 오른쪽에 0을 패딩하는 것임
※ HMAC(Hash-based Message Authentication Code) : 메시지의 무결성과 인증을 보장하기 위해 사용되는 암호화 기법

정보보호론

2025. 6. 21. 제1회 지방직 시행

1 **정보보호에 대한 설명으로 옳지 않은 것은?**

① 정보자산을 여러 가지 위협으로부터 보호하는 것이다.

② 정보보호의 범위에는 사이버안전이 포함될 수 없다.

③ 정보의 가용성과 보안 측면에서 정보보호는 정보의 활용과 정보의 통제 사이에서 균형 감각을 갖는 행위이다.

④ 정보보호의 대상이 되는 자산에는 소프트웨어, 하드웨어, 데이터, 인적자원이 포함될 수 있다.

2 **포트 스캔에 대한 설명으로 옳지 않은 것은?**

① 분석 대상 시스템에 어떤 서비스가 제공되고 있는지 확인하기 위한 정보수집 방법이다.

② 포트 번호는 0~65,535까지이며, 이 중 0~1,023은 잘 알려진 포트(well-known port)라고 한다.

③ Nmap은 오픈소스 기반 포트 스캔 도구이다.

④ TCP 포트 스캔 시 닫혀 있는 포트로부터 ICMP port Unreachable 패킷이 수신된다.

ANSWER 1.② 3.④

1 ② 사이버안전은 정보보호의 중요한 부분이며, 정보보호의 범위에 포함된다.

2 ④ TCP 포트가 닫혀 있을 때는 ICMP가 아니라 RST 패킷이 오는 것이 일반적이며 ICMP Port Unreachable은 UDP 스캔에서 주로 나타난다.

※ **포트 스캔**(port scan) : 운영 중인 서버에서 열려 있는 TCP/UDP 포트를 검색하는 것을 말한다.

3 (가), (나)에 해당하는 정보보호 서비스를 바르게 연결한 것은?

> 메일 내용에 암호를 적용함으로써 [(가)]을 제공할 수 있고, 메일에 전자서명을 적용함으로써 [(나)]을/를 제공할 수 있다.

	(가)	(나)
①	기밀성	가용성
②	기밀성	부인방지
③	가용성	기밀성
④	가용성	인증

4 (가)에 들어갈 용어는?

> • [(가)]은/는 1989년에 처음 등장한 것으로 알려져 있고 이후 2006년경에 GPCode라는 [(가)]이/가 등장하였다.
> • 최근의 [(가)]은/는 공격자의 개인키를 모르면 사실상 풀 수 없는 암호 알고리즘을 사용한다.

① 웜
② 바이러스
③ 랜섬웨어
④ DDoS

ANSWER 3.② 4.③

3 전자서명에서 기밀성과 부인방지
- 기밀성(Confidentiality) : 이메일을 암호화하면 오직 수신자만 내용을 읽을 수 있다(공개 키로 암호화→비공개 키로 복호화).
- 부인방지(Non-repudiation) : 전자서명(개인키→공개키 검증). 보낸 사람과 내용 수정 여부 확정

4 ③ 랜섬웨어(Ransomware) : 사용자의 파일이나 시스템을 암호화하여 사용자가 접근할 수 없도록 만든 후 금전적 대가를 요구하는 악성 소프트웨어이다.
① 웜(Worm) : 스스로 복제하여 네트워크를 통해 다른 시스템으로 확산되는 악성 프로그램. 사용자의 직접적인 실행 없이도 자동으로 퍼질 수 있어 바이러스와 구별된다.
② 바이러스 : 자기 복제 능력을 가진 악성 프로그램으로, 다른 프로그램이나 파일에 자신을 삽입하여 실행될 때마다 복제되며 확산된다.
④ DDoS(Distributed Denial of Service) 공격 : 여러 대의 컴퓨터나 네트워크 장치를 이용해 특정 서버나 네트워크를 과부하시켜 서비스가 정상적으로 작동하지 않게 만드는 공격이다.
※ GP코드(GPCode) : 2005년에 처음 등장한 랜섬웨어의 일종으로, 사용자의 파일을 암호화하여 복호화 키를 제공하는 대가로 금전을 요구하는 악성코드로 주로 이메일 첨부파일이나 사회공학적 기법을 통해 유포되며, 감염되면 사용자의 파일을 암호화하고 복호화 방법을 안내하는 메시지를 표시한다.

5 (가), (나)에 해당하는 악성코드를 바르게 연결한 것은?

> (가) DDoS 공격 시 지정된 공격을 수행하도록 하는 악성코드
> (나) 사용자의 동의 없이 설치되어 사용자 또는 컴퓨터의 정보를 수집하여 전송하는 악성코드

	(가)	(나)
①	봇	스파이웨어
②	봇	애드웨어
③	루트킷	스파이웨어
④	루트킷	애드웨어

6 VPN에서 사용하는 프로토콜이 아닌 것은?

① IGMP

② IPSec

③ L2TP

④ PPTP

ANSWER 5.① 6.①

5 • 봇(Bot) : 자동화된 소프트웨어 프로그램으로, 주로 반복적인 작업을 수행하는 데 사용한다.
• 스파이웨어(Spyware) : 사용자의 동의 없이 컴퓨터나 모바일 기기에 몰래 설치되어 개인 정보나 사용 기록을 불법적으로 수집하는 악성 소프트웨어이다.
• 루트킷(Rootkit) : 시스템에 몰래 설치되어 공격자가 시스템을 완전히 제어할 수 있게 만드는 악성 소프트웨어이다.

6 ① IGMP(Internet Group Management Protocol) : 멀티캐스트 그룹 관리를 위한 프로토콜로, IPv4 네트워크에서 호스트와 라우터 간에 멀티캐스트 그룹 가입 및 탈퇴를 관리한다.(VPN과는 관련이 없다).
② IPSec(Internet Protocol Security) : IP 네트워크에서 데이터 통신의 보안을 제공하는 프로토콜이다.
③ L2TP(Layer 2 Tunneling Protocol) : 데이터 링크 계층에서 터널링을 제공하는 프로토콜이다.
④ PPTP(Point-to-Point Tunneling Protocol) : VPN 연결을 위한 터널링 프로토콜이다.
※ VPN(Virtual Private Network) : 가상 사설망으로 공용 인터넷을 통해 암호화된 안전한 연결을 제공하여, 사용자의 온라인 활동과 개인 정보를 보호하는 기술이다.

7 (가)에 들어갈 용어는?

> 윈도우 운영체제에서 SAM이 사용자의 로그인 입력 정보(사용자 계정과 패스워드)와 SAM 데이터베이스 정보의 일치 여부를 확인하여 SRM에게 알리면 인증된 사용자에게 고유한 (가) 가 부여된다. 또 SRM은 (가) 를 기반으로 파일이나 디렉토리에 접근을 허용할지 여부를 결정하고 이에 대한 감사 메시지를 생성한다.

① GID
② SID
③ SetUID
④ SSID

8 위험 처리 방법에 대한 설명으로 옳은 것은?

① 위험 수용 : 위험에 처한 자산의 구조나 사용을 변경한다.
② 위험 감소 : 위험을 발생시키는 행위나 시스템을 수행하지 않는다.
③ 위험 전가 : 위험에 대응하여 보험을 들거나 다른 기관과 계약을 맺는다.
④ 위험 회피 : 현재의 위험을 받아들이고 잠재적 손실 비용을 감수한다.

ANSWER 7.② 8.③

7 ② SID(Security Identifier) : 인증된 사용자에게 부여되는 고유한 식별자로 SID를 기반으로 SRM은 파일이나 디렉토리에 대한 접근을 허용할지 여부를 결정하고, 이에 대한 감사 메시지를 생성한다.
① GID(Group Identifier) : 유닉스 계열 시스템에서 사용되는 그룹 식별자로 Windows의 사용자 인증과는 관련 없다.
③ SetUID(Set User ID) : 유닉스 환경에서 프로그램 실행 시 파일 소유자의 권한으로 실행되도록 하는 특수 권한 비트로 Windows에서는 사용되지 않는다.
④ SSID(Service Set Identifier) : Wi-Fi 네트워크의 무선 네트워크 이름(Service Set Identifier)을 의미하며, 사용자 인증과는 무관하다.
※ SAM(Security Account Manager) : 사용자의 계정과 패스워드를 확인하여 인증 여부를 결정한다.
※ SRM(Security Reference Monitor) : 인증된 사용자에게 SID를 부여하고, 이를 기반으로 접근 제어 및 감사 메시지를 생성한다.

8 ① 위험 수용(Risk Acceptance) : 자산 구조나 사용을 변경하지 않고, 위험이 발생할 수 있음을 인정하며 그로 인한 손실을 감수하는 방식
② 위험 감소(Risk Reduction) : 위험을 완전히 없애지는 않지만, 가능성이나 영향력을 줄이기 위한 조치를 취하는 방식
④ 위험 회피(Risk Avoidance) : 위험을 피하기 위해 특정 활동을 중단하거나 위험 요소를 제거하는 방식

9 공개키 암호 알고리즘이 아닌 것은?

① RSA
② 타원곡선암호
③ 배낭암호
④ A5/1

10 다음에서 설명하는 보안 솔루션은?

> • 조직 내 중요한 자료가 외부로 유출되는 것을 막는다.
> • 사용자의 다양한 데이터 전송 수단인 USB 메모리 등과 같은 이동식 저장 매체, 이메일과 같은 네트워크 등을 제어한다.

① DRM
② DLP
③ IPS
④ SIEM

ANSWER 9.④ 10.②

9 ④ A5/1 : GSM 통신에서 사용하는 스트림 암호로, 대칭키 방식이며, 공개키 암호가 아니다.
① RSA(Rivest-Shamir-Adleman) : 공개키와 비밀키를 사용한 비대칭 암호화 방식으로, 안전한 키 교환, 메시지 암호화·복호화, 디지털 서명 등이 가능하며, 정수 인수분해의 어려움에 기반해 보안을 제공한다.
② 타원곡선암호(ECC, Elliptic Curve Cryptography) : 타원곡선을 기반으로 한 공개키 암호 방식이다.
③ 배낭암호(Knapsack Cryptosystem) : 초기 형태의 공개키 암호 알고리즘이며, NP 난이도 문제를 기반으로 한다.

10 ② DLP(Data Loss Prevention) : 조직 내 민감 정보를 식별·모니터링·제어하여, 무단 전송이나 유출을 사전에 차단하는 보안 솔루션
① DRM(Digital Rights Management) : 디지털 콘텐츠의 무단 복제, 배포, 수정 등을 방지하고, 저작권자의 권리를 보호하기 위해 콘텐츠의 사용을 제어하는 기술
③ IPS(Intrusion Prevention System) : 네트워크 또는 호스트에서 발생하는 악성 활동을 실시간으로 탐지하고 차단하는 보안 솔루션
④ SIEM(Security Information and Event Management) : 조직의 IT 인프라에서 발생하는 보안 이벤트와 로그 데이터를 실시간으로 수집, 분석, 모니터링하여 잠재적인 보안 위협을 탐지하고 대응하는 통합 보안 솔루션

11 다음 문제가 모두 해결된 블록암호 운용 모드는?

> • 평문 블록이 동일하면 암호문 블록이 같아지는 문제
> • 암호문 블록에 오류가 발생하면 다음 블록의 복호화에 오류가 전파되는 문제

① ECB(Electronic CodeBook)

② OFB(Output FeedBack)

③ CFB(Cipher FeedBack)

④ CBC(Cipher Block Chaining)

ANSWER 11.②

11 ② OFB(Output FeedBack)

㉠ 초기화 벡터(IV)를 반복적으로 암호화하여 생성된 출력 스트림을 평문과 XOR 연산하여 암호문을 생성. 동일한 평문 블록이라도 암호문 블록이 달라지게 하여 패턴 노출을 방지한다.

㉡ 암호문 블록에 오류가 발생하더라도 해당 블록에만 영향을 미치고, 이후 블록에는 오류가 전파되지 않는다.

① ECB(Electronic CodeBook)

㉠ 가장 단순한 모드로, 각 평문 블록을 독립적으로 암호화한다.

㉡ 동일한 평문 블록이 동일한 암호문 블록으로 암호화되어 패턴이 노출되는 문제가 있다. 한 블록의 오류가 해당 블록에만 영향을 미쳐 오류 전파는 없다.

③ CFB(Cipher FeedBack)

㉠ 암호문 블록을 스트림처럼 처리하여 이전 암호문 블록을 암호화한 후 그 결과를 평문과 XOR 연산하여 암호문을 생성한다.

㉡ 암호문 블록에 오류가 발생하면 해당 블록과 그 다음 블록의 복호화에 오류가 전파된다.

④ CBC(Cipher Block Chaining)

㉠ 각 평문 블록을 이전 암호문 블록과 XOR 연산 후 암호화하므로, 동일한 평문 블록이라도 암호문 블록이 달라진다.

㉡ 암호문 블록에 오류가 발생하면 해당 블록과 그 다음 블록의 복호화에 오류가 전파된다.

12 다음에서 설명하는 블루투스 취약점 공격은?

> 블루투스 장비 간의 취약한 연결 관리를 악용한 공격으로, 공격 장치와 공격 대상 장치를 연결하여 공격 대상 장치에서 임의의 동작을 실행한다. 블루투스 기기가 한 번 연결된 이후에는 다시 연결하지 않아도 자동으로 연결되는 인증 취약점을 이용한 공격이다.

① 블루버그(bluebug)
② 블루재킹(bluejacking)
③ 블루프린팅(blueprinting)
④ 블루스나프(bluesnarf)

13 유럽의 GDPR(General Data Protection Regulation)에 따른 정보주체의 권리가 아닌 것은?

① 개인정보의 처리에 대한 차단/제한을 요구할 권리
② 개인정보를 본인 또는 다른 사업자에게 전송하도록 요구할 권리
③ 개인정보의 삭제를 요구할 권리
④ 프로파일링 등 자동으로 이루어지는 모든 의사결정에 대해 거부할 권리

ANSWER 12.① 13.④

12 ① **블루버그**(Bluebugging) : 블루투스 연결을 통해 사용자의 전화, 메시지, 통화 기록 등을 무단으로 조작하거나 도청할 수 있는 공격
② **블루재킹**(Bluejacking) : 블루투스를 이용하여 타겟 기기에 무선으로 메시지를 전송하는 공격 방식
③ **블루프린팅**(Blueprinting) : 블루투스 기기의 보안 취약점을 파악하거나 기기의 특성을 파악하는 정보 수집 기술
④ **블루스나프**(Bluesnarfing) : 블루투스 기술을 이용하여 무단으로 데이터를 훔치는 해킹 기법

13 유럽연합의 GDPR(일반 데이터 보호 규정)
- 정의 : 2018년 5월 25일 발효된 유럽연합의 개인정보 보호 규정으로, EU 내외에서 개인의 개인정보를 처리하는 모든 기업과 기관에 적용된다. 이 규정은 개인의 프라이버시 권리를 강화하고, 기업의 책임을 명확히 하며, 데이터 처리의 투명성을 높이는 것을 목표로 한다.
- 적용대상 : EU 내 기업뿐만 아니라, EU 시민의 데이터를 처리하는 EU 외 기업에도 적용된다.
- 정보주체의 권리 : GDPR은 개인에게 다음과 같은 권리를 부여하여 개인정보에 대한 통제권을 강한다.
  - 정보 제공의 권리 : 개인이 자신의 개인정보 처리에 대해 명확하고 투명한 정보를 제공받을 권리
  - 열람 요구권 : 개인이 자신의 개인정보에 접근하여 확인할 수 있는 권리
  - 정정 요구권 : 부정확하거나 불완전한 개인정보의 수정을 요구할 수 있는 권리
  - 삭제 요구권(잊혀질 권리) : 더 이상 필요하지 않거나 동의를 철회한 경우, 개인정보 삭제를 요구할 수 있는 권리
  - 처리 제한 요구권 : 특정 조건 하에 개인정보 처리의 제한을 요구할 수 있는 권리
  - 데이터 이동권 : 개인이 자신의 개인정보를 구조화된 일반적인 형식으로 제공받아 다른 서비스 제공자에게 전송할 수 있는 권리
  - 반대할 권리 : 특정 조건 하에 개인정보 처리에 반대할 수 있는 권리
  - 자동화된 의사결정에 대한 권리 : 자동화된 방식으로 이루어지는 의사결정에 대해 영향을 받을 수 있는 권리

14 안티 리버싱 기법에 해당하는 것만을 모두 고르면?

> ㉠ 난독화
> ㉡ 스택 실드
> ㉢ 안티 디버깅
> ㉣ 카나리아

① ㉠, ㉢ ② ㉠, ㉣
③ ㉡, ㉢ ④ ㉡, ㉣

15 개인정보 가명 처리 세부기술에 대한 설명으로 옳지 않은 것은?

① 총계 처리는 평균값, 최댓값, 최솟값, 최빈값, 중간값 등으로 처리한다.
② 일반 라운딩은 올림, 내림, 반올림 등의 기준을 적용하여 집계 처리하는 방법으로, 일반적으로 세세한 정보보다는 전체 통계정보가 필요한 경우 많이 사용한다.
③ 로컬 일반화는 전체 정보집합물 중 특정 열 항목(들)에서 특이한 값을 가지거나 분포상의 특이성으로 인해 식별성이 높아지는 경우 해당 부분만 일반화를 적용하여 식별성을 낮추는 방법이다.
④ 순서보존 암호화는 원문에 대한 암호화의 적용만 가능하고 암호문에 대한 복호화 적용이 불가능한 암호화 기법이다.

ANSWER 14.① 15.④

14 ㉠ 난독화(Obfuscation) : 소스 코드나 바이너리 구조를 복잡하게 변형하여 리버스 엔지니어가 분석하기 어렵게 만든다. 변수명 변경, 제어 흐름 플래튼닝 등을 포함한다.
㉢ 안티 디버깅(Anti-Debugging) : 디버거(Debugger)의 존재를 감지하고, 디버깅이 감지되면 실행을 중단하거나 비정상 동작을 유발한다.
㉡ 스택 실드(Stack Shield) : GNU C 컴파일러 확장 기능으로, 스택 오버플로우 공격으로부터 콜 스택의 리턴 주소를 보호하는 기술이다.
㉣ 카나리아(Canary) : 사이버 보안에서 '가짜 함정 장치'로 작동하는 기술로, 침입 시도를 조기에 감지하고 관리자에게 알림을 제공하는 역할을 한다.
※ 안티 리버싱 기법 : 소프트웨어가 리버스 엔지니어링(역공학)을 당하지 않도록 방어하는 기법이며 코드 난독화, 패킹·암호화, 안티 디버깅, 무결성 검사를 포함한 기법들을 통해 바이너리 또는 소프트웨어의 분석, 실행 흐름 추출, 디컴파일을 어렵게 만드는 기술이다.

15 • 개인정보 가명 처리(Pseudonymisation) : 개인정보를 식별할 수 없도록 처리하여 개인정보를 보호하는 기법
• 순서보존 암호화(Preserving Encryption) : 평문과 암호문 간 순서 관계를 유지하지만, 암호화된 값에서 원문을 유추할 수 있는 구조이므로 복호화가 가능한 양방향 암호화 기법

16 「개인정보 보호법」상 개인정보의 파기에 대한 설명으로 옳지 않은 것은?

① 개인정보처리자는 보유기간의 경과, 개인정보의 처리 목적 달성, 가명정보의 처리 기간 경과 등 그 개인정보가 불필요하게 되었을 때에는 지체 없이 그 개인정보를 파기하여야 한다. 다만, 다른 법령에 따라 보존하여야 하는 경우에는 그러하지 아니하다.

② 개인정보처리자가 개인정보를 파기할 때에는 복구 또는 재생되지 아니하도록 조치하여야 한다.

③ 개인정보처리자가 개인정보를 파기하지 아니하고 다른 법령에 따라 보존하여야 하는 경우에는 해당 개인정보 또는 개인정보파일을 다른 개인정보와 분리하여서 저장·관리하여야 한다.

④ 개인정보의 파기방법 및 절차 등에 필요한 사항은 총리령으로 정한다.

17 다중문자 암호 방식에 해당하는 것만을 모두 고르면?

㉠ 비즈네르(Vigenère) 암호
㉡ 시저(Caesar) 암호
㉢ 플레이페어(Playfair) 암호
㉣ 아핀(Affine) 암호

① ㉠, ㉢ ② ㉠, ㉣
③ ㉡, ㉢ ④ ㉡, ㉣

ANSWER 16.④ 17.①

16 개인정보의 파기〈개인정보 보호법 제21조〉

㉠ 개인정보처리자는 보유기간의 경과, 개인정보의 처리 목적 달성, 가명정보의 처리 기간 경과 등 그 개인정보가 불필요하게 되었을 때에는 지체 없이 그 개인정보를 파기하여야 한다. 다만, 다른 법령에 따라 보존하여야 하는 경우에는 그러하지 아니하다.

㉡ 개인정보처리자가 ㉠에 따라 개인정보를 파기할 때에는 복구 또는 재생되지 아니하도록 조치하여야 한다.

㉢ 개인정보처리자가 ㉠ 단서에 따라 개인정보를 파기하지 아니하고 보존하여야 하는 경우에는 해당 개인정보 또는 개인정보파일을 다른 개인정보와 분리하여서 저장·관리하여야 한다.

㉣ 개인정보의 파기방법 및 절차 등에 필요한 사항은 대통령령으로 정한다.

16 ㉠ **비즈네르(Vigenère) 암호** : 26x26의 알파벳 대칭표를 이용하여 암호화하고자 하는 평문과 암호화 키를 매핑하고 암호화와 복호화를 수행하는 방식이다.

㉢ **플레이페어(Playfair) 암호** : 2개로 이루어진 문자 쌍을 다른 문자 쌍으로 대체하는 암호화 방법이다.

㉡ **시저(Caesar) 암호** : 알파벳 스물여섯 자를 세 자 또는 네 자씩 오른쪽으로 이동한 뒤 해당되는 글자로 변환하여 암호화하는 것을 말한다.

㉣ **아핀(Affine) 암호** : 카이사르 암호(Caesar Cipher)에서 좀 더 확장된 암호화 기법이다.

※ **다중문자 암호**(Multiletter Cipher) : 암호화 키와의 매핑에 따라 알파벳 하나가 여러 가지 다른 알파벳으로 대체되어 암호화 되는 것을 말한다.

18 「개인정보 보호법」상 개인정보처리자가 개인정보의 제3자 제공과 관련하여 정보주체에게 동의를 받을 때 정보주체에게 알려야 하는 사항이 아닌 것은?

① 개인정보를 제공받는 자의 개인정보 이용 목적

② 동의에 따른 이익이 있는 경우에는 그 이익의 내용

③ 동의를 거부할 권리가 있다는 사실 및 동의 거부에 따른 불이익이 있는 경우에는 그 불이익의 내용

④ 개인정보를 제공받는 자의 개인정보 보유 및 이용 기간

19 S/MIME에서 사용하는 암호 알고리즘과 기능을 옳게 짝지은 것은?

① DSS – 전자서명
② ElGamal – 메시지 인증
③ AES – 전자서명과 세션키 암호화
④ RSA – 메시지 암호화

ANSWER 18.② 19.①

18 개인정보의 제공〈개인정보 보호법 제17조〉

㉠ 개인정보처리자는 다음의 어느 하나에 해당되는 경우에는 정보주체의 개인정보를 제3자에게 제공(공유를 포함한다. 이하 같다)할 수 있다.
- 정보주체의 동의를 받은 경우
- 제15조 제1항 제2호, 제3호 및 제5호부터 제7호까지에 따라 개인정보를 수집한 목적 범위에서 개인정보를 제공하는 경우

㉡ 개인정보처리자는 ㉠에 따른 동의를 받을 때에는 다음의 사항을 정보주체에게 알려야 한다. 다음의 어느 하나의 사항을 변경하는 경우에도 이를 알리고 동의를 받아야 한다.
- 개인정보를 제공받는 자
- 개인정보를 제공받는 자의 개인정보 이용 목적
- 제공하는 개인정보의 항목
- 개인정보를 제공받는 자의 개인정보 보유 및 이용 기간
- 동의를 거부할 권리가 있다는 사실 및 동의 거부에 따른 불이익이 있는 경우에는 그 불이익의 내용

㉢ 개인정보처리자는 당초 수집 목적과 합리적으로 관련된 범위에서 정보주체에게 불이익이 발생하는지 여부, 암호화 등 안전성 확보에 필요한 조치를 하였는지 여부 등을 고려하여 대통령령으로 정하는 바에 따라 정보주체의 동의 없이 개인정보를 제공할 수 있다.

19 S/MIME(Secure/Multipurpose Internet Mail Extensions) : 공개키 기반의 디지털 서명과 대칭키 암호화를 조합하여, 이메일에 대해 인증, 무결성, 기밀성, 부인방지 기능을 모두 제공하는 표준 보안 프로토콜

알고리즘	기능	사용용도
DSS	전자서명	메시지 무결성 및 인증
ElGamal	메시지 암호화	메시지 보호
AES	세션키 암호화	메시지 기밀성 보장
RSA	전자서명, 세션키 암호화	메시지 보호 및 인증

20 다음 표를 이용하여 24비트 입력 '01000001 01000010 01000011'에 Base64 부호화를 적용할 때, 출력되는 문자열은?

Index	Binary	Char	Index	Binary	Char	Index	Binary	Char	Index	Binary	Char
0	000000	A	16	010000	Q	32	100000	g	48	110000	w
1	000001	B	17	010001	R	33	100001	h	49	110001	x
2	000010	C	18	010010	S	34	100010	i	50	110010	y
3	000011	D	19	010011	T	35	100011	j	51	110011	z
4	000100	E	20	010100	U	36	100100	k	52	110100	0
5	000101	F	21	010101	V	37	100101	l	53	110101	1
6	000110	G	22	010110	W	38	100110	m	54	110110	2
7	000111	H	23	010111	X	39	100111	n	55	110111	3
8	001000	I	24	011000	Y	40	101000	o	56	111000	4
9	001001	J	25	011001	Z	41	101001	p	57	111001	5
10	001010	K	26	011010	a	42	101010	q	58	111010	6
11	001011	L	27	011011	b	43	101011	r	59	111011	7
12	001100	M	28	011100	c	44	101100	s	60	111100	8
13	001101	N	29	011101	d	45	101101	t	61	111101	9
14	001110	O	30	011110	e	46	101110	u	62	111110	+
15	001111	P	31	011111	f	47	101111	v	63	111111	/

① YWJj
② Q0JB
③ QUJD
④ Y2Jh

ANSWER 20.③

20 전체 24비트 : 01000001 01000010 01000011

'A' → 65 → 01000001

'B' → 66 → 01000010

'C' → 67 → 01000011

→6비트 그룹 분할→010000 | 010100 | 001001 | 000011

→10진수 변환

$010000_2 = 16$ → Q

$010100_2 = 20$ → U

$001001_2 = 9$ → J

$000011_2 = 3$ → D

→24비트를 6비트 단위 4개로 나눠서 Base64 표(64문자)에 따라 각각을 대응하는 ASCII 문자로 변환

※ Base64 인코딩 : 바이너리 데이터를 텍스트 형태로 안전하게 변환하기 위한 이진→텍스트 인코딩 방식

기준 법령

- 개인정보 보호법 : [시행 2025. 10. 2.] [법률 제20897호, 2025. 4. 1., 일부개정]
- 정보통신기반 보호법 : [시행 2025. 1. 24.] [법률 제20068호, 2024. 1. 23., 일부개정]
- 정보통신기반 보호법 시행령 : [시행 2025. 1. 24.] [대통령령 제35196호, 2025. 1. 14., 일부개정]
- 정보통신기반 보호법 시행규칙 : [시행 2017. 7. 26.] [과학기술정보통신부령 제1호, 2017. 7. 26., 타법개정]
- 정보통신망 이용촉진 및 정보보호 등에 관한 법률(약칭 : 정보통신망법) : [시행 2025. 7. 22.] [법률 제20678호, 2025. 1. 21., 일부개정]
- 정보통신망 이용촉진 및 정보보호 등에 관한 법률 시행령(약칭 : 정보통신망법 시행령) : [시행 2025. 5. 20.] [대통령령 제35533호, 2025. 5. 20., 일부개정]
- 정보통신망 이용촉진 및 정보보호 등에 관한 법률 시행규칙(약칭 : 정보통신망법 시행규칙) : [시행 2021. 3. 31.] [과학기술정보통신부령 제71호, 2021. 3. 31., 일부개정]
- 전자서명법 : [시행 2022. 10. 20.] [법률 제18479호, 2021. 10. 19., 일부개정]
- 전자서명법 시행령 : [시행 2023. 9. 15.] [대통령령 제33723호, 2023. 9. 12., 타법개정]
- 전자서명법 시행규칙 : [시행 2020. 12. 10.] [과학기술정보통신부령 제56호, 2020. 12. 10., 전부개정]
- 지능정보화 기본법 : [시행 2025. 3. 27.] [법률 제20410호, 2024. 3. 26., 일부개정]
- 지능정보화 기본법 시행령 : [시행 2025. 3. 27.] [대통령령 제35404호, 2025. 3. 26., 일부개정]
- 지능정보화 기본법 시행규칙 : [시행 2025. 1. 1.] [과학기술정보통신부령 제141호, 2024. 12. 13., 일부개정]
- 클라우드컴퓨팅 발전 및 이용자 보호에 관한 법률(약칭 : 클라우드컴퓨팅법) : [시행 2025. 1. 31.] [법률 제20732호, 2025. 1. 31., 일부개정]
- 클라우드컴퓨팅 발전 및 이용자 보호에 관한 법률 시행령(약칭 : 클라우드컴퓨팅법 시행령) : [시행 2023. 1. 12.] [대통령령 제33220호, 2023. 1. 10., 일부개정]
- 라우드컴퓨팅 발전 및 이용자 보호에 관한 법률 시행규칙(약칭 : 클라우드컴퓨팅법 시행규칙) : [시행 2023. 1. 12.] [과학기술정보통신부령 제105호, 2023. 1. 10., 제정]

기준 규칙

- 개인정보 영향평가에 관한 고시 : [시행 2024. 10. 31.] [개인정보보호위원회고시 제2024-10호, 2024. 10. 31., 일부개정]
- 정보보호 및 개인정보보호 관리체계 인증 등에 관한 고시 : [시행 2024. 7. 24.] [개인정보보호위원회고시 제2024-8호, 2024. 7. 24., 일부개정] [시행 2024. 7. 24.] [과학기술정보통신부고시 제2024-30호, 2024. 7. 24., 일부개정]

기준 규정

- 소프트웨어 개발보안 가이드(2021.11.30.) 11-1311000-000330-10

가볍게! 빠르게! 확인하는 용어사전 시리즈
가볍게! 빠르게! 한눈에 보는
시사용어 사전 1228
가볍게! 빠르게! 한눈에 보는
경제용어 사전 1050
가볍게! 빠르게! 한눈에 보는
부동산용어 사전 1310
시사용어사전 | 경제용어사전 | 부동산용어사전
시사용어사전 1228
매일 접하는 각종 기사와 정보! 공기업/언론사/기업체/공무원 채용을 준비하는 수험생과
현대인이 꼭 알아야 할 최신 시사상식을 쏙쏙 뽑아 이해하기 쉽도록 영역별로 정리
경제용어사전 1050
주요 경제용어는 거의 다 실었다! 금융권/공기업/언론사/기업체/공무원 채용을 준비하기 전에,
경제 공부를 시작하기 전에 읽어보면 경제가 쉬워지도록 사전식으로 구성
부동산용어사전 1310
부동산에 대한 이해를 높이고 부동산의 개발과 활용, 투자 및 부동산 용어 학습에도
적극적으로 이용할 수 있는 교재, 공인중개사 출제용어도 수록

자격증

한번에 따기 위한 서원각 교재

한 권에 준비하기 시리즈 / 기출문제 정복하기 시리즈를 통해 자격증 준비하자!